ROWOHLT
BERLIN

Günter Schabowski

Der Absturz

Rowohlt · Berlin

1. Auflage April 1991

Redaktion Ingke Brodersen
Umschlaggestaltung: Walter Hellmann
Foto: Claudia Esch-Kenkel
Satz Sabon Linotron 500
Gesamtherstellung Clausen & Bosse, Leck
Printed in Germany
ISBN 3 87134 010 3

Inhalt

Vorwort 7

Im Niemandsland 11

Ohne roten Taufschein 40

Die politische Tätowierung 72

Sozialistischer Absolutismus 102

Kein Jahr wie 39 frühere 153

Berlin–Moskau: Szenen einer Ehe 182

Zeit der Sprachlosigkeit 218

Die Entmachtung 243

Das Ende mißt 40 Tage 274

Im Neu-Land 327

Vorwort

Eine Biographie zu schreiben, hatte der Autor nicht im Sinne. Was er über sich mitteilt, könnte beim Leser Klischees in Frage stellen, die vielleicht durch flinke Zaungäste der Politik hervorgerufen wurden. Vom Elternhaus, von Veranlagung und Neigung war ihm nicht vorgezeichnet, einmal in den inneren Zirkel der SED-Macht zu geraten. Er will damit sagen, auch dieser Typus war dort vertreten neben anderen, die von Kindheit an rot zu denken gelernt hatten.

Die relative kritische Distanz des Autors zu Politik und Praxis der SED, die aus seiner Schilderung spricht, ist nicht in allem seine heutige Haltung. Der Text spiegelt auch den Grad an Einsicht wider, der dem innerhalb der Verhältnisse Handelnden zu jener Zeit erreichbar war.

Er ist eine Figur der Nachkriegszeit, mehr noch der nachstalinschen Ära. Die Despotie hatte sich ihrer grausamsten Züge schon entledigt. Noch wurde der Gewissenszwang als Treue zur heiligen Sache der Partei verklärt. Die Entkanonisierung Stalins durch Chruschtschow verstörte viele der Älteren. Jüngere erfuhren zum erstenmal, wie Zweifel und Skepsis schmecken.

Wer über sich schreibt, verschweigt – auch wenn das nicht sein Vorsatz ist. Das Gegenteil einer Klarsichtpackung hat ein amerikanischer Publizist Memoiren genannt. Der Autor kann diesem Vorwurf um so weniger entgehen, als Verstrickung in Schuld und Scheitern sein Stoff sind. Er nimmt für sich in Anspruch, daß jedermann in seiner Sicht begrenzt ist. Auch wo er meint, nur authentischer Chronist zu sein, trügt ihn seine Subjektivität. Niemand ist allwissend. Im ziemlich totalen Überwachungsstaat der SED wußten einige viel, aber selbst in der Spitze niemand über alles Bescheid. Sogar Honecker, Mittag und Mielke, die – dreifaltig – Orwells Big Brother verkörperten, konnten nicht sicher sein, was wer in ihrer Umgebung dachte und fühlte. Mindestens zwei von ihnen traf die eigene Entmachtung unverhofft.

Wo der Leser mehr Auskunft erwartete, muß er hinnehmen, daß der Autor nicht mehr und Schlüssigeres mitteilen konnte, als Medien und offizielle Untersuchungsberichte im Jahr nach der Wende zutage gefördert haben.

Gesprächspartner in der pränationalen Bundesrepublik haben dem Verfasser den Eindruck vermittelt, dort sehen und verstehen viele den Absturz der SED, dem das Ende der DDR dichtauf folgte, als ein genuines, ein hausgemachtes ostdeutsches Phänomen. War das kläglich hingeschiedene System nur das Werk einer Rotte häßlicher Deutscher von «drüben»? So suggeriert es ja die in manchen Zeitungen verbreitete Instanthistorie, die häufig mit dem Frühstückskaffee gleicher Machart eingenommen wird. Solche Einäugigkeit möchte der Autor mit seinen Innenansichten aus dem anderen D-Land nicht verstärken. Was am 7. Oktober 1949 begann und am 3. Oktober 1990 als Geschichte abgelegt wurde, war nicht weniger ein Produkt internationaler Politik, ihrer Wechselwirkungen und Interessengegensätze. Das Experiment DDR wollte Antwort sein auf die Unzulänglichkeiten und Sünden der bürgerlichen Welt. Aber die DDR war auch das Ergebnis der Großmachtkonstellationen im Nachkriegseuropa. Sozialismusversuch und Eckpfeiler in den imperialen Plänen Stalins – das rührte sich zu einem unverträglichen Gemenge zusammen. Es hat den sozialen Anspruch der DDR verdorben und ihre Lebensdauer verkürzt. Insofern ist ihr Schicksal Reflex und Vorwegnahme der sowjetischen Krankheit. Oder sollte man besser sagen: der qualvollen Gesundung des Sowjetreiches?

«Wer zu spät kommt, den bestraft das Leben.» Die Warnung Gorbatschows an die SED-Führung ist lapidar wie eine Volksweisheit. Sie wurde unzählige Male bemüht, um das galoppierende Scheitern der Staatspartei und des Sozialismus in der DDR zu bewerten. Nun droht Gorbatschow selbst, von den unbehebbaren Schwächen des Systems eingeholt zu werden.

Rechtzeitig oder verspätet? – eine Pseudoalternative. Fünf Jahre Terminvorsprung haben nichts genützt. Der Neuerer im Kreml hat einige Bedingungen des sowjetischen Gesellschaftsexperiments verändert und meinte, damit seine Ergebnisse zu verbessern. Offenbar wurde nur – List der Idee –, daß die Versuchsreihe falsch angesetzt war. Die sozialistischen Strukturen lösten sich auf, in Polen, in Ungarn, in der DDR. Auch in der Sowjetunion ist inzwischen ein Gesellschaftskonzept durch ein grundlegend anderes ersetzt worden, das sich seine politische Anatomie und Physiologie schafft. Marktwirtschaft und Privatisierung heißt die neue, alte Magie. Gorbatschow muß sich heute den größten politischen Abrißunternehmer der Geschichte nennen lassen.

Der repressive Sozialismus Stalins war als Notwendigkeit und Rationalität erschienen, die einer feindlichen Umwelt entgegengesetzt werden mußte. In Wahrheit trat ein extremer Subjektivismus im Gewande der sozialen Vernunft auf. Das ungeheuer vielfältige und sich unablässig differenzierende multikausale Geflecht, das der menschlichen Gesellschaft zugrunde liegt, wurde über den einfachen Leisten der Revolution geschlagen. Von deren unvermeidlichen Eingriffen haben sich die ökonomischen und sozialen Kreisläufe nach der Bürgerkriegsphase der Revolution während der Diktatur Stalins nicht wirklich erholen und erneuern können.

Die politischen Prioritäten gestatteten keine organische Regeneration der Ökonomie. Die groben Prothesen der Planungsapparate waren unzulänglich. Die Widersprüche zwischen Mikro- und Makroökonomie und den Erwartungen der Menschen nahmen zu. Die Wurzeln der Repression liegen hier. Das

System konnte und wollte seine Schwächen und Widersprüche nicht eingestehen. So war es auch in der DDR. Die Uhr lief ab. Als wir uns noch Chancen ausrechneten, hatte der Kollaps schon sein Datum.

Zu danken habe ich Frank Sieren, Trier, und Ludwig Köhne, Düsseldorf, die durch ihr anregendes Interesse, ihre kritische Aufgeschlossenheit und ihre erstaunliche Hilfsbereitschaft den Schreiber ermutigt haben.

Im Niemandsland

I

Ich war auf dem Wege zu unserer Berliner Wohnung. Wir waren erst vor kurzem dort eingezogen. Aus Wandlitz hatten wir uns schon im November abgeseilt. Übergangsquartier war ein altertümliches Gästehaus der Regierung in Pankow gewesen, wo wir nervös auf unseren unausgepackten Koffern saßen.

Heute wohnen wir in einem noch unfertigen Viertel am äußersten westlichen Rand der (Noch-)Hauptstadt der DDR. Die Häuser in unserer Gegend stehen auf einem Baugrund, den man historisch nennen kann: auf dem Terrain der Reichskanzlei. Aus dem Fenster geht der Blick auf die Mauer. Wir sind zwischen den düsteren Ablagerungen zweier Epochen angesiedelt.

Wochen nachdem die SED in Liquidation gegangen war, kam mir meine Lage noch immer verwirrend und unwirklich vor. Ich merkte es an meiner Unsicherheit, wenn Leute mich auf der Straße überrascht grüßten oder mir in der Kaufhalle verstohlen zunickten. Zweifelnd fragte ich mich, ob das Sympathie sei, die ich annehmen dürfe. Galt sie meinem (unzureichenden) früheren Bemühen, offen auf die Menschen zuzugehen, um mit ihnen etwas Sinnvolles im allgemeinen Widersinn zu bewirken? Oder war es vielleicht Erkennungszeichen einer Komplizenschaft, die das bankrotte Vergangene meint? Nichts wäre mir widerwärtiger als die Vorstellung, Mitglied eines Klubs der Gestrigen zu sein, die sich mümmelnd und greinend bescheinigen, wie schön alles war, und daß man nur das Beste gewollt habe.

Als ich diese Niederschrift begann, war ich 61 Jahre alt. Meine Körperlänge beträgt 184 Zentimeter. Mein Gewicht schwankt zwischen 86 und 88 Kilogramm. Nach Meinung des Arztes ist meine Gesundheit nicht die allerbeste. Ungeachtet medizinischer Unkenrufe wähne ich mich in guter Verfassung. Ein Diplom der Karl-Marx-Universität Leipzig aus dem Jahre 1962 bescheinigt mir, daß ich Fertigkeiten erworben habe, die mich zu journalistischer Arbeit befähigen. Zur Zeit gehe ich keiner geregelten Tätigkeit nach. Genauer gesagt, ich laufe der Arbeit hinterher. Für die Rente bin ich noch nicht alt genug. Dazu müßte ich in unserem Land 65 sein. Doch ich bin wohl nicht mehr jung genug, um mich mit Aussicht auf Erfolg an das Abenteuer einer neuen Profession zu wagen. Die Chancen sind für mich in der DDR ohnehin gleich Null; denn ich war ein roter Bonze.

Ich war ein Mitglied des Politbüros der SED. Die Partei war die Schöpferin, die unumschränkte Beherrscherin und Sachwalterin eines Systems, das ausschließlich dem Volk zu dienen und zu nutzen versprach. Die von ihr verordneten bescheidenen Wohltaten waren den Menschen durch latente oder harsche und brutale Entmündigung, durch zunehmende Selbstgerechtigkeit der Führenden vergällt. Das hat die Verweigerung durch das Volk herausgefordert. Heute bin ich überzeugt, daß der Mangel an Demokratie und Toleranz die Atrophie des Systems bewirkt und beschleunigt hat. Zutage liegt seine Unfähigkeit, solide zu wirtschaften, bedarfsgerecht, ohne Pomp auf Pump, ökologisch. Diese Defekte waren Geburtsfehler der Sache, der wir uns verschrieben hatten.

«Wie fühlst du dich denn jetzt?» wurde ich häufig gefragt. Vor allem fühle ich mich schuldig. Schuldig, obwohl das Scheitern des sozialistischen Experiments in der DDR vorprogrammiert war. Zu lange habe ich Zweifel an unserer messianischen Anmaßung abprallen lassen. Sie kamen allerdings erst in den letzten Jahren drängender und häufiger. Ich habe mit zu verantworten, daß die sozialistische Vision von Humanität und Gerechtigkeit, die diese Welt braucht, in Verruf gekommen ist.

Schuldig fühle ich mich auch, weil wir den Vorzug unserer Unbefangenheit als Jüngere nicht früher genutzt haben. Die Alten hatten ihre Kämpfe, Leiden und Opfer gehabt; die stalinistischen Denkschemata hatten sie fest im Griff. Wir hätten Gorbatschow, unserem Zeitgenossen, früher die Rückendeckung geben sollen, die er von uns nicht so einfordern wollte wie seine Vorgänger den politischen Tribut von ihren kleineren Bundesgenossen.

Vielleicht, nein sicher wäre es der bessere Teil der Treue gewesen, die wir gedankenlos dem Vermächtnis der Befreier von 1945 gelobt hatten. Manche von ihnen sollen, als sie in den letzten Gefechten um Berlin sterbend zusammenbrachen, tatsächlich noch den Namen «Stalin» gemurmelt haben. Der Name des Tyrannen und Henkers – so täuschbar und fügsam ist die Menschenseele – war Devise für eine freiere und gerechte Welt, in die es die Menschheit hinüberzuretten galt vor der anderen, der braunen Tyrannei. Ein Kopelew und ein Dudinzew, ein Grossmann und ein Nekrassow oder ein Granin, ein Baklanow, ein Bykau, viele andere noch haben die Botschaft der Fünfundvierziger für uns gereinigt und übersetzt. Wir haben uns zu lange die Augen und die Ohren zugehalten.

2

Zu Hause erwartete mich meine Frau Irina, eine gebürtige Moskauerin. Sie ist auch Journalistin. Ihre Arbeit als Moderatorin einer russischsprachigen Sendung im Fernsehen der DDR hatte sie unmittelbar nach meinem politischen Niedergang verloren. Die beiden Jungen, Jan (16) und Alexander (13), Irinas Mutter, unsere winzige, aus purer Geduld und Gutherzigkeit gebackene, Baba Soja (82), die Katze Dascha und ein Papagei bevölkern die Wohnung 0803.

Zuweilen, wenn sich wieder eine vage Aussicht auf Arbeit verflüchtigt hatte, spürte ich Beklemmung, mich zu Hause sehen zu lassen. Das war eine ungewohnte und bittere Erfahrung, die ich derweil schon mit Zehntausenden Bürgern der DDR teilte. Ich muß damit leben, daß ich mich für die Misere mitverantwortlich weiß. Oft war ich es müde, mir die Maske der Zuversicht überzustreifen, wenn ich vor der Wohnungstür stand. Im Gespräch mit Freunden, die mir geblieben sind, merkte ich, daß ich mit meiner Trübsal die Stimmung verderbe.

Vor einigen Wochen hielt ich es noch für einen Extremfall, als ich hörte, daß Werner S., ehemaliger stellvertretender Vorsitzender einer ZK-Kommission, in der grünen Latzhose eines Bediensteten des Grandhotels für westliche Devisenbringer die Teller wäscht und die Resteeimer entsorgt. Zeitweilig war ich auf den Posten eines Grundwasserbeobachters erpicht. Ob ich ihn bekam, hing von der Bereitschaft der Berliner Grundwasserbeobachter ab, ihre begrenzte Arbeitsmasse mit mir zu teilen. Sie hatten letztlich darüber zu befinden, ob ich mit einer Pfeifsonde den Wasserstand der Berliner Brunnen messen und registrieren durfte. Mein journalistischer Gesprächspartner aus der Bundesrepublik, mit dem ich mich im Palast-Hotel zu einer politischen Bestandsaufnahme traf, hatte mitleidlos gelacht, als ich ihm davon erzählte. «Ist ja was fürs Beruferaten!» Ich mußte mitlachen, und mir wurde leichter. Die Antwort, die ich zwei Tage später erhielt, war ein gewundenes, aber unumstößliches Nein. Man hatte keine Planstelle zur Verfügung.

Presseleute vermittelten mir gelegentlich die Illusion, nicht nur eine abgetakelte Fregatte der Politik zu sein. Auch im Strudel der Wendewochen waren mir Journalisten häufige und wichtige Partner gewesen. Journalisten haben mir geholfen, meine eigene Befindlichkeit deutlicher zu bestimmen, als die Krisenflut, die wir zu bändigen hofften, über uns selbst zusammenschlug. Gespräche, Befragungen oder einfach kollegiales Räsonnieren brachten Erkenntnisgewinn. Wunden blieben nicht aus. Wie immer: die schmerzendsten fügt die eigene Sippe zu. Ohne kommunizierenden Fluß zwischen Politik und Medien ist eine moderne Gesellschaft nicht lebensfähig. Gewiß ist das ein naiver Satz für Menschen, die in einer Demokratie zu leben gewöhnt sind. Für mich war es in der Zeit des Umbruchs eine ganz frische und belebende Wahrheit. Ich verstand, wie sehr eine Politik, die Neues versucht, die sich selbst noch nicht gültig definiert hat, der Neugier, der didaktischen Phantasie und des Widerspruchs der Journalisten bedarf, um Statur und Muskel auszubilden, um im Bewußtsein der Bürger Fuß zu fassen.

Im Palast-Hotel hatten Sch. und ich heute die dritte mehrstündige Sitzung hinter uns gebracht. Für eine Fernsehdokumentation rekonstruierten wir die Wende, die Umwälzung, die Revolution, wie immer wer nennen mag, was das Endstadium des Phänomens DDR einleitete.

Sch. war für mich ein Testfall für Tatsachentreue und Moralität eines westlichen Journalisten. Erst jetzt hatte ich die Möglichkeit und die Unbefangenheit, das im Selbstexperiment herauszufinden.

Er liegt mir, weil er nicht prätentiös ist. Natürlich ist das Teil seiner Professionalität. Damit zieht er das Objekt seiner Befragung sacht über die Hemmschwelle. Der Täter packt aus. Im Gespräch wirkt Sch. kaum anders als der schlichte neugierige Kumpel von nebenan.

Mit ihm zu arbeiten machte mir Spaß, selbst wenn es – um einen heute gängigen Euphemismus zu verwenden – eine Verwertungspartnerschaft war, bei der ich ausgeweidet wurde. Vielleicht spielte bei mir die sentimentale Erwägung mit, daß man vor vielen Jahren als Journalist im bunten Menschenmilieu so hätte herumstöbern mögen und sollen.

Für heute haben wir beide voneinander genug, vom Verhör, vom gegenseitigen Abtasten, vom Abtauchen in die Vergangenheit. Sch. mußte zurück nach Hamburg. Bei mir waren es nur die paar hundert Meter Luftlinie vom Palast-Hotel bis zur neuen Berliner Behausung.

3

Irina öffnete mir, wies mit dem Daumen nach oben und buchstabierte lautlos: B i l d z e i t u n g ! Ich schloß vorsichtig die furnierte Spanplatte, die hoffentlich von Klingelfahrern als eine Wohnungstür respektiert wird. Die Straßenschuhe müssen im Korridor ausgezogen werden. Auf Socken schlich ich die Wendeltreppe nach oben. Sie ist der markanteste Teil der Maisonettewohnung. Sie hat die Dreadnought-Stabilität, die wir uns für die Tür wünschten.

Vom «Speicher» wälzte sich Zigarettenqualm die Treppe hinunter. Der Speicher ist der Raum, der nur über die Treppe erreichbar ist. Das meiste hier oben hat sich im Keller des Hauses 19 in Wandlitz befunden. Für die Regale, einen Teil der Bücher und für das Werkzeug, das ich hinter einem Vorhang verstaut habe, war es ein Aufstieg – über neun Etagen. Es sieht ein wenig zusammengestoppelt aus, wie auf einem Speicher eben. Aber ich bin dankbar, daß mir die Familie dieses Refugium überlassen hat.

Zwei Damen saßen auf der kleinen Polsterbank. Ich erkannte Frau N. Sie hatte mich schon am Vortag aufgesucht. «Ich arbeite für die Bildzeitung und hoffe, von Ihnen, wenn es Ihnen nichts ausmacht, einige Auskünfte zu bekommen.» Nach dem Wort «Bildzeitung» hatte sie gestockt, als erwartete sie eine Reaktion von mir. Ich blieb stumm. Etwas unsicher fuhr sie fort: Sie arbeite an einer Serie über die Frauen der verhafteten Politbüromitglieder und käme gerade von Frau Herrmann, die ja hier um die Ecke wohne. «Wissen Sie vielleicht, wie ich Frau X. und Frau Y.», sie nannte noch zwei oder drei Namen, «erreichen kann?»

Frau N. war eine zierliche Person. Ihre Redeweise war überhaupt nicht reporterhaft forsch. Das Gesicht hatte einen schmerzlich-sensiblen Zug, der mich an die Schauspielerin Hilde Körber erinnerte. Ich konnte die Frage nicht unterdrücken, wie man Bild-Redakteurin wird.

Frau N. krümmte sich ein wenig. «Ich gehöre nicht zur Redaktion. Einer der beiden Chefredakteure ist ein Bekannter von mir. Er hat mir die Serie überlassen, ich habe freie Hand zu schreiben, wie ich es sehe. – Mich zensiert niemand», sagte sie etwas spitz. Sie sei eine freischaffende Schriftstellerin, fuhr sie fort. Auf meinen fragenden Blick hin ergänzte sie: «Ich verfasse so etwas wie Lebenshilfereports.» Sie lachte flüchtig. «Wie reiße ich eine Frau auf, zum Beispiel.» Ich ließ mir den Titel vorsichtshalber wiederholen.

Selbst wenn ich es gewollt hätte, ich konnte Frau N. nicht behilflich sein. Ich besaß die Adressen nicht, die sie brauchte. Die Ehemaligen hatten sich nicht zu einem Überlebensverein zusammengeschlossen. Wir wissen auch heute verhältnismäßig wenig voneinander. Das ist seit Wandlitz nicht viel anders geworden. Im Grunde kennen wir nur das, was die Zeitungen über den einen und anderen noch immer enthüllen. Ich nannte ihr einige Namen. Vielleicht könne sie dort Näheres erfahren.

Frau N. war sichtlich angetan davon, daß ihr als Bildemissärin bei uns vorurteilsfrei Gastfreundschaft widerfuhr. («Möchten Sie nicht noch einen Kaffee?») Unverrichteter Dinge, aber unverdrossen verließ sie uns. Zuvor hatte sie noch geraten – nun schon vom Bild-Hintergrund emanzipiert: «Sie müssen Ihre Erinnerungen aufschreiben. Ganz simpel, verstehen Sie. Wie wurden Sie, was Sie waren und was Sie heute sind.» Irina war angetan von diesem Rat. Sie wünschte Frau N. zum Abschied viel Erfolg bei ihrer Arbeit. Ich hörte das nicht so gern, wenn ich an die Objekte dachte. Irina ist Russin. Sie dachte nicht an den professionellen Antrieb von Frau N. «Sie ist doch eigentlich ein nettes Frauchen», meinte sie.

Jetzt saß ich Frau N. zum zweitenmal gegenüber. Bei soviel Bild-Interesse konnte ich ein Unbehagen nicht unterdrücken. Aber Frau N. war heute einzig und allein Schriftstellerin, die in mir einen künftigen Kollegen sah. Sie glaubte bereits an meine «message». Meine Tips von gestern hatten ihr allerdings nicht weitergeholfen. Sie hatte die Adressen nicht ausfindig machen können. Vielleicht ganz gut so, dachte ich.

Mein Mißtrauen schwand, als Frau N. auf ihre Bekannte verwies. «Ich habe Frau O. mitgebracht. Sie ist Lektorin bei Ullstein.» Frau O. hatte augenscheinlich Frau N. verlegerischen Beistand bei deren literarischer Lebenshilfe für Möchtegern-Machos geleistet. Die Lektorin verfügte über einen flotten Zungenschlag. Das beeindruckte mich. «Ich ghostwrite gerade für Herrn Neckermann. Er bringt bei uns seine Biographie heraus.» Vor meinem geistigen Auge sah ich Frau O. auf einen Apfelschimmel geklemmt und anstelle eines arthritischen Herrenreiters für Deutschland ghostreiten.

Um mich aufzulockern, enthüllte Frau O., sie sei von Hause aus Trotzkistin. Die Mischung von Ullstein, Trotzki und Neckermann verblüffte mich. Um sie nicht zu weiteren Selbstbekenntnissen zu nötigen, willigte ich ein zu überdenken, ob ich wie Neckermann für Ullstein reiten wolle.

4

Ich stieß das Mansardenfenster auf, um den Zigarettenrauch hinauszulassen. Wieder faszinierte mich die Aussicht. Über das Baustellen-Tohuwabohu vor der Haustür, das einen zweifeln läßt, hier könnte noch zu unseren Lebzeiten staubfreie Ordnung oder gar Grünes Einzug halten, reicht der Blick weit über das Doppelband der inneren und äußeren Mauer in das andere Berlin, bleibt im ungeteilten grauzottigen Himmel hängen. Unten war kein Mensch zu sehen, kein Spaziergänger, kein Grenzer.

Die Ereignisse hatten das «Bauwerk» entdämonisiert. Selbst die Mauergraffiti hatten ihren aggressiven Schmelz verloren. Das Banale war das Zeitgemäße. Auf einem der Betonsegmente bekannten «Carl, Sharon und Amy» in großen Spraylettern ironisch, daß sie «nicht hiergewesen» seien (wo inzwischen alle Welt gewesen war). Der Mauerstreifen, die längste Grünzone der DDR, ist eine grindige Wiesenfläche, die von Hunderten Krähen als Landepiste benutzt wird. In den Abendstunden pflegen sie sich schwerfällig und krächzend in die Luft zu erheben und verwandeln den Mauerkiez minutenlang in eine Hitchcock-Szenerie.

Ich hoffe, daß die grüne Neigung der Berliner kräftig genug ist, zu verhindern, daß nach dem endgültigen Fall der Mauer hier Baustellen wuchern oder – schlimmer noch – Betonströme für Parkplätze hineinfluten. Mit einem grünen Gürtel von Pankow bis Treptow schüfe sich Berlin eine neue Attraktion anstelle der von uns errichteten Scheußlichkeit. Bänke für Alte und Liebespaare unter schattigen Laubbäumen, Jogging- und Radfahrwege, Wiesenstücke für Sonnenanbeter und spielende Kinder, Blumenrabatten, Planschbecken, hier und dort ein Imbiß-Pavillon – das wäre eine gute und menschengerechte Bestimmung für die widernatürliche Schneise durch die Stadt.

Der antifaschistische Schutzwall, in Liedern und Märschen besungen, mit Paraden der Kampfgruppen gefeiert, mit dem Blut von Flüchtlingen und von Grenzsoldaten befleckt, mit Druckerschwärze in Ost und West begossen oder beschossen, hat kein Problem gelöst, wie seine Architekten und Bauleiter, Ulbricht und Honecker, kalkuliert hatten. Gewiß, die Hallsteinzeit war damit endgültig zu Bruch gegangen. Das Konzept, das zwischen einem primitiven Annexionismus und verbohrter Nichtwahrnehmung hin- und herschlingerte, hatte sich an der Nachkriegskonstellation unheilbar wundgelaufen. Außenpolitisch hatte die Mauer zu anderen Denkansätzen genötigt. Heute sind sie überflüssig geworden, weil die Realität, die die Mauer markieren wollte, sich als nicht lebensfähig erwiesen hat.

Der Betonzaun verriet die innere Schwäche des Sozialismus stalinistischer Prägung. Er war als ultima ratio gegen eine hunderttausendfache geistige und faktische Abkehr der Menschen aufgeboten worden. Die Kesselwand wurde versteift, für Jahre stabilisiert. Im Kessel stieg der Druck langsam und stetig. Die Volksbewegung in der DDR hat schließlich die Mauer zu Fall gebracht. Der Überdruck war so stark geworden, daß die kurzlebige Führung unter Krenz die Kesselwand selbst einschlagen mußte.

Sind nun die Probleme gelöst? Behalten die Pessimisten zum Schluß recht? Ist Geschichte nur Kreisen im Nebel? Ist der sozialistische Ausflug der Menschheit ein für allemal ins Wasser gefallen? Sind die Konjunkturwörter von Konföderation bis Vereinigung lediglich semantische Rauchzeichen des Verlöschens der großen Utopie? Modrow war es gewesen, der erstmals vom «Einig Vaterland» gesprochen hatte. Ist das nun Alibiparole für alle, die als gescheiterte Entdeckungsreisende zur Rückkehr an die alten Gestade gezwungen sind? Die Antwort auf diese Fragen wird Zeit brauchen.

Der Januar und der Februar des Jahres 1990 waren der DDR gnädig. Noch als die Republik sich stabil dünkte, pflegte man jedes Jahr aufs neue vor einem harten Winter zu zittern. Auch ein Symptom für die ungesunde Anfälligkeit der Planwirtschaft, die wir hinnahmen, statt sie zu analysieren.

Die meteorologische Milde dieses Winters hatte ihren Preis. Es regnete und regnete. Der Sturm heulte und rüttelte an den Dächern. Regen und Hagelgeschosse prasselten gegen die Fensterscheiben. Es hörte sich an, als risse ein zürnender Wettergott große Lagen Packpapier kurz und klein. Grauschwarze Wolkengeschwader schoben sich von Nordwest über Reichstag und Brandenburger Tor hinweg. Das wieder geöffnete Stadtsymbol sah ich von hier oben in der Nacht der Jahreswende 1989/90. Die klassizistische Kulisse war von Fernsehscheinwerfern wie in bengalisches Licht getaucht. Fetzen von Rockmusik wehten herüber. Doch wir waren weit genug entfernt, um die Ausuferung dieser beispiellosen deutsch-deutschen Silvesterfeier, den alkoholgesättigten Vandalismus nicht wahrzunehmen, der sich an Schadows Quadriga austobte.

Als Schuljunge habe ich es gemocht, den Blick vom Stubenfenster aus mitten in die hohe Himmelsglocke zu richten. Der Himmel damals hatte kein Cinemascope-Format. Er war das Licht am Ende eines von rückwärtigen Häuserwänden und fassaden-

losen Brandmauern begrenzten Schachtes. Wir wohnten in einer 1 ½-Zimmer-Wohnung, Hinterhaus, erster Stock, Toilette auf dem Treppenpodest.
35 Mark Miete kostete das Ganze im Monat. Arbeiterstandard im Berliner Osten der dreißiger Jahre. Mit schöner Regelmäßigkeit stellte sich bei mir im Frühjahr oder im Herbst eine Angina ein. Tagsüber durfte ich im Doppelbett der Eltern liegen. Durchs Fenster drangen die Gerüche und Geräusche der kleinen Schnapsfabrik, die auf einem zweiten Hinterhof angesiedelt war. In einer der Brandmauern nisteten Mauersegler. Rammdösig vom Fieber, lauschte ich meinen dumpfen Herzschlägen und sah bewegungslos dem unruhigen Treiben der schwalbenartigen Vögel zu. Von Zeit zu Zeit kam Mutter ins Zimmer. «Na, wie geht's dir? Besser?» fragte sie. «Sauwohl», sagte ich, und wir lachten beide.

Gute fünf Jahrzehnte liegen diese Himmelsblicke zurück. Alles in allem sind damit sechs Kilometer geographischen Standortwechsels verbunden, aus dem Arbeiterbezirk Friedrichshain an den westlichen Rand unserer Halbstadt. Es ist abzusehen, daß hier bald wieder die Mitte der Polis sein wird. Ob wir dann noch die Miete bezahlen können, steht auf einem anderen Blatt. Sechs Kilometer – auf einer Karte im Schulatlas hat das den Durchmesser eines Häufchens Fliegendreck. Ist das die Summe der räumlichen und geistigen Bewegung eines 60jährigen Lebens?

5

An einem Sonnabend im Januar verbrachte ich nahezu zehn Stunden im «Haus an der Spree», dem Parteihotel in Berlin. Gegen Mitternacht, am Ende eines den ganzen Tag andauernden Fließbandverfahrens, war ich mit fast allen anderen ehemaligen Mitgliedern des Politbüros aus der Partei verstoßen. Nur Siegfried Lorenz, der frühere 1. Sekretär des Bezirkes Karl-Marx-

Stadt, fand Gnade vor der Schiedskommission. Er war der Dritte im Bunde mit Krenz und mir gewesen, die Honeckers Entfernung aus der Parteispitze betrieben und gehofft hatten, damit den Weg für die Perestroika der SED und der DDR zu öffnen.

Werner Eberlein, dem baumlangen einstigen 1. Sekretär des Bezirkes Magdeburg, blieb die politische Verdammnis im Gästehaus erspart. Ein Herzinfarkt hatte ihm einen Aufschub verschafft. Eberlein ist der Sohn des Lenin-Vertrauten und Mitglied des Exekutiv-Komitees der Kommunistischen Internationalen (EKKI), Hugo Eberlein, der in den dreißiger Jahren während des Transports in eines der Stalinschen Schweigelager verschollen ist. Der Jungkommunist Eberlein wurde entsprechend der Praxis Stalinscher Sippenhaftung nach Sibirien verbannt. Vermutlich scheute man im Vorstand der PDS davor zurück, ein derart ausgewiesenes Opfer des Stalinismus durch einen Parteiausschluß ein drittes Mal zu stigmatisieren.

Wir saßen im Vorzimmer des Parteitribunals. Der Zeitplan war offensichtlich nicht einzuhalten. Schuldfeststellungen, Rechtfertigungen und Sühneerklärungen der Delinquenten brauchten ihre Zeit. Wir konnten uns Kaffee und Würstchen auf eigene Rechnung bestellen. Nach außen waren wir noch zu Galgenhumor fähig. Unter der gelassenen Oberfläche zwackten uns düstere Vorahnungen. Krenz fragte mich unvermittelt, ob man in Haft auch eine Möglichkeit zu Dauerlauf haben würde. Da er regelmäßig jogge, müsse er abtrainieren können, sonst ginge es auf die «Pumpe».

Wortlos haderten wir mit den Urteilen der Schiedskommission. «Ausschluß», «Ausschluß», «Ausschluß» – so murmelten die Verarzteten, die noch einmal den Kopf ins Wartezimmer steckten, um sich zu verabschieden. Wieviel Prüfungen hatte einigen von ihnen ihr Kommunistendasein auferlegt – KZ, Emigration, Zuchthaus, eine harte, wenn nicht unmenschliche Parteidisziplin. Die letzte, nicht bestandene Prüfung vor dem eigenen Volk hatte sie alle aufgewogen. Für die meisten war es ein vernichtendes Resümee am Ende eines politischen Lebens.

Am nächsten Tag lasen Krenz und ich im «Neuen Deutschland», welchen Trostpreis die Kommission uns zuerkannt hatte: «Die Schiedskommission stellt fest, daß Egon Krenz, Siegfried Lorenz und Günter Schabowski verschiedentlich versucht haben, eine Veränderung im Politbüro herbeizuführen. Letztlich scheiterte das lange Zeit an ihrer Inkonsequenz, die offene und kompromißlose Auseinandersetzung mit Erich Honecker, Günter Mittag u.a. zu führen und die Parteibasis bereits vor der 9. Tagung des ZK für eine grundlegende Veränderung der Parteipolitik zu mobilisieren. Dieses Zaudern und Zögern hat mit zu jener Krise geführt, die unser Volk zwang, die Wende auf der Straße durchzusetzen.»

Das ist, so pauschal formuliert, nicht unzutreffend. Aber es provoziert doch die Frage, wer von den Chargierten oder von den Klarblickenden in dieser Partei hatte denn aufzumucken gewagt? Wer hatte zum Beispiel im Zentralkomitee jemals vor uns die «kompromißlose Auseinandersetzung» gesucht oder die Basis, sei es auch nur im Ansatz, zu mobilisieren gewagt? Das Risiko eines Harich, Bahro oder Janka haben alle gescheut.

Ich verstehe, daß die in Panik vor der eigenen Vergangenheit fliehende Partei und die neue Führung, die es unternahm, der verzweifelten Mitgliedschaft Selbstvertrauen und den Mut zu einem demokratischen Neubeginn einzuflößen, weder Zeit noch Spielraum hatten, an uns Objektivität zu verschwenden.

Das Risiko des von uns betriebenen Umsturzes haben wir zu spät auf uns genommen und sind von der Geschichte bestraft worden. Aber eins ist sicher: Durch unser Handeln, so unvollkommen es gewesen sein mag, waren wir einer blutigen Tragödie nach rumänischem Muster zuvorgekommen. Die Revolution hätte sich andernfalls in immer mächtigeren Demonstrationen Bahn brechen müssen. Erich Honecker hatte schon für die Leipziger Demo am 16. Oktober den Aufmarsch von Panzern als Drohgebärde erwogen. Es lag im Bereich des Vorstellbaren, daß die alte Spitze unter dem Vorwand der Rettung des sozialistischen Systems zur Selbstrettung mit Waffeneinsatz gegriffen hätte.

Der Parteiausschluß hatte auch mich wie ein Keulenschlag getroffen. In den Tagen und Wochen danach sah, hörte und las ich indes, wie der in die Bresche gesprungene Gregor Gysi in öffentlichen Versammlungen, in Fernsehsendungen angegiftet, wie im Wahlkampf von den Gegnern der PDS versucht wurde, die neue Partei mit dem politischen Ochsenziemer in den Schatten der alten SED zurückzutreiben. Am schwersten traf es mich, Arbeiter verächtlich, ja haßvoll über die Sache sprechen zu hören, die doch die ihre hätte sein sollen. Das ging auf unser Konto.

Ich begriff im Laufe dieses ersten und letzten freien Wahlkampfes in der DDR, daß man uns an jenem Sonnabend im Januar abstoßen mußte wie brandiges Gewebe. Wir hätten wohl auf Dauer auch wenig Freude aneinander gehabt.

6

Die Droge, die Gescheiterte verkommen lassen kann, heißt Selbstmitleid. Es ist die Kehrseite der Selbstherrlichkeit. Der zu Fall Gekommene wälzt sich im Staub und hadert mit dem Schicksal, das ihn so unfair behandelt hat. Sich dem Lamentieren wie dem Suff ergeben? Das war kein Ausweg. Obwohl jeder Tag neue Versuchungen im Schlepptau hatte. Ich mußte sie niedrig halten.

Mitunter fing das in der Frühe an. Morgenstund hat Gift im Mund. Ich stand vor dem Briefkasten und sah, daß schon wieder der Streifen mit dem Familiennamen abgerissen war. Ein ordnungsliebender Hausgenosse hatte alle Namensflächen mittels eines westlichen Zaubergerätes einheitlich und fein säuberlich beklebt. Ich dankte ihm schon die dritte Nachlieferung. Zähneknirschend nahm ich mir vor, den mutigen Neudemokraten und Briefkastenschänder auf einem Aushang aufzufordern, mir seinen Haß doch Aug in Aug zu bekunden. Ich traute mir zu, ihn locker zu machen für ein Gespräch. Aber dann sagte ich mir, bist du nicht mitschuldig daran, daß in diesem Land solche Anonymi gewachsen sind? Gib ihnen Zeit für die Eingewöhnung in das neue Zeitalter. Bußfertig steckte ich mein Vorhaben auf.

Wer sich im Zustand politischer oder moralischer Ächtung befindet, bekommt es unweigerlich mit weniger erfreulichen Eigenheiten der menschlichen Natur zu tun. Mir widerfuhr nur in geringem Maße, was in der Vergangenheit jene erlebten, die das von mir mitverantwortete System geächtet hatte.

Auch Skurriles gab es da. In einem Zeitungsinterview erklärte eine Schauspielerin, ich hätte in einer Gaststätte meinen Kaffee nicht bezahlt. Am 4. November, vor der großen Kundgebung auf dem Alex, hatten sich Veranstalter und Redner in einer Kaffeestube aufgehalten. Ebendort sollte ich mich der Zechprellerei schuldig gemacht haben. Dieser entlarvenden Kunde war dem Sinn nach angefügt, das sei ein typisches Verhalten. Als Bonze wäre ich daran gewöhnt, andere für mich bezahlen zu lassen.

Mit der guten Frau hatte ich noch am Tag vor der Kundgebung freundschaftlich – so schien es mir – zusammengesessen. Für den Volkskammerausschuß zur Untersuchung von Machtmißbrauch und Korruption kam ihre (unzutreffende) Verdächtigung zu spät. Meine Einvernahme hatte schon stattgefunden. Als ich im März, also vier Wochen nach der Kundgebung, ihre «Erinnerung» in der Zeitung fand, fragte ich mich, was mag einen gebildeten und sensiblen Menschen zu dieser abgeschmackten Kopfnuß veranlaßt haben. Ich kam zu keinem anderen Schluß: die Gründe lagen bei uns. Ich kaute an den verdorbenen Früchten unserer Politik.

7

«Papa, das ist für dich, Egon Krenz.» Jan, der immer mit einem Anruf seiner Freundin rechnet und deshalb der erste am Telefon ist, wenn es läutet, hielt mir den Hörer hin. Ich nahm ihn zögernd.

Seit unserem hastigen Abtritt von der politischen Bühne hatten wir uns selten gesehen. Wir hatten uns mehrmals auf dem außerordentlichen Parteitag im Dezember gesprochen, auf dem die SED ihre Häutung zur PDS einleitete. In den Pausen schlängelten wir uns durch die mit Verpflegungsständen vollgestopften Wandelgänge der Dynamo-Sporthalle. Der Fußballnarr Mielke pflegte hierher die Fans des FC Dynamo zum Jahresball des Vereins einzuladen, wobei an Devisen für erst- und zweitklassige Popsänger aus dem Westen nie Mangel war.

Jetzt sorgten Krenz und ich ungewollt für eine Pausennummer, eine Mischung aus Spießrutenlauf und Exotenschau. Unablässig umringten uns Delegierte und Journalisten. Wir wurden mit vorwurfsvollen Fragen bestürmt. «Wie konntet ihr es dazu kommen lassen?»

In einer zweiten Rede, die Hans Modrow nach Austrieb der Presseberichterstatter auf dem Parteitag hielt, nannte er die Personalbeschlüsse der 9. ZK-Tagung, auf der Honecker abgesetzt worden war, ein abgekartetes Spiel. Es sei darauf angelegt gewesen, den von Honecker selbst ausgesuchten Kronprinzen Krenz auf den Parteithron zu hieven. Das entsprach schlicht nicht den Tatsachen und war vermutlich ein Nachhall seiner Enttäuschung darüber, daß nicht Modrow, sondern Krenz vom ZK gekürt worden war. Der inzwischen zum Ministerpräsidenten und Hoffnungsträger der desolaten Mitgliedschaft aufgestiegene frühere Dresdener Parteichef hatte seine Lesart vom Sturz Honeckers mit einer Hitzigkeit vorgetragen, die von seiner üblichen, etwas drögen Rhetorik auffallend abstach. Er brachte die Gemüter der Delegierten gegen den «Erbschleicher» Krenz und seine Komplizen gehörig in Wallung.

Als ich Krenz danach in der Pause begegnete, war er noch blaß vor Empörung. «Wie kann Hans nur so etwas behaupten? Warum tut er das? Ich werde ums Wort bitten, um das richtigzustellen.» Inmitten einer Traube von Delegierten, die uns interessiert umlagerte, erörterten wir die Zweckmäßigkeit einer solchen Reaktion. Ich riet Krenz dringend ab. «Mach dir nichts vor. Du bist nur noch die Stimme aus der Mülltonne. Diese Partei, die sich in einer Roßkur von den Schlacken und Makeln ihrer Vergangenheit befreien will und muß, braucht jetzt Modrow. Die Delegierten werden dich gar nicht ausreden lassen.» Resigniert ließ er von seinem Vorhaben ab.

Der erregte Ausfall Modrows hatte nicht nur mich überrascht. Er nahm sich wie eine verspätete Abrechnung aus. Hinter den Kulissen des Parteitages war der Kandidat für den Parteivorsitz bereits ausgehandelt: Er hieß nicht Modrow; es war der Seiteneinsteiger Gregor Gysi. Längst dürfte auch Modrow klargeworden sein, daß nach dem politischen Konzept, das die Verschwörer gegen Honecker anstreben mußten, künftig der Regierungschef und nicht mehr der Parteiführer die entscheidende politische Kompetenz auf sich vereinigen würde. Er hat das als Ministerpräsident der ersten Koalitionsregierung der DDR schließlich selbst bewiesen.

Einige Wochen danach hatte ich Krenz wieder getroffen, und zwar im Warteraum der Partei-Chirurgie, im Gästehaus an der Spree, wo wir unserem Parteiausschluß entgegensahen. Er erzählte mir, daß sich bei ihm die Journalisten die Klinke in die Hand gäben. Selbst die Bildzeitung habe ihm ein Angebot gemacht. Ich empfahl ihm Vorsicht und Zurückhaltung. Mit einer korrekten, geschweige denn gerechten Darstellung unserer Absichten und Handlungen sei nicht oder kaum zu rechnen. Nur weil wir verloren hätten, dürften wir nicht mit Barmherzigkeit von seiten derer rechnen, die wir solange befehdet hatten und die uns nie etwas schuldig geblieben waren.

Springers Boulevard-Riese hatte Krenz in der Vergangenheit mehrmals Tiefschläge versetzt. Noch im Oktober war eine

Schmäh erschienen, die ihm die bemerkenswerte Konstitution eines dem Suff, der Völlerei und dem Luxus verfallenen Sinnenmenschen andichtete, an dem auch noch schlimme Krankheiten nagen. Das hätte ihm Warnung genug sein müssen. Abgehalten hat es ihn nicht. Er gab «Bild» Gelegenheit, ihn als politische Schießbudenfigur vorzuführen.

Es war ein Fehler gewesen, resümierte ich unter dem Eindruck seiner Schnellkochmemoiren, daß ich in den Oktobertagen Zeichen von Skepsis, ja diese oder jene versteckte Warnung aus meiner Umgebung unbeachtet ließ. Wir waren die falschen Partner in der richtigen Sache gewesen.

Egon war nun am Apparat. Was werde ich ihm sagen? Er kam mir zuvor mit der Frage, ob ich gelesen hätte, was Honecker an einen dänischen Genossen geschrieben habe. Ich hatte es früh im Deutschlandfunk gehört. Honecker sah sich als unverstandenen Märtyrer des Realsozialismus. Er sei sich keiner Schuld bewußt. Im Gegenteil, er habe Saat für die Zukunft gelegt. Nur sein Nachfolger Krenz habe alles kaputtgemacht.

Ich sagte Krenz, daß ihn der Zwischenruf aus dem Altersheim doch kaltlassen könne. Der belege bestenfalls, daß wir den richtigen Ansatz gewählt hätten, um etwas Neues auf die Beine zu stellen. Im übrigen sei es nur die Variante eines Witzes aus den ersten Wendetagen: Die Honeckers sind kurz nach Erichs Absetzung aus Wandlitz ins Hellersdorfer Neubauviertel umgezogen. Sie wagen sich das erste Mal auf die Straße. Schweigend und kopfschüttelnd mustern sie die Auslagen in den Geschäften. In einem kleinen Kaufhaus reagieren sie auf das Angebot wiederum mit Schweigen und Kopfschütteln. Schließlich stößt Margot Erich in die Seite und meint: «Habe ich nicht immer gesagt, der Krenz ist ne Niete. Drei Tage regiert er, und schon ist die ganze Versorgung hin.»

Honecker offenbare mit seiner Äußerung, daß er nichts begriffen habe und nichts mehr begreifen werde. Auch die PDS könne mit solchen Sprüchen aus Lobetal leben. Das zeige nur an, daß sie mit der alten Honecker-SED nichts gemein habe.

Dann kamen wir auf «Bild» zu sprechen. Krenz gab zu, daß die Veröffentlichung ein Fehler war. Auch die Berufung auf Bonner Größen, die sich gelegentlich in «Bild» äußern, entlastete ihn nicht. Ein Sünder wie er konnte sich durch ein «Bild»-Bad schwerlich reinigen. «Warum hat mir die Berliner Zeitung bloß noch dieses 1,5-Millionen-Honorar angehängt? Das ist doch eine glatte Erfindung, um die Leute gegen mich aufzubringen.» – Ja, warum? Warum sah auch ich mich solchen verdächtigenden und gehässigen Attacken ausgesetzt? Einer wie der Neudemokrat und Advokat Schnur, der auf beiden Schultern getragen haben soll, erhielt nach Aufdeckung seiner zwielichtigen Praktiken besinnliche Nachrufe, war als Objekt für frisch erworbene demokratische Milde willkommen. Wir bleiben die Sündenböcke, ohne die Chance einer Revision. Indem man uns verwirft, die wir noch das Alte mittrugen und dennoch die notwendige, überfällige Umkehr nicht nur haben geschehen lassen, beweist man die eigene rigorose Abkehr vom Vergangenen, den scharfen Bruch in der Kontinuität. Den brauchen heute viele für das angesplitterte eigene Selbstwertgefühl.

Krenz schwieg. Dann sagte er: «Was machen wir nur? Warum haßt man uns so?» Krenz war wie ich nach wie vor ohne Arbeit. «Tja», sagte er nach einer Pause. «Ich bin am Ende.» Er meinte damit nicht unser Telefonat. Ich konnte ihm nur eine Platitüde anbieten. Nichts wird so heiß gegessen, wie es gekocht wird. Mir ging es ja nicht anders. Aber hol's der Teufel, irgendwie tat er mir leid.

8

Nicht wegzustecken war die Sorge, wie die Familienmitglieder die veränderte Lage kompensieren würden. Meine Chance, wieder in der Arbeitswelt Fuß zu fassen, wurde von Woche zu Woche geringer. Es passierte mir häufig, daß ich in der Nacht aufwachte und den Alp der Hoffnungslosigkeit von der Brust schütteln mußte. Wie sollte ich die Familie durchbringen, wenn alles fehlschlüge? Etwa die Hälfte unseres gesparten Geldes hatten wir für die Wohnungseinrichtung ausgegeben. Das Mobiliar in Wandlitz war nicht unser Eigentum gewesen. Es war mit dem Haus gemietet. Einiges davon, Regale und Klappbetten, hatte man uns zu einem passablen Preis überlassen.

Aber die Furcht vor dem materiellen Aus dominierte nicht in den Vorstellungen der Familienmitglieder. Eher war es eine unklare Scham darüber – so deutete ich es –, daß die Gesellschaft nichts, absolut nichts mehr brauchen will von dem, was ich noch leisten könnte.

Gottlob waren die Jungen bis jetzt von direkten Feindseligkeiten und Anwürfen verschont geblieben. Die Lehrer ließen sie nichts spüren – die Kinder der sogenannten Dissidenten hatten es da weitaus schwerer gehabt. Die Schulkameraden verhielten sich tolerant.

Für Baba Soja, die Oma, waren die Ereignisse nicht recht durchschaubar und deshalb schwierig zu verstehen. Sie spricht nicht Deutsch. Was sich in der DDR abspielte, erfuhr sie meist über die Berichte in der «Iswestija». Die Anschuldigungen gegen Erich Honecker, seine Verhaftung, die Überführung aus dem Krankenhaus ins Gefängnis, seine Zuflucht in einem Pfarrhaus – alles erschütterte und bekümmerte sie sehr. «Towarischtsch Chonecker», Genosse Honecker sei so ein ordentlicher und freundlicher Mann gewesen. Er habe sie stets höflich und liebenswürdig gegrüßt, wenn sie einander am Wochenende in Wandlitz begegneten. Die DDR habe doch gar nicht schlecht dagestanden. In vielem besser als die Sowjetunion. Wie hatte das alles nur geschehen können? «Und du, Gjunter, hast doch so viel gearbeitet. Du bist doch ein anständiger Mensch. Was hast du getan, daß sie dich so behandeln. Die eigene Partei...»

Kopfschüttelnd, mit schwerfällig-schlurfenden Schritten – sie hat es wie meine Mutter in den Beinen – pflegt sie in der Küche zu verschwinden. Dort verbringt sie die längste Zeit des Tages, um Frühstück, Mittag und Abendbrot für die Familienmitglieder zu bereiten. Keiner hält sich an eine feste Mahlzeit. Baba ist als Koch und Ober in einer Person ständig in Bereitschaft. Abends vor dem Schlafengehen höre ich sie oft aus ihrer Zimmerecke mit der lauten Stimme der Schwerhörigen beten. «‹Dai boch› – gib Gott, daß alles gut werde.» Dai boch, daß sie uns noch lange erhalten bleibt!

Irina traf der Bannstrahl vier Tage nach dem Rücktritt des Politbüros und des Zentralkomitees, am 7. Dezember. In einer dürren Mitteilung wurde ihr das Arbeitsverhältnis mit dem «F-DDR», dem Fernsehfunk der DDR, zum 31. Dezember gekündigt. Grund: Strukturveränderungen im F-DDR. Der unterzeichnete Bereichsleiter wünschte ihr «für das weitere Leben viel Glück und Erfolg». Kurzer Abspann für 17 Jahre Arbeit beim Fernsehen. Irina hatte die Sendung «Für Freunde der russischen Sprache» aus der Taufe gehoben. Zuletzt war sie Moderatorin der Sendung «Raduga» – Regenbogen. Es war ein krampfhafter Versuch, die Quantität der Berichterstattung über die Sowjetunion nicht zu vermindern, jedoch nirgendwo Perestroika direkt durchscheinen zu lassen. Da war viel von Sängern, Museen und Bohrfeldern die Rede mit Studiorequisiten, die Irina nicht unzutreffend als Perestroika-Verdrängungskitsch qualifizierte. Ihre wiederholten Proteste gegen diese Linie hatten nie gefruchtet. Doch sie mußte gehen, als in der DDR die Wende zu einer Perestroika vollzogen wurde. Die den Politschund oktroyiert oder mitgemacht hatten, Leiter, Regisseure und Redakteure, behielten ihren Job.

Sie steuert jetzt als Teilzeitjournalistin bei der Presseagentur «Nowosti» zum Unterhalt der Familie bei.

9

Das Fegefeuer, in dem wir garten, hielt wechselnde Überraschungen bereit. Am Abend des ersten Beratungstages des außerordentlichen Parteitages der SED im Dezember, auf dem die neue Führung gewählt wurde – «Vorstand», wie sie sich fortan schlicht nannte –, fanden Zusammenkünfte der Bezirksabordnungen statt. Die etwa 200 Berliner Delegierten trafen sich auf einer Seitentribüne der Dynamo-Sporthalle.

Reste meines Rufes als eines reformgeneigten Mitgliedes der alten Parteiführung hatten 116 von 149 Delegierten der Kreisorganisation des Bauwesens bewogen, Schabowski als einen ihrer ordentlichen Delegierten zum Parteitag zu wählen. Außer Krenz und mir hatte kein anderes Mitglied des Politbüros die Chance erhalten, zum Parteitag delegiert zu werden. Außer uns hatte es auch keiner versucht.

Ich saß nun in der Berliner Gruppe, als Heinz Albrecht, der frühere Industriesekretär der Berliner Bezirksleitung und jetzt mein Nachfolger als 1. Sekretär in Berlin, den vorläufigen Bericht der Schiedskommission der Partei über ihre Untersuchungen des Privilegienbabels Wandlitz verlas. Als er aufhörte, wurde ich sofort mit harten Fragen bedrängt. Ich machte keine Anstalten zu verkleinern oder zu verkleistern, was im Unrechtsempfinden der Genossen verurteilenswert war. Ich konnte nicht verhindern, daß es mir bei meinen Erwiderungen ein- oder zweimal die Kehle zuschnürte. Die Genossen waren fair. Sie dehnten die Tortur nicht aus. Die Mehrzahl schien meine Haltung zu akzeptieren. Einige sprachen sogar für mich, brachten meine vom Üblichen abweichende Arbeitsweise in Berlin zur Sprache.

Als ich Irina von dem Tribunal erzählte, erwähnte ich, daß in dem Bericht der Schiedskommission von Hamstereinkäufen einiger Familien in Wandlitz kurz vor dem Schließen des ominösen Ladens die Rede war. Ich bemerkte, wie sie erschrak. «Mein Gott», sagte sie, «ich habe in den letzten Tagen auch noch eine dicke Rechnung bezahlt, eine Sammelrechnung. Ich habe noch eine Reihe von Sachen gekauft, die wir nach dem Umzug brauchen werden.» In Wandlitz war es möglich und üblich, daß man Rechnungen über einen gewissen Zeitraum anstehen ließ und dann die Gesamtsumme per Scheck beglich. «Wir brauchten Bettwäsche, Schuhe und Unterkleidung für die Jungen und Geschirr. Ich habe doch keinen Schmuck oder Heimelektronik en gros gekauft», sagte sie in Anspielung auf die Kaufgewohnheiten einiger Altansässiger.

«Wie hoch war der Betrag?» fragte ich. Wir suchten in unseren Papieren und fanden die Rechnung. Es waren über zehntausend Mark. Mir wurde mulmig. Ein paar Tage später hörte ich aus dem Parteivorstand, daß auch der Name Schabowski gefallen war, als man über jene sprach, die sich in dem Laden zu guter Letzt und reichlich eingedeckt hätten. Irina war von Stund an fix und fertig. Sie befürchtete, jeden Tag darüber in der Presse zu lesen, vor Gericht zitiert zu werden. Wie könnten wir uns erklären?

Auf westliche Beobachter mochten Ambiente und Versorgung in dem Politbüroghetto eher kleinbürgerlich-bieder und eintönig wirken. Ich hörte wiederholt von Gesprächspartnern aus der Bundesrepublik: «Ich verstehe überhaupt nicht, was eure Leute haben. So würde bei uns nicht mal ein Kleinunternehmer leben wollen.» Einerlei. Für die Menschen in der DDR war die Prominentensiedlung 40 Autobahnkilometer nördlich von Berlin eine Quelle der Wut und Enttäuschung. Ihre Oberen hatten sich unter dem Etikett des Sozialismus abgeschirmte Sonderbedingungen geschaffen, während die Normalverbraucher den widrigen Winden des DDR-Alltags ausgesetzt waren. Heute können wir nicht einmal die elementaren sozialen Absicherungen der Menschen für uns als mildernde Umstände beanspruchen. Sie waren, wie sich inzwischen herausstellte, auf unsoliden Fundamenten gegründet.

Eine namentliche Veröffentlichung im Zusammenhang mit den Hamsterkäufen blieb aus. Der Spießrutenlauf wurde uns erspart.

10

Es stellte sich heraus, daß auch die relative Abgeschiedenheit eines Altersheimes keine Sicherheit dagegen bot, von Wendeböen gezaust zu werden. Die «Neue Zeit», Tageblatt der Block-CDU, damals an der Doppelneurose früherer SED-Konformität und noch nicht recht estimierter Kohl-Affinität leidend, fand heraus, daß meine Mutter im Altendomizil über ein Telefon verfügt. Sie hatte schon in ihrer früheren Wohnung ein Telefon besessen. Es war eine Empfehlung des Magistrats und der Bezirksleitung, älteren Bürgern bei einem Umzug in eine kleinere Wohnung oder in ein Heim den Fernsprechapparat zu erhalten, sofern es die Anschlußmöglichkeiten am neuen Wohnort gestatteten. Das war einfach eine humane Überlegung und sollte auch einen Anreiz für den Freizug dringend benötigten Wohnraumes bieten, z.B. zugunsten größerer, kinderreicher Familien. Die «Neue Zeit» hielt sich bei ihren Recherchen mit solchen Kinkerlitzchen nicht auf. Das Telefon wolle der alten Dame natürlich niemand nehmen, beeilte sich das Blatt zu betonen. Doch dann folgte die unfromme Denunziation: «Alle wissen wir, sie ist die Mutter eines einst unumschränkten Stadtherrschers.»

Mutter las die CDU-Postille nicht. Im Heim hatte ihr davon niemand etwas zugetragen. Das Telefon stand noch immer in ihrem Zimmerchen. Die Attacke blieb erst einmal ohne Folgen. Ich wagte nicht, mir auszumalen, wie die 84jährige auf einen rigorosen Entzugsakt reagiert hätte. Mir blieb die Hoffnung, daß der liebe Gott und die Behörden christlicher handeln als jene, die sich das frei verfügbare Adjektiv zugelegt haben.

Aber auch hier kann ich mir den Selbstvorwurf nicht ersparen: Wir hatten es nicht vermocht, die Haushalte so mit Telefonen auszustatten, wie das dem Standard einer Großstadt entspricht. Ein Antragsteller hatte 10 bis 15 Jahre auf einen Anschluß zu warten. Man muß fair sein: Ohne diese Ausgangslage hätte die «Neue Zeit» keinen Anlaß für ihren Ausfall gehabt.

Ich will mich an Tucholsky halten. Wer in der Öffentlichkeit Kegel schiebt, muß sich nachzählen lassen, wieviel er getroffen hat. Kein Selbstmitleid, keine Selbstrechtfertigung, basta!

II

Seit dem 17. März besitze ich ein kleines Buch, mehr ein Oktavheft, mit einem versteiften Deckel. Die Seiten haben Kupferstich-Lineaturen wie eine fälschungssichere Banknote. Es ist der Reisepaß der DDR. Nun ist er für jeden, der ihn haben will, verfügbar. Er war eine Mangelerscheinung, die sich verheerender in diesem Land auswirken sollte als manche andere Unzulänglichkeit. Sie hatte tiefere Unzufriedenheit bewirkt als Lücken in der Fleischversorgung, die vorherrschende Abwesenheit von Südfrüchten oder der Umstand, daß ein genealogischer Zufall, ein D-Mark-trächtiger Sippenzweig im Wessiland, den Erwerb einer Mischbatterie erleichtern konnte.

Als mir die Polizeibeamtin den Reisefreibrief aushändigte, konnte ich mich eines Gefühls aus Geniertheit und Ärger nicht erwehren. Ich erinnerte mich an den unzulänglichen, noch immer mit Bevormundungsklauseln gespickten Entwurf des Reisegesetzes, den wir Anfang November der Öffentlichkeit vorgelegt hatten. Die wütende und höhnische Reaktion der Mehrheit der Bürger war die Zuchtrute, die uns auf Trab brachte, hinreichend nur in der Reisefrage.

Ausgestattet mit dem neuen Paß, kam ich zu einem unverhofften Ausflug aus dem Niemandsland in die Nachbargalaxis. Für die Arbeit an dem Fernsehprojekt holten mich die Autoren für einige Tage nach Hamburg. Ich kam aus einer Stadt, wo ich mit Eifer in Kommunalpolitik dilettiert hatte. Der Fassadenputz und gar die Rekonstruktion vom Verfall bedrohter Wohnbauten im Umfang eines Straßenzuges hatten jedesmal ganze Bataillone von Planern und Baufachleuten in Bewegung gesetzt, weil sich der Aufwand an Technik, Material, Kosten, Zeit und nicht zuletzt an Arbeitskraft nie zu einer Gleichung fügen wollte. Kein Wunder, daß ich mit Respekt und Bitternis auf das hanseatisch-propere Stadtbild sah.

Hamburg ist Schmuck ohne Protz. Die häufigen Klinkerfassaden dürften nicht gerade billig sein. Über die Höhe der Mieten in Westmetropolen sind wir derweilen im Bilde. Aber die meisten Häuser werden dort wohl kaum in drei Jahren schon wieder nach einer Ausbesserung ihrer Montur schreien. Erst in der letzten Zeit verfügten wir in Berlin über eine Anstrichfarbe – Chromoxydgelb –, die eine siebenjährige Haltbarkeit verhieß. Ich vermag nicht zu sagen, ob die Fachleute bei dieser Garantie die aggressiven Abgase der vorherrschenden Heizung mit Rohbraunkohle in Rechnung gestellt hatten. Auch diesen Unterschied meinte ich in Hamburg zu wittern: die Luft war frischer, lud mehr zum Durchatmen ein als zu Hause. Mochte es nun an besseren Heizstoffen und Filtern oder an der Brise liegen, die von der See herüberwehte.

Vom Plaza-Hotel, der einzigen Andeutung von Manhattan im Weichbild der Stadt, hat man einen weiten Blick über das Häusermeer. Einige Kirchen ragen auf, der Michel, Hamburgs Wahrzeichen, mit einem Dauergerüst versehen wie Moskaus Blashennij-Kathedrale. Das Auge labt sich an der segelbesetzten Wasserfläche der Außenalster, die sich wie die Binnenalster seenartig mitten in der Stadt breitmacht. Der Mammon hat hier nicht die Spargelarchitektur hochschießen lassen, mit der Bankenpotenz zur Schau getragen wird. Die Hamburger mögen das Aufgedonnerte nicht. Gelegentlich fiel mir eine der spitzschnauzigen Rennlimousinen auf, für die Parken nur der widernatürliche Zustand zwischen zwei Geschwindigkeitsüberschreitungen zu sein scheint. Dann murmelte mein Gastgeber: «Das is 'n Zuhälterschlitten, so was fahren nur Leute, die in St. Pauli anschaffen lassen.» Über dem Eingang des Thalia-Theaters registrierte ich ein in großen Lettern gepinseltes Zitat von Botho Strauß. Es besagt etwa: Wer viel im Laden hat, kann sich den Luxus eines bescheidenen Schaufensters leisten.

Meine Gesprächspartner in Hamburg waren vor allem Journalisten. Die Authentizität des Zeitzeugen, den sie in mir sahen, machte sie neugierig. Das unvermeidliche Fragespiel weitete sich alsbald zum Abwägen von Chancen eines anderen Verlaufs der Vorgänge in der DDR aus. Ich bin heute sicher, daß ein unverkrampfter Umgang mit solchen Journalisten auch, ja gerade bei Verwurzelung in gegensätzlichen politischen und sozialen Terrains unserem System auf die Sprünge hätte helfen können. Die Abschottung vor diesem «Feind» war die Verweigerung eines Faktors der Selbstreinigung. Das Ethos dieser bundesrepublikanischen Journalisten, für kritische, produktive Unruhe in einer demokratisch strukturierten Parteiengesellschaft zu sorgen, die von Rezidiven geplagt ist, von Filz und Saturiertheit, von Selbstgerechtigkeit und sozialer Rücksichtslosigkeit unter der Käseglocke des Wohlstandsstaates, ist von uns als Kapitalismustherapie verworfen worden. Wir haben für die Uneinsichtigkeit schwer bezahlen müssen. Schließlich war der absolute Vertrauensschwund in das System durch den Verlust an Glaubwürdigkeit der auf Schönfärberei getrimmten Medien vorprogrammiert.

Journalismus ist auch in der Bundesrepublik kein Job mit Lebensversicherung. Unangepaßtheit und Unbestechlichkeit gegenüber den läßlichen Sünden des Systems, seiner offenen oder verdeckten Korruption können einem journalistischen Parzifal erhebliche Schwierigkeiten bereiten, vor allem in den Proporzmedien wie Rundfunk und Fernsehen.

Wiederholt machte mir zu schaffen, daß die Geschehnisse und Tatsachen vor und nach dem 18. Oktober sozusagen kasuistisch, fallweise erörtert wurden. Das ist verständlich und notwendig, um sich dem historischen Prozeß zu nähern. Allerdings liegt dabei die Gefahr nahe, Vorgänge zu vereinzeln, vom Gesamtprozeß und den durch ihn gesetzten Unausweichlichkeiten zu lösen. Hätte der Hund nicht..., hätte er den Hasen – ironisiert der Volksmund solches Deigitzen.

Jemand sprach in einer abendlichen Runde von den heruntergekommenen Städten bzw. Stadtteilen Berlins. Ich mußte einwenden, daß eine enorme Bauleistung vollbracht worden war, was immer man auch gegen die neu entstandenen Wohnviertel und ihre dürftige Architektur einwenden mag. Es war unter DDR-Bedingungen eine denkbare Antwort auf die durch den Krieg in großer Zahl zerstörten Wohnungen. Tatsächlich wurde für den Wohnungsneubau wie für die Modernisierung von Altbauten über anderthalb Jahrzehnte ein Aufwand betrieben, der die volkswirtschaftlichen Potenzen der DDR überforderte. Es existierten in der DDR keine demokratischen Korrektive gegen ein solches Unternehmen, das als Beweis für die humanistische Güte des DDR-Sozialismus und der historischen Leistung Honeckers herhalten mußte. So mußten Industrie und Infrastruktur um den Preis immer geringerer Erneuerungsinvestitionen das Prestigejoch weitertragen.

Bei einer rechtzeitigen und vernünftigen Reduzierung des Wohnungsbaus würde es heute in den Städten nicht besser aussehen. Aber die volkswirtschaftliche Statik wäre weit weniger gefährdet worden. Öffnung gegenüber der Weltwirtschaft hätte die DDR-Ökonomie leistungsfähiger gemacht und letztlich auch fördernd auf das Bauvolumen zurückgewirkt. Eine breitere Öffnung aber verbot sich aus der Lager- und Bunkermentalität, die ein Teil des Selbstverständnisses des Systems war. Weltpolitik wurde immer noch als globale Austragung des Klassenantagonismus verstanden. Gorbatschows Bemühen um ein neues Denken drang im Westen wie im Osten nur langsam durch die knochenharten Ablagerungen der Vergangenheit.

Am Wochenende vor meinem Aufenthalt in Hamburg hatten ortsansässige Demonstranten im nordmärkischen Lindow Erich und Margot Honecker die Aufnahme in ein Heim des ehemaligen Ministerrats verweigert. Meine Gastgeber fühlten sich von dem Vorfall abgestoßen wie viele in der BRD. Es verletzte ihr elementares Empfinden, daß Rache Recht und Barmherzigkeit die Vorfahrt verwehrte. Sie lasteten es Gysi und Modrow an, daß die Honeckers auf den Status von Asylsuchenden abgerutscht waren. Auch hier mußte ich widersprechen. Unterkünfte mochte es genug geben. Aber wo immer sie gelegen hätten, die Verweigerung durch die Bürger wäre vermutlich überall ähnlich gewesen. Hier offenbarten sich die Früchte einer Propaganda, die zu schwach war, ein Staatsvolk zu formieren, aber durch ihre Intoleranz individuelle Kleinkariertheit, Mißgunst und Rachsucht wuchern ließ. Ihrer bedient sich heute mancher um so unbedenklicher, je mehr Grund er hat, die eigene Mitwirkung am sozialistischen Gesellschaftsspiel zu verdecken.

Bezeichnend ist, daß es Opfer wie Katja Havemann und Bärbel Bohley waren, die mit einem Schreiben an den PDS-Vorsitzenden Gregor Gysi humanistische Kriterien für den Umgang mit Erich Honecker geltend machten.

Auf der Rückreise war mein Gepäck um ein 200-Seiten-Druckwerk schwerer, ein «Merian Extra» über die DDR. Der Antibaedeker stellte sich gottlob nicht als eine flinke Annexion der DDR in Kunstdruck und auf Glanzpapier heraus. Von der Typographie über das Layout bis zu den Autoren und den Touristentips verrät alles gediegenen Professionalismus. Ein unbekanntes Land ist es nicht, das mir in dem Heft vorgeführt wird. Aber die Draufsichten sind natürlich andere als meine gewohnten. Die schmerzlichen Wahrheiten liegen hart neben den schönen, echten und unvergänglichen Dingen. Es wird mir stets so ergehen, wenn ich künftig irgendwo irgend etwas über die DDR lesen sollte.

Ohne roten Taufschein

I

1929, in meinem Geburtsjahr, verhielt sich das Wetter noch saisongemäß. Im Sommer gab es die meisten Sonnentage, im Herbst pflegte es zu regnen, im Winter schneite es, und der Frost zwickte in Ohren, Nase und Fingerspitzen. Der 4. Januar, an dem ich geboren wurde, war nach den Versicherungen meiner Großmutter ein bitterkalter Tag. Wiederholt und eindringlich beschrieb sie dem Enkel später das Ausmaß der Kälte. «Es war so kalt, daß Vögel wie Steine tot vom Himmel fielen.» Sie war überzeugend. Noch als Fünf- oder Sechsjähriger hielt ich an frostklirrenden Wintertagen erwartungsvoll Ausschau nach fliegenden Sperlingen und Krähen. Aber Abstürze fanden nicht statt.

Obwohl gebürtiger Anklamer, wirke ich wie ein autochthoner Berliner. Das war ein Bonus für mich, insbesondere in der Zeit, als ich Erster Sekretär der Berliner SED war. Einen aus grünweißen sächsischen Kernlanden hätte man hier weniger gern gesehen. Ich fühle mich nicht als Hochstapler. Schließlich war ich schon als Dreijähriger nach Berlin gekommen. So kann ich mich getrost einen naturalisierten Hauptstädter nennen.

Anklam hat Berlin schon in früher preußischer Zeit, in der ersten Hälfte des 18. Jahrhunderts, Handwerker und Neubürger zugeführt. Die Bürgerbücher aus dieser Zeit verzeichnen immerhin sechs Anklamer Familien, die in der Residenzstadt ihr Fortkommen suchten. Schuhmacher, Tischler, Knopfmacher, einen «lahmen, auf Krücken gehenden, Schneider» und einen arbeitslosen Perückenmacher mit der Charakteristik, «bei der Profession ist bekanntermaßen nichts mehr zu tun». Also, schon damals waren die Zeiten für manche lausig.

Die pommersche Großmutter Emilie war die überragende und leuchtende Figur der ganz frühen Kindheit. Ihr Gesicht kann ich aus der Erinnerung nicht mehr hervorholen. «Oma Graap», wie ich sie später im Unterschied zur «Oma Schabowski», der Mutter meines Vaters, nannte, war Inbegriff für Zuflucht und Nestwärme, ohne die ein Kleinkind verkümmert. Sie war der Wall, hinter dem man sich versteckte, wenn sich Unbekanntes, Gefahrdrohendes näherte. Ich muß sie abgöttisch geliebt haben – «Opa Graap» hatte daneben keine Chance. Ich konnte wütend mit der Faust auf sie eindreschen, wenn sie mir einen anmaßenden kindlichen Wunsch verweigerte. In der nächsten Minute herzte ich sie ab. Sie war ein Zuber, randvoll mit stoischer Liebe und Nachsicht gefüllt, in dem ich ungehemmt herumplanschte. Sie war nicht meine Oma, sie war «min Modder» in den ersten drei Jahren meines Lebens.

Die Graaps waren arme Leute. Sie lebten in einer winzigen Wohnung in der Demminer Straße, fast schon am Stadtrand. Chronische Magengeschwüre hatten den Großvater gezwungen, die Arbeit als Former in der Metallfabrik von Münters aufzugeben. Er verdingte sich als Tagelöhner beim Bauern Bull, dem auch das Haus in der Demminer Straße gehörte. Er kümmerte sich um die Tiere im Stall. Er hatte geschickte Hände und machte sich als eine Art Hausmeister auf dem Anwesen unentbehrlich. Von den etwa 15 Mark Wochenlohn flossen monatlich zehn Mark an Bauer Bull für die Miete zurück.

Drei Kinder, die angenommene Agnes, Hedwig und zu guter Letzt Karl waren zu ernähren. Bauer Bull hatte gelegentlich auch für Großmutters Arbeitskraft Verwendung. Sie half beim Rübenverziehen, bei der großen Wäsche oder beim Heuen. Als die Kinder größer wurden, mußten sie mit fürs Zubrot sorgen. Die Wälder um Anklam waren voller Blaubeeren. Oma Graap kannte auch gute Pilzstellen, vor allem am Wochenende wurde der Forst in Richtung Ducherow durchkämmt. Die Ausbeute wurde auf dem Perron in Ducherow an die Reisenden im Berliner Zug verkauft. Karl fing dann und wann eine Kreuzotter, die er den Kunden stolz vor die Nase hielt. Die waren dann eher geneigt, den geforderten Preis um einen Sechser nach oben abzurunden. Zu Hause wurden Vater Graap stolz die Piepen vorgezählt und in einer ausgedienten Tabakschachtel deponiert.

2

Von draußen gelangte man direkt in die Küche der Graapschen Wohnung. Der Ziegelfußboden hatte sich im Laufe der Jahre abgenutzt, war uneben geworden. Kein Möbel stand ohne zu wackeln. Neben dem großen rechteckigen Herd, der Kochmaschine, befand sich mein Kinderbett, ein weißer, nach oben offener Käfig aus Metallgeflecht. Hier wußte mich die Oma sicher aufgehoben, wenn sie Arbeiten verrichtete oder Besorgungen machte. Ich beschäftigte mich mit Pappkartons, einer alten Holzknarre, gelegentlich auch mit einer gewaschenen Kartoffel. Sie hatte den Vorzug, daß man mit ihr nicht nur spielen, sondern sie auch essen konnte.

Als ich lauftüchtig geworden war, entdeckte ich die Großräumigkeit der Welt – die Straße mit den Pferdefuhrwerken und den seltenen Autos, die Felder, die Kühe, den Wald. Ich nehme an, daß der Mensch in einer frühen Kindheitsphase schon seine lebenslange Vorliebe für einen bestimmten Landschaftstyp entwickelt. Kein noch so liebliches Mittelgebirgspanorama, kein erhabenes Hochgebirgsmassiv rührt mich so an wie eine langweilige Ebene von Äckern, Koppeln und Einsprengseln von Kiefern- und Mischwald, am Horizont von Chausseebäumen gesäumt. Das Ganze, bitte schön, unter einem unbewegten wolkenverhangenen Himmel. Es geht mir wie manchen Störchen. Die zieht's immer wieder in die spröde vorpommersche Tiefebene.

«Buten», draußen, so hieß die neue Freiheit, sie war unermeßlich und aufregend. Der Grasteppich, die Käfer, die Heupferde, die Schmetterlinge, die Kletten, mit denen man sich bewerfen konnte. Ich wurde ein Teil der Horde, die Breitsprechers Kinder anführten. Der kleine «Schitter» wurde überall mitgeschleppt. Man hielt großmütig zu mir, obwohl ich für die flinken Jungen und Mädchen ein tolpatschiges Hemmnis war. Manchmal hatte einer einen Sechser. Dann wurde bei Koofmann Stein eine Spitztüte mit Maiblättern gekauft, grünen Glasbonbons. Ich bekam meist den ersten spendiert.

Ein Hauptspaß war es, jede nur verfügbare schräge Fläche, ob Hügel, Böschung oder einen Bretterstapel im Sägewerk, per Hosenboden hinunterzurutschen. Dafür habe ich von Oma Graap den einzigen «Arschvoll» meiner frühen Jahre bezogen. Die Hosen hielten ja solchen Härtetests nicht stand. Neue kosteten Geld. Bei Geld hörte die Gemütlichkeit auf.

Man sagt, daß die Erinnerung im allgemeinen nicht länger zurückgreift als bis ins dritte Lebensjahr. Zu den Hervorbringungen aus dem inneren Raum gehören Bilder von Gräsern und Gänseblümchen in Großformat und der Geruch von Erde. Ich muß mich wohl als Dreijähriger noch ziemlich viel auf Knien, in Bodennähe bewegt haben. Da ist noch eine Erinnerung voller Schrecken und Kummer. Ich hatte mich unter einen Baum ins Gras plumpsen lassen. Dabei muß ich einen aus dem Nest gefallenen Spatz unter den Hintern bekommen haben. Als ich den Piepmatz, noch feder- und schon leblos, mit dem schlaff baumelnden Köpfchen in der Hand hielt, packte mich das blanke Entsetzen. Was hatte ich getan? Ich begann jämmerlich zu heulen. Die Kinder konnten mich nicht beruhigen. Sie lieferten mich tränen- und rotzverschmiert bei Oma Graap ab. «He glöwt, he häddn Vougel doodmoukt.» Auch die Großmutter konnte mir nicht helfen. Ich brauchte, wie sie mir später erzählte, zwei Tage, um die Mörder-Pein zu verwinden.

Von den Eltern findet sich erst zum Schluß der Anklamer Tage eine Spur. Wo war die Mutter, Hedwig, abgeblieben? Sie hatte nach dem Schulabschluß Schneiderin werden wollen. Da sie keine Lehrstelle fand, verbrachte sie einige Jahre wie die Mutter mit Saisonarbeiten für den Bauern Bull. Wenn beruflich nichts ging, konnte man als Mädchen noch immer «in Stellung» gehen. Die in Berlin ansässig gewordene Tante einer Schulfreundin spielte die Arbeitsvermittlerin.

1924 als 19jährige fand Hedwig Aufnahme als Haushaltshilfe in der Familie eines Steuerrevisors, der Wohnung und Büro in der Schönhauser Allee unterhielt. Kost und Logis, das heißt ein Zimmerchen mit Fenster für sie ganz allein, 20 Mark Monatssalär, wöchentlich einmal freier Ausgang und als Zugabe das bunte Treiben der Großstadt – Hedwig schien das nach dem schlichten Dasein in der Ackerbürgerstadt einfach berauschend. Sie war ansehnlich, fleißig und bescheiden. Ihr oblag es, die Wohnung sauberzuhalten. Einkaufen und Kochen besorgte die Hausherrin. Gewaschen wurde gemeinsam. Der Steuerrevisor schrieb den Eltern in Anklam gewissenhaft und regelmäßig, wie anstellig und anständig die Tochter sich führe, man fühlte sich schließlich verantwortlich dafür, das Kind vom Land vor den Anfechtungen und trügerischen Verlockungen der Großstadt zu bewahren. «Es waren einfach sehr, sehr nette Leute», sagt die 84jährige heute. Sie war auch nicht durch meine Suggestivfragen zu bewegen, der Familie des Steuerberaters etwas Schlechtes nachzusagen.

Die Wochenendausgänge, die ranke Erscheinung und die Tanzfreude von Hedwig führten gesetzmäßig zur Bekanntschaft mit dem gleichaltrigen Klempner- und Rohrlegergesellen Paul Schabowski. Er war nur zwei Zentimeter größer als Hedwig, hatte wasserblaue Augen, eine lange Nase, nicht allzu üppiges Haar, trug elegante weite Hosen, war drahtig-sportlich und tanzte Charleston wie ein junger Gott. Auch er wurde vom Revisor taktvoll begutachtet. Der Prüfungsbescheid «akzeptabel» wurde unverzüglich nach Anklam signalisiert. Die beiden heirateten 1928, begleitet von besten Wünschen aus der Schönhauser Allee, aber auch von Bedauern über den Verlust einer so tüchtigen «Stütze».

In der Dolziger Straße mieteten sie sich eine Kochstube, für die sie 18 Mark monatlich zu berappen hatten. Hedwig fand Arbeit als Packerin in der Papierfabrik. Beide begannen zielstrebig für eine Wohnung und die künftige Einrichtung zu sparen. Als Hedwig schwanger wurde, waren sich die jungen Eheleute und die Graaps einig, daß Hedwig bei ihren Eltern in Anklam entbinden sollte. «Das Baby bleibt so lange bei uns, bis ihr aus dem Gröbsten heraus seid.» Bedenken von Hedwig und Paul wurden von den künftigen Großeltern abgewehrt: «Wo wir zwei satt werden, wer'n wir doch wohl noch son lütten Schitter durchbringen.» Das war ihre Nationalökonomie.

In den Jahren der großen Wirtschaftskrise – der Schwarze Freitag war ein noch denkwürdigeres Ereignis des Jahres 1929 als die Winterkälte – verlor die Mutter die Arbeit in der Papierfabrik, Paul aber, der bei einem kleinen Krauter, einem Klempnermeister in einer Kellerwerkstatt, beschäftigt war, blieb wunderbarerweise in Lohn und Brot.

1932 konnten die Eltern eine Ein-Zimmer-Wohnung in der Proskauer Straße mieten. Sie fanden, daß es an der Zeit war, den Jungen nach Berlin zu holen. Sie meinten, daß sie sich nun auch zu dritt durchbringen würden.

Die Trennung von Oma Graap und der gewaltsame Auszug aus dem Anklamer Bukolien war von heftigen Schmerzausbrüchen begleitet. Ich hatte sorgenvolle Gespräche zwischen Oma und Opa mit angehört. Ohne recht zu begreifen, was da auf mich zukam, schwante mir Unerfreuliches. Die Mama aus Berlin würde morgen kommen und mich für kurze Zeit mitnehmen. Wozu das? Ich wollte nicht weg von Oma Graap. Was sollte mir das fremde Frauenzimmer, das Mama hieß? An Mutters Ankunftstag verdrückte ich mich in der Frühe.

Mutter Hedwig bekam einen Mordsschreck, als sie auf dem Bahnsteig meiner nicht ansichtig wurde. Keine Spur von mir auch in der Demminer Straße und in der Wohnung. Nach Hinweisen der Nachbarkinder entdeckte sie mich in einem Kartoffelfeld. Als die ziemlich fremde Frau lächelnd auf mich zukam, packte mich Angst. Ihr Friedensangebot mißachtend, schleuderte ich ihr wütend entgegen: «Hau ab, du oll Messkau!» – «Mistkuh» war das vernichtendste Geschoß aus meinem Schimpfarsenal.

Die Verwünschung bewirkte nichts. Hedwig blieb fest entschlossen, die planmäßige Abfahrt mit mir nicht zu verpassen. Auf dem Weg zum Bahnhof hatte sie Mühe, das schreiende, strampelnde, Tränen verspritzende Balg zu bändigen, während die Oma, gleichfalls weinend, sich kaum auf den Beinen halten konnte. Als der Zug anfuhr, schlug der Dreijährige wie besessen und immer noch schreiend auf das Abteilfenster ein. Er sah, wie die Oma, die fast besinnungslos vor Trennungsschmerz einen Lampenpfahl umklammerte, kleiner und kleiner wurde, bis sie ganz verschwunden war.

Erst nach Stunden, kurz vor der Ankunft in Berlin, war das Kerlchen erschöpft verstummt. Nur einen Schluckauf, der «Bock», verriet, daß Schmerz und Trotz noch immer die Seele verfinsterten. Das bekam die Spielzeugkanone mit dem Gummipfropfen zu spüren, die ihm die Mutter als Bestechung in die Hand drücken wollte. Ich stieß sie brüsk zurück, so daß sie dem einzigen Mitreisenden, einem mürrischen Jüngling, auf den Fuß fiel und ihn zu der gefühllosen Bemerkung reizte: «Nun ziehnse dem Brüllaffen doch endlich mal den Hosenboden stramm!» Die Kanone war auf dem richtigen Fuß gelandet.

3

In Berlin war alles so anders, daß der Trennungsschmerz von dem vielen Neuen, Rätselhaften bald überlagert wurde. Da fuhr eine Eisenbahn durch die Straßen, mit gelben Waggons, und das Verrückteste, vorn stampfte keine Lokomotive. Die hatten sogar eine Bahn, die fuhr im Keller. Meine Verblüffung oder mein Entzücken über nie zuvor Gesehenes drückte ich auf der Straße, in

Läden oder in der U-Bahn als «Buten»-Mensch ungehemmt laut und in Plattdeutsch aus, so daß die Leute zusammenfuhren. Wenn sie die Geräuschquelle, den kleinen braungebrannten Exoten, ausmachten, lächelten sie meist, und manchmal fischte einer sogar einen Sahnebonbon aus der Tasche.

Anklam verblaßte allmählich. Nur nicht der Gedanke an die Großmutter. Manchmal weckte ich die Eltern nachts durch mein Gewimmer. Im Traum erlebte ich immer noch einmal den schweren Abschied von Oma Graap. Aber aufgewacht bin ich nicht, weil mich der Traum gequält hat, vermutete die Mutter. Sie entdeckte nicht zum erstenmal ein, zwei Blutflecken auf meinem Kopfkissen und eine tote Tapetenflunder, eine Wanze, die ich im Schlaf erwischt haben mochte. Die Wohnung in der Proskauer Straße war hoffnungslos verwanzt, das meinten auch die Nachbarn. Deshalb hatten die Eltern sie wohl ergattern können. In Berlin herrschte 1932 wie heute ein akuter Mangel an Wohnungen mit erschwinglicher Miete. 600 000 Arbeitslose, die mit ihren Familien aus öffentlichen Mitteln unterstützt werden mußten, zählte die Berliner Statistik. Die Wohnungsnot war so verheerend, daß Obdachlose sich am Stadtrand schon Erdhöhlen gebuddelt haben sollen.

1932 war Reichstagswahl. Aufgepäppelt von Sponsoren des Großkapitals und mittels grölender nationalistischer und sozialer Demagogie machten sich die Hitlerleute als stärkste Fraktion im Reichstag dicke. Die Eltern waren politisch nicht sonderlich engagierte Menschen. Vater war im Metallarbeiterverband organisiert. Sie wählten SPD, wenngleich das Zutrauen in die Energie der Partei, den Nazis Einhalt zu gebieten, schon nachgelassen hatte.

Im Jahr der Reichstagswahl war die politische Atmosphäre bis zum Sieden angeheizt. Die Hektik und der schrille Begleitlärm der Politik hinterließen Abdrücke im Bewußtsein des Dreijährigen. Bei Spazier- oder Einkaufsgängen mit der Mutter passierte es, daß irgendwo vor oder hinter uns auf der Straße ein Marschgesang angestimmt wurde. Die Passanten spritzten in Hauseingänge und Nischen. Mutter hob mich auf den Arm und stürmte in den nächstbesten Hausflur. Der Gesang schwoll an, man hörte Rufe, Schreien, manchmal knatterten auch Schüsse. Wie gern hätte ich durch einen Türspalt einen Blick auf das geworfen, was sich auf der Straße abspielte. Aber Mutter hielt mich fest.

Nach Verlassen des Hausflures sah ich, wie zwei Männer einen dritten stützten, dessen Jacke zerrissen war. Sie wischten ihm mit einem grünen Taschentuch Blut ab, das ihm übers Ohr rann. Es war eine Szene, die mich aufregte und beunruhigte. Die hatten sich wohl geschlagen. Aber das waren doch Männer. Nur Kinder, Jungens, pflegten sich so zu prügeln. In Anklam war so etwas nicht vorgekommen.

Irgendwann einmal muß ich eine kommunistische Demonstration, vielleicht eine Formation des Roten-Frontkämpferbundes erlebt haben, die stumm den Arm mit der geballten Faust hochhielt. Mutter erzählte mir, daß ich noch bis ins Jahr 33 hinein beim Anblick einer Straßenbahn stehenblieb und mit erhobener Faust grüßte. Das geschah auch im Buddelkasten auf dem Forckenbeckplatz, wenn brummend ein Flugzeug über den Himmel zog. Schweigend erhob ich mich und entbot dem Vogel proletarischen Salut.

Das Jahr 1933 kam und ging, ohne daß der Nazi-Einzug in die Wilhelmstraße einen sonderlich tiefen Einschnitt im Alltagsleben der Familie markiert hätte. So schien es jedenfalls, obwohl sich die ersten Vorläufer der KZ mit Kommunisten und Sozialdemokraten füllten. Man verachtete und fürchtete die Nazikrakeeler. Solange sie einen in Ruhe ließen, hoffte man, wie es die Sozialdemokraten prophezeit hatten, daß der Adolf mit dem unmöglichen Stummelbart und seine Armrecker bald abgewirtschaftet haben würden.

4

Eine andere Wohnung wurde bezogen, in der Grünberger Straße. Sie war wanzenfrei und bot den erwähnten Ausblick auf Schnapsfabrik und Mauersegler. 1935 wurde ich eingeschult. Der Klassenlehrer, Herr Klein, war ein stattlicher jüngerer Mann, der am Revers den «Bonbon» trug, das Parteiabzeichen. Er war für einen Volksschullehrer ziemlich elegant gekleidet. Wie bei seinem Führer zierte eine viereckige schwarze Rotzbremse seine Oberlippe. Mit den jungen Müttern sprach er in einer freundlichen, gewinnenden Art, daß sie ihn alle mochten, obwohl er ein Nazi war. Lehrer Klein war ein Nazi, den man aushalten konnte. Er indoktrinierte die Kinder nicht, oder nicht auffallend. Er zeigte kein martialisches Gehabe, niemand mußte vor ihm strammstehen, und geprügelt wurde nicht oft.

Die Schule, ein roter Backsteinbau nach Bauhausart, um die Ecke in der Lasdehner Straße war für mich kein Ort des Schreckens. Man brauchte mich nicht jeden Morgen um acht dorthin zu treiben. Ich ging gern. Das Lernen fiel mir leicht. Lesen konnte ich schon. Das hatte mir Vater beigebracht, im letzten Vorschuljahr.

Paul Schabowski war für seine Profession ein erstaunlich belesener und literaturinteressierter Mann. Unsere Familie besaß einen Bücherschrank. Ein Möbel, das ausschließlich dem Zweck diente, darin Bücher nicht zur Dekoration, sondern fürs Lesen aufzubewahren. Zu jener Zeit ein in Arbeiterfamilien seltener Einrichtungsgegenstand, zumindest in dieser ausschließlichen Verwendung. Nur Bücher, keine Vasen, kein Nippes in der Vitrine. Eine bunte Gesellschaft war hinter den Glasscheiben des Bücherbordes versammelt: Heinrich Heine und Gustav Freytag, John Knittel und Upton Sinclair, Anna Karenina und Madame Bovary, Max Eidths «Pflug und Schraubstock» und Jules Romains «Gott des Fleisches».

Die Bücher waren nicht neu. Vater hatte sie gebraucht erworben. Er arbeitete in der Nähe des Potsdamer Platzes. Dort gab es Bücherstände, die wie Gemüsekarren aussahen. Freitags war

Zahltag. Die ersten fünf Mark aus der Lohntüte pflegte man in der nächsten Kneipe zu verflüssigen. Nicht so Paul. Er deckte sich freitags für wenig Geld mit «Schwarten» ein. Die Bücher kosteten 50, 30 Pfennig, manchmal sogar nur einen Groschen. Die beiden ersten Bücher meines Lebens, die ich selbst las, waren ein zerfledderter Band mit Grimms Hausmärchen, illustriert, so scheint's mir aus der Erinnerung, von Ludwig Richter, und ein unbebilderter Band der Märchen, die Scheherezade in 1001 Nacht erzählt hat.

Als Junge hatte die Neigung zur Literatur auch ihren Nachteil. Ich war verdorben für das, was meine Freunde lasen, die Wildwestschinken aus den kleinen Leihbüchereien, die Groschenheftchen von John Kling, von Frank Allan, dem Rächer der Enterbten, oder von Billy Jenkins. Sie wurden getauscht und gesammelt wie Briefmarken. Ich habe es mehrmals versucht, dem Reiz dieser Schmöker auf die Schliche zu kommen. Jedesmal habe ich es nach zehn oder zwanzig Seiten gelangweilt aufgegeben.

Mit dem Kino war es anders. Davon konnte ich nicht genug bekommen. Am Sonntagmittag war das aus dem Erdgeschoß eines normalen Wohnhauses herausgeschnittene «Schmale Handtuch» von nebenan Treffpunkt der stets kinohungrigen Sechs- bis Vierzehnjährigen. Für 25 Pfennig war man dabei. Die Bessersituierten verfügten über einen Sechser mehr und konnten sich eine rotgeringelte Zuckerstange leisten. Es war *das* gesellschaftliche Ereignis. Man lärmte und lachte und knuffte und pufft e. Man schimpfte auf die kleine Schwester, die ausgerechnet kurz vor Programmbeginn losplärrte, weil sie mal «raus mußte». Wenn der Gong ertönte, erstarb jeder Laut. Dauerte der Kulturfilm zu lange, wurde lautstark gemosert. Die Kopien waren meist von erbärmlicher Qualität. Es regnete unablässig Strippen, auch in den Wüsteneien von Nevada. Dennoch war es wirklicher als das wirkliche Leben. Man lachte, man heulte, man ballte die Fäuste, und man stieß vor Genugtuung pfeifend die Luft aus, wenn der Schurke endlich die Kinnhaken des so lange gedemütigten Helden einstecken mußte.

Obwohl das Geld ständig knapp war, der sonntägliche Kinobesuch war eingeplant. Vater verdiente zwischen 55 und 60 Mark in der Woche. Gehungert wurde nicht. Zum Frühstück gab es Marmeladen- oder Schmalzstullen, mittags überwiegend Gemüsesuppen oder Eintopf, aber auch Bratkartoffeln mit Rührei, Kohlrouladen oder Bulette mit brauner Mehlsoße und Quetschkartoffeln. Eines meiner Lieblingsgerichte bis heute sind Pellkartoffeln mit Leinöl. Abends aßen wir belegte Stullen mit Aufschnitt. Sonntag war Fleischtag. Mutter brutzelte am Herd. Ob Schmor- oder Sauerbraten, Schnitzel oder falscher Hase – aus ihrer Pfanne schmeckte es immer vorzüglich. An Fest- und Geburtstagen duftete es aus der Küche schon einmal nach Enten- oder Gänsebraten. Abends wurde Kartoffelsalat mit Würstchen serviert. Es war die reinste Völlerei.

Ich aß an einem Kindertisch. Bei der Oma in Anklam hatte ich nur gegessen, was ich mochte. Schließlich bekam ich von ihr nur noch, was mir schmeckte. In Berlin mußte jeder Teller leergegessen werden. Bei Kohlrüben- und Mohrrübeneintopf schaffte ich das nie. Mir wuchsen lange Zähne, wie die Mutter es nannte. In einem unbeobachteten Augenblick schüttete ich den Rest vom Teller in die Schublade. Die machte ich dann einige Zeit später, wenn ich allein zu Hause war, wieder sauber. Einmal muß ich das vergessen haben. Die Mutter fand den Schubladeninhalt mit Schimmelflora überzogen, ein oder zwei Tage danach. Eine Tracht Prügel machte mir schmerzhaft klar, daß die Zeit der Anklamer Vorzugsbehandlung vorbei war.

5

Der gemeinschaftliche Einfluß der Eltern auf meine Entwicklung war im Grunde auf wenige Jahre beschränkt. Eine ununterbrochene familiäre Gemeinsamkeit bestand lediglich in der zweiten

Hälfte der dreißiger Jahre. Der von Hitler angezettelte Krieg schluckte die Väter fürs Militär. Aus den größeren Städten wurden die jüngeren Schulkinder in sogenannte Kinderlandverschickungslager (KLV-Lager) evakuiert. Die Jahre der Trennung vom Elternhaus, die Lagerzeit mit den Klassenkameraden, damit zwangsläufig verbundene engere Kontakte zu den Lehrern und das halbmilitärische Lagerreglement schufen großräumige soziale und psychologische Gefilde, in denen es «zugiger» herging als im Nest der Familie.

Die Eltern hatten mich ganz gut hergerichtet für solche Belastung. Ich sollte vor hemmungslosem Heimweh nicht in die Knie gehen, wie mancher meiner Schlafgenossen im KLV-Lager. Ich wurde weder ein Cliquendespot, noch ließ ich mich zu einem der Intrigenknechte oder Fußabtreter in der Klasse erniedrigen. Kindergemeinschaften können bösartige Hackordnungen hervorbringen. Als sich nach dem Krieg die Familie wieder zusammenfand, waren schon nicht mehr elterliche, sondern andere, äußere Einflüsse dominant.

Mutter war vom Hausputz besessen. Das Linoleum in der Küche war zu Spiegelglätte poliert. Obwohl wir in Filzlatschen herumliefen, bohnerte sie mehrmals am Tag mit dem Mop die Küche nach. Sie duldete nicht einmal einen Dreitagestaub auf der schmalen Tapetenleiste. Vater und mir ging Mutters Sauberkeitsfimmel auf die Nerven. Doch wir tolerierten ihn. Sie war, wie es uns vorkam, bei sich selber «in Stellung» gegangen. Mutter wütete nicht nur gegen den Staub. Sie hatte auch sonst ein hitziges Naturell. Die Hand saß ihr locker. Wenn ich mir zum drittenmal in der Woche die langen Strümpfe zerrissen hatte, wenn mir auf unerklärliche Weise Teerflecken ins frische Hemd geraten waren oder wenn sie in meiner Schulmappe versteinerte Frühstücksbrote entdeckte, dann – schwupp – kassierte ich Maulschellen oder Katzenköpfe. Das war nicht weiter schlimm. Mutter und ich vergaßen solche kleinen Konflikte schnell. Im Grunde war ich mir sicher, daß ich mich ihr mit meinen Sorgen und Nöten jederzeit anvertrauen konnte.

Von Mutter habe ich den Reflex übernommen (im reiferen Alter störender bemerkbar), mit Lappen und Staubsauger zu hantieren. Gewiß habe ich auch von ihrer Nachsicht, ihrer Kameradschaftlichkeit und ihrer Kompromißfähigkeit gelernt.

Vater weckte in mir nicht nur Leselust. Ordnung und Selbständigkeit betrachtete er als Teil seiner Facharbeiterehre, die er auch mir zu vermitteln suchte. Er setzte gegen Mutter durch, daß ich schon als Siebenjähriger die Schularbeiten ohne Aufsicht erledigte. Das war mir für die Oberschule von Nutzen, wo Fremdsprachen und andere Lehrstoffe ohnedies nicht mit Hilfe der Eltern zu bewältigen gewesen wären. Vater weckte in mir den Ehrgeiz, nicht nur gute Zensuren nach Hause zu bringen, sondern auch zu Klimmzügen und Liegestützen fähig zu sein. Als Achtjähriger besaß ich einen Kinderexpander.

Mit einem geradezu fürstlichen Geschenk überraschte er mich am 9. Geburtstag. Er hatte mir für runde 20 Mark ein gebrauchtes Fahrrad mit leuchtend ziegelroten Ballonreifen gekauft. Es war noch gut in Schuß, und ich sorgte dafür, daß es weiter in dieser Verfassung blieb. Am Sonnabendnachmittag waren Vater und ich immer dort mit Pflegearbeiten beschäftigt, worüber es in Berlin sprichwörtlich heißt: «Wenn de mir suchst, ick bin in' Kella bei die Fahrrädas.» Sofern das Wetter es zuließ, waren wir an jedem Sonntag unterwegs, häufig in der Wuhlheide, aber auch in den Grünauer Forsten. In den Sommermonaten pflegten wir bis nach Friedrichshagen an den Müggelsee zu radeln, wo wir uns im sogenannten Wildbad eintrittsfrei im Zuckersand und im Wasser tummelten.

6

Erstaunlich farb- und konturenlos bleiben die vier Jahre in der Volksschule. Sie haben mir nicht allzuviel Mühe abverlangt. Womöglich hat sich deshalb so wenig in die Erinnerung eingegraben. Ich weiß noch, daß Lehrer Klein drei Dinge nicht ausstehen konnte: wenn man zu spät kam, seine Schularbeiten nicht gemacht hatte oder während der Stunde herumalberte. Der berüchtigte «gelbe Onkel» lag quer auf dem Pult. Er setzte den Rohrstock mäßig ein. Nur wer mehrmals sündigte, mußte vor der Klasse rumpfgebeugt einen Hieb empfangen.

Der gutmütige Rotschopf Rudi trat wegen der ersten beiden Delikte mit dem «Gelben» des öfteren in unfreiwillige Beziehung. Das stempelte ihn als Versager ab. Alle wußten zwar, gewiß auch Lehrer Klein, daß Rudis Zeit für Schularbeiten meist draufging, weil er sich um einen Schwarm jüngerer Geschwister zu kümmern hatte. Die alleinstehende Mutter mußte arbeiten, um die Familie über Wasser zu halten. Aber für Lehrer Klein und seinen «gelben Onkel» war das kein nennenswert mildernder Umstand. Wir dachten nicht viel darüber nach. Auch Rudi nahm die Hiebe schicksalsergeben hin. Die gleichmütige Unerbittlichkeit, mit der der Lehrer Rudis unverschuldete Sünden ahndete, trübte dennoch allmählich das Bild, das ich mir von Herrn Klein gemacht hatte. Im vierten Schuljahr händigte ich ihm nicht mehr die Geburtstagskarte meiner Eltern aus; sie verschwand in einem Schulklosett.

Anfang des Jahres 1939 geschah etwas Ungewöhnliches. An einem Nachmittag klingelte es bei uns zu Hause. Vor der Tür stand Lehrer Klein. Mutter bat ihn aufgeregt herein in die kleine Wohnstube und brühte flugs «richtigen» Kaffee, keine Spitzbohne. «Ich bringe nichts Schlechtes, Frau Schabowski, im Gegenteil», hub er an. Er wolle mit den Eltern über eine Umschulung des Jungen an die Oberschule sprechen. Er halte den Bengel für begabt. Bestimmt werde er seinen Weg machen, vielleicht sogar studieren können.

«Na, bis dahin isses noch weit», wandte Vater skeptisch, gleichwohl geschmeichelt ein. Die Eltern müßten sich allerdings auf Schulgeld einstellen, fuhr Lehrer Klein fort. Bildung sei eben nicht umsonst zu haben. Man könne eventuell Schwein haben, wenn man eine Ermäßigung beantrage.

Als Lehrer Klein ging, war entschieden, daß ich vom Herbst an das Andreas-Realgymnasium in der Koppenstraße besuchen würde. Ich würde Fremdsprachen lernen und höhere Mathematik und könnte was «Besseres» werden. 20 Mark Schulgeld waren natürlich ein harter Brocken. Zusammen mit der Miete war das ein voller Wochenverdienst von Vater. «Ich werde mir wieder Arbeit suchen müssen», meinte Mutter entschlossen. Zwei Monate später trat sie die dritte Arbeitsstelle ihres Lebens an, als Reinigungsfrau im Ambulatorium einer Berufsgenossenschaft.

7

Im Herbst 1939 wurde den Eltern schlagartig bewußt, wie trügerisch die bescheidene Solidität ihrer Verhältnisse war. Das galt für die Millionen kleiner Leute, die ihr Trauma aus der großen Wirtschaftskrise, die Arbeitslosigkeit, verwunden zu haben glaubten. Der Überfall auf das Nachbarland im Osten, das Gleiwitz-Szenario riefen eine andere Warnung aus der Vergangenheit zurück, die Prophezeiung der Kommunisten von 1933: Hitler bedeutet Krieg.

Die warnenden Rufe der Kommunisten waren verhallt. Hatte Hitler nicht Wort gehalten und Millionen arbeitslose Familienväter wieder in Lohn und Brot gebracht? Hatte Hitler nicht den Franzosen wieder die Saar abgeknöpft? War die Olympiade von 1936 nicht ein Erfolg für Deutschland? Hatten sie in der Welt nicht alle stillgehalten, als der Gröfaz Österreich heim ins Reich holte, die Sudeten kassierte und schließlich die ganze Tschechoslowakei? – So hatte man seinen kleinen Frieden mit den Verhältnissen geschlossen. Der Himmel über Deutschland schien auf Dauer ungetrübt blau zu sein. Nun schoben sich erstmals düstere Wolken über den Horizont.

Die Angst mobilisierte wiederum Selbstbetrug. Wenn die Chamberlains, die Halifaxe und die Daladiers dem Adolf so um den Bart gegangen waren, dann mußte doch etwas Brauchbares an der Nazipolitik dran sein. Kriege sollen außerdem heute nicht mehr so lange dauern wie früher. Die werden sich schon wieder arrangieren. Schließlich der Rückzug auf den Familienteppich: Wir müssen zusehen, daß wir über die Runden kommen, und werden es auch. Der Junge geht nun auf die Oberschule. Das ist das Wichtigste. Er soll es einmal besser haben als wir.

Mit solcher Litanei beschwor man sich, die Nase nicht so tief in die Politik zu stecken. Man verschloß die Augen vor den blutigen Rinnsalen, die aus den Ritzen der Gestapo-Keller quollen. Die Kristallnacht wurde wie ein böser Spuk verdrängt. Diskriminierung und einsetzende Verschleppung jüdischer Mitbürger wurden nur als tragische Einzelfälle wahrgenommen. Mit einem bißchen schlechten Gewissen ließ sich leben.

8

Von solcherlei Überlegungen unbelastet, schlug ich den Weg zu den Weihen der höheren Bildung ein. Nüchtern betrachtet, war er allmorgendlich dreimal so lang wie der bisherige Schulweg. Das Andreas-Realgymnasium, das später in eine schlichte «Oberschule» umgedeutscht wurde, befand sich in der Nähe des Schlesischen Bahnhofes, inmitten von Mietskasernen der Gründerzeit.

Überwiegend polnische Landarbeiter, Schnitter, hatten sich hier schon vor der Jahrhundertwende seßhaft gemacht. Sie wollten ihr Glück nicht nur während der Erntesaison, sondern für immer in der großen und reichen Stadt Berlin versuchen. Die Wohnungen waren trostlose Löcher ohne elementare soziale Ausstattung. Die Nazis hatten daran nichts geändert. Die Toiletten befanden sich auf dem Hof, bei Winterkälte ein besonders mißlicher Umstand.

Manche Mieter verschafften sich auf unkonventionelle, für

Straßenpassanten nicht gefahrlose Weise Erleichterung. Die Singerstraße, durch die ich täglich zur Penne und nach Hause trabte, war eine der tristen Wohnschluchten. Hier klatschte eines Wintermorgens eine Zeitungspapierbombe haarscharf neben mir aufs schneebedeckte Trottoir und zerplatzte. Wie durch ein Wunder entging ich ihrer beträchtlichen Streuwirkung. Ich murmelte verstört und zutreffend: «O Scheiße!» Vom nächsten Tage an benutzte ich einen anderen Zugang zur Koppenstraße, um mich nicht noch einmal Folgeerscheinungen frühkapitalistischer Wohnschinderei auszusetzen.

An der neuen Schule war manches anders als in der Lasdehner Straße. Nicht rote Backsteine, sondern graue Mauern umhüllten die Andreaner von Sexta bis Oberprima. Auf den Gängen, die zu den Klassenräumen führten, herrschte Halbdunkel. Die Etage mit dem Direx- und dem Lehrerzimmer zierten einige vom Staub und den Jahren angedunkelte Gipsbüsten. Sonst waren die mit einer unbestimmbaren Ölfarbe gestrichenen Wände kahl. Alles wirkte ehrwürdiger als in der Volksschule, vom Alter geräuchert.

Das Beeindruckendste waren die Lehrer. Ich kam aus dem heimlichen Staunen nicht heraus. Sie wurden mit «Herr Studienrat» angeredet. Die meisten trugen die vornehme Abkürzung «Dr.» vor dem Namen. So viele Doktoren auf einem Haufen, an einer Schule, ich hätte mir das nicht träumen lassen. Die Lehrer waren bis auf wenige Ausnahmen schon ziemlich alt, älter als Vater und Mutter jedenfalls. Auch hier hatten wir einen Klassenlehrer. Daneben gab es jedoch für nahezu jedes Fach einen anderen, einen chemischen, einen geographischen, einen englischen, einen physikalischen Studienrat usw. So etwas muß natürlich teurer sein als die Volksschule, machte ich mir meinen Vers auf das Bildungsprivileg.

Einige Lehrer zeigten Eigenheiten, die uns befremdeten. Bei Dr. Klein, der uns zeitweilig in Englisch unterrichtete, spürten wir eine latente Verachtung für unsere Unwissenheit. Von «Jokl», wie wir ihn nach seiner Paraphe in den Schulheften oder im Klassenbuch nannten, war bekannt, daß er in den englischsprachigen Sendungen des Reichsrundfunks Lord Howhow assistierte und der Nazipropaganda gegen England seine Sprachkenntnisse lieh. Er trug Tweedsakkos und Fliege. Vielleicht hatte ihn seine gebrochene Anglophilie zum Zyniker gemacht. Er schlich von hinten durch die Bankreihen. Bei Aussprachefehlern oder Vokabelschwächen packte er den Sünder mit Daumen und Zeigefinger am Ohrläppchen und drehte von dort aus den ganzen Horchlöffel so kräftig, daß der Knabe den Rumpf mit verrenken mußte. Jokl zitierte dazu kalt grienend: «Geht der Strom durch beide Ohren, fühlst du dich wie neugeboren.»

Direktor Friedrich war ein Hüne mit einem spitzauslaufenden Vollbart. Daß dieses Muster von einem Homo teutonicus uns ausgerechnet Latein lehrte, die Ur-Lingua des Welschen, war irgendwie widersinnig. Er tat es auf germanische Weise. Anders als der perfide Jokl stürmte er von vorn durch die Bankreihen und teilte Fausthiebe auf die Oberarme aus, wenn eine Textstelle nicht zügig übersetzt oder eine AcI-Konstruktion nicht beherrscht wurde. Friedrich glaubte anscheinend, daß der Grips fürs Lateinische im Bizeps angesiedelt ist.

Für Irritationen in unseren Kinderköpfen sorgte der biologische Studienrat Dr. Nau. Der untersetzte, fette Mann, der einer antisemitischen Hetzkarikatur aus dem «Stürmer» glich, nutzte jede seiner Stunden zu geifernden Tiraden gegen das «Weltjudentum». Selbst von einem so unschuldigen Thema wie der Fortpflanzung des Regenwurms hob er früher oder später auf seinen rassistischen Wahnkomplex ab.

Natürlich verblaßte nach einiger Zeit der Nimbus des Außergewöhnlichen und Unbegreiflichen, mit dem unser Kindergemüt diesen «Lehrkörper» umgab. Es waren auch nur Menschen. Die Mehrzahl waren in der Wolle gefärbte Deutschnationale. Sie taten sich schwer mit den Nazis wie Pupe Friedrich, dem Direx, Dr. Nau oder Oberlehrer Schmerse.

Letzterer war das bevorzugte Objekt ihrer Arroganz. Er hatte es nie zum Offizier gebracht wie eine Reihe von ihnen. Er war der Muschkote, der sich zum Oberlehrer hochgedient hatte, ein Parvenü, der sich nicht genierte, in der braunen Uniform des Goldfasans, des Nazifunktionärs, in der Schule herumzustolzieren. Im KLV-Lager, wo Lehrer und Schüler zwangsläufig einander enger auf der Pelle lagen, bekamen wir eine Menge mit von diesen Stimmungen und Rivalitäten.

9

Eine letzte Entzauberung meiner damaligen Lehrer fand Jahrzehnte später statt. 1985 kam mir ein erstaunliches Buch in die Hand. Ich las es mit einer Intensität, als sei es nur für mich geschrieben worden. Es hieß «Die pucklige Verwandtschaft» und trug den Untertitel «Aus Kindheit und Jugend in Berlin O 17 und Umgebung». Hier war ein Teil meiner eigenen Kindheit mit einer atmosphärischen Authentizität geschildert, die mich verblüffte, zum Lachen brachte und rührte. Auch die Lehrer des Andreas-Realgymnasiums tauchten darin auf. Sie waren so unverwechselbar bezeichnet, als hätte ich sie dem Autor beschrieben.

Aber er hatte das nicht nötig gehabt. Er hatte sie selbst so erlebt, schon zwei Jahre vor mir. Und ein anderer, ein Bekannter des Autors, hatte ihm von denselben Lehrern erzählt aus seiner weit zurückliegenden Schulzeit als Andreaner, zum Ende der Weimarer Republik. Ihr Verhalten, ihre Sprüche waren sich immer gleichgeblieben wie die Mensurnarben, die einige im Gesicht trugen. Nur die Haut war allmählich welker geworden, die Figur schlaffer und die Ganglien weniger geschmeidig. Ich hätte es mir selber sagen können. Sie hatten sich Jahr um Jahr für jede neue Klasse immer wieder selbst kopiert – die gleichen Mätzchen, die gleichen Sprüche, die gleiche Manier des Einbleuens. Fast fühle ich mich betrogen um die Einmaligkeit meines Schülerdaseins. Der Verfasser, Gerhard Holtz-Baumert, hatte schon

1937 die Andreaner-Mütze aufgesetzt bekommen. Das Schicksal wollte es, daß wir 1946 in derselben Abiturklasse saßen. Er war schon Kommunist, der erste Schülerratsvorsitzende der Andreas-Penne. Ich, erst siebzehnjährig, war noch auf der Suche nach den neuen dauerhaften Wahrheiten. Er wurde einer der erfolgreichsten Autoren von Jugendbüchern in der DDR. Sein Held Alfons Zitterbacke ist so etwas wie eine DDR-Variante von Tom Sawyer.

Die Fähigkeit zu Trauer und Mitleid, die aus dem Text der «Puckligen Verwandtschaft» spricht, haben wir in uns und um uns nicht geschätzt. Eine Ahnung davon bekam ich, als ich las, wie Holtz-Baumert seinen Ordinarius, Studienrat Dr. Lammers, Geschichts- und Deutschlehrer, zeichnete. Auch dieser ein alter Nazi, der sich etwas darauf zugute hielt, daß er's schon war, «als andere noch Sozis wählten oder schwarzweißrot». – «Ein kleiner bulliger Typ», heißt es im Buch, «mit buckligem Kahlkopf und heftigen Bewegungen, unterbrach er sich plötzlich, um lange nachzudenken, sich selbst zu kritisieren, wenn wir etwas nicht begriffen hatten oder ihn darauf hinwiesen, daß er sich geirrt hatte.»

Diesem Lammers, der augenscheinlich ein Pauker, ein Nazi und ein Mensch dazu war, fiel der Sohn in Stalingrad. «Er schleppte sich verschrumpft und grau in unsere Klasse», erinnert sich der Autor, «hatte seine stolpernde Beredsamkeit eingebüßt, verzichtete auf französische Einschübe und sprach nur noch wenig über den Krieg. Er erschien weiterhin pünktlich, auch zum Unterricht in der Flakbatterie bei Buchholz, er radelte auf einem alten Fahrrad heran, in einen schäbigen Mantel gewickelt, aus einer alten Pferdedecke geschneidert, meinten wir. Er bedankte sich nur müde, wenn wir ihm Brot zusteckten, das einzige Lebensmittel, das wir reichlich hatten. Lehrer bekamen nur schlechte Rationen. Und er versuchte jetzt mit uns ins väterliche Gespräch zu kommen, gab uns gute Ratschläge, defätistische schon fast, wie wir heil über den Krieg kommen könnten. Lammers soll dann, beim Kampf um Berlin als Volkssturmmann, in seinen schäbigen Mantel gehüllt, eine Panzerfaust im Arm, den Tod suchend, einem sowjetischen Panzer entgegengegangen und von dessen Maschinengewehrfeuer zersägt worden sein.»

Holtz-Baumert, wie ich ein Produkt des Epochenwiderstreits, stieg in der Organisation des Schriftstellerverbandes bis zu den Höhen eines stellvertretenden Präsidenten auf. Im März 1990 brandete die Wendewelle auch in diesen Verband. Holtz-Baumert mußte wie sein Präsident den Abschied nehmen.

10

Der Krieg verschlug die Väter an verschiedene Fronten und warf auch uns Schulkinder im «Reich» umher. Vater hatte Glück, daß man ihn nicht in die kämpfende Truppe gesteckt hatte. Er brachte es nur zum Etappenkrieger in einer technischen Einheit, die zum Troß des Okkupantenheeres gehörte. Die Feldpost kam aus dem lothringischen Thionville, wenige Wochen später schon aus Diedenhofen, obwohl er die Ortsunterkunft nicht gewechselt hatte. Im Eindeutschen hatten die Nazis es eilig. Die namentliche folgte der militärischen Okkupation auf dem Fuße.

Der Klempner-Soldat Paul besichtigte außer Thionville auch noch Boulogne an der französischen Kanalküste und kurzzeitig sogar Paris. Immer hatte er das vertraute Ambiente von Rohrzangen, Lötkolben, Schleif- und Drehmaschinen um sich, mit denen seine Feldwerkstatt versehen war. Notre-Dame, der Louvre und der Arc de Triomphe beeindruckten ihn tief. In den Wohnhäusern sah er sich an, wie die Rohre verlegt sind. Er bekrittelte die französischen Installationen. «Das ist nicht solide gemacht. Da haben sie nicht so viel weg wie wir.» Ich las das in seinen Briefen. Er empfand nicht das Absurde und Lächerliche solcher Urteile. Er hatte verdrängt, daß er ein Besatzungssoldat war.

Mitte 1943 setzte ein Befehl Vater nach Osten in Marsch. Er

schrieb uns jetzt aus der Südukraine. Da war nichts mehr mit Besatzertourismus. In seinen Briefen häuften sich Anspielungen über die Gefahren, denen man dort auch im Front-Hinterland begegnete. «Die russischen Partisanen machen uns zu schaffen. Alle Augenblicke geht hier etwas hoch. Wir gehen immer nur zu zweien oder dreien in die Botanik», schrieb er nun.

Im Winter 43 war die Familie das letzte Mal während des Krieges zusammen. Es gelang uns, Karten für zwei Vorstellungen in der «Plaza» zu bekommen, einem großen Varieté am Küstriner Platz. Beide Vorstellungen in der Scala des Ostens waren ausverkauft, Parkett und Ränge gefüllt mit Wehrmachtsurlaubern und ihren Familien. Das übliche Varietéprogramm barg an diesem Tag eine unvergleichliche Attraktion: Rudi Schuricke. Neben Zarah Leander war er «The Voice», die Stimme der Kriegsjahre, während Zarah aus ihrem Resonanzboden für eine Sängerin erstaunliche Brummtöne herausorgelte, verzauberte Rudi durch ein samtenes Falsett seine Hörer, vor allem seine Hörerinnen. Rudis Organ, zu jeder Tageszeit über die Goebbelsschnauze verbreitet, wirkte wie eine Linderungsmassage auf die von Krieg, Rationierung und Bombenangriffen gestreßten Massen.

Heute nun konnten wir ihn, den großen schlanken Mann mit den glatt nach hinten pomadisierten Haaren, in natura mit Blicken betasten. Er ließ die Schnulzen über das entzückte Auditorium perlen, erst das neckische «Hörst du mein heimliches Rufen», dann, ein Gipfel zeitgenössischen Schlagerschaffens, «Heimat, deine Sterne...». Verklärung breitete sich aus. Augen wurden feucht. Frenetischer Beifall für den Kehlkopfkünstler.

Nicht so beeindruckt war ich von der anderen Vorstellung, einer Aufführung von Paul Linckes Operette «Frau Luna». In Erinnerung geblieben ist mir nur der Amor. In ein ärmelloses weißes Gewand von lasziver Kürze gehüllt, hüpfte er mit einem Flitzbogen auf der Szene umher. Dargestellt wurde er von einer Halbwüchsigen, die laut Programmheft Sonja Ziemann hieß. Es enttäuschte mich, daß sie den Pfeil nie von der Sehne schnellen ließ. Jedoch war sie so hübsch, daß ich sie zu meiner Flamme Nr. 1 erkor. Shirley Temple fiel auf Platz zwei zurück.

11

1944 blies der Wind den Naziaggressoren schon aus allen Himmelsrichtungen ins Gesicht. Der Krieg brandete zurück, dorthin, von wo er seinen Ausgang genommen hatte. Auch die landverschickten Kinder wurden zurückgespült auf das Territorium des «Reichs». Durch das Regime waren wir gleichfalls zu einer Art Okkupanten geworden. Im mährischen Großglockersdorf hatte man uns schon 1941 in ein Heim gesteckt, das die tschechoslowakischen Gewerkschaften für Bergarbeiterkinder gebaut hatten. Auch die Nichtnazis unter unseren Lehrern fanden das völlig in Ordnung. Jeder Anflug von Unrechtsempfinden war abhanden gekommen.

1943 siedelten die Andreaner auf besetztes polnisches Gebiet über, das die Nazis in Warthegau umgetauft und annektiert hatten. Das KLV-Heim, inmitten ausgedehnter Wälder bei Kalisz gelegen, war gleichfalls erholungsbedürftigen Kindern des okkupierten Nachbarlandes gestohlen worden.

Ende 1944 wichen wir vor den retirierenden Fronten auf sächsisches Gebiet zurück. Wir verbrachten unsere Tage fortan in dem Bergarbeiterstädtchen Neu-Ölsnitz. Untergebracht waren wir in den Klassenzimmern einer Schule, die mit Doppelstockbetten zu Schlafräumen hergerichtet waren. Das Essen wurde merklich schlechter. Es gab meist dünne Suppen mit Trockengemüse. Während die älteren Semester der Penne in Berlin schon Flakhelfer-Dienst taten, waren die Fünfzehn- und Sechzehnjährigen gerade noch KLV-tauglich. Das trug uns einen Vorteil ein. Für die gleichaltrigen Mädchen des Ortes waren wir die Attraktion aus dem fernen Berlin.

Im Verlaufe einer Woche hatte sich jeder von uns eine sächsische Freundin angelacht. Wir fanden sie hübsch, lieb und nützlich, denn sie waren rührend um unseren Speiseplan besorgt. Meine Herzensdame hieß Anita, auf sächsisch «Anidda», war blond, hatte eine Stupsnase. Sie versah mich mit Kartoffelreibesuppen, Kuchen und Einladungen zum sonntäglichen Mittagstisch in der Familie. Ihr verdankte ich das elektrisierende Erlebnis eines ersten Kusses mit Zungenschlag. Sonja Ziemann und Shirley Temple, die platonischen Schemen, hatten ein für allemal ausgedient.

Anfang Februar 1945 fand die kriegswidrige Idylle ein jähes und tränenreiches Ende. Die Sechzehnjährigen unserer Klasse, Peter, Henry, Heinz und ich, wurden in ein Wehrertüchtigungslager nach Seiffen beordert. Die Baracken, in denen wir unterkamen, waren miserabel beheizt. Beim Morgenappell hustete und nieste die dreihundertköpfige Mannschaft in den dunkelblauen Pimpfen-Uniformen, daß die Wirkung des von einem Unterführer vorgetragenen Kernspruchs des Tages, gewöhnlich ein Hitlerzitat, an der grippalen Geräuschkulisse litt. Der Lagerkommandant war darüber ungehalten. Er würde uns auf Zack bringen und aus uns Männer machen, die sich nicht von jedem kalten Pup umpusten ließen. Der Führer erwarte von uns, daß wir die Festung Deutschland erfolgreich verteidigen. Die Vorsehung habe uns auserwählt, als jüngste Garde des Führers den Endsieg zu erringen.

Wir wurden an Panzerfäusten, leichen Maschinengewehren und an abgelegten Karabinern des Typs 98 ausgebildet. In unserem Zug befanden sich auch Schüler aus umliegenden Ortschaften und aus anderen KLV-Lagern. Selbst einen Königsberger, Udo, hatte es hierher verschlagen. Er sorgte mit flapsigen Bemerkungen und Kalauern dafür, daß unsere Stimmung nicht auf Null sank. Die Ausbilder, zur Heimatfront abkommandierte Kriegsversehrte, teils einarmig, teils einbeinig, lachten mit, wenn Udo beim Entfernungsschätzen in ostpreußisch gefärbter Redeweise ausrief: «Siehste dort auf Wiese grien feindliches Jewärmaschin, verrbojenes?»

Udo war größer und kräftiger als wir, rasierte sich und sah schon wie ein Achtzehnjähriger aus. Das sollte ihm später zum Verhängnis werden. Die Küchenmädchen, für die wir noch nicht gar waren, befanden Udo in dieser männerraren Zeit für einen ausgereiften Kerl. Sie kicherten gekitzelt, wenn er mit ihnen flachste: «Marjellchen, zieh de Blächbuchsen an, die Mariners kommen. Na ja, dat mach nix, die Mariners haben Bichseneffners.»

Wir brachen darüber in ein wissendes, männlich-heiseres Lachen aus; denn wir waren nicht nur chronisch erkältet, sondern längst im Stimmbruch und hatten in Neu-Ölsnitz die Liebe erfahren.

Nächtliche Übungen, Training an den Schießgeräten, Märsche, Wacheschieben, Küchendienst, so verstrichen die Tage und Wochen in Seiffen. Während im Osten, Westen und Süden die Fronten barsten, schienen wir im einzigen noch verbliebenen toten Winkel des großdeutschen Torsos zu hausen. Gelegentlich verirrte sich ein Aufklärer oder ein stöberndes Jagdflugzeug an unseren Teil des Himmels. Dann gingen wir im Wald oder in Splittergräben in Deckung.

12

Das Ende von tausend Jahren kündigte sich uns dann an einem Tag in der ersten Maiwoche an. Bellende Detonationen rissen uns aus dem Schlaf. Wir stürmten aus den Baracken. Am gegenüberliegenden Hang ratterte ein Panzer entlang. Die Russen waren da. Inzwischen tauchten noch zwei der rasselnden Ungetüme mit dem roten Stern auf.

Bei dem Anblick fuhr uns der Schreck in die Glieder, einigen gar in die Hosen. Aber das hatte eine besondere Ursache. Am Abend zuvor war eine von Gauleiter Mutschmanns Hamsterkammern geöffnet worden, ein großes Lebensmitteldepot, das sich auf dem Gelände unseres Lagers befand. Wir hatten uns den Bauch mit Schokolade vollgestopft. Einige überfraßen sich an «Fliegerrationen», einer für uns zu nahr- und schmackhaften teigartigen Masse. Weinflaschen wurden geköpft und kreisten unter den Sechzehnjährigen. Es brauchte kaum eine Stunde, bis die Halbwüchsigen vom Alkohol und vom Übermaß der ungewohnten Leckereien reihenweise niedergemäht waren. Inzwischen bevölkerten sich die Hallen mit Frauen und Kindern aus der Umgebung, die in Windeseile die Regale leerten. Daß niemand eingriff, daß von unseren Befehligern keiner gesichtet wurde, signalisierte, daß die braune Götzendämmerung in ihr akutes Stadium getreten war.

Am Vormittag desselben Tages hatten wir ein anderes Symptom des Verfalls in unserem abgeschiedenen Winkel registrieren können. Einige hundert Landser waren vor dem Druck der Roten Armee durch Seiffen zurückgeflutet. Wohin wohl, hatten wir uns gefragt. Abgerissen, ohne Blick für uns, die wir ihnen staunend oder bestürzt nachsahen. In einer eigenartig schleppenden und zugleich hastigen Gangart, die Erschöpfung und Angst verriet, zogen sie an uns vorüber und verschwanden. Nur einer von ihnen gestattete sich den Aufwand, uns in bayerischer oder schwäbischer Mundart zuzurufen: «Was tuts ihr hier noch, ihr Kinder? Wenn ihr nicht macht, daß ihr fortkommt, kassiert euch der Ruß.»

Wir waren sicher, daß das Ende unmittelbar bevorstand. Hin und wieder hatten wir über die Zukunft diskutiert, kindlich, nicht sehr ernsthaft. Peter, der Reifste von uns, hatte uns mit seinen Vorstellungen von Demokratie beeindruckt. Das sollte die Richtung sein, in der wir uns «danach» bewegen wollten. Aber wie das Ende sich uns zeigen würde, davon hatten wir keine Vorstellung. Nun war es da, in Gestalt dreier ungeschlachter gepanzerter Kolosse. In diesem Augenblick packte uns die Panik. Nur nicht fangen lassen, nicht nach Sibirien! Wir stürzten in die Baracken, streiften uns die Sachen über, ohne uns zu waschen, grapschten hastig zusammen, was unentbehrlich schien, und brachen auf in einem ungeordneten Haufen. Nur fort – in Richtung Westen!

13

Der Zug der fliehenden Halbwüchsigen bewegte sich in südwestlicher Richtung, dorthin, wo wir jenseits des Horizontes die Amis glaubten. Wir trotteten die von Querrinnen durchfurchten Kämme des Krushne Hory entlang, wie das Erzgebirge auf der tschechischen Seite heißt. Niemand fragte nach dem Ziel, es ging einfach der Nase nach. Am ersten Tag waren wir noch eine lange Menschenkette, erkennbar, wenn wir Zonen ohne Wald durchquerten. Sie dehnte sich wie ein Gummiband, solange auf unserem ungebahnten Pfad gut auszuschreiten war. Sie zog sich zusammen, verdickte sich, wenn wir abschüssige Geröllfelder passierten oder die Steilwände einer Schlucht hinunterstolperten und hinaufkeuchten, die irgendein kümmerliches Rinnsal in den Berg gegraben hatte.

Die Strapazen des ungewohnten Marsches machten uns zu schaffen. Außerdem saß uns die Furcht im Nacken. Nach einigen Stunden unter der kräftigen Sonne dieser Maitage warf der Tausendfüßler, der sich durch das Bergland wand, Ballast ab: zu Würsten geschnürte Wolldecken, Unterwäsche, Socken, andere persönliche Habe.

Ich konnte mich von einer Sache nicht trennen, von der meine Freunde nichts wußten. Unter dem Bauchnabel hing mir, mit Strippen festgebunden, «Little Tom». Ich hatte ihn am Vortag in dem Proviantlager entdeckt. Er lag hinter einer Batterie von Weinflaschen. Es war eine elegante kleine Pistole mit braunen Holzbacken am Griff. Wer weiß, wer sie dort und aus welchem Grund versteckt hatte. Ich ließ sie schnell in der Hose verschwinden. Nachts, beim Licht einer Taschenlampe, weidete ich mich an ihrer technischen Vollkommenheit. In den blauschschwarzen Lauf war ein Name oder eine Marke eingraviert, «Little Tom». Im Magazin steckten sechs Patrönchen. Der Winzling gehörte jetzt mir, dachte ich mit pubertärem Stolz.

Am ersten Fluchttag hatte mir das Ding den Wanst aufgescheuert. Die nässende Stelle und die Aussicht, von den roten Siegern doch irgendwann geschnappt zu werden, dämpften meine heimliche Besitzerfreude. Noch am selben Abend wurde «Little Tom» nahe einer Fichte, Kennzeichen: knolliger Auswuchs in Mannshöhe, unter einem großen Stein von mir beigesetzt. Nicht ohne die kindliche Hoffnung, ihn irgendwann wieder zu bergen. Am nächsten Tag schon hatte ich Grund, froh zu sein, daß ich die Waffe los war.

Die Nacht war nicht sehr kalt gewesen. Wir hatten sogar geschlafen. Als wir am nächsten Morgen aufbrachen, war von unserem Zug nicht mehr viel übrig. Die einen waren schon früher losgegangen, die anderen schliefen noch. Wir vier Berliner und Udo entschieden, uns unabhängig zu machen. Einer hatte eine Karte mitgehen lassen. Wir nahmen uns vor, erst einmal nach Neu-Ölsnitz zurückzukehren. Dazu mußten wir bei Weipert über die Reichsgrenze. Die Brotstücke und die Fliegerration, mit denen wir uns die Taschen vollgestopft hatten, würden zwei Tage reichen. Auch weiterhin wollten wir die Straße meiden, um nicht entdeckt zu werden. Zweckmäßig schien es uns, parallel zur Straße, mit gelegentlicher Sichtnahme, durch die Wälder zu ziehen.

Gegen Mittag stießen wir unverhofft auf eine Gruppe von Waffen-SSlern. Wir traten aus dem Wald auf eine Lichtung, wo sie in ihrer graugrünen Kluft mit den schwarzen Kragenspiegeln lagerten. Sie hatten uns eher entdeckt als wir sie. Einer der Bande, behängt mit zwei Maschinenpistolen, winkte uns heran. «Na, Jungs», sagte er, «wir lassen uns aufreiben. Aber den Russen wollen wir noch eins verpassen, bevor wir hopsgehen. Macht ihr mit?»

Wir schwiegen, erschrocken über die Gefahr, die über uns hereingebrochen war, aber auch über den lässig geäußerten Trieb zu töten und sich selbst zu vernichten. – «Sehe schon, ihr habt Schiß. Habt ihr wenigstens Waffen? Dann her damit!» – «Nee, ham wir nicht», sagte ich. – «Also verpißt euch!»

«Aber du», sagte er plötzlich und deutete mit der MPi auf Udo. «Du kannst hierbleiben, bei uns. Dich können wir gebrauchen. Du bist doch nicht son Bettnässer wie die.»

Udo wollte mit uns im Wald verschwinden. Der Kerl sprang auf ihn zu und hielt ihn zurück. Um uns zu verscheuchen, riß er die Maschinenpistole hoch und feuerte ohne Rücksicht auf mögliche sowjetische Nachbarschaft in unsere Richtung eine Garbe in die Luft. Wir hielten uns noch über eine Stunde in der Nähe der Lichtung auf, in der Hoffnung, Udo würde türmen können und zu uns stoßen. Wir sahen ihn nicht wieder.

Ein paar Stunden später staksten wir auf einem mit niedrigem Buschwerk bestandenen Hang längs der Landstraße, die wir auf der Karte bestimmt hatten. Hinter uns ratterte wieder eine MPi-Salve los. Wir warfen uns platt auf den Boden. Erregte Rufe in der fremden Sprache, die wir noch nie gehört hatten, drangen zu uns herauf. Die Russen hatten uns erwischt. Der Tonfall verriet uns, daß sie uns aufforderten, herunterzusteigen. Ihnen zu entkommen bestand keine Chance mehr. Wir waren am Ende unserer Kräfte. Uns war schon alles egal. Flüsternd verständigten wir uns darüber, gleichzeitig aufzuspringen und die Arme hochzureißen. Es fiel kein Schuß, als wir uns zeigten. Mit weichen Knien taumelten wir auf die Straße.

Auf der Straße standen zwei ziemlich ramponierte Krads, Feldveteranen. Die vier Soldaten daneben trugen unansehnliche erdfarbene Militärblusen und kurzschäftige staubige Stiefel. An sichelförmigen Käppis klebten rote Sterne. Zwei hielten dickläufige Maschinenpistolen mit auffallenden, quer angesetzten großen Trommelmagazinen im Anschlag. Die zwei ohne MPi diskutierten kurz miteinander. Der eine kam auf uns zu und tastete uns gründlich nach Waffen ab. Er ließ uns die Arme herunternehmen. Einem von uns zerrte er das Unterhemd hervor, schlug ihm auf den Arm und sagte, mit aufgerissenen Augen dem Wort

Nachdruck verleihend: «Weiß!» Er deutete auf das Hemd und ahmte mit den Händen das Binden einer Schleife nach. Wir begriffen, daß wir weiße Armbinden anlegen sollten.

Er wies auf den Berg und sagte: «Nix hoch – Straße, Straße!» Wir sollten uns fortan auf der Straße bewegen. Er schwieg, und wir schwiegen, benommen und hilflos. Er riß wieder an dem Hemd und rief: «Dawai, dawai!» Er wollte, daß wir sofort Binden auf den Arm streifen sollten. Einer von uns zerrte ein Verbandspäckchen aus der Tasche. Es gelang uns nicht, Stücke davon abzureißen. Die Hände zitterten uns. Der Wortführer holte ein Taschenmesser hervor und schnitt vier Mullstreifen ab. Als wir uns mit dem weißen Zeichen drapiert hatten, sagte er noch einmal: «Nu, dawai!» und machte eine Handbewegung zur Straße. Wir sollten abziehen. Wir drehten uns um und maschierten los. Welche Wohltat, wieder den ebenen Boden einer Straße unter den Füßen zu spüren. Später fuhren die beiden Kradbesatzungen an uns vorüber. Sie würdigten uns keines Blickes.

Auf der Straße nach Weipert hat uns niemand mehr angehalten, um uns zu kontrollieren oder gar zu bedrohen. Mehrmals überholten uns Troßkolonnen der Roten Armee, kleine Leiterwagen mit Panjepferden. Einmal langte einer der Soldaten auf dem Bock hinter sich, griff ein Kommißbrot und warf es uns zu. Wortlos mit mürrischem Gesicht, als genierte er sich seiner Großmut.

Ein russischer Landser auf einer hochbeinigen Mähre trabte vorüber. Vielleicht war es ein Kolchosbauer, der glücklich war, wieder ein Pferd unter dem Hintern zu haben. Er zügelte den Gaul, riß ihn herum und ritt auf uns zu. Uns wurde es unbehaglich. Der Soldat musterte uns und fing an zu lachen. Es war ein gutmütiger Laut. «Klein Fritz», rief er von der Höhe seiner Rosinante herunter. «Hitler kaputt, Krieg kaputt.» Er lachte wieder. «Du nach Haus, zu Frau.» Er krümmte die Finger der einen Hand zu einer Röhre und schlug mit der anderen flachen Hand auf das Loch der Röhre. Erneut brach er in ein krachendes, fröhliches Gelächter aus und ritt davon wie der tolle Bomberg. Die gutmütige Obszönität, die uns Bengels überschätzte, das Wechselbad aus Angst und Jux, ließen uns explodieren. Wir lachten, daß uns die Tränen kamen. Wir warfen uns wiehernd auf die Erde und wiederholten krächzend: «Hitler kaputt, Krieg kaputt. Nach Haus – Frau!»

Das Gefühl des Bedrohtseins steckte uns noch in den Knochen. Aber wir wußten nun, wir waren nicht mehr «im Krieg». Er hatte uns entlassen. Er war zurückgeblieben an jener staubigen Landstraße, wo wir die ersten russischen Laute vernommen hatten. Drei Tage später waren wir in Neu-Ölsnitz. Die Mädchen päppelten uns auf mit Kartoffelreibesuppen und gezuckertem Klitschbrot. Eine Woche danach trampten wir weiter zu Fuß, später schon auf Kartoffel- und Kohlewaggons nach Berlin.

Noch einmal rutschte mir das Herz in die Hose, als ich, vom Schlesischen Bahnhof kommend, in die heimatliche Grünberger Straße einbog. Zertrümmerte Häuser, der lädierte Turm der Lazarus-Kirche kamen ins Blickfeld und schließlich unser Haus. Gottlob, es schien heil geblieben zu sein. Mutter war zu Hause. Es verschlug ihr die Sprache, als sie mir öffnete. Dann heulte sie los wie ein Schloßhund.

Die politische Tätowierung

I

Das Jahr Null verlief enttäuschend undramatisch angesichts der großen, aber vagen Erwartungen an das neue Zeitalter, die sich bei uns während der letzten Wochen angestaut hatten. Die Banderole der Demokratie, die Peter im Schlafraum von Seiffen so verheißungsvoll hatte flattern lassen, hing schlaff von der Stange. Die Sorge ums Sattwerden beherrschte alles. Wir waren noch gut dran. Mutter hatte bei einer städtischen Lagergesellschaft Arbeit gefunden. Sie brachte manchmal eine Tüte mit Roggenkörnern nach Haus. Das gab Mehlsuppe, die schön satt machte. Ich beherrschte allmählich die Kunst, schmackhafte Plinsen aus Kartoffelschalen auf der Herdplatte zu backen.

Woher sollte der Auftriebswind auch blasen? Die Menschen machten zwar drei Kreuze, daß der Krieg ein Ende und die Nazidiktatur ihren Höllensturz erlebt hatte. Doch waren sie ja alle mehr oder weniger in Mitleidenschaft gezogen. Den Ruinen in den Straßen entsprach das Trümmerfeld in den Köpfen. Die waren noch immer randvoll von Furcht, Fassungslosigkeit über den zerschellten deutschen Größenwahn, Lethargie und Hoffnungslosigkeit, für Politik war kein Raum. Politik – das war damals die Verwaltung des Elends, die die Besatzungsmächte wahrnahmen. Eine winzige Minderheit von ausgewiesenen Antifaschisten, ausgemergelte Männer und Frauen, die von den Alliierten aus KZ-Lagern und Zuchthäusern befreit worden waren, ging ihnen zur Hand.

In diesen Zuständen, die nicht zu Gegenwart gerinnen wollten und keinen Ausblick auf eine Zukunft eröffneten, gab mir die Schule einen Halt. Die Andreas-«Penne» hatte schon im Mai als eine der ersten Schulen in Berlin ihre Pforten wieder geöffnet. Das war Dr. Schönebeck zu danken. Er war 1933 Direktor des Gymnasiums gewesen. Die Nazis feuerten den Sozialdemokraten. Er hatte sich, wie Holtz-Baumert in seinem Buch beschreibt, mit Nachhilfestunden und als Rezitator durch die braunen Jahre gehungert. Seine pädagogische Leidenschaft aber hatte sich nicht verloren.

Die Ruinen der Stadt schwelten noch, als Dr. Schönebeck sich im Handstreich des Andreas-Realgymnasiums, seiner geliebten Schule, bemächtigte und den Lehrbetrieb wieder aufnahm, ohne auf bürokratische Anstöße zu warten. Er war einer jener achtunggebietenden Männer und Frauen der ersten Stunde.

Da die Schüler erst allmählich aus den Evakuierungsorten zurückfluteten, gab es anfangs nur wenige Klassen. Ich, sechzehnjährig, drückte schüchtern mit Siebzehn-, Achtzehn-, ja Zwanzigjährigen die Bänke der Oberprima. Die Lehrerriege, durch Entnazifizierung gelichtet, behandelte uns achtungsvoll, wie Erwachsene. Das war ein neues Gefühl. Neu war auch das Fach «Philosophische Propädeutik». Wir erfuhren von Demokrit, Aristoteles und Kant, nichts hingegen von Marx. So schnell schossen die preußischen Lehrer nicht.

Nach einem Jahr erhielt ich das Zeugnis der Reife, in schönster Sütterlinschrift ausgefertigt. Zögernd stürzte ich mich in das Berufsleben. Mutter und Vater – inzwischen war er unbeschädigt heimgekehrt und klempnerte bei der sowjetischen Militär-Administration in Karlshorst – rieten mir zu einer Reichsbahn-Karriere. Da ich nie den bei Kleinkindern verbreiteten Lokführer-Trieb verspürt hatte, lehnte ich ab. Ich schlug auch aus, Dentist zu werden, obwohl das vermutlich ein Fehler war. Ein Schulfreund gab mir den Tip, es als Volontär bei der neugeschaffenen Gewerkschaftszeitung «Tribüne» zu versuchen.

Journalist? – das roch nach Leben, Abenteuer, Weltläufigkeit.

Mit einem Schulaufsatz und einem selbstinspirierten Text bewaffnet, den ich auf einer außer Betrieb befindlichen Städtischen Rotunde verfaßt hatte, fand ich mich in der Redaktion ein. Ein Redakteur nahm sich meiner geduldig an. Er überflog stumm den Aufsatz. Das Geschreibsel über die Bedürfnisanstalt provozierte ein Grienen. «Sie mußten wohl dringend? – Ja, ja, das Besondere im Alltäglichen entdecken, darauf kommt's an.» Als ahnte er meine romantischen Vorstellungen von dem Beruf, fügte er an: «Was die Profession angeht, sollten Sie besser keine Rosinen im Kopf haben. Das ist eine Arbeit wie jede andere, manchmal sogar schwieriger. Bestimmt frißt sie mehr von Ihrer Zeit. – Schlechte Manuskripte redigieren, Recherchen, Schreibtischarbeit, nachts werden Sie häufig in der Druckerei hocken... Also, wenn Sie wollen, kommen Sie am 1. September wieder zu uns. Sie arbeiten einen Monat zur Probe. Danach wird sich alles finden.»

Meine Eignung wurde an einem Stück Geröll, das ein Leser eingesandt hatte, und bei einer frühökologischen Erkundung getestet. Bei dem Stein sollte ich herausfinden, ob es sich um ein prähistorisches Artefakt handelt. Im zweiten Falle ging es um ein Gewässer, das der Magistrat dem Gerücht nach als Abfalleimer für Stadtmüll mißbrauchte. Ich entledigte mich beider Aufgaben zur Zufriedenheit der Redakteure. Es sei tatsächlich ein Faustkeil, wie mir ein kopfwackelnder Heimatforscher schließlich augenzwinkernd bescheinigte. Dieses Element des Zweifels teilte ich meinen Auftraggebern nicht mit. Ich verfaßte eine gebildete Notiz über den Fund (unter Hinweis auf die zweifellos von «Sapienten» verursachten Abschläge am Stein) und ein redaktionelles Dankschreiben an den Leser. Das Gewässer, die kleine Krampe im Südosten Berlins, wurde durch die Ermittlungen und den redaktionellen Protest vor dem Zukippen bewahrt – zumindest damals. Ich wurde als Volontär mit einem Monatsgehalt von 250 Mark fest eingestellt.

2

Bald erinnerte ich mich der Prophezeiungen meines Erstbegutachters. Er hatte nicht untertrieben. Das Journalistendasein bestand zum größten Teil aus Alltagsfron, wie er sie beschrieben hatte. Nichtsdestotrotz machte es mir großen Spaß. In der Lokalredaktion lernte ich das Handwerkszeug. Ich wurde Spitzmarken-König. Spitzmarken waren die mit einem halbfetten Wort beginnenden Ein-Satz-Informationen, das «Gemischte» aus Berlin, das ich aus dem Stroh von Pressediensten und Behördenmitteilungen, aus dem internen Polizeireport und anderem Rohmaterial zu filtern hatte. «Da könnt ihr jungen Spunte euch erst mal in Zeilen-Disziplin üben», meinte der Ressortchef.

Nach wenigen Monaten schon vertraute er mir die «Parlamentsberichterstattung» an. Ich durfte von den Tagungen der Berliner Stadtverordneten berichten. In der Mettage lernte ich Umbruch, half die Lokalseite zusammenzubauen. Hier kam ich hinter das Geheimnis, warum eine Zeitungsseite trotz der Beiträge von unterschiedlicher Länge stets zeilengenau «aufging». Ich ließ Spalten «austreiben» und «brachte Absätze ein». Ich fahndete nach «Hurenkindern», «Leichen» und «Hochzeiten», wie gewisse Setzfehler in der bildhaften Sprache der Metteure benannt wurden. Es schmeichelte mir, wenn ich niesen mußte und der Setzer mit dem Ahlen-Kopf zweimal aufs Blech des Mettagetisches klopfte, um mir wie einem Altgedienten in der Berufssprache Bescheid zu tun: Das hieß nämlich «Gesundheit!».

Der Reiz der Arbeit bestand darin, daß man Tag für Tag an einem Produkt beteiligt war, vom unbehauenen Ausgangsstoff bis zum druckfertigen Enderzeugnis. Meine Spitzmarken verschlang ich geradezu gierig in der Morgenzeitung und verspürte nicht weniger eitle Befriedigung als ein Essayist bei der Lektüre seines Elaborats in einem teuren Kunstdruckmagazin. Wie verzweifelt war ich über einen Setzfehler, der mir durch die Lappen gegangen war. Wie stolz war ich auf meine ersten Überschriften, die ich in den Schriftgrößen «Cicero» oder «Doppelmittel» berechnet hatte. Wie witzig und geglückt erschien uns jene Zeile über der Nachricht, die eine blutige Messerstecherei in Italien vermeldete und die wir Volontäre keß mit dem Ortsnamen getitelt hatten: Messapico. Von Entfremdung war der Job, für den ich mich entschieden hatte, jedenfalls nicht gekennzeichnet.

Die Atmosphäre in der Redaktion war entspannt und von jener elementaren Solidarität bestimmt, die in schweren Zeiten selbstverständlich ist. Das betraf auch die Nebeneinkünfte, die Journalisten damals winkten. Auf der Pressekonferenz in der Germania-Brotfabrik wurde uns Ausgehungerten nicht nur ein märchenhaftes Kunsthonigstullengelage bereitet; jeder bekam noch zwei duftende Brote – ein kleines Vermögen! – als Wegzehrung eingepackt. Bei Einladungen zu alliierten Militärmissionen übersahen die Veranstalter diskret, wenn wir mit zitternden Fingern bei jeder Zigarette, die wir selbst rauchten, noch drei weitere vom Teller klaubten. Rückte Weihnachten näher, schwärmten wir zu den obligatorischen Reportagen in der Puppenfabrik, in einer Schnapsbude oder im Warenhaus aus. Alles, was wir berufsbedingt lockermachen konnten, wurde getreulich dem Ressortchef ausgehändigt. Der verteilte gerecht und streng nach Liste und Sozialprinzip halbe Brote, einzelne Ami-Zigaretten, Kinderpuppen an Familienväter oder Korn an alle.

Zu uns Jungen, wir waren drei, verhielt man sich milde und brüderlich. Wir wurden als politische Neugeborene betrachtet. Die Mehrzahl der Redakteure gehörten der erst ein halbes Jahr zuvor, im April 1946, gegründeten Sozialistischen Einheitspartei an, zu der sich die Kommunisten und die Sozialdemokraten der sowjetischen Besatzungszone zusammengeschlossen hatten. Ich bemerkte keine Zerwürfnisse und Rivalitäten zwischen den einstigen feindlichen Brüdern. Sie schienen zufrieden darüber, daß das unheilvolle Schisma der Arbeiterbewegung, das die Hitlersche Machtergreifung begünstigt und beiden Parteien Ströme von Blut gekostet hatte, überwunden war. Einheit war das höchste Gut. Allein sie verbürgte «nie wieder Krieg, nie wieder Faschismus!». So hörten wir es von den neuvermählten SEDlern.

Auch die zwei oder drei Mitglieder der CDU in der Redaktion, die damals noch keine willfährige Blockflöte war und zu deren führenden Männern in der sowjetischen Zone neben Otto Nuschke Jakob Kaiser und Ernst Lemmer gehörten, fanden die Vereinigung «historisch richtig». Damals mochten idealistisch gestimmte Gemüter hoffen, daß die Symbiose unter den Initialen «SED» – die Leitungen in der Partei waren anfangs streng paritätisch besetzt – zu einer besseren Partei als jede der beiden einzelnen führen werde. Niemand stritt darüber, ob der soziale Veränderungswille oder die demokratischen Tugenden Vorfahrt haben sollten. Man würde schon nach Lage der Dinge das Richtige tun.

Die stalinistischen Neurosen hatten sich noch nicht ausgebreitet. Im alltäglichen Umgang mit unseren erfahrenen politischen Gefährten verspürten wir nichts von der ideologischen Bigotterie, die wir Anfang der 50er Jahre kennenlernen sollten und der wir uns später selbst schuldig machten. Wir ahnten auch nichts von jenem politischen Flagellantismus, der sich kommunistische Kritik und Selbstkritik nannte. Vielleicht waren wir einfach zu naiv, um Symptome davon wahrzunehmen.

In diesen frühen Jahren konnte man noch einen politischen Standortwechsel wagen, ohne im Gefängnis zu landen. Ein Redakteur erklärte dem Chef Fritz Apelt, einst Rote-Fahne-Journalist, nun Remigrant aus der Sowjetunion, daß er als Sozialdemokrat den Einheitskurs von Grotewohl und Pieck nicht mitmachen könne. Er kündige und würde beim «Telegraf» in Westberlin anfangen. Seinen heutigen Spätdienst werde er selbstverständlich noch ableisten und die Ausgabe imprimieren. So geschah es. Der Abtrünnige konnte die Ausgabe fertigstellen, ohne daß ihm ein Aufpasser beigegeben wurde. Als fairer Opponent unterließ er es, der «Tribüne» als Abschiedsgruß eine zweideutige Schlagzeile oder einen eindeutigen Setzfehler zu verpassen. Am nächsten Morgen meldete er sich bei Arno Scholz, dem Chef des «Telegraf». Der Frontenwechsler war Walter Wegener, später langjähriger Vorsitzender des Verbandes der Westberliner Journalisten.

Nach Jahren, wenn wir im Kreis von Freunden und Kollegen

auf diese Zeit zu sprechen kamen, hielten wir vor allem die journalistischen Exerzitien für erinnernswert. Wir mußten uns nicht nur der Spitzmarkenpflicht unterziehen. Uns wurde auch Spielraum für Kürläufe gewährt. Durch einen Leserbrief verlockt, schrieb ich eine Schmonzette über Esperanto. Sie trug mir in der Redaktionssitzung die Belehrung ein, daß die esperantistischen Weltverbesserer doch «unüberhörbar in idealistischen Angeln kreischten». Der Leser wiederum schimpfte mich in einem zweiten Brief undankbar einen Ignoranten. Ein andermal schlüpfte ich in das Kostüm eines Sittenkundlers und beschrieb Heiratsbräuche im Orient, ohne Widerspruch und Echo zu ernten. Man ließ uns Anfänger auch gern auf der Feuilleton- oder Glossenwiese tummeln.

3

Es war eine erstaunlich liberale Zeit, fanden wir später. Gut fürs journalistische Training. Heute weiß ich, daß ein anderer Vorgang viel gravierender war. Der Raum der Politik hatte sich uns geöffnet. Wir begriffen, daß unser individuelles Sein in einer direkten und, wie die Kommunisten sicher waren, überschaubaren Wechselbeziehung zu dem Chaos stand, das Geschichte hieß. Daß wir gesellschaftliche Wesen waren, machte uns erst zu Menschen. Die Vorstellung löste eine ähnliche Erregung in mir aus wie etliche Jahre früher die kindliche Entdeckung – es mag im zwölften oder dreizehnten Lebensjahr gewesen sein –, daß ich «ich selbst» war, also nicht mehr nur eine Projektion der elterlichen Wünsche und Regeln, ihrer Fürsorge und Liebe. Das war ein plötzliches Begreifen, ohne jeden erkennbaren Anlaß. Ich hatte mich endgültig abgenabelt. Es war der Augenblick des Selbstbewußtseins, des Auf-sich-gestellt-Seins.

Die neuen, politischen Einsichten elektrisierten mich ähnlich. Es waren vor allem Kommunisten, die uns dazu verhalfen. Einer davon war Günther Erxleben. Erx, wie wir ihn nannten, nahm sich unserer Unbedarftheit mit fröhlicher Hartnäckigkeit an. Wegen politischer Unzuverlässigkeit hatten ihn die Nazis in das Strafbataillon 999 gesteckt. Er war das Gegenteil einer dogmatischen Zitatenschleuder. Die hätte uns verscheucht oder unzugänglich gemacht. Statt dessen rezitierte er Verse von Villon. «Der wäre heute eingeschriebenes Mitglied der KPF», äußerte er zweifelsfrei. Ein anderer war ein Heine-Fan. Wenn er dessen revolutionären Weckruf «Schlage die Trommel» skandierte, durchzuckte es ihn nach eigenem Bekunden wie einen alten Militärknochen bei den Klängen des Radetzkymarsches. –

Ihre Botschaften waren eingängig: Kommunismus ist einfach vernünftig, wie Bewässerung, wenn du die Wüste fruchtbar machen willst. Wie kann ein Mensch für Ausbeutung sein, wie kann er einverstanden sein, ausgebeutet zu werden? Das werden früher oder später alle begreifen. Ihre unbekümmerte Überzeugtheit beeinflußte uns mindestens ebenso wie die leicht verdauliche Deutung der gesellschaftlichen Phänomene. Wir waren ja auch keine widerborstigen Kontrahenten, die ihre Zweifel kultivieren wollten.

Wie ein trockener Schwamm saugten wir ihre einfachen und schlüssigen Wahrheiten auf: Die Arbeit hat den Menschen, die Gesellschaft und die Klassen gemacht. Die dümmste Ungerechtigkeit ist, die Einteilung in Arm und Reich hinzunehmen. Falsch gepolte Besitzverhältnisse an Produktionsmitteln sind für die Ausbeutung verantwortlich. Polen wir sie richtig – gesellschaftliche Arbeitsteilung mit vergesellschafteten Produktionsmitteln –, geht die Menschheit ihrer besten Zeit entgegen. Die Oktoberrevolution war der erste couragierte Versuch, Besitzverhältnisse und Charakter der Produktion zu synchronisieren. Hitler und seine braune Bande waren die Aggressionsmaschine, die das deutsche und letztlich das große internationale Kapital gegen die Sowjetunion dirigierte. Die proletarische Konkurrenz sollte ausgeschaltet werden. Die könnte ja sonst Schule machen. Doch Stalin hat, wie Thälmann prophezeite, Hitler das Genick gebrochen. Das ist eine neue Chance, die Welt weiter zu verändern, eine Chance, die sich eröffnete, nicht weil Stalin eine Art sozialistischer Napoleon war, sondern weil sich die geschichtliche Vernunft durchsetzen mußte.

Wir waren uns zunehmend sicher, daß dies die Antwort auf unsere Fragen war. Ja, das beantwortete mehr Fragen, als wir zu formulieren imstande waren. Kapitalistische Plusmacherei, die Möglichkeit und der Trieb, den Mehrwert abzuschöpfen, den der Prolet erzeugt, war die Wurzel allen Übels. Zugleich war darin die Lösung eingeschlossen.

Und Demokratie? – Peters Vision, die uns in Seiffen vorgeschwebt hatte, schrumpfte zur Illusion unreifer Sechzehnjähriger. Eine verlogene Vokabel aus der heilen Welt des «Readers Digest», der uns gelegentlich auf den Redaktionstisch kam. – Demokratie ist eigentlich eine Chimäre, so unsere Mentoren. Macht des Kapitals ist immer Diktatur, selbst wenn sie sich demokratisch drapiert. Auch die Macht der Arbeiterklasse ist Diktatur. Deswegen reden wir ja von Diktatur des Proletariats. Das ist zumindest ehrlich. Wenn überhaupt, paßt auf das, was wir wollen, das Prädikat demokratisch, denn es ist die Diktatur der Mehrheit, des Volkes, über eine Minderheit von Ausbeutern...

Auch unsere linken Menschenfreunde waren von partieller Blindheit geschlagen, wo sie uns nur scharfäugig schienen. Das Demokratie-Defizit, das wir unbehoben aus der Vergangenheit in den Sozialismus mit hinübernahmen, war dem Wesen nach Mißachtung des Individuums, seiner Selbstbestimmung. Gerade das war jedoch als Sinn, Ziel und Antrieb der Revolution proklamiert: eine Assoziation, worin die freie Entwicklung eines jeden die Bedingung für die freie Entwicklung aller ist.

Es mußten erst 40 Jahre stalinistischer und nachstalinistischer Repression vergehen, es mußten neue Bedingungen und Einsichten im Kampf der Systeme heranreifen, technologische und ökologische Zwänge erkannt werden und in neues, menschheitliches Denken umschlagen, ehe jemand in Moskau befand: «Die Werktätigen gelangen durch die Eroberung demokratischer

Freiheiten an die Macht. Verankern und ausüben können sie diese Macht ebenfalls nur, wenn die Demokratie entwickelt ist... In Abhängigkeit davon, wie die Massen eine Politik aufnehmen, muß man diese zu korrigieren wissen, muß man für Rückkopplung sorgen und die aus dem Volke kommenden Ideen, Meinungen und Ratschläge aufgreifen.»

Gorbatschows Überzeugung, daß nur dic Entwicklung der Demokratie das sozialistische System von den alten Entartungen befreien und vor ihrer Wiederkehr bewahren kann, kam für unsere ideologisch blockierten Verhältnisse schon zu spät.

Die abstrakte kollektivistische Raison vom Klasseninteresse, die wir über Jahrzehnte in uns ausgebildet hatten, war nicht schnell genug aufzulösen. Sie hatte das grobe Raster geschaffen, das uns ausreichte, die Welträtsel zu entschlüsseln. Ich muß hinzusetzen, daß diese Bewußtseinsgravuren nicht durch einen Schnellkursus in Marxismus-Leninismus erzeugt worden sind. Sie prägten und vertieften sich in zwanglosen, unsystematischen Gesprächen mit Menschen wie Erx, die für ihre Idee eingestanden und gelitten hatten. Die Greuel und der Untergang des Faschismus hatten ihnen recht gegeben. Politische Lehrgänge erhärteten das spontan Aufgenommene. Der sich verschärfende kalte Krieg, ein haßvoller Stammtisch-Antikommunismus erzeugten in uns ein trotziges Underdog-Gefühl. Wir empfanden Stolz über die scheinbar geschlossene Rationalität der neu gewonnenen Weltanschauung. Das verstanden wir als unseren moralischen Reichtum, unsere Option auf die Zukunft, die wir Hungerleider im Osten den Reicheren im Westen voraushatten.

4

Es gab natürlich weit mehr Einflüsse und Erlebnisse, die auf uns wirkten. Lange bevor ich einen ersten Grundkurs an einer Gewerkschaftsschule absolvierte, war ich gefesselt von einer, wie mir schien, glasklaren und faßlichen Darstellung marxistischer Elementarbegriffe, die in der Berliner Jugendzeitschrift «Start» erschien. Ihr Verfasser war Wolfgang Leonhard, der 1945 als jüngstes Mitglied der Gruppe Ulbricht von Moskau nach Berlin gekommen war. Ich kaufte mir regelmäßig den «Start», damit mir nur keine der Folgen entging. Die «Keller» wurden ein besonders wertvoller Teil meines Handarchivs.

Es war ein Schock für mich und für andere Parteifrischlinge, als Leonhard 1949 mit dem Stalinismus brach und in Belgrad bei den titoistischen Häretikern Asyl fand. Sein Gesinnungswechsel war mir unbegreiflich. Was ich heute als einsame und deshalb besonders mutige Gewissenskonsequenz ermessen kann, hielt ich damals für schmählich. Seine Serie bewahrte ich dennoch in meinem Archiv. Ihre Gültigkeit schien mir durch Leonhards Schritt nicht aufgehoben; sie zeugte gegen ihn, meinte ich damals.

Später, eingestrickt schon in das System, waren uns seine Analysen stalinistischer Theorie und Praxis wie die anderer leider nicht verfügbar. Vielleicht hätten sie unseren geheimen Zweifeln auf die Sprünge helfen können.

Ich erinnere mich an ein geradezu schwärmerisches Gefühl nach dem Besuch einer Diskussionsveranstaltung im Haus der Sowjetischen Kultur am Kupfergraben. Anläßlich des vier Jahrzehnte zurückliegenden Erscheinens von Lenins «Materialismus und Empiriokritizismus» trafen sich junge sowjetische Offiziere, im Programm als Doktoren und Professoren der Philosophie ausgewiesen, mit deutschen Sachkennern, von denen mir nur noch Wolfgang Harich in Erinnerung ist, zu einer Diskussion, wie ich sie so profund und leidenschaftlich noch nie erlebt hatte. Übrigens war er uns Redaktions-Eleven damals bereits ein Begriff. Denn Theaterkritiker Harich hatte eine Rezension eine ungemein ehrenvolle öffentliche Ohrfeige von Käthe Dorsch eingebracht, zu jener Zeit die Grande Dame der Berliner Theaterszene.

Es beeindruckte mich, wie die sowjetischen Philosophen mit ihren hiesigen Partnern den schwierigen Stoff in fließendem Deutsch meisterten. Obwohl ich von dem komplizierten Gegenstand so gut wie nichts verstand und mir die philosophischen Termini meist böhmische Dörfer blieben, riß mich die schwungvolle Geistigkeit der Debatte hin. Ganz wenige Sätze meinte ich verstanden zu haben. Ich nahm sie wie Kostbarkeiten mit nach Hause. Es ging darin um das Verhältnis von Denken und Materie, um die Dialektik des Erkenntnisprozesses, darum, daß Wissen aus Nichtwissen entsteht. Die praktisch-pfiffigen Exkurse von Erx fand ich auf eine gelehrte und folglich unanfechtbare Weise beglaubigt.

Von denen, die unsere kommunistische Affinität befördert haben, muß ich noch Jacob Walcher nennen. Seit dem Sommer 1947 leiteten zwei Chefredakteure die «Tribüne», neben dem schon erwähnten Fritz Apelt der aus US-amerikanischer Emigration zurückgekehrte Walcher. Er war der Gewerkschaftsexperte in der Thälmannschen Parteizentrale gewesen. Lenin hatte er noch persönlich gekannt. Seine Frau Herta war die letzte Sekretärin Clara Zetkins gewesen. In den für uns Junge schwer durchschaubaren Richtungskämpfen der KPD hatte er sich rechtsopportunistischer Sympathien für die Brandler-Thalheimer-Gruppe schuldig gemacht, die sich später als KP null rechts von der KPD konstituierte. Reuig, aber aufrecht hatte er sich der Partei für den Aufbau der antifaschistischen Gesellschaft zur Verfügung gestellt.

Ulbricht entschied, ihn als Chef der Berliner Ausgabe der «Tribüne» einzusetzen. Das war im Grunde eine Arbeit weit unter Wert für einen Mann aus der KPD-Spitze. Aber Walcher war ein unprätentiöser Mensch. Er wollte sich mit seinen Erfahrungen und Fähigkeiten nützlich machen beim Aufbau eines neuen Deutschland, gleichgültig wo die Partei ihn brauchte.

Als Chefredakteur befaßte sich Walcher nicht so intensiv wie Erx mit dem Nachwuchs. Wir spürten aber sein Wohlwollen. Gelegentlich redigierte er mit seiner großen, schwungvoll gerundeten Schrift unsere Textversuche. Er verwarf nichts. Er empfahl uns nur, präziser zu denken und adäquat zu formulieren.

In der New Yorker Emigration war Walcher ein vertrauter

Freund Bertolt Brechts geworden. Wir hörten, daß er sich in Berlin häufig mit Brecht traf. Er selbst sprach darüber nie. Diese Beziehung zwischen dem einstigen Metallarbeiter und dem Dichter und Dramatiker faszinierte uns. Es schien uns ein Gleichnis für die Einheit von Geist, Politik und Macht zu sein, die damals von Politikern und Intellektuellen als eine real gewordene Chance beschworen wurde.

Walcher war ein Verehrer von Rosa Luxemburg. Während eines Gesprächs fischte er aus einer Brieftasche behutsam ein altes Foto und ließ es uns betrachten. Es zeigte eine Art Schulklasse, auf den Bänken saßen bärtige Herren, einige gar mit Vatermördern, glaube ich mich zu erinnern. Vor den Bänken stand eine zierliche Frau mit hochgetürmtem Haar. Es war eine Erinnerungsaufnahme vom ersten Lehrgang der sozialdemokratischen Parteischule aus dem Jahre 1912. «Der in der hinteren Reihe ohne Bart bin ich», sagte Walcher. «Und die Frau da vorn, das war unser Lektor. Die kennt ihr wohl.» Wir kannten sie. Es war Rosa Luxemburg.

Die schlichte, selbstverständliche Aufrichtigkeit, die politische und Lebenserfahrung, die Walcher ohne Dünkel verkörperte, machten ihn für uns zu einem Vorbild.

1950 stellte ich den Antrag, als Kandidat in die SED aufgenommen zu werden. Die Bewährungszeit dauerte zwei Jahre. 1952 wurde ich durch die Mitgliederversammlung der Partei in der Redaktion «Tribüne» als Vollmitglied anerkannt.

5

Am 6. März 1953 kam die Nachricht, daß Stalin in der Nacht gestorben war. Unsere Reaktion ist mir – heute mehr denn je – gegenwärtig als ein Beleg für den Grad von Exaltation, in den normale Menschen versetzt werden können durch eine vergottende Propaganda und davon entfachte Autosuggestion. Die

Frauen in der Redaktion hockten rotverweint an den Schreibtischen. Die Männer wischten sich verstohlen Tränen aus dem Gesicht.

Wir waren wie gelähmt. Nicht der «Generalissimus», es war der pfeifeschmauchende Stalin, das «Väterchen», der uns verlassen hatte. Das Diminutiv brachte uns den Toten nahe wie einen Anverwandten. Wir fühlten nicht nur Schmerz, sondern auch Leere. Wie und durch wen sollte die ungeheure Lücke in unserer führerlos gewordenen revolutionären Welt geschlossen werden? In dem Übermaß unserer Trauer und Sorge fanden wir uns bestätigt durch das Echo, das der Tod Stalins weltweit, auch bei den Gegnern, hervorgerufen hatte. Während des ganzen Tages kam es uns in Agenturberichten auf den Tisch, bestimmte es die Radiosendungen.

Als ich am nächsten Morgen in der Redaktion eintraf, stieß ich auf eine eigentümlich gedrückte Atmosphäre. Auf dem Gang huschten Kollegen an mir vorbei, die meinen Gruß kaum erwiderten. Aus der Klause des Chefs kam einer seiner Stellvertreter mit drei mutmaßlichen Besuchern, die ernste Mienen aufgesetzt hatten. Ein solcher Andrang war ungewöhnlich. Mein Zimmergefährte empfing mich verstört und mit dem pietätlosen Ausruf: «Eine furchtbare Scheiße ist passiert.» Er warf mir ein Exemplar der Zeitung auf den Tisch. «Lies mal die angestrichene Stelle in der Aufmachung!» sagte er.

Es war das Kondolenztelegramm der SED an die Moskauer Führung. Ich überflog die markierten Zeilen, las ungläubig noch einmal. Da stand in unserem Blatt folgende Ungeheuerlichkeit: «Mit Josef Wissarionowitsch Stalin ist» – es folgte die übliche Kaskade ruhmvoller Umschreibungen und schließlich: – «der überragende Kämpfer für die Erhaltung und Festigung des Krieges in der Welt dahingegangen».

«Mein Gott», brachte ich nur heraus. «Wie konnte das passieren?» – «Die Leute vom MfS untersuchen das schon», sagte mein Gegenüber. Mir fielen die drei Besucher ein. – «Sie verhören Hugo. Der war gestern Chef vom Dienst.» Hugo Polkehn war mein Ressortchef, er leitete die Lokalredaktion. Wenn er die Schlußredaktion hatte, würde ihm das große Scherereien bereiten, meinte ich, ohne im entferntesten an die tatsächlichen Konsequenzen zu denken. Es belastete uns ein gemeinschaftliches Schuldgefühl, daß die «Tribüne» zum Transporteur einer ungeheuerlichen Blasphemie geworden war. All die Abstraktionen von politischem Verrat, von bösartigem Ketzertum, von gekauften Abweichlern, die Ende der 40er, Anfang der 50er Jahre, von Moskau inspiriert, auch die innerparteiliche Diskussion in der SED beherrschten, schienen mit diesem schlimmen Schnitzer, wie immer er zustande gekommen sein mochte, irgendwie greifbarer, realer geworden zu sein.

Unsere Schizophrenie war damals schon fortgeschritten. Obwohl wir vermuten konnten, daß in der üblichen Hektik des Redaktionsbetriebes eine simple menschliche Panne geschehen war, sich beim Setzer eine der begrifflichen Stanzen vertauscht hatte, spukte in unseren Hirnen gleichzeitig der Gedanke, daß der Setzfehler ein Werk des ideologischen Gottseibeiuns war. Wir waren nicht fähig zu begreifen, daß uns die bereitwillige Vorspiegelung einer Lästerung Stalins noch nach dem Tode des Diktators seinem eisernen Griff unterwarf.

Die beiden Unglücksraben Hugo Polkehn und der Setzer Karl Richter wurden noch am selben Tag verhaftet. Die befragten Redakteure der «Tribüne» erklären bis heute, daß sie Hugo Polkehn das beste Zeugnis ausgestellt haben. Hugo hat es ihnen nicht geglaubt. Er hat später nie wieder ein Wort mit einem von ihnen gewechselt. Er strafte uns alle mit seiner schweigenden Verachtung, weil wir ihn nicht herausgepaukt hatten. Ich weiß nicht, wer das hätte schaffen können. Staatssicherheit und Justiz waren entschlossen, ihre Grabbeigabe zu leisten.

Jeder der beiden bekam fünfeinhalb Jahre Zuchthaus. Das barbarische Strafmaß wurde mit «Boykotthetze» und «Agententätigkeit» begründet. Für einen Setzfehler durfte in der DDR natürlich niemand ins Zuchthaus geschickt werden. In Erinnerungen, über die sein Sohn erst 1990 informierte, schildert Hugo

Polkehn, wie man ihm im Stasigefängnis mit Prügel und mit Drohungen gegen seine Familie das «Geständnis» abpreßte, aus «Sozialdemokratismus» den Fehler absichtlich lanciert zu haben. Es war eine mittelalterliche, niederträchtige und hirnverbrannte Farce. Es war eine von vielen grausamen Ungerechtigkeiten, mit denen wir die große Gerechtigkeit befleckten, die wir auf unsere Fahne geschrieben hatten.

In der Redaktion brach nach dem 7. März eine Art Massenpanik aus. Niemand wollte das Risiko eines Schlußdienstes auf sich nehmen. Wie viele Möglichkeiten für andere verderbenbringende Setzfehler gab es bei über dreitausend Zeilen in einer Ausgabe? Bei der Einteilung für diese Arbeit gab es reihenweise Weinkrämpfe und wütende Verweigerungen. Nur durch einen enormen Aufwand von Überredungskünsten und Beruhigungstabletten konnte zunächst das weitere Erscheinen der Zeitung gesichert werden.

Der Vorfall machte in der Folgezeit auf traurige Weise Pressegeschichte in der DDR. In allen Redaktionen wurden, wenn auch mit unterschiedlichen Bezeichnungen, Gruppen politischer Korrektoren eingesetzt, Redakteure, die für nichts anderes bezahlt wurden, als Abend für Abend jede druckfertige Seite Zeile für Zeile auf politische Läuse durchzukämmen. Anschließend lasen sie ebenso akribisch ein Andruckexemplar von jedem Druckwerk mit besonderem Blick auf die Bilder. Es könnte ja sein, daß im Raster eines Fotos zufällig oder absichtlich ein Nazisymbol oder eine andere Verunstaltung offenbar wird, schlimmstenfalls auf dem Konterfei eines führenden Genossen. In solchem Falle waren sofort der Druck der Maschine zu stoppen und die geschädigten Exemplare sicherzustellen.

Polkehn und Richter, keine großen Tiere der Politik, denen in geschichtlichen Abhandlungen kaum Fußnoten gewidmet werden, waren noch nicht die letzten Opfer der stalinistischen Machtzementierung. Der Beschluß des Kominform von 1948, der Tito und die jugoslawischen Kommunisten als eine Bande nationalistischer Verräter an der internationalen Arbeiterklasse brandmarkte, hatte eine Welle von Schauprozessen in den sozialistischen Ländern nach sich gezogen. Als imperialistische Agenten verurteilt und hingerichtet wurden außer Laszlo Raik in Ungarn auch Traitschko Kostoff in Bulgarien und Rudolf Slansky in der Tschechoslowakei. Die beiden letzten waren sogar Mitunterzeichner der Bannbulle gegen Tito gewesen. Die Inquisition fraß auch ihre Inquisitoren.

In der SED gingen die Säuberungen einher mit der Formierung zur Partei neuen Typus, das heißt mit der Verdrängung des sozialdemokatrischen Elements. Das Paritäten-Prinzip für die Leitungen wurde abgeschafft. Sozialdemokratismus war nur *eine* der zu büßenden Sünden. Betroffen waren nicht wenige Kommunisten, die statt nach Moskau in westliche Länder emigriert waren. Nach dem Prager Slansky-Prozeß traf es insbesondere Genossen jüdischer Abstammung, die des Zionismus und des Kosmopolitismus bezichtigt wurden.

In der SED wurde nach dem 20. Parteitag der KPDSU, der die kommunistische Bewegung mit Stalins Verbrechensregister konfrontierte, das schiefe Lächeln der Selbstgefälligkeit aufgesetzt: Wir haben den von Stalin verfügten Gesinnungsterror nicht so sklavisch mitgemacht wie andere; in der DDR gab es keine Schauprozesse.

Das stimmte sogar. Aber die Historiker, die bislang geheime Dokumente jener Zeit sichten, kommen zu dem Schluß, daß in der DDR die Inszenierung eines ähnlichen Ketzer-Prozesses wie in Prag, Budapest oder Sofia schon weit gediehen war. Im Visier befanden sich die einstigen Spitzenfunktionäre und Westemigranten Merker und Dahlem. Die Entwicklung nach dem sowjetischen Parteitag hat es nicht mehr dazu kommen lassen.

Vielen anderen Opfern des Stalin-Terrors widerfuhr erst jetzt späte Gerechtigkeit. Auch in der DDR waren untadelige Kommunisten, allerdings unter weniger spektakulären Umständen, reihenweise in die Gefängnisse gewandert. In Geheimverfahren waren sie als titoistisch-trotzkistische oder zionistische Instrumente des Imperialismus, als lebende Beweise für die These von der «gesetzmäßigen Verschärfung des Klassenkampfes» vorgeführt worden. Einige gingen an den physischen und psychischen Drangsalen der Zwangsarbeit im sibirischen Workuta oder im sächsischen Uranbergbau zugrunde. Die vielen, die aus der Partei und aus ihrer Arbeit gefeuert wurden, konnten von sich sagen, sie waren noch einmal mit dem Leben davongekommen.

Unter denen, die aus der SED ausgeschlossen und arbeitslos wurden, war Jacob Walcher. Die «Tribüne» verlor ihren Chefredakteur. Immerhin erhielt die Redaktion damals einen guten Mann, wenn es auch kein Ersatz war, Bruno Stubert. Er war ein Kripo-Kommissar, der im Nachkriegsberlin Kriminalgeschichte geschrieben hatte. Seine erfolgreiche Aufklärung von Kapitalverbrechen lieferte sogar Stoff für Drehbücher. Nur weil er als ehemaliger 999er in westliche, in britische Gefangenschaft geraten war, hatte er den Dienst quittieren müssen. In der Gewerkschaftszeitung durfte sich ein «unberührbar» Gewordener wie er seine Brötchen noch verdienen.

Für Polkehn öffneten sich die Zuchthaustore nach dem 20. Parteitag der KPDSU. Der Willkürakt der Justiz wurde damit nicht annulliert. Es handelte sich um einen Gnadenerweis des Präsidenten der DDR. Er starb 1986, nicht rehabilitiert und ohne eine Haftentschädigung erhalten zu haben.

Das Bild des pfeiferauchenden Symbols der revolutionären Weisheit verblaßte, und hervor trat die Visage des paranoiden Tyrannen. Die damaligen Führer, auch Chruschtschow, ließen es nicht zu, daß sich die Kritik am Personenkult um Stalin zur notwendigen Analyse der Ursachen wie der von ihm geschaffenen Strukturen der Despotie, also des Systems, ausweitete. Nach der Geheimrede Chruschtschows wurde eine Sentenz von Ulbricht bekannt, die in der DDR fast sprichwörtlich geworden ist: Es sei nun klar, daß Genosse Stalin kein «Glassigr», kein Klassiker der Marxschen Theorie, ist. Das war alles. Es offenbarte die Inkonsequenz der ersten Abrechnung.

Auch ich hatte ungeachtet meiner Sympathien für Hugo Polkehn seine Tragödie als unabänderlich hingenommen: Wir lebten und arbeiteten auch nach 1953 noch viele Jahre im langen Schatten Stalins.

6

Die beim Ableben des Georgiers zutage getretene Nervenschwäche eines Teils der Redaktion führte dazu, daß andere in mir die Fähigkeit entdeckten, Hysterie zu moderieren. Womöglich hing die Gabe mit einer Mangelerscheinung zusammen. Als Glaubensnovize spürte ich den schrecklichen Ernst nicht so intensiv, der über dem zeremoniellen Weihrauch dieses Todes lag. Jedenfalls brachte ich einige wieder dazu, daß ihre Hände nicht mehr zitterten, wenn sie einen Seitenabzug zur Kontrolle einzulesen hatten. Dieser Beruhigungseffekt und einige flinke Maßnahmen zur Absicherung gegen ähnlich schauerliche Böcke fielen den Herausgebern im Bundesvorstand des FDGB auf. So verdankte der Stift von gestern als 24jähriger seine Beförderung zum stellvertretenden Chefredakteur einem Setzfehler, der zwei anderen Menschen Unglück und Leid gebracht hatte.

Das Unbehagen, das dieser Umstand erzeugte, belastete mich einige Wochen. Es wurde überlagert von dem Zwang, mich einzuarbeiten. Obwohl ich zu allen ein gutes, kollegiales Verhältnis hatte, wußte ich, daß man mich besonders kritisch beobachten würde. Wenn ich mich in der redaktionellen Praxis schon einigermaßen sicher bewegte, war ich doch politisch noch immer ein Greenhorn.

Ich war 37, als diese Arbeit für mich endete. 1967 fuhr ich nach Moskau, um ein Jahr an der Parteihochschule der KPdSU zu studieren. Da wußte ich noch nicht, daß ich nicht mehr in die «Tribüne» zurückkehren würde. In den 13 Jahren bis dahin erlebte ich mit, wie die Partei ihren Einfluß auf die Zeitungen, aber auch auf den Rundfunk und das Fernsehen immer mehr zu einem straffen System der Lenkung vervollkommnete und veramtete. Der Prozeß verlief in der Hauptsache auf zwei Schienen.

Zum einen etablierte sich in diesen Jahren der Presseapparat der SED unverhohlener als der Parteieinfluß in anderen Bereichen zu einer Institution von gesamtgesellschaftlicher Kompetenz. Der ZK-Sekretär für Agitation und der ihm unterstehende Leiter der Abteilung Agitation und Propaganda des ZK waren die Personalchefs, aber zugleich die politischen Weichensteller und Vorbeter eines gigantischen Medienunternehmens. Über alle Parteizeitungen, das Zentralorgan wie die 15 Bezirkszeitungen der SED, die ja ihre eigenen Chefredakteure hatten, war ein Netz der «Anleitung» gespannt. Keine Einstellung eines Redakteurs, ob in Rostock oder in Suhl, konnte durch die Maschen gehen.

Nicht minder straff an die Parteizentrale angebunden waren Rundfunk, Fernsehen und die Nachrichtenagentur ADN. Der Unterschied zu den Parteiblättern bestand darin, daß ihre Mitarbeiter staatlich besoldet waren. Im selben Status befanden sich auch die Zeitungen der Massenorganisationen, der Gewerkschaften und der Jugendorganisationen. Ebenso zappelten die Zeitungen der Blockpartei im SED-Netz, wenn auch die Parteivorstände selbst die Personalentscheidungen treffen konnten. Aber der übereinstimmenden politischen Tätowierung waren sie ebenso unterworfen wie die Medien der SED.

Allwöchentlich donnerstags nach der Sitzung des Politbüros (dienstags) und nach der Beratung des ZK-Sekretariats (mittwochs) versammelten sich die Chefredakteure der in Berlin ansässigen Zeitungen der SED und der Massenorganisationen, aber auch der Leiter des Presseamtes der Regierung in der Abteilung Agitation zur politischen Tränke. Dort wurden die politischen Sprachregelungen ausgegeben für die Propagierung der Parteibeschlüsse, für die aktuelle innen- und außenpolitische Berichterstattung und Kommentierung. Am selben Tag, unmittelbar nach dem «Linie»-Empfang im ZK, rief der Leiter des Presseamtes die Chefs der Blockzeitungen zu sich und verabreichte ihnen nicht minder autoritativ die Richtlinien, die durch ihn zu Regierungsempfehlungen geworden waren.

Die Redaktionen der Bezirkszeitungen wurden per Fernschreiben von den Agitations-Dekreten in Kenntnis gesetzt. Über den «Ticker» wurden auch täglich aktuelle Hinweise, Gebote und Verbote, an die Redaktionen übermittelt. Die in Berlin zu Hause waren, wurden noch bis unmittelbar vor Redaktionsschluß telefonisch von Mitarbeitern der ZK-Abteilung auf Nachrichten aufmerksam gemacht, die nicht unter den Tisch fallen durften oder je nach taktischem Ermessen besonders groß auf der Seite 1 oder unauffällig auf den Innenseiten zu placieren waren.

Die Abteilung Agitation war aber auch Herr über die Institution – und das betrifft die erwähnte zweite Schiene ihres Einflusses –, die ihr seit Mitte der fünfziger Jahre das eigentliche Objekt für ihre operative Geschäftigkeit lieferte. Ihr unterstand politisch die Fakultät, später Sektion, für Journalistik an der Leipziger Karl-Marx-Universität. Nach mehrjährigem Studium wurden dort Diplom-Journalisten herangebildet, die ihre Befähigung für die Profession durch ein Staatsexamen belegen mußten. Alle schon in der Praxis befindlichen Journalisten, soweit sie leitende Funktionen innehatten, mußten nach Eröffnung der Fakultät das Hochschul-Zertifikat im Fernstudium erwerben. Das Studium umfaßte sowohl zeitungsgeschichtlichen und -wissenschaftlichen Stoff wie marxistisch-leninistische Philosophie, Logik, Stilkunde und je nach der professionellen Richtung der Studierenden rechts-, wirtschafts-, kunstwissenschaftliche und ähnlich spezifische Fächer zur Abrundung.

Ich war ein Fernstudent der ersten Matrikel. Wir fühlten uns damals als Adepten der Presse neuen Typus, des journalistischen Versatzstückes der Partei neuen Typus, die Lenin begründet hatte. Die Partei leitete ihre politische Legitimität und ihren Machtanspruch nicht aus einer so fragwürdigen Substanz wie dem (manipulierten) Wählervotum ab. Sie verstand sich als Vollzieherin geschichtlicher Notwendigkeiten. Begriffe wie Objektivität oder Information hatten in ihrem Presseverständnis keinen Platz oder nur einen bedingten Wert.

Wichtigstes Kriterium der Objektivität war die Parteilichkeit. Nur wer dialektisch mit Blindheit geschlagen war, mochte das als paradox belächeln. Wir wußten es besser. Objektiv sein hieß Partei ergreifen für die historische Gesetzmäßigkeit, für die Revolution, für den Sozialismus. Parteilichkeit hieß aber auch unbedingte sozialistische Apologetik und verbissene Bekämpfung alles bürgerlich-kapitalistischen Gerümpels. Die wahre Presse war nicht zuerst Vermittler von Informationen, sondern von Ansichten. Sie war, wie es bei Lenin hieß, kollektiver Propagandist, Agitator und Organisator.

Das rigorose und enge Medienkonzept wurzelte in einer bolschewistischen Reliquie, einer kleinen illegalen Zeitung, der «Iskra» (Funke), die unter der Redaktion von Lenin zum organisatorischen und politischen Zentrum der radikalen Kräfte in der russischen Sozialdemokratie geworden war. Daraus war alles an Prinzipien heutiger Pressearbeit abgeleitet. Dazu wurde alles, was sich an Anforderungen moderner Medienarbeit ergab, in Beziehung gesetzt. Daraus resultierte letztlich die groteske Uniformität eines Pressewesens, das sich seiner hohen Auflagen rühmte, aber letztlich nur das Gegenteil dessen beförderte, was ihm zu rechtfertigen und zu stärken aufgegeben war.

In dogmatischer Weise verinnerlichten wir während des Studiums Leitsprüche Lenins, die dieser vor einem halben Jahrhundert in der russischen Revolution von 1905 verkündet hatte, um damals dem ideologischen Zerfall der illegalen Parteiorganisation zuvorzukommen.

So bedienten wir uns über Jahre ohne Anfechtungen des fragwürdigen Regelwerks der Presse neuen Typs. Heute, auch beim Lesen meiner Aufzeichnungen über diesen Gegenstand, muß ich mir vorwerfen, daß ich als Journalist zur geistigen Kastration durch Schönfärberei und Kritiklosigkeit beigetragen habe. Ich stieß auf ein Gorki-Zitat, das ich damals mir und anderen zur Selbstbestätigung vorhielt. Er geht darin mit der russischen Exilpresse ins Gericht: «Sie lebt fast ausschließlich von Nachdrukken aus sowjetischen Zeitungen und klaubt mit Vorliebe alles heraus, was schlecht ist, was die Bauern und Arbeiter und die von ihnen geschaffene neue Ordnung in Verruf bringen kann. Von derartigem Emigrantensumpf ernähren sich nun ihrerseits die bürgerlichen Zeitungen Europas, und diese Zeitungen liest auch das europäische Proletariat. Das Klassenbewußtsein ist eine starke Kraft. Aber eine Maschine, die man Tag für Tag mit allerlei Staub und Dreck beschmutzt, wird doch schlechter arbeiten, selbst wenn es eine leistungsfähige Maschine ist.»

Immerhin geht aus dem Zitat hervor, daß die damaligen sowjetischen Zeitungen offensichtlich kein Blatt vor den Mund nahmen, wenn es um Kritik an Mißständen in der Gesellschaft ging. Andererseits drückt es genau die Position aus, mit der uns jede «Korrektur» von Tatsachen gerechtfertigt schien, wenn sie nur unserem Programm von Nutzen war.

Typisch für unsere Equilibristik, um den Mangel an ehrlicher Kritik an uns zu rechtfertigen, ist folgende Sentenz, die ich selbst noch als Chefredakteur Anfang der achtziger Jahre vertreten habe: «Die wirkungsvollste Form der Kritik, die wir gegenwärtig betreiben und fortführen werden, ist die Kritik am Alten, am Herkömmlichen, am Uneffektiven, am Kostenaufwendigen... Wir sind Anwälte des Sozialismus. Deshalb ist die Hauptform der Kritik, zu der wir uns bekennen, das Setzen immer neuer Maßstäbe, die Verbreitung fortgeschrittener Erfahrungen – also die Kritik am Bestehenden in dem Sinne, das Gute von heute in das Bessere von morgen umzuformen.» – Etwas Schlechteres als das Gute war unaussprechlich geworden.

Ich will nicht übergehen, daß Honecker bei seinem Machtantritt 1971 einige, wenn auch kleine Zeichen setzte, die die Journalisten aufhorchen ließen. Ich arbeitete zu jener Zeit schon das dritte Jahr als stellvertretender Chefredakteur in der Redaktion des «Neuen Deutschland». Die Abteilung Agitation des ZK hatte noch während meines einjährigen Studiums an der Moskauer Parteihochschule der KPdSU verfügt, daß ich im «Zentralorgan» der Partei eingesetzt werde. Mit stellvertretenden Chefredakteuren war das «ND» reichlich versehen. Mit mir waren es sieben. Die Redakteure witzelten über die Chef-Schwemme. «Du gehst zum Empfang. Am Buffet noch jede Menge Platz. Plötzlich ist kein Rankommen mehr: Die stellvertretenden Chefredakteure des ‹ND› sind eingeschwebt.»

Es war ein Symptom dafür, daß die bürokratische Blähsucht auch die Redaktionen erreicht hatte. Die Zahl der Leiter nahm zu, die der schreibenden Redakteure blieb konstant niedrig. Viel zeitlicher und personeller Aufwand wurde an die Planung und an die Kontrolle der Texte verschwendet. Beides lief dem Gebot zu Flexibilität und Redaktionsschnelligkeit in einer Tageszeitung zuwider. Das waren einfach Maßstäbe zweiter und dritter Ordnung, wenn die Politik und ihre Apparate darüber befanden, was wichtig und was unerheblich war. Nicht was ist, sondern was zu sein hat nach den Regeln der Ideologie, das bestimmte den Inhalt der Zeitung.

Unser Journalismus bediente die Leser behäbig und wortkarg wie ein anmaßender Schalterbeamter, wenn es um relevante Fragen und Gegenstände der Politik ging. Das Informationsbedürfnis der Menschen mußte sich in vielen Fällen mit wenig sagenden Protokollmeldungen und Kommuniqués zufriedengeben. Wortüberflutungen waren nicht nur gestattet, sondern erwünscht, sofern es den Rahmen von «Ereignissen» betraf. Bei Staatsbesuchen nahm das ganze Zeitungsseiten in Anspruch. Zum vorgeschriebenen Dauerrepertoire gehörte u. a. der minutiöse, sich aufs Wort gleichende Bericht über das militärische Begrüßungszeremoniell bei Ankunft eines ausländischen Staatsgastes. Nach der Lektüre einer solchen Beschreibung sagte mir ein ungarischer Kollege mokant: «Ihr seid nicht perfekt. Ihr habt versäumt, die Noten des preußischen Präsentiermarsches abzudrucken, den die Kapelle gespielt hat.»

Die journalistischen Unsitten waren schon unter Ulbricht eingeführt worden. Um so hoffnungsvoller nahmen wir auf, daß Honecker die Journalisten zu mehr Tatsachentreue ermutigte.

Mit den Methoden einer vorsintflutlichen Geschichtsklitterung sollte Schluß gemacht werden. Natürlich dachte er nicht an ein Umschreiben der bisherigen Lesarten. Aber immerhin setzte er durch, daß auf historischen Fotos Personen nicht mehr wegretuschiert oder -geschnitten wurden, weil sie aus dem sozialistischen Olymp verbannt worden waren.

Er verlangte, daß über Katastrophen und Unglücksfälle in sozialistischen Ländern, die DDR einbegriffen, so spektakulär zu berichten ist, wie es die Sache zuläßt. «Das interessiert doch die Menschen. Außerdem sind wir es den Betroffenen schuldig.» Gemessen an westlichen Informationsgepflogenheiten hört sich das unglaublich banal an. Man muß jedoch in Rechnung stellen, daß es damals in den sozialistischen Ländern üblich war, einen Flugzeugabsturz, von dem eigene Bürger betroffen waren, entweder zu verschweigen oder in die hinterste Nachrichtenecke zu verbannen. Sozialistische Flugzeuge hatten nun einmal wie der sagenhafte Holländer ewig zu funktionieren. Das «ND» erhielt von Honecker den Auftrag, mehr Raum für Information aufzuwenden, das heißt mehr Nachrichten und Meldungen und statt dessen weniger lange Artikel und Reden zu veröffentlichen.

Die Apologie-Sucht des Systems, die das Aufdecken und die öffentliche Erörterung von Schwierigkeiten scheute wie der Teufel das Weihwasser, führte jedoch schon Mitte der siebziger Jahre zum Rückfall in die alten Gewohnheiten. Verstärkt machten sich medienwidrige Praktiken breit. Die vorsätzliche Verspätung von Nachrichten über vermeintlich unbequeme Tatbestände, die der Bürger schon drei Tage vorher im Fernsehen der Bundesrepublik serviert bekam, machte die Journalisten zu Weihnachtsmännern der Aktualität.

Zu einer spezifischen Form der Information wurde die Nichtinformation. Man vermutete oder wußte, wenn etwas weithin Bekanntes nicht mitgeteilt wurde, daß dahinter gravierend Mißliches stecken mußte. In Kommentaren wurde eine merkwürdige Art der Polemik praktiziert, das Schattenboxen mit gegnerischen Argumenten, die aber nicht genannt werden durften, weil man Meinungen des Gegners keine Bühne geben wollte. Redaktionen erhielten Leserbriefe, in denen nachgefragt wurde, gegen was oder gegen wen ein Kommentar eigentlich ziele. Allen Ernstes wurde den Lesern empfohlen, in ihrer Zeitung «zwischen den Zeilen» zu lesen.

Honecker berief sich im Gespräch mit westlichen Partnern stolz darauf, daß es in der DDR keine Zensur gebe. Das stimmte sogar. Eine Zensur war nicht nötig, weil er als Oberzensor häufig die Meldungen selber fabrizierte oder ansetzen ließ, die er für zulässig hielt, oder die Informationstabus verhängte. Das andere besorgten dann schon die Selbstzensur in den Köpfen und die zentrale «Anleitung», die sich täglich über die Redaktionen ergoß.

Da die wirtschaftlichen Schwierigkeiten Ende der 70er und Anfang der 80er Jahre zunahmen, ließ Mittag seinen Apparat die Zeitungen danach durchforsten, wo sich ein Redakteur oder ein Reporter der ökonomischen Realität in Artikeln oder Berichten unsittlich zu nähern suchte. Wer dabei ertappt wurde, mußte mit Rüge, Versetzung oder Absetzung rechnen. Eine besonders herausfordernde Täuschung der Öffentlichkeit waren die geschönten Monatsstatistiken über die Planerfüllung, die alle Zeitungen zu veröffentlichen hatten. 1988 und 1989 waren sie zweifellos einer der steten Tropfen, die die Vernunft der Menschen malträtierten. Sie hat bei vielen Lesern die Empörung über den Widerspruch angefacht, der sich zwischen den ökonomischen Prahlereien und der tristen Wirklichkeit in den Betrieben und den Läden auftat.

Daß ich diese Praktiken heute verurteile, schließt ein, daß ich mich daran mitschuldig weiß. Ich war in jener Zeit ja nicht nur ein Redakteur unter vielen. Ich war ein Leitungsmitglied des «ND». 1978, als der Chefredakteur der SED-Zeitung, Herrmann, die Nachfolge des in Libyen tödlich verunglückten Agitationssekretärs Lamberz antrat, wurde ich an die Spitze des «ND» gerückt. Bezeichnenderweise erfuhr ich von meiner Beförderung, noch bevor sie mir jemand anderes mitteilte, von einem Diplomaten der sowjetischen Botschaft. Auch diese Personalentscheidungen wurden, bevor die SED sie publik machen konnte, mit der KPdSU vorgeklärt.

Trotz gewisser innerer Zweifel an manchen unserer Schritte oder Methoden war meine geistige Beschaffenheit damals so, daß ich jenseits der Parteidisziplin und der permanent eingeforderten «Treue zur Sache des Sozialismus» keinen moralischen Überlebensraum sah. Ich hätte mich selbst als Verräter verdammen müssen. Es brauchte noch Jahre. Es bedurfte des von Gorbatschow eingeleiteten Wandels in unseren Wertvorstellungen und meiner Erfahrungen als Parteisekretär von Berlin, bis auch bei mir die alten, stalinistischen Konventionen ihre Bindekraft einbüßten.

Widerwillig habe ich im November 1989 das mißratenen Erbe des Sekretärs für Agitation übernommen, und zwar, um es ein für allemal zu liquidieren. Das hatte ich mir ausbedungen, als mich Krenz zur Übernahme dieses Amtes drängte. Auf einer der internationalen Pressekonferenzen in jenen Tagen wurde ich auch nach meiner suspekt gewordenen Medienvergangenheit befragt. Ich habe geantwortet, wenn ein Kind von seinen Eltern mit Prügel aufgezogen worden ist, sind zwei Konsequenzen denkbar: Entweder prügelt der inzwischen erwachsen Gewordene wiederum die eignen Kinder, oder es gibt einen Bewußtseinsbruch, und er schwört sich, nie wieder Prügel, nie wieder Gängelei. In diesem Sinne habe ich versucht, in den wenigen Wochen, die mir noch blieben, allererste, noch unzureichende Pflöcke für eine freie Medienlandschaft zu setzen.

Was westlichen Betrachtern die dargestellten geradezu antimedialen Praktiken im Sozialismus – sie sind beileibe nicht auf die DDR beschränkt gewesen – so schwer verständlich, wenn nicht unbegreiflich macht, sind die Erfahrungen ihrer Welt, einer demokratischen, aber auch buntscheckigen, permissiven Gesellschaft. Diese Unbegreifbarkeit konkreter Vorgänge und Erscheinungen stellt sich immer ein, wo logische ohne die historische Neugier auf Erkundung geht.

In der Tat hatten Zeitungen, Fernsehen und Rundfunk im Realsozialismus mit den entsprechenden Institutionen in den westlichen Demokratien nicht viel mehr gemeinsam als die materiellen Hüllen – Papier, Druckerschwärze, Sender, Mattscheiben, Radios. Es charakterisiert die gänzlich anders geartete Rolle der Medien im Westen wie ihr grundlegend anderes soziales Wirkungsfeld, daß ihnen von allen relevanten und rivalisierenden politischen und wirtschaftlichen Kräften Unersetzlichkeit konzediert wird, nicht trotz, sondern wegen ihrer kritischen Potenz und Funktion. Gewiß ist auch dieses Medienmuster nicht ohne Fehl und Tadel. Es wird von Menschen verwirklicht, die in einer Welt der Versuchungen leben. Aber die Mehrheit oder der einflußreichste Teil der Presse in der Bundesrepublik kann auf Leistungen verweisen, die ihren Anspruch rechtfertigen, ein Element der Gewaltenteilung zu sein.

Sieht man von gewissem, sicher unvermeidlichem Bodensatz der Pressefreiheit ab, so wird diese Funktion der Medien am eindrucksvollsten offenbar im «Investigative journalism». Nicht nur in den USA, auch in der Bundesrepublik hat er schon seit Jahren seine Wirksamkeit als öffentliches Purgatorium bewiesen. Augenscheinlich ist dies auch im Bewußtsein der Bürger verwurzelt. Wie käme es sonst dazu, daß die Auflagen von Blättern, die als Organe von Parteien ausgewiesen sind, nicht einmal von den Mitgliedern oder Wählern dieser Organisationen hinreichend gestützt werden. Man traut ihnen – zu Recht – nicht die Fähigkeit und die Spielräume zu, die eine unparteiische, unabhängige kritische Position in der Gesellschaft braucht.

Das westliche, bürgerliche oder kapitalistische Verständnis und Selbstverständnis von Journalismus beruht nicht zuletzt auf der breiten Akzeptanz seiner destabilisierenden Funktion. Wirkliche Demokratie lebt von der Möglichkeit des Wechsels. Wo sich innerhalb eines demokratischen Systems politische und andere Strukturen übermäßig zu verfestigen drohen, in Filz, Korruption oder in Systemgefährdung auszuarten beginnen, müssen die medialen Seismographen Alarm schlagen. Wo Etabliertsein zu anmaßender Erstarrung degeneriert, destabilisieren sie, während die Demokratie als Ganzes stabilisiert wird.

Wer sich nur verblüfft und angewidert vom Bild der Medien in der früheren DDR abwendet, sollte sich vor Augen führen, daß die ihm unverständlichen Erscheinungen auf dem Boden eines grundlegend anderen Gesellschaftsmodells gewachsen sind. Es proklamierte eine neue, eine Art Übergewalt, die alle «illusionäre» Gewaltenteilung der bürgerlichen Gesellschaft aufheben sollte, nämlich durch die Gewalt, die Diktatur der Mehrheit über eine Minderheit von verwerflichen, profitversessenen Ausbeutern. In Einklang damit formulierte Marx, daß die erste Freiheit der Presse darin bestehen müsse, kein Gewerbe zu sein. Sie würde bei geglückter Revolution – das war die Konsequenz – nur noch einem Gewerbe nachzugehen haben, dem, der neuen Macht, der Diktatur des Proletariats, bedingungslos zu dienen.

Bei Lenin stoßen wir schon auf die verengende Präzisierung von den journalistischen «Rädchen und Schräubchen im großen sozialdemokratischen Mechanismus». Ihre Bestimmung war es zu stabilisieren, und nicht, den Wechsel zu garantieren. Das System sah sich ja alternativlos. Wechsel oder Wandel mußte seine Strukturen gefährden. Das zu besichtigende Ergebnis der Reform- und Wendeversuche in allen einstigen sozialistischen Ländern gibt dieser Raison recht.

Auch als Journalist war ich zuerst Kommunist. Ein auf die Profession, auf den Journalismus gestelltes Selbstbewußtsein war nicht denkbar. Es gab nur das Sendungsbewußtsein, das aus der kommunistischen Gesinnung erwuchs. Das selbstgewählte Heilsmodell bestimmte alles Tun zu seiner Erhaltung, gleich ob ich Bürgermeister, Journalist oder Direktor eines Interhotels war. Natürlich waren die sozialistischen Absonderlichkeiten, die den Vorstellungen von «Westlern» zuwiderliefen, die Kluft zwischen Dichtung und Wahrheit, in der journalistischen Produktion am wenigsten zu übersehen. Sie fordern indes auch immer zu Vergleichen heraus, die das Grundmuster vernachlässigen. Hätte es die elementare selbstgewählte Gläubigkeit journalistischer Täter und die von der Partei stets eingeforderte bedingungslose Treue zum sozialistischen Grundmodell nicht gegeben, wäre das triste Bild der DDR-Medien nur aus der moralischen Verkommenheit und der Inkompetenz der Journalisten zu erklären. Und die hat es so nicht gegeben.

Das innere Nichteinverständnis vieler Journalisten mit der ihnen oktroyierten Machart der Blätter und Sendungen begann sich zu entwickeln, als die substantiellen Gebrechen des Systems wie Schwären an einem kranken Körper ausbrachen. Noch im Rahmen des alten Gesinnungsregulativs bahnte sich der Paradigmenwechsel an. Gewiß war das auch eine Fernwirkung der sowjetischen Perestroika. Sie machte es möglich, das eigene Fehlen zu ahnen und schließlich zu begreifen. Hier liegt die Chance zu Reinigung und Selbstbefreiung für jene, die ihre Schuldlast kennen und keine Charakterlumpen waren.

Sozialistischer Absolutismus

I

Siebeneinhalb Monate sind inzwischen vergangen, seit wir aus Wandlitz ausgezogen sind. Der Gedanke an die der Ortschaft des Namens vorgelagerte Siedlung in einem märkischen Waldgebiet mit hohen Buchen und Kiefern ruft zunächst ein Bild hervor, das keine rechte Schärfe gewinnen will. Ich habe Mühe, mich zu besinnen, wie wir uns fühlten während der siebeneinhalb Jahre, die die Familie dort gewohnt, gelebt hat. Es scheint wie die Erinnerung an etwas weit Zurückliegendes. Hat das der Wirbel der Ereignisse seit dem Oktober 89 bewirkt? Ich weiß, daß es nicht so ist. Natürlich habe ich selbst es zurückgeschoben, abgelegt in einem Stollen des Gedächtnisses. Der Mechanismus des Verdrängens arbeitet. Ich will mich ihm nicht unterwerfen. Aber warum ist die Anfälligkeit dazu größer, wenn das Thema «Wandlitz» heißt?

Ich will keinen Abstrich davon erfeilschen, daß ich zu lange und exponiert eine falsche Politik vertreten habe. Die Marxschen Ideen der Gesellschaftsentwicklung und Veränderung wurden zu Mittelmaß und Dogma verballhornt. Nicht zu entschuldigen ist, daß wir Unrecht an Menschen begingen, um recht zu behalten. Das einzusehen und mir einzugestehen – also nicht nur im Verhör vor «Wohlfahrtsausschüssen», die diese Revolution kurzfristig hervorgebracht hat –, ist verzweifelt wichtig, um weiterzuleben. Suizidgefährdet sind nicht jene, die, wie bedrückt und fassungslos auch immer, vor den Trümmern ihres Glaubens stehen, aber in irgendeiner äußeren schädlichen Konstellation den Herd seines Zerfalls vermuten – sei es nun eine kosmische Strahlung oder, weniger geheimnisvoll, die NATO.

Kurzum, ich will mich dem Schuldkonto dieser Politik stellen, weil es das Nützliche ist, das mir bleibt. Sei es nur, um eine glaubwürdige Warnung abzugeben. Wir haben zu lange gebraucht, um uns elementare Fehler einzugestehen. Der Politik, deren Fragwürdigkeit heute so vielen sonnenklar ist, habe ich irrend, wenn auch subjektiv ehrlich, meine Arbeit gegeben. Bei Wandlitz gibt es ein Zögern, nicht nur, weil die private Sphäre berührt ist. Wenn der Name fällt, stellt sich bei mir noch immer eine Mischung aus Scham, Zorn und Resignation ein. Mußten wir unsere Sache und uns selbst – frage ich mich – noch zusätzlich moralisch kompromittieren?

Das Trauma des 17. Juni 1953, der ungarische Aufstand von 1956 und Ratschläge von sowjetischer Seite bewogen Ulbricht, die Quartiere der PB-Mitglieder «aus Sicherheitsgründen» von der Panke, aus den Vorkriegsvillen in Berlin-Niederschönhausen, in den Wandlitzer Mischwald zu verlegen. Der Aufbau der «Waldsiedlung» brauchte einige Jahre. 1960 fand der Umzug in die äußerlich unansehnlichen, aber geräumigen Häuser mit ihrem bieder-soliden Interieur statt. Über die Jahre wurde Wandlitz zum Synonym für einen Spießertraum geheimer Genüsse der Mächtigen, die vom Lächerlichen bis zum Maßlosen reichten, vom Heißwasser aus verchromten Westarmaturen bis zur Unberührtheit ausgedehnter Jagdreservate und darauf befindlichen maßgeschneiderten Chalets. Wandlitz, das war auch der «Laden», jene verschwiegene Stätte, wo man sich zum Gefälligkeitskurs von 1:2 mit Colgate-Zahnpasta, Kukident-Haftpulver und Milkana-Käse eindecken konnte (selbst wenn der DDR-Käse nicht schlechter schmeckte, billiger und ohne kostbare Devisen zu beschaffen war), wo man das ganze Jahr über Anzüge oder Handtücher, aber «vor dem Fest» auch Hi-Fi-Türme oder Videogeräte von Sanyo erstehen konnte. Wandlitz – ein abartiges «Quelle»versand-Pfefferkuchenhaus in märkischer Heide, bei dem Hänsel und Gretel der Zahn tropfen mußte.

Seit der Währungsunion ist Wandlitz überall. Scheinbar haben jene meiner Gesprächspartner aus der Bundesrepublik recht behalten, die die Aufwallungen über die Prokuristen-Privilegien der Bonzen als eine mehr skurrile Begleiterscheinung der Wendezeit belächelt haben. Ich bin nach wie vor davon überzeugt, daß uns das Wandlitzsyndrom ebenso den Garaus gemacht hat wie die Wahlfälschung.

Der Exhibitionismus oder die Exklusivität des Reichtums in der Welt, die uns nun zugänglich oder – besser – für die wir nun zugänglich geworden sind, ist die Selbstbestätigung der Protagonisten eines erfolgreichen Systems.

Hast du was, bist du was. Bist du was, hast du was. Verglichen damit war die verstohlene Welt der DDR-Privilegierten nicht allein kleinbürgerlich und banal; sie verriet die fundamentale Schwäche unseres Systems. Wir, die eine neue, bessere Gesellschaft wollten und predigten, aber nur eine von unzulänglicher ökonomischer Potenz zuwege brachten, klebten an Statussymbolen, mit denen uns der Kapitalismus belieferte. Wir bewilligten uns, was wir dem Normalbürger nicht geben konnten. Mit jedem Tag, den wir so lebten, zeugten wir moralisch und sachlich gegen den Sozialismus. Das rief die Erbitterung in der Parteibasis wie in der Bevölkerung hervor, die uns aufzugeben zwang.

Über Wandlitz noch Worte zu verlieren lohnte nicht, wenn es nur um das Versagen von Individuen ginge. Die Siedlung gehörte zum Instrumentarium des Systems. Wir steckten in einem korrumpierenden Netz von Abhängigkeiten. Jeder verdankte im Grunde – auch wenn er es sich nicht eingestand – seinen Platz im Politbüro einem Mann, dem Generalsekretär.

Auf die in nichtkommunistischen Parteien übliche Mandatsrangelei bei Wahlen in die Vorstände sah die Führung der SED verächtlich herab. Als Partei neuen Typus verfuhr sie nach dem Organisationsprinzip des «demokratischen Zentralismus», das solchen Schnickschnack gründlich ausschloß. In der Praxis lief es darauf hinaus, daß ohne das Placet des Generalsekretärs niemand auf eine Wahlliste im Parteitag oder im Zentralkomitee kam. Es war nicht vorstellbar, daß das ZK einen Kandidaten nicht annahm, den der Generalsekretär ins Politbüro zu «holen» wünschte. Der Zutritt zur Macht wurde bei dieser Verfahrensweise mit Ergebenheit für den bezahlt, der die Einlaßkarten vergab, den Generalsekretär.

Beim Umzug hinter die «kleine Mauer» von Wandlitz schlossen sich unhörbar weitere Fesseln. Unsere fünfköpfige Familie zog dort ein wie jener brave Mann, der all seine Habe bei sich trägt. Unsere Einrichtung hatten wir verkauft. Wir würden sie nicht brauchen, hatte mich der Haushofmeister der Siedlung, General Wolf, Leiter des Personenschutzes im Stasiministerium aufgeklärt. Das Haus, das für uns bereitstünde, sei vollmöbliert.

Wir hatten uns nicht beeilt überzusiedeln. Nach meiner Wahl zum Kandidaten des Politbüros auf dem 10. Parteitag 1981 wohnten wir noch etwa ein Jahr in der Leipziger Straße, gegenüber vom Springer-Hochhaus an der Mauer. Irina und die Kinder befürchteten, es könnte sich nachteilig für ihre Freundschaften in der Schule oder in der sowjetischen Kolonie auswirken, wenn wir nicht mehr in Berlin lebten und für Besucher schwieriger, nur noch per Passierschein zu erreichen wären. Schließlich drängte mich Mielke. «Ihr müßt endlich umziehen. Ist doch kein Zustand, daß die Begleiter (die Bodyguards) am Wochenende vor eurem Haus im Wagen hocken müssen. Außerdem kann ich nicht abends und nachts für eure Sicherheit garantieren. In Wandlitz ist das alles problemlos. Das Objekt ist ja Tag und Nacht bewacht.»

Unsere neue Bleibe, ein Acht-Zimmer-Haus mit Veranda, war mit allem Notwendigen versehen. Für uns besaß es den Charme einer «maison garnie», eines Hotel-Bungalows. Bis auf unsere Kleidung, den persönlichen Nippes und die Bücher war nichts unser in diesem Heim. Wir zahlten dafür eine Miete von 370 Mark monatlich. Ein Teil der Einrichtung trug noch die Spuren der früheren Nutzer, der Familie des Politbüro-Mitgliedes Grüneberg, der während des 10. Parteitages verstorben war. Daß Frau Grüneberg sich hatte sputen müssen, für uns das Haus zu räumen, war uns peinlich gewesen. Aber es half uns, nicht zu übersehen, daß wir ebenfalls Insassen auf Zeit waren.

Wir waren im Leihkommunismus angekommen. Der Generalsekretär hat's gegeben; er wird es nehmen, wenn du die Parteiraison, die Disziplin, die Spielregeln verletzt, die er bestimmt. Die Vergabe von Jagdgebieten mit dem angemessenen Immobilienbesatz an einzelne Mitglieder des Politbüros wie Mittag, Mielke, Sindermann, Tisch, Krolikowski oder Müller schuf innerhalb der Führung noch einen innersten Privilegienzirkel, für den der Generalsekretär zugleich der Oberjäger und St. Hubertus war. Das kleine Wohlleben entwickelt eine beträchtliche Klebekraft an den, der es gewährt.

Es blieb nicht bei dem durch die Machtvollkommenheit des Generalsekretärs geregelten, sozusagen offiziell sanktionierten Gunstbetrieb. Der Vorwurf einer primitiven Bakschisch-Korruption kann schwerlich gegen jemand im Politbüro erhoben werden. Einige aber verleitete das Fehlen jeglicher demokratischer Aufsicht wie der Mangel an Selbstkontrolle, der Sippeninstinkt oder die Überlegung, einen Altersabstieg aus dem Politbüro sozial abzufedern, zu persönlichem Amtsmißbrauch, wie es in der Sprache der gewendeten DDR-Justiz hieß. Man ließ sich schnieke Häuser bauen, wobei man den Staat zum zahlenden Teilhaber machte, selbst aber nur einen Teil der Baukosten trug.

Die sozialistische Günstlings- und Selbstbegünstigungswirtschaft ist keine Erfindung der DDR. Sie ist ein Teil des stalinistischen Gesellschaftsmodells, das in der Sowjetunion perfektioniert und nach 1945 allen machtausübenden kommunistischen Parteien oktroyiert wurde.

In seinen «Aufzeichnungen eines Unbequemen» schildert Jelzin, wie noch fünf Jahre nach Gorbatschows Start das Privilegien-Manna auf die Nomenklatura regnete. «Dem Posten, den jemand einnimmt, wird... ein breites Sortiment von Gütern bereitgestellt, doch auf allem prangt der Stempel des Systems, damit der Mensch, der wie früher nur ein Schräubchen ist, nicht vergißt, wem das alles in Wirklichkeit gehört. – Wenn er nun plötzlich nicht mehr treu und gläubig dem System dienen will, sondern sich mit ihm anlegt, dann wird auf Iwanows Posten Petrow oder irgendein anderer erscheinen. Nichts gehört dem Menschen in diesem System. Stalin schaffte es, diesen Mechanismus so zu vervollkommnen, daß seinen Kampfgenossen nicht einmal ihre Frauen gehörten. Sie gehörten ebenfalls dem System. Es konnte sie ihnen wegnehmen, wie es bei Kalinin und Molotow geschah, die keinen Mucks dagegen zu sagen wagten.»

Neben dem Katalog an Bevorrechtungen für die sowjetische Nomenklatura, die Jelzin beschreibt, nimmt sich das «System Wandlitz» eher mickrig aus. Die deformierende Wirkung auf Politik und Handeln der Führenden war keine geringere. Außer dem pauschalen Gehorsamszwang der Parteidisziplin war es die Selbsterniedrigung der Politbüromitglieder durch die Akzeptanz ihrer Privilegien, die eine schöpferische und kritische Atmosphäre in den Spitzengremien der Partei nicht aufkommen ließ. Es unterblieb die rechtzeitige Korrektur fehlerhafter Entwicklungen. So wurde, was erfunden war, den Bestand des Systems zu sichern, zu einem Faktor seines Untergangs.

Ich teile nicht Jelzins – allzu subjektiv gefärbten – generalen Anwürfe gegen Person und Politik Gorbatschows. Aber seine Mahnung oder Warnung an den Präsidentenkollegen im Kreml ist ernst zu nehmen: «Wenn die Menschen aber von der himmelschreienden sozialen Ungleichheit wissen und sehen, daß der Führer nichts gegen die schamlose Güterenteignung tut, verglimmen die letzten Funken des Glaubens.» Kassandra kann sich inzwischen auf die Erfahrung DDR berufen.

Wiederholt wurde mir von westlichen Zufallsbekannten teils mit mokantem, teils mit tröstlichem Unterton bedeutet, ich solle die Selbstkasteiung nicht überziehen. Flagellantismus könne mich unglaubwürdig machen. Das waren durchaus keine Zyniker, sondern um Fairneß bemühte und von ihrer Objektivität überzeugte Leute. Um eine effektvolle Büßerpose geht es mir nicht. Korruption und Korrumpiertheit sind keine Sünden, die nur dem System Ost immanent wären, wenn sich auch ihre Erscheinungsformen und ihre Verbreitung in einer östlichen Mangelgesellschaft von denen in einer westlichen Wohlstandsgesellschaft erheblich unterscheiden mögen. Sie sind die schäbigen Begleiter jeglicher Macht, und sie offenbaren die moralische Immunschwäche der menschlichen Natur. Ja, sie sind so elementar und vital, daß sie nicht nur im Filz einer intransparenten Diktatur, sondern auch im Sichtfeld einer tausendäugigen Demokratie wuchern können.

In einem geistreich-bitteren «großen Plädoyer für die Korruption» schreibt der Gießener Psychologe Horst-Eberhard Richter: «Einzelne, Gruppen, ganze Nationen verraten mitunter ein unbezähmbares Verlangen, sich fortgesetzt über ein bestimmtes Übel zu entrüsten. Es immerfort ans Licht zu zerren, anzuprangern und zu bekämpfen, verschafft ihnen, ohne daß sie es zugeben, willkommene Entlastung. Die psychoanalytische Sozialphilosophie... nennt diesen Abwehrmechanismus Projektion... Dem Feindbild wird zugeteilt, was man sich insgeheim selbst verübelt. Hochanfällig für solche Feindbildsuche ist jede Gesellschaft, die sehr viel moralischer zu sein glaubt, als sie ist.»

In meiner Lage stünde mir nichts schlechter an, als mit Richters Finger auf andere zu weisen. Aber es sollte auch nicht so sein, daß die Unnachsichtigkeit, die zu Recht gegen die Korruptionserscheinungen hüben, in der DDR, exekutiert wurde, dazu verleitet, das Anfälligkeitspotential drüben zu übersehen. Ich will, im Gegenteil, daran glauben, daß die Demokratie, die uns nun aufgenommen hat, den läuternden Effekt nicht überheblich verwirft, den das rückhaltlose Eingeständnis des Makels nicht nur für die Ertappten hat. Dann erst bekäme deren moralische oder gar strafrechtliche Sühne einen sozialen Sinn.

Mitten in Wandlitz an der Fernverkehrsstraße F 109 befindet sich ein großes Gemischtwarengeschäft. Der rührige Inhaber hat dem Laden seinen Namen gegeben, «der dicke Kurt». Auch zu unserer Zeit war «der dicke Kurt» ein Begriff für optimales Angebot und für private Inititative, und das nicht nur in den umliegenden Ortschaften. Berliner Ausflügler, die zum Wandlitzsee zogen, wußten, daß man sich beim dicken Kurt mit allem Notwendigen und besser als im staatlichen Handel eindecken konnte. Auf der Autobahn Berlin–Hamburg läßt das Hinweisschild zur Abzweigung Wandlitz vielleicht manchen Wessi im Fond eines Mercedes oder Citroën noch heute erschauern. Mehr als die Bewohner jeder anderen Gemeinde in Deutschland fühlen sich die Wandlitzer von dem belastet, was sich mit ihrem Ortsnamen zu Zeiten der DDR verband. Das haben sie nicht verdient. Es ist ein Ort wie jeder andere in Brandenburg. Ich hoffe nicht nur, ich bin sicher, daß der dicke Kurt bald wieder mehr für Wandlitz zeugen wird als der Schatten der Vergangenheit.

2

Wer war Erich Honecker? War er ein Tyrann? Wie war es, mit ihm zu arbeiten? Warum haben Sie ihm nicht reinen Wein eingeschenkt – viel früher schon, als Sie merkten, daß die Dinge nicht richtig laufen? Fragen, wie ich sie Dutzende Male gehört habe in den vergangenen Monaten, neugierig, vorwurfsvoll, kopfschüttelnd, zuweilen mit einem Anflug von Verachtung.

DDR-Bürger haben mir solche Fragen nie gestellt. Honecker ist für viele mehr als andere aus seiner Umgebung eine Unperson. Flüche ja, Fragen nicht. Man hat sich seiner entledigt. Weg mit Schaden, aus dem Sinn mit ihm. Die Abwehr hat mindestens zwei Gründe. Er ist ein Stück der gemeinsamen kompromittierenden Vergangenheit, der verlorenen und verlogenen Illusionen, in die viele selbst investiert hatten. Andererseits: Die Sorgen der Menschen heute sind Honeckers ungedeckten Wechseln auf die Zukunft geschuldet. – Bundesbürger haben es leichter, unbefangen zu sein.

Das Fatale ist, daß man kein Despot im landläufigen Sinn sein muß, um eine in ihren Wirkungen tyrannische, menschenwidrige Politik zu verfolgen. Dem Klischee entsprachen der cholerische, von krankhafter Überwachungs- und Reglementiersucht getriebene Mielke oder ein Typus wie Mittag weit mehr, der zynisch, intrigant und auf persönlichen Machtgewinn versessen war.

Anders als die meisten Politbüromitglieder hatte ich erst seit Ende der siebziger Jahre als Chefredakteur des «ND» häufiger direkt mit Honecker zu tun. Ich lernte ihn in einer Zeit kennen, als er die anfänglichen Unsicherheiten in seiner Spitzenposition schon abgelegt und sich im Lande wie international ein eigenes Renommee verschafft hatte.

Honeckers Weg an die Spitze der Partei war auf eine ähnliche, unausgesprochene Weise vorgezeichnet gewesen wie zwanzig Jahre später beim Aspiranten Krenz. Schon in den sechziger Jahren war bekannt, daß Ulbricht es ihm überlassen hatte, die Sitzungen des Sekretariats zu leiten. Er war im Politbüro verantwortlich für den Sicherheitsbereich, was als ein Indiz dafür galt, daß ihn Ulbricht als Prätendenten gebilligt hatte. Man hörte aber auch, daß das Verhältnis zwischen beiden nicht das allerbeste war. Ulbricht erlegte sich keinen Zwang auf, wenn es ihm geraten schien, an seinem zweiten Mann herumzumäkeln.

Das Bild, das Außenstehende von Honecker hatten, wurde dadurch nicht eindrucksvoller. Wenn wir uns im kleinen Kreise von Genossen gelegentlich über die Nachfolge Ulbrichts unterhielten, bekam Honecker keine guten Noten. Er war der ehemalige Berufsjugendliche, der noch als Vierzigjähriger im Blauhemd der FDJ agiert hatte. Seine linkische Art bei öffentlichen Auftritten, seine gepreßte, hohe Stimmlage, die Monotonie seiner Redeweise, die er zuweilen zu einer aufgesetzt wirkenden gellenden Rhetorik steigerte, Betonungsfehler, das ewige Faustgerecke des alternden Jungrevolutionärs – das ging nicht nur mir, sondern auch meinen Kollegen auf die Nerven. Wir wünschten uns sehnlichst einen Mann an der Spitze, der die hallsteinverfemte DDR gewinnender, überzeugender vertreten könnte. Honecker war farblos. Er verriet nicht einmal die unangenehme Originalität, die man Ulbricht nicht absprechen konnte.

Wir hatten uns getäuscht. Hinter den Kulissen hatte er schon einige Zeit zielstrebig an der Etablierung seiner Macht gearbeitet. Es hatte ein Konzept und wußte Leute hinter sich, die ihm ebenso ergeben waren wie die Ulbricht-Equipe ihrem Chef. 1971, auf dem 8. Parteitag der SED, präsentierte er ein außen- und innenpolitisches Programm, mit dem er seinen Vorgänger schnell in den Schatten rückte.

Gegen den von Ulbricht in seinen letzten Amtsjahren geförderten Dialog von Kassel und Erfurt, gegen die damit verbundene Gefahr des Wandels der DDR durch Annäherung setzte er seine These: die Anerkennung der DDR durch Abgrenzung von der Bundesrepublik. Mit den schnellen Resultaten dieser Politik – Grundlagenvertrag, diplomatische Beziehungen zu 100 Staaten schon 1973 – füllten sich die Persönlichkeitsdefizite auf, die Honecker unter Ulbrichts Fuchtel gezeigt hatte. Hinzu kam, daß auch das Staatsvolk die von ihm verkündete Sozialpolitik mit Wohlwollen aufnahm. Ich war überrascht und erleichtert, wie gut sich Honecker machte. Meine Skepsis wich dem Engagement für seine Politik.

Honecker sammelte Punkte auch mit weniger spektakulären Schritten. Er stoppte die ideologische Donquichotterie, die unter Ulbricht grassiert hatte: Die Vorliebe der Jugend für saloppes, buntes Outfit, für Jeans, Rock und ungewöhnliche Haartracht sollte nicht mehr politisch verdächtigt werden. Wichtig ist nicht, was man auf dem Hintern oder auf dem Kopf trägt, sondern was junge Menschen im Kopf haben, das Ja zum Sozialismus natürlich. Die Attacken auf die «Ochsenköpfe», die Antennen zum Empfang der Fernsehprogramme von ARD und ZDF, wurden eingestellt. Die DDR ist ein weltoffenes Land, hieß es jetzt. So funktionierte er die Unmöglichkeit, Mauern im Äther zu errichten, in eine liberale Tugend der DDR um. Auch die leichten Lokkerungsübungen für die Presse gehörten dazu.

Von der Reisegenehmigung für den Verwandtenbesuch im

Westen sollten SED-Mitglieder nicht mehr ausgeschlossen sein. «Es ist doch absurd, daß wir die nicht reisen lassen, die unsere Politik da drüben besser vertreten als ein parteiloser Enkel oder Onkel.» Die von Gaus festgestellte Nischengesellschaft in der DDR wurde, wenn auch nicht erstrebt, unter anderem erst dadurch möglich, daß die von Ulbricht beschworene «sozialistische Menschengemeinschaft» als eine unrealistische Übertreibung abgeblasen wurde.

In den Künsten sollte nicht nur das «E», also Klassik und Tiefsinn, sondern auch das «U» wie «Unterhaltung» wieder größer geschrieben werden. Das Fernsehen erhielt die Möglichkeit, westliche Filme einzukaufen und zu senden.

Ein DDR-spezifischer Widersinn war dabei nicht auszuschließen. Wir zeigten Filme, die zu einem erheblichen Teil von den DDR-Bürgern schon auf westlichen Fernsehkanälen besichtigt wurden. Autoren und Regisseure wiederum tadelten uns, weil wir für Valuten erstanden, was ihren Produktionen das Wasser abgrub oder was ihnen aus ideologischen Gründen versagt war, selbst zu produzieren.

War nun der Honecker der frühen siebziger Jahre ein anderer als jener der späten achtziger? Ich bestreite das. Er hat stets und unbeirrbar dasselbe Ziel verfolgt. Er war eingeschworen auf die stalinistischen Vorstellungen von der Partei und vom Sozialismus. Und er besaß einen eisernen Willen. Er hatte ihn den «Volksgerichtshof» und das Nazizuchthaus überstehen lassen. Obwohl ihm die bitteren Erfahrungen der sowjetischen Emigration erspart geblieben waren, sagte ihm sein Instinkt, daß er nur an der Seite Ulbrichts, der der Mann Moskaus war, seinen Weg machen würde.

In kritischen Phasen der Parteientwicklung erwies und bewährte sich Honecker als Gefolgsmann Ulbrichts. Nach dem 17. Juni 1953, als das Politbüro anhub, mit Ulbricht als dem Einpeitscher einer Politik abzurechnen, die den Arbeiteraufstand provoziert hatte, sprachen sich als einzige des damals 15köpfigen Gremiums Matern und Honecker für den ins Wanken Geratenen aus. Ulbricht stürzte nicht. Moskau stützte den Vormann in Berlin. Honecker hatte auf das richtige Pferd gesetzt.

Im Januar 1957, auf der 30. Tagung des ZK, hielt Honecker, obwohl noch Kandidat des Politbüros, das Hauptreferat, den Bericht des Politbüros. Er gab damit den Auftakt zur späteren Maßregelung der Gruppe Schirdewan, zu der Staatssicherheitsminister Wollweber und der Wirtschaftssekretär Ziller gehörten. Schirdewan, der so etwas wie ein Stellvertreter Ulbrichts war, hatte nach dem ungarischen Aufstand von 1956 Realismus und demokratische Züge in der Politik der SED, echte Kollektivität in der Parteiführung angemahnt. Auf einer ZK-Sitzung im November 1956 war Schirdewan Ulbricht direkt angegangen: «Ich will nicht, Walter, daß du den Weg von Rakosi gehst.» Rakosi war Chef der ungarischen KP und hatte noch nach Stalins Tod auf dessen Weise in Budapest weiter geherrscht. Der Wut der Aufständischen entzog er sich durch Flucht in die Sowjetunion. Schirdewan und Wollweber wurden im Februar 1958 aus dem Zentralkomitee ausgeschlossen und erhielten Parteistrafen wegen «fraktioneller Tätigkeit». Ziller nahm sich im Dezember 1957 das Leben.

Auf einer Tagung des ZK im Dezember 1965 war es wiederum Honecker, der das Hauptreferat hielt. Diesmal ging es darum, den Kulturschaffenden die Flügel zu stutzen. Breshnew, mit dem die nachstalinistische Restauration in der Sowjetunion eingesetzt hatte, war einen Monat zuvor in Berlin gewesen. Es ist nicht abwegig zu vermuten, daß damit das Chruschtschowsche Tauwetter für die DDR abgeblasen wurde, das dem Altstalinisten Ulbricht ohnedies nicht geheuer war.

Ulbricht revanchierte sich für Honeckers Dienste, indem er ihn zu seinem zweiten Mann aufbaute. Das war zugleich eine Empfehlung für Moskau. Honecker wurde damit unbedenklich für die Breshnew-Führung. Wer so treu zu ihrem Vertrauensmann stand, der konnte eines Tages auch dessen Nachfolger werden. Für seinen eigenen Griff zur Macht sollte das von Bedeutung sein.

Die erwähnten Korrekturen, die er zu Beginn seiner Ära am Konzept Ulbrichts anbrachte, waren pragmatischer, nicht grundsätzlicher Natur. Sie beseitigten die allzu realitätsfernen Elemente. Was kostete es ihn zum Beispiel, den Menschen den Empfang des Westfernsehens nicht länger zu verbieten, wenn der auch ohne Erlaubnis möglich war.

Honecker war kein Zyniker. Er kannte keinen Zweifel. Sein Sozialismus, den er den Bürgern verordnete, war der einzig richtige. Er befand sich im rechten Glauben. Seine Macht war gut. Je größer und fester, desto besser. Honecker blieb sich immer treu, hartköpfig und zielstrebig. Nur die Verhältnisse um ihn herum änderten sich. Waren sie 1971 reif und aufnahmefähig für sein Angebot gewesen, so hatten ihn 1989 die Bedürfnisse und Ansprüche der Menschen schon weit hinter sich gelassen. Er war nicht fähig, sein enges Gesellschaftsbild damit zu synchronisieren.

Macht und Apparat waren für ihn zwei Seiten derselben Sache. Der Apparat, die Abteilungen des Zentralkomitees und die ihnen vorstehenden Sekretäre artikulierten die häufig nur andeutungsweise übermittelten Ideen, Hinweise oder Anforderungen des Generalsekretärs. Sie legten ihm die Tatsachenanalyse und die Schlußfolgerungen vor, die für eine Entscheidung nötig waren. Der Apparat sicherte, entweder selbst oder über seine Kontakte zu parallelen Apparaten der Massenorganisationen, anderer Parteien und Institutionen, daß die so zustande gekommenen Dekrete des Politbüros dem Inhalt nach andere beschließende Gremien anstandslos passierten, seien es nun das Zentralkomitee, die Volkskammer, die Regierung oder irgendwelche Kongresse.

Auch die Aktivitäten, die Auftritte des Generalsekretärs wurden vom Apparat vorbereitet. Echte Öffentlichkeit, Spontaneität oder Ansätze von Demokratie waren darin nicht vorgesehen. Ein nicht organisierter Vorgang, so empfanden wir es durch Gewöhnung, wäre risikobehaftet, ja einfach Schlamperei gewesen.

Auf einen Teil des Apparates, der ihm für den Machterhalt

besonders wichtig schien, nahm er ständig und unmittelbar Einfluß. Die für die Personalpolitik zuständige Kaderabteilung zählte dazu. Durch ihre Hände und Karteikästen liefen alle Personalvorgänge, die für die Partei, für die Regierung, für die Massenorganisationen von Bedeutung waren. Erst wenn sie mit dem Generalsekretär vorgeklärt waren, kamen die entsprechenden Vorlagen ins Politbüro.

Ein zweiter Bereich, mit dem er sich intensiv befaßte, war die Arbeit des Ministeriums für Staatssicherheit. Jeden Dienstag nach der Sitzung des Politbüros empfing Honecker Mielke in seinem Arbeitszimmer. Es ist anzunehmen, daß in ihren Gesprächen das Vorgehen gegen oppositionelle Kräfte ebenso besprochen wurde wie bestimmte Aufgaben und Resultate der Aufklärung. In diesem Vier-Augen-Konventikel wurden operative und prinzipielle Entscheidungen getroffen. Wo soll das sonst stattgefunden haben, frage ich mich heute noch, denn aus den acht Jahren, die ich dem Politbüro angehörte, ist mir kein Beschluß zur Arbeit der Staatssicherheit in Erinnerung. Das einzige, wozu uns alljährlich Zustimmung abverlangt wurde, war die Ernennung und Beförderung von Generälen. Von Altansässigen im Politbüro war nach der Wende zu erfahren, daß die Arbeit des Staatssicherheitsdienstes zu Zeiten Ulbrichts regelmäßig auf die Tagesordnung, zwar nicht des ZK, aber des Politbüros gesetzt wurde. Der Machtantritt Honeckers beendete diese Gepflogenheit.

Wenn Mielke Honecker verließ, pflegte das Telefon bei Herrmann zu klingeln. Der Chef war nun frei für die Besprechung über die Medienarbeit. Dann eilte der Sekretär zu ihm, um sich von Honecker das Layout des «Neuen Deutschland» vom nächsten Tag sowie Inhalt und Abfolge der Nachrichten in der abendlichen «Aktuellen Kamera» absegnen zu lassen. Als Machtelement verstand Honecker, was, wie und wo über Tatbestände informiert wird.

Schließlich kümmerte er sich um alles persönlich, was mit den Beziehungen zur Bundesrepublik zusammenhing, mochte es die

Regierung, politische Parteien oder Wirtschaftskapitäne betreffen. In diesen Fragen waren seine Partner meist Axen und Mittag.

Nur selten gingen aus diesen Tête-à-têtes Vorlagen für das Politbüro hervor. So ließ Honecker auch im Verlauf eines Gespräches mit dem Leiter der Agitations-Abteilung, trotz dessen Einwands, die sowjetische Zeitung «Sputnik» wegen ihrer Perestroikawerbung und einiger historischer Beiträge von der Liste des Postzeitungsvertriebs absetzen und damit faktisch verbieten. Das Politbüro war nicht gefragt worden. Das war ein beispielloser Akt persönlicher Willkür, der nicht nur von den 180000 Abonnenten als eine rabiate politische Entmündigung aufgefaßt wurde, sondern auch die gesamte alte SED-Führung nachhaltig diskreditierte.

Die Verkammerung und Auslagerung von wesentlichen Entscheidungen aus dem Politbüro wurde in der Wirtschaftspolitik mehr und mehr gängige Praxis. Honecker und Mittag schufen eine sogenannte Zahlungsbilanzkommission «beim» Politbüro. Das Politbüro selbst und die Regierung wurden auf diese Weise bei Fragen von existentiellem Rang für die Republik ausgeschaltet. Je mehr die überforderte Volkswirtschaft der DDR Störanfälligkeit zeigte, desto interner wurden die Entscheidungsprozesse. Sie nahmen den Charakter von Einzelverfügungen an. In den letzten Jahren wurden, wie mir Wirtschaftsfachleute erzählten, wesentliche Anordnungen in direkter Korrespondenz zwischen Mittag und Honecker getroffen. Honecker beschränkte sich darauf, Briefen von Mittag mit der Marginalie «Einverstanden. Honecker» Beschlußkraft zu verleihen.

Der Apparat erfüllte seine Aufgabe, Honecker vor dem Unvermuteten, vor unliebsamen Überraschungen zu bewahren. Überschaubar und durchschaubar wie sein begrenztes Weltbild mußte auch seine unmittelbare Umgebung sein. Neue Gesichter, das war nicht sein Fall. Wer einmal etabliert war, der blieb. Das galt auch für das Politbüro. Jeder Wechsel in der Crew würde ja Spekulationen über Rivalitäten, Machtkämpfe und folglich über eine instabile Lage nahelegen. Ausschluß aus dem Politbüro kam deshalb nur als allerletztes Mittel der Bewältigung eines Problems in Betracht.

Freundschaft oder eine persönlich gefärbte Beziehung gedieh in dieser Luft nicht. Was noch am ehesten wie eine Freundschaft aussah, das Verhältnis zwischen Honecker und Mittag, war, wie sich schließlich herausstellte, eine kalte Zweckgemeinschaft. Sie jagten gemeinsam in der Schorfheide, wo jeder sein Refugium hatte. In den letzten Jahren trafen sie sich dort nicht nur am Wochenende, sondern mittwochs schon, weil der Arzt beiden geraten hatte, kürzerzutreten. Aber selbst bei der gemeinschaftlichen Nimroderei hat die Ehrlichkeit zwischen beiden gefehlt.

Mittag, der es besser wußte, hatte seinem Meister und Gönner nie abgeraten von seinem gefährlichen Illusionismus. Er hat ihn auch nicht gewarnt, als die materiellen Grundlagen der Wirtschaft durch ihren Subjektivismus und Prestige-Trieb schon hoffnungslos ausgeschwemmt waren. – Mit unbewegter Miene hörte sich Honecker in der Politbürositzung am 17. Oktober 1989 an, wie ihn sein Pirschgenosse Mittag schamlos zum Alleinschuldigen an der Misere der DDR erklärte. Wenn Honekker so etwas wie Freundschaft für ihn empfunden hatte, mußte ihm diese Felonie eine tiefe Wunde zugefügt haben.

Honecker war kein extrovertierter Mensch. Alle seine Reaktionen, ob er nun tadelte, lobte oder sich freute, waren bis auf Ausnahmen verhalten, gebremst. Seine Gehemmtheit und seine Selbstkontrolle hatten dieselbe Wurzel. Er wollte sich nicht in die Karten gucken lassen.

Ich habe erlebt, wie ihm in einem kleinen Kreis eine in der «Berliner Zeitung» abgedruckte Rede des Politbüromitgliedes Naumann, seinerzeit Erster SED-Sekretär von Berlin, vorgelegt wurde, in der dieser versteckt, aber erkennbar Nuancen der Politik Honeckers aufs Korn nahm. Er las die markierten Stellen der Rede. Dabei stieg ihm vom Hals her Röte ins blasse Gesicht, als hätte ihm jemand Himbeersaft unter die Haut injiziert. Ich nahm an, er ärgerte sich. Eine derartige emotionale Verfärbung hatte ich noch nie gesehen. Der ihn auf die Rede aufmerksam gemacht hatte, muß enttäuscht gewesen sein. Honecker verlor kein Wort über den Text. Er faltete die Zeitungsseite zusammen und gab sie wieder zurück. Offensichtlich war es ihm unangenehm, in Gegenwart anderer auf einen Fall von Aufsässigkeit im Politbüro hingewiesen zu werden. Das sah fast so aus, als würde man ihn einer Führungsschwäche zeihen. Dem Informanten war es unbehaglich, wie er mir später sagte.

Aus solchen und ähnlichen subtilen Erfahrungen mit ihm entwickelte sich ein besonderer Byzantinismus. Bei jeder Information über mehr oder weniger unerfreuliche Sachverhalte fragten sich Bezirkssekretäre oder Politbüromitglieder, ob das der durch den Generalsekretär gesetzten Raison entsprach. Gewiß war die Rolle Mittags dominant und verhängnisvoll. Er hatte als Dr. Oec. Eisenbart die Wirtschaft niederkuriert. Er wußte um die zunehmenden Risse in Fundament und Gebälk und hatte Honecker dennoch zu weiteren Verletzungen der ökonomischen Statik verleitet. Doch jeder im Politbüro – bis auf eine Ausnahme, über die noch zu reden ist – muß sich vorwerfen, daß er bedrohliche Signale, die ja auch in seinem Zuständigkeitsbereich wahrzunehmen waren, nicht zum Anlaß nahm, um frühzeitig die notwendige kritische Debatte darüber in Gang zu setzen. Man unterließ es aus Unbedarftheit, aus Feigheit oder aus molluskischer Angepaßtheit.

Spätestens Ende der siebziger oder Anfang der achtziger Jahre, als die Disproportionen in der Volkswirtschaft immer belastender wurden, hätte im Politbüro und in der Regierung auf die Tagesordnung gesetzt werden müssen, ob wir der Volkswirtschaft mit den Programmen für den Wohnungsbau oder die Mikroelektronik nicht eine zu schwere Bürde aufgeladen hatten. War nicht der unbedingte Primat des Neubaus vor der Rekonstruktion, der Erhaltung bewahrenswerter alter Bauten, insbesondere in mittleren und kleinen Orten, zu korrigieren? Niemand warf die Frage auf, wie der Verfall ausgedehnter Leipziger Wohnviertel zu stoppen sei.

Das hätte unsere ganze bisherige Marschroute und ihren Inspirator Honecker in Zweifel gezogen. Außerdem, so redeten wir uns ein, war ja dieser DDR-Wohnungsbau eines der Vorzeigerequisiten des realen Sozialismus, während in der reichen kapitalistischen Bundesrepublik Wohnungsmangel und Mietwucher grassierten. Mit ähnlich gearteten Selbstbeschwichtigungen unterdrückten wir eigene Bedenken gegen die falsch gerichtete Subventionspolitik oder verschlossen uns dem Wandel in den Konsumerwartungen der Menschen, die mit Wohnungen allein, mit über 12jährigen Wartezeiten auf die «Rennpappe», den Trabant, oder mit Videorecordern für 7500 Mark nicht zu befriedigen waren.

Unser Verhalten zum Generalsekretär trug Züge, die Ähnlichkeiten mit der höfischen Gesellschaft aufweisen, die Norbert Elias untersucht hat. Ich denke an die protokollarischen Rituale, die unantastbare, jeder Kritik enthobene Singularität des Parteichefs, seine inszenierte Öffentlichkeit, die Lehenspraxis, die bei den Privilegien obwaltete, die personenbezogene Relativierung von Sachfragen, die Tendenz zu Schönfärberei und Harmonisierung von Widersprüchen. «Der Generalsekretär ist die Verkörperung des gesellschaftlichen Gesamtsubjektes», lautete ein Verkündigungssatz, der Anfang der achtziger Jahre von der Kanzel der Parteihochschule «Karl Marx» gepredigt wurde. Der revolutionäre Atheismus war bemüht, die Lücke zu füllen, die nach dem ausgeräumten Gottesbegriff geblieben war. In dieser Weise wucherten Elemente des Kultischen nach der Zertrümmerung des Kults um Stalin weiter.

Die Ähnlichkeiten mit der alten höfischen Gesellschaft scheinen äußerlich. Sie zu erwähnen hätte dann nur einen metaphorischen oder polemischen Sinn. Aber ich sehe noch einen anderen, substantiellen Bezug. Das Königtum war eine Machtform, die sich nicht unmittelbar durch geschicktes, profitables Reagieren auf ökonomische Zwänge legitimierte. Im Gegenteil, Prestigebefangenheit und Verschwendungssucht verstießen schließlich in selbstzerstörerischer Weise gegen die ökonomische Raison, die die nachfolgende, die bürgerliche Gesellschaft zu ihrem Gott erhob. Da ökonomische Plusmacherei nicht Macht und Existenz des Königtums begründete, mußte es durch einen Mythos, eine Ideologie, gerechtfertigt sein, das Gottesgnadentum. Die feudalhöfische Gesellschaft war eine ideologische, eine «Kopfgesellschaft», eine Gesellschaft, an die man glauben mußte, im Gegensatz zur «Magengesellschaft» des Kapitalismus.

Der Kapitalismus braucht keine Ideologie, oder – vice versa – er erträgt tausendundeine Ideologie. Unser Sozialismus hingegen setzte auf Bewußtsein. Er wollte die ökonomischen Gesetze vorausschauend, planend nutzen und damit dem chaotischen Wuchern der marktregulierten Profit- und Ausbeutungsgesellschaft ein Ende setzen. Er brauchte dafür die Zustimmung der Menschen. Der Kapitalismus hat sie nicht nötig, wie es kürzlich ein prominenter Grünlinker formuliert hat. Er reguliert unangepaßtes Verhalten der Produzenten mit Stockschlägen auf den Magen. Der Sozialismus, so steht es in den Papyrusrollen des Marxismus-Leninismus, benötigt das «bewußte Handeln», das einsichtige Tun der Menschen. Der Sozialismus, der sich die Beseitigung der Gottesgnaden wie der Profiteliten zum Ziel gesetzt hatte, ist also gleichfalls eine ideologiebetonte Gesellschaft. Auf einer höheren Windung der geschichtlichen Spirale waren wir wieder bei einer «Kopfgesellschaft» angelangt, nur mit dem Unterschied, daß an die Stelle «einsichtigen Tuns» der Menschen die Allmachts- und Allwissenheitsanmaßung der Partei getreten war.

Ideologien, als Gesinnungs- und Glaubensbrevier verstanden, haben etwas gemein mit Dauerbackwaren. Sie sind nicht zu schnellem Verzehr bestimmt und dürfen sich nicht verändern. Eines Tages stellt sich ihre Ungenießbarkeit heraus. Ideologien muß man den Menschen einreden. Aber viele mögen das nicht. Ideologien vervollkommnen sich nicht nach der Methode des «trial» und «error». Ideologien brauchen Hohepriester, letzte Instanzen, die befinden, warum sie richtig und unfehlbar sind, auch wenn die Realität gegen sie aussagt. Je geschlossener, also je weniger einlaßfähig für Einflüsse der Wirklichkeit, desto begrenzter ist ihre Nutzungsdauer, desto verbissener und repressiver ihr Bestreben, sich selbst zu überdauern.

Dem totalen Anspruch und dem hermetischen Charakter einer Ideologie entspricht die politische Monostruktur der darauf gegründeten Gesellschaft. Der sozialistische Absolutismus mußte geradezu zwangsläufig jene höfischen Eigenarten entwikkeln, die ihn auf die Dauer lebensuntüchtig machten.

3

Die Ausnahme, die ich erwähnt habe, hieß Schürer. Er wagte den Einspruch gegen das ökonomische Hasard, auf das sich Honecker 1971 einlassen wollte, um seiner Ära ein eigenes Markenzeichen zu geben. Schürer tat es, als die Partei, von eingefleischten Ulbricht-Anhängern abgesehen, beeindruckt, teilweise begeistert war von der Generallinie, die der neue Mann an der Spitze der Partei verkündet hatte. Honecker hatte, wenn schon nicht die Aussicht auf ein neues Zeitalter, so doch auf eine DDR eröffnet, die mit einem breit und tief gestaffelten System sozialer Sicherheiten dem von der Bundesrepublik ausgehenden Konsumdruck etwas Handfestes entgegenzusetzen hätte und zudem greifbar eine höhere gesellschaftliche Qualität für sich in Anspruch nehmen könnte.

Zu Beginn der siebziger Jahre konnte Honecker hoffen, daß seine sozialpolitischen Verheißungen einen aus Einsichtigkeit resultierenden Produktivitätsschub bewirken würden. Dadurch, so kalkulierte er, könnten die Defizite in der volkswirtschaftlichen Gesamtrechnung ausgeglichen werden, die durch den größeren Aufwand für die Sozialpolitik verursacht werden.

1972, ein Jahr nach dem 8. Parteitag, warnte Schürer, damals bereits sechs Jahre Vorsitzender der staatlichen Plankommission, daß der ehrgeizige Kurs Honeckers bei dem von Ulbricht übernommenen Leistungsniveau nur durch westliche Kredite oder durch eine sinkende Akkumulationsrate oder beides zu finanzieren sei.

Vielleicht hatte ein belesener Referent Honecker die kesse Unternehmerdevise souffliert: «Auf Schulden reitet das Genie zum Erfolg». Jedenfalls parierte er den Einwand damit, daß heutzutage alle Welt irgendwo und über Kreuz in der Kreide stehe, allen voran die Vereinigten Staaten. Es komme auf den Zweck und die Konditionen an. Die Wechsel müßten ja nicht schon am nächsten Tag fällig sein. Es gehe um den Nachweis der Überlegenheit des Sozialismus und um die Bindung der Menschen an den Sozialismus, woraus wieder höhere Leistungen für die Gesellschaft erwüchsen. Mit dem kleinen Einmaleins seien solche Leistungen nicht zu erfassen.

Schürers bedenklicher Fingerzeig hatte damals keine negativen Folgen für ihn. Honecker war um Bundesgenossen für seine Politik bemüht. Ein aufrichtiger Mahner und pingelinger Rechner wie Schürer mochte ihm nützlich scheinen. Ein Jahr darauf sah sich Schürer als Kandidat ins Politbüro aufgenommen. Gleichzeitig mit ihm bestellte Honecker den Dresdner Bezirksparteichef Krolikowski zum neuen Wirtschaftssekretär des ZK.

Vorübergehend sah es so aus, als sei Mittags Stern im Sinken. Er wurde erster Stellvertreter des Ministerpräsidenten. Damit stieg er in den Regierungsgraben, wo man die Parteibeschlüsse zu vollstrecken hatte und der Kontrolle durch den Wirtschaftssekretär unterworfen war. Mittag hatte, wie im Apparat gewitzelt wurde, «zu lange an Ulbrichts Gesäßnaht geschnüffelt». Außerdem war Honecker das von Mittag inspirierte, in den letzten Ulbrichtjahren zum Fetisch gewordene «Neue Ökonomische System der Planung und Leitung» (NÖSPL) suspekt. Ihn stieß schon die für Laien schwer verdauliche Phraseologie des NÖSPL ab, in der es von Wortbombasmen wimmelte.

1976 schon polte Honecker wieder um. Mittag wurde erneut Wirtschaftssekretär. Der «Quasseler» Krolikowski, zu dessen Fähigkeiten Honecker kein Zutrauen gefaßt hatte, wurde auf den Platz von Mittag in der Regierung bugsiert. Mittag erschien ihm inzwischen «reif», geläutert von der Ulbricht-Protektion, um mit seinen ökonomischen Talenten und seinem harten Durchsetzungsvermögen dem inzwischen unangefochteten Generalsekretär zu dienen. Es begann die unheilvolle Partnerschaft, an deren Ende der ökonomische und politische Bankrott der DDR stehen sollte.

1977 unternahm Schürer einen weiteren Versuch, um Honecker auf die Gefahren seiner illusionären Wirtschaftspolitik aufmerksam zu machen. In den sechs Jahren seit dem Parteitag hatte sich die Zahlungsbilanz der DDR erheblich verschlechtert. Die Verschuldung war um mehr als das Fünffache gestiegen. Diese Daten habe ich von Schürer erfahren, und zwar nicht erst nach der Wende. Als Kandidaten saßen wir seit 1981 einige Jahre im Politbüro nebeneinander. Ich habe ihn zuweilen nach den mir unverständlichen Zusammenhängen zwischen einzelnen Planungsgrößen befragt. Er hatte dann von sich aus seinen Ärger darüber abgelassen, daß Honecker sich zu seinen Einreden taub verhalte. Er höre nur auf seinen «Experten» Mittag.

Seit 1977 wurde von Honecker, Mittag, aber auch von Stoph, der bis dahin auf Schürers Bedenken stets reagiert hatte, die Parole in Umlauf gesetzt, daß nicht die Zahlungsbilanz, sondern die Beschlüsse des 8. Parteitages, die Einheit von Wirtschafts- und Sozialpolitik Richtschnur für das sozialistische Wirtschaften seien. Das war eine generelle Absage an die Gültigkeit objektiver ökonomischer Kriterien. Dem Subjektivismus war damit in der Wirtschaft Tür und Tor geöffnet. Die DDR geriet tiefer in den Teufelskreis von Krediten, Zinsbelastungen und neuen Krediten, die nur zum geringen Teil produktiv und immer stärker von der Schuldentilgung beansprucht wurden. Zugleich hatte Stoph damit die Unterwerfung der Regierung, die ja in sozialistischen Ländern das eigentlich wirtschaftsleitende Organ ist, unter das sich schon abzeichnende Diktat von Mittag signalisiert. Mittag war als ZK-Sekretär Sachwalter der Parteibeschlüsse.

An dieser Konstellation prallten auch die Einsprüche ab, die

Alfred Neumann versuchte. Ähnlich wie Schürer hatte er 1973 bereits im Politbüro gegen die unsichere Finanzierung von Honeckers ehrgeizigem Sozialprogramm Bedenken angemeldet. Vor Beginn des Planjahres 1979 hatte er noch einmal in einem Brief an Honecker seine Sorgen über die volkswirtschaftlichen Belastungen umrissen, für die er nun schon Tatsachen ins Feld führen konnte. Eine hinhaltende Bemerkung blieb das einzige Echo.

Honeckers Unkenntnis in ökonomischen Dingen und Mittags Bestreben, ihn zu beherrschen, indem er ihm dienlich war, führten zu dem Voluntarismus, der in der Ökonomie so tödlich ist wie auf keinem anderen gesellschaftlichen Feld. Das schier unauflösliche Dilemma unserer Wirtschaft bestand darin, daß ihre Reproduktionskraft nur durch Export ins westliche Ausland gewährleistet war. Rohstoffmangel, Innovationsschwäche und die Schwerfälligkeit der Planwirtschaft haben im Export stets ein kleineres Ergebnis erbracht, als es für eine produktive Akkumulation und für die Absicherung der Sozialpolitik nötig gewesen wäre. Der Zwang zu weiterer Kreditaufnahme war die Folge. Die Ölpreisexplosion und Kreditboykotte vergrößerten die Bürde der Schuldendienste.

Da die Mittel für den tatsächlichen Bedarf der Volkswirtschaft niemals reichten, wurden sie hektisch auf immer neue «Schwerpunkte» gelegt. Neben dem Wohnungsbauprogramm gab es ein Chemieprogramm, ein PKW-Programm, das kostenaufwendige Mikroelektronik-Programm, ein Programm zur Einführung von Robotertechnik u. a. Die dadurch bewirkte Vernachlässigung ganzer Industriezweige vergrößerte die Disproportionen. Letztlich litten darunter auch die geförderten Bereiche, die ja doch zu einem erheblichen Maße auf Zulieferungen aus dem Inland angewiesen waren. Aber gerade die Fonds der Zulieferer waren am meisten heruntergewirtschaftet und veraltet. Damit destabilisierten sich die Produktionsketten. Die Finalisten, die auf den Weltmärkten hohen Erlös erzielen sollten, gerieten durch ihr unsicheres Hinterland nicht selten in eine prekäre Situation gegenüber Abnehmern und potentiellen Käufern.

Um Devisen zu sparen, versuchte die DDR soviel wie möglich im Do-it-yourself-Verfahren herzustellen. Das Fahrrad noch einmal zu erfinden wurde zur Alltagsphilosophie und -praxis der DDR-Wirtschaft. Das Bemühen um Autarkie überstieg ihre Leistungskraft bei weitem und steuerte gegen den von wirtschaftlicher Vernunft diktierten Trend zu internationaler Arbeitsteilung und Kooperation. Es war so wirksam, wie der Versuch, den Teufel mit dem Beelzebub auszutreiben. Die Folgen waren breite Sortimente, niedrige Losgrößen, geringe Versorgungswirksamkeit, aufgeblähte Kosten und niedrige Produktivität der Volkswirtschaft. Letztlich wurde der Devisenhunger dadurch wieder angeregt. Auch die einzelnen Betriebe gerieten in diesen Sog. Um sich von unzuverlässigen Zulieferern unabhängig zu machen, belasteten sie sich mit Bastel-Fertigungen, die jenseits ihres eigentlichen Programms lagen. Das verbesserte natürlich nicht ihre Marktposition gegenüber westlichen Konkurrenten.

Die Schwierigkeiten wurden «operativ» bewältigt, das heißt, sie schaukelten den Subjektivismus hoch, und der wiederum vermehrte die Schwierigkeiten. In den Plänen klafften von Jahr zu Jahr größere Bilanzlücken. Sie wurden dennoch bestätigt, zur Pflichtauflage für die Produzenten erhoben. Der Plan wies also zum Jahresbeginn hohe Steigerungsraten auf. Das machte sich gut für die Öffentlichkeit. Im Laufe des Jahres wurde er jedoch «präzisiert», das heißt wieder heruntergesetzt, also an die unzureichenden Material- und Grundfondsbedingungen angepaßt. Davon erfuhr die Öffentlichkeit nichts. Am Jahresende gab es dann erfüllte und übererfüllte Pläne, ohne daß ein wesentliches Wachstum gegenüber dem Vorjahr erzielt worden wäre.

Mittag schuf sich mit dem Unternehmen von Schalck-Golodkowski einen persönlichen Außenhandelsapparat. Sein Zweck bestand darin, eine Valutareserve in Milliardenhöhe anzulegen, die schnellen Zugriff gestatten sollte, falls es in der rasselnden DDR-Wirtschaft während des Planverlaufs oder bei größeren Havarien zu ernsten Produktionsausfällen käme.

Einerseits wurden aus dem Mangel Leistungen von Potjemkinscher Fragwürdigkeit herausgepreßt, andererseits vermehrten und vergrößerten sich dadurch die Löcher in der Bedarfsdekkung für die Industrie und für den individuellen Verbraucher. Die ersten in der DDR hergestellten 256-Kilobyte-Chips kosteten zum Beispiel 536 Mark. Die Gesellschaft subventionierte jedes Speicherplättchen mit 520 Mark. Der verarbeitende Betrieb bezahlte dafür 16 Mark, ein Betrag, der noch immer hundert Prozent über dem Weltmarktpreis lag. Bei solchen Aufwandsrelationen gerät jede Wirtschaft zwischen die Mühlsteine.

Die riesigen Aufwendungen für die Entwicklung einer eigenen Fertigung mikroelektronischer Bauelemente machten sich nicht bezahlt. Die damit ausgestatteten Erzeugnisse brachten nur geringe Exporterlöse. Sie halfen nicht, die Devisenlöcher zu stopfen. Wie üblich wurde dann in den Topf mit Konsumwaren gegriffen, um schnelle DM- oder Dollargeschäfte zu machen. So war die Sozialpolitik letztlich nicht nur mit Schulden, sondern auch mit einem Schwund an Massenbedarfsgütern erkauft.

In diesem Ambiente aus Mangel, Hektik und Konfusion gedieh die Macht Mittags. Abgeschirmt durch das Vertrauen des Generalsekretärs, gestützt auf nur ihm verfügbare Informationen, «regierte» er die Volkswirtschaft. Er griff in staatliche Bilanzen ein, kürzte Fonds ohne Prüfung und Berücksichtigung der objektiven Möglichkeiten, zergliederte Zulieferketten.

Ein Werkleiter, der sich auch dem scharfen Wind der Marktwirtschaft gewachsen zeigte, erzählte mir nach der Wende, daß Mittag 1983 ohne Wissen des Politbüros durch eine von ihm verfügte «staatliche» Verordnung die normative Nutzungsdauer vieler Maschinen um acht Jahre verlängern ließ. Durch einen bürokratischen Federstreich wurde die technologische Verschlissenheit und Rückständigkeit einfach weggebucht. So wurden Investmittel für dringende Erneuerungen «freigemacht» und auf die Prestigeobjekte gelenkt.

Mittags Informationsmonopol über die Wirtschaft versetzte ihn in die Lage, durch ein ausgeklügeltes System der Schönfärberei mit Berichten, Analysen und Publikationen in den Medien das besorgniserregende Bild der DDR-Ökonomie zu manipulieren.

Die negativen Züge Mittags sind aus meiner Sicht treffend in einem Bericht beschrieben, den eine Gruppe von Wirtschafts- und Staatsfunktionären nach der Wende verfaßt hat. «Günter Mittag war krankhaft mißtrauisch», heißt es darin. «Seine Charaktereigenschaften und sein autoritärer Arbeitsstil führten zu völliger Unduldsamkeit gegenüber Meinungen und Vorschlägen anderer. Genossen wurden mit an Haaren herbeigezogenen Gründen versetzt, abgesetzt oder öffentlich gedemütigt. Viele verantwortungsbewußt arbeitende Genossen in der Regierung und im Parteiapparat wurden bedroht, unter Druck gesetzt, in Gewissenskonflikt gebracht und teilweise abgelöst. Konstruktiv-kritische Wissenschaftler wurden ausgeschaltet und ihnen unter dem Vorwand des Geheimnisschutzes keine statistischen Daten zur Verfügung gestellt.» An anderer Stelle: «Günter Mittag spielte nicht selten Minister und Abteilungsleiter des ZK gegeneinander aus... Die Leiter der wirtschaftspolitischen Abteilungen des Zentralkomitees mußten davon ausgehen, daß jede an den Generalsekretär des ZK gerichtete Beschwerde über das Verhalten von Günter Mittag sinnlos war und der Betreffende letztlich dafür gemaßregelt wurde.»

Im Politbüro hat das nicht jeder in allen Einzelheiten gewußt. Aber mindestens einige, auch ich, hatten sich nach einiger Zeit ihre Meinung über den Mann an der Seite Honeckers gebildet. Durch die vielfach beschworene Parteidisziplin, die selbst ein Teil der Deformation des politischen Systems war, hatten wir die Sensibilität dafür eingebüßt, welche Entartung sozialistischer Verhältnisse sich in der nahezu unkontrollierten Macht wie im menschenverachtenden Umgangsstil Mittags verriet. Es bedurfte einer viel weiter gehenden Zuspitzung der Verhältnisse, um daraus die entsprechenden Konsequenzen zu ziehen.

Schürer hatte im Mai 1988 und im September 1989, also fünf Minuten vor zwölf, Honecker erneut Ausarbeitungen zukommen lassen, um ihm die zunehmenden Gefahren seiner illusionären Politik bewußtzumachen. Die Schuldenlast der DDR war inzwischen zwanzigmal größer als 1970.

Der Generalsekretär ließ Schürers Memorandum vom Mai 1988 durch eine Stellungnahme Mittags konterkarieren, der das Papier des Planungschefs nur als Anhang beigegeben war. Der Tenor von Mittags Gegendarstellung war derselbe wie von 1977: Schürers düstere Momentaufnahme der Wirklichkeit stelle die Beschlüsse des 8. und 9. Parteitages in Frage. So war es in der Tat. Die Realität widerlegte die Beschlüsse.

Schürers letzte Demarche vom September 1989 wurde erst am 19. März 1990 durch einen Abdruck in der Westberliner «taz» bekannt. Sie trägt auch die Unterschriften von Außenhandelsminister Beil, Staatssekretär Schalck-Golodkowski, der stellvertretenden Finanzministerin Herta König und des Direktors der Außenhandelsbank, Polze. Darin wird festgestellt, daß die DDR «bereits jetzt weitestgehend von kapitalistischen Kreditgebern abhängig» ist. «Die jährliche Kreditaufnahme der DDR liegt bei 8–10 Milliarden Mark, ... die bei ca. 400 Banken jeweils mobilisiert werden» müssen. Durch die Ereignisse und schließlich durch seinen Sturz wurde Honecker einer Antwort auf die bestürzende Information enthoben.

Schürer hat den Rücktritt des Politbüros vom 3. Dezember noch einige Monate politisch überlebt. Er wurde Minister im Übergangskabinett Modrow. Nur wenige Tage nach seinem Ausscheiden aus der Regierung wurde er verhaftet. Unter der verschwommenen Anklage des Macht- und Vertrauensmißbrauchs saß er in einem Untersuchungsgefängnis ein. Inzwischen hat man ihn entlassen, seine Schuld ist weniger juristisch als moralisch zu fassen.

Ich habe ihn als einen bescheidenen, charakterlich integren und nicht gerade feigen Menschen kennengelernt. Er bezweifelt heute nicht, daß auch mit einem einsichtigen Honecker der ökonomische Niedergang der DDR bestenfalls verzögert, aber nicht aufgehalten worden wäre. Je entwickelter eine Volkswirtschaft ist, je leistungsfähiger, differenzierter und in sich verflochtener, desto mehr ist sie auf die Stimuli und Regulierungen des Marktes angewiesen, desto weniger erträgt sie Eingriffe einer zentralen Planungsbürokratie.

Unbezweifelbar ist, daß erfolgreiches Wirtschaften Planung und Projektion braucht. Planwirtschaft jedoch ist ein unaufhebbarer Widerspruch in sich, wie es unser 40- und das sowjetische 70jährige Experiment beweisen. Sein persönliches Schicksal, so sieht es Schürer heute, ist das Schicksal der Sache, der er sich, mit 24 Amtsjahren dienstältester Planungschef im einstigen sozialistischen Lager, verschrieben hatte.

4

Als Honecker den Namen «Schabowski» aussprach, erging es mir wie weiland einem SPD-Minister in Bonn: Ich dachte, mich tritt ein Pferd. Der Generalsekretär hatte seinem Vollzugsorgan, den in der Mehrzahl verblüfft und ungläubig reagierenden Mitgliedern und Kandidaten des Politbüros, soeben verkündet, wen er an Stelle von Naumann auf dem Platz des Ersten Sekretärs der Berliner SED sehen wollte. Das war im November 1985.

Ein Journalist, ein Zeilensortierer? Einer, der nicht die Ochsentour eines Parteisekretärs im Betrieb und Kreis abgeleistet hatte, der nicht den Apparat von innen kannte, der also weder be- noch verschlagen genug war, um mit ihm umzugehen – war das nicht ein riskanter Verstoß gegen die Bräuche in der Partei? Den 23 Männern und zwei Frauen im Politbüro waren diese Gedanken von den Gesichtern abzulesen. Zumindest werden sie sich nicht sehr von dem unterschieden haben, was mir in diesem Augenblick durch den Kopf ging. Agitationssekretär Herrmann, mein Anleiter als «ND»-Chefredakteur, in dessen Mimik auch subtilere Regungen für mich deutbar waren, sah drein, als hätte man über ihn einen Eimer Wasser entleert. Bei ihm mischte sich wohl die Besorgnis über den vakanten Chefstuhl im «ND» mit der Enttäuschung darüber, daß der Generalsekretär nicht einmal ihn eingeweiht, geschweige denn konsultiert hatte.

Es war einer der einsamen Ratschlüsse, mit denen Honecker seine Mannschaft von Zeit zu Zeit überraschte. Das Schweigen wich einem zustimmenden Gemurmel. Zu Freudenausbrüchen sah man keinen Grund. Wenn's der Chef so will...

Honecker wollte meine Meinung hören. Ich wußte inzwischen, wie ich antworten würde. Es war eine blitzartige Einsicht. Bislang hatte ich mich damit abgefunden, unentrinnbar in dem Gestrüpp verhakt zu sein, das aus dogmatischer und dilettantischer Bevormundung, aus Problemverdrängung und dem Zwang bestand, eine frustrierte Redaktion zu galvanisieren. Ich sah die vielleicht nie wiederkehrende Chance, der Sache sinnvoller, produktiver mit einer Arbeit zu dienen, bei der ich womöglich mehr ich selbst sein konnte.

Der Mechanismus der Selbsttäuschung funktionierte eben störungsfrei. Er unterschied auf eine irrationale Weise zwischen dem Ganzen und seinen Teilen. Das System war und blieb gut, mochten auch seine Elemente dem widersprechen. Das System beanspruchte, die gesellschaftliche Wahrheit und Vernunft zu verkörpern. Deshalb mußten wir einen Journalismus der Notlügen praktizieren. Wir verfügten über die bessere Ökonomie, auch wenn die Produktivitätslücke zum Westen größer wurde. Wir waren demokratischer, aber Andersdenken war im Ursinn des Wortes verpönt. Wir waren das System der Freiheit – hatten wir nicht die knechtende Ausbeutung abgeschafft? –, aber unsere Freiheit war nur mit einem Heer an Staatssicherheit zu bewahren.

Selbst wer kritisch und weniger dogmatisch gesinnt war in der Führung, konnte und wollte nur gelten lassen, daß Bestandteile veränderungs- oder verbesserungsbedürftig waren, nicht aber das System. Der Umkehrschluß, daß an der Grundkonstruktion des Automaten etwas nicht stimmen könnte, wenn er schadhafte Produkte auswirft, war nicht zugelassen. Unser System war die Projektion der Vollkommenheit, ein Ideal; aber Idealen – so beruhigten wir uns selbst – nähert man sich nur via Unzulänglichkeiten.

Meine Antwort an Honecker bestand aus einem Satz: «Wenn ihr mir das zutraut, Genossen, werde ich es versuchen.» Sie trauten zu. Ein paar Tage später enthob das Zentralkomitee Naumann seiner Funktionen im Politbüro und im ZK. Der offizielle Bericht über die Tagung ließ die heile Parteiwelt unangetastet. Dort hieß es, daß Naumanns Bitte entsprochen wurde, ihn aus gesundheitlichen Gründen von seinen Pflichten zu entbinden. Meine Anwartschaft auf die Funktion des Ersten Sekretärs in Berlin wurde bestätigt. Am 25. November 1985 wählte mich die Bezirksleitung im Beisein Honeckers in dieses Amt.

Dem Personenwechsel im «Hinterhof» des ZK – die Bezirksleitung hat ihren Sitz in einem Anbau am ZK-Gebäude – war im Politbüro eine Debatte von seltener Gründlichkeit vorausgegangen. Kontrovers war sie allerdings nicht verlaufen. Es ging um die Absetzung eines unbeliebten Mannes, und alle warfen ihr schwarzes Steinchen. Naumann wollte Generalsekretär werden. Im Unterschied zu Krenz plagten ihn wenig Skrupel. Sein Anspruch war allerdings wesentlich älter als der von Krenz. Obwohl er aus Honeckers FDJ-Stall kam und es dort bis zum Sekretär des Zentralrats gebracht hatte, behinderte ihn Loyalitätsduselei nicht.

Sein Fahrplan war simpel, aber erfolgversprechend. In der wichtigen Berliner Parteiorganisation meinte er, sich eine solide Hausmacht zu schaffen. Vor allem setzte er auf sowjetische Protektion, damals immer noch die erste Bedingung, um solchen Ehrgeiz aussichtsreich zu machen. In der restaurativen Ära Breshnews konnte man sich mit harten Äußerungen zur Kulturpolitik, gegen die ideologische Unzuverlässigkeit mancher Künstler oder mit abschätzigen Bemerkungen über einen Sozial-Populimus in Moskau sehr empfehlen. Als Verbündeten sicherte er sich den sowjetischen Botschafter Abrassimow. In Berlin redete man darüber – und Naumann war es wohl nicht unangenehm –, daß sich beide häufig träfen. Er soll sogar im Café

«Moskwa» Geburtstagsfeiern für den Diplomaten arrangiert haben.

Obwohl auch unter Honecker die Künste in dünner Luft atmeten, wurde in Kreisen der Kulturschaffenden ein Aufstieg Naumanns an die Spitze mit Schrecken erwogen. Er hatte inzwischen eine Schauspielerin geheiratet, die bald anspruchsvoll in der Kulturszene wirkte. Sie brachte es bis zum Intendanten der Kleinstbühne im Palast der Republik und zu einer Professur an der Berliner Hochschule für Schauspielkunst. «Wenn der Generalsekretär wird», sagte mir ein Schriftsteller, «dann haben wir eine deutsche Jian Qing». Er spielte damit auf die Rolle von Maos Frau in der chinesischen Kulturrevolution an.

Bei Gelagen – Naumann war trinkfreudig, aber nicht trinkfest – bramabarsierte er über seine Pläne als Generalsekretär. Die Liste für sein Politbüro habe er schon fertig. Da würden sich manche wundern. Das Gebaren Naumanns war stadtbekannt. Es blieb Honecker nicht verborgen. Er schwieg lange dazu, weil er die offene Konfrontation scheute. Seine Beweggründe habe ich schon beschrieben. Er unternahm sogar den Versuch, den Jüngeren an sich zu binden, indem er ihn zum Mitglied des Staatsrates und zum ZK-Sekretär erhob. Naumann nahm die Ämter an und setzte sein Treiben fort.

Seine Sensoren registrierten nicht, daß sich nach dem Tode von Breshnew der Wind in der Sowjetunion zu drehen begann. Er zügelte sich nicht, als sein Intimus Abrassimow auf Drängen Honeckers von Moskau abberufen wurde. Im Herbst 1985 hielt Naumann eine Rede vor Gesellschaftswissenschaftlern. Er brachte die Professoren u. a. in Rage, indem er ihnen Faulheit und Inkompetenz vorwarf. Der Rektor der Akademie schrieb einen entrüsteten Brief an Honecker. Inzwischen war in Moskau Gorbatschow zum Generalsekretär gewählt worden. Honecker brauchte nicht mehr Einspruch aus Moskau zu befürchten, wenn er sich seines Widersachers entledigte. In einer Politbürositzung trug er den Anklage-Brief vor und eröffnete die Debatte zur Person Naumanns. Da von den Politbüromitgliedern kaum einer damit rechnete, auf Naumanns Besetzungsliste geführt zu werden, war sein Schicksal besiegelt.

Wiederholt bin ich gefragt worden, warum Honecker gerade mich für den Parteiposten in Berlin favorisiert habe. Für einen Mann wie mich, ohne Organisationserfahrung, sei das doch ein ungewöhnliches Avancement. Die nach einer Erklärung fahndeten, Journalisten und Wissenschaftler, DDR-Astrologen, hatten auch gleich eine Deutung parat: Ich müßte das Lieblingskind von Honecker gewesen sein. Andere vermuteten eine Seilschaft, die mich nach oben gebracht und dem Generalsekretär die Auswahl suggeriert habe. Ich gestehe, daß die Skepsis, mit der man meine Erklärung anhörte, und die Hartnäckigkeit, mit der man an der eigenen Theorie festhielt, mich an die dogmatische Selbstverliebtheit erinnert hat, von der wir befallen waren.

Bei Klio, wenn das die zuständige Muse ist: Eine Seilschaft habe ich nie zu meiner Verfügung gehabt. Im Gegenteil, die politischen Bereiche, denen ich entstamme, Gewerkschaften und Journalismus, verhießen eher Einflußlosigkeit als das Gegenteil. Ein Lieblingskind an seiner Seite hochzupäppeln entsprach nicht Honeckers Naturell. Sein Instinkt ließ ihm eher ratsam erscheinen, niemanden aus seiner Umgebung zu dicht an sich heranzulassen. Die Ausnahme war Mittag. Der war als Inspirator gut (oder schlecht). Für ihn sprach, daß er krank und in der Partei weithin unbeliebt war. Einen Rivalen sah er in ihm nicht, einen Nachfolger später schon.

Als ein gewiefter Mann des Apparates beherrschte Honecker die Technik des «Divide». Durch die Spekulationen (in westlichen Medien), die über seinen möglichen Nachfolger schon des längeren angestellt wurden, geisterten drei oder vier Namen – Naumann, Krenz, später Modrow, Schabowski, hin und wieder auch Lorenz. Honecker konnte es nur recht sein, daß auf diese Art immer ein gewisses Spannungsverhältnis bestand. Es paßte ihm, daß mehrere da waren, die er gelegentlich gegeneinander ausspielen konnte. Niemand sollte sich sicher wähnen, falls er Ambitionen hatte.

Mich hielt Honecker wohl für kommunikationsfähig genug, um auf dem schwierigen Berliner Pflaster zu bestehen. Und indem er einen Neuling an diese Stelle setzte, nivellierte er die Rolle der Berliner SED in der Gesamtpartei. Der Erste Sekretär von Berlin hatte nicht mehr und nicht weniger zu sein als der in Magdeburg, Karl-Marx-Stadt oder Halle, die zudem gleichfalls im Politbüro saßen.

Der Mangel an Organisationserfahrung war kein Hinderungsgrund. Wer geeignet erschien, mußte sie erwerben. So war Sindermann, zuvor Chefredakteur in Halle, später Leiter der Agitationsabteilung des ZK, 1963 als 1. Bezirkssekretär in Halle eingesetzt worden. Ebenso wanderte Modrow, gleichfalls einige Jahre Leiter der Agitationsabteilung, 1973 mit Empfehlung Honeckers an die Spitze der Dresdener Parteiorganisation und machte damit den Einsatz Krolikowskis als Wirtschaftssekretär im ZK möglich.

5

Mit der Arbeit in der Bezirksleitung begann für mich eine Zeit der Anregungen und der Bildung, wie ich sie nie zuvor erlebt hatte. Ich war aus dem «gekrümmten Raum» herausgetreten. Eine Scheinwelt lag hinter mir. Ich hatte meinen Grips an Surrogate wie inhaltlose Meldungen über nichtige protokollarische Vorgänge oder an die Problementsorgung von Artikeln und Reportagen verschwenden müssen, deren Glätte den Lesern verdächtig war. Die alltägliche und direkte Begegnung mit der Wirklichkeit war besorgniserregend und belebend. Zur erweiterten Wahrnehmung mußten sich aber noch andere Einflüsse gesellen, Wirkungen der Perestroika und der Protestdruck der Menschen in der DDR. Erst dann, viel später, rissen bei einigen wenigen die Erkenntnisfesseln, rafften sie sich auf zu handeln.

«Sieh dir deine Pappenheimer genau an. Das sind doch alles Kreaturen von Naumann. Wer nicht mitziehen will, von dem mußt du dich trennen.» So waren die Ratschläge beschaffen, die mir dieser und jener im Politbüro mit auf den Weg gab. Ein mitleidiger Unterton war unüberhörbar. Wenn der man nicht von einem widerspenstigen Apparat verheizt wird... Es lag nahe, daß man mich unterschätzte, weil ich aus einer anderen Branche kam. Aber weil ich mit dem Apparat wenig direkt zu tun gehabt hatte, war ich von ihm nicht hypnotisiert. Ich würde schon merken, wenn es jemand darauf anlegen sollte, die Laus in meinem Pelz zu spielen.

Andererseits wollte ich mir kein Vorurteil einreden lassen. Es widerstrebte mir, denen mit Mißtrauen oder trotzig zu begegnen, die ich noch gar nicht kannte. Das hieße doch auf andere Weise das Spiel meines Vorgängers fortzusetzen. Ich veranschlagte die Adhäsionskraft nicht sehr hoch, die er in seiner Umgebung erzeugt hatte. Das ist ein Leim, der sich gemeinhin mit der Person verflüchtigt, die ihn angerührt hatte.

So war es denn auch. Ich traf auf die Überreste einer stickigen Aura von Anmaßung und Mystifikation. In den letzten Monaten seiner Amtszeit hatte sich Naumann schon niemand mehr ungefragt nähern dürfen. Selbst mit seinem Stellvertreter verkehrte er fast nur noch schriftlich. Selten zitierte er ein Sekretariatsmitglied zu sich ins Zimmer. Er stellte Fragen. Debatten fanden nicht mehr statt. Wenn der Betroffene glaubte, Erläuterungen geben zu müssen, wurde abgewehrt: «Schon gut, das verstehst du nicht. Es genügt.» Der so Beschiedene pflegte sich nach der Audienz zu zermartern, was der Chef wohl mit seinen Fragen gemeint habe. «Er hatte schon», beschrieb es ein Sekretär, «abgehoben in die Gefilde der Generalsekretäre. Wir waren nur noch kleine Würstchen für ihn.» Ich erkannte darin die Masche, die man bei allen despotischen Talenten findet: Niemand weiß jemals genau, woran man mit ihm ist.

Bei dieser Ausgangslage fiel es nicht schwer, Zugang zu den Mitgliedern des Berliner Sekretariats zu finden. Zu mir konnte jederzeit jeder kommen, wenn ihm mein Rat oder mein Urteil wichtig schienen. Ich verlangte lediglich, jeder möge selbst gründlich prüfen, ob seine Befugnisse und seine Verantwortung nicht genügten, um ohne meinen Rat die fällige Entscheidung zu treffen. Mir konnte nicht daran gelegen sein, zu Rückversicherung und Unselbständigkeit zu verleiten.

Die Gefahr kam nicht auf, weil ich das Sekretariat wieder zu einem Ort der Diskussion machte. Unter meinem Vorgänger waren die Beratungen des Berliner Sekretariats eine Kopie der Atmosphäre im Politbüro gewesen. Aussprachen gab es kaum. Wenn überhaupt, verlor man ein paar Sätze über die Vorlage nur dann, wenn sie das eigene Ressort betraf. Manche hatten, so sagten mir die Sekretäre selbst, im Verlaufe von zwei Jahren nicht einmal den Mund in einer Sekretariatssitzung aufgemacht. Man war auf den Boß fixiert.

Ich sorgte dafür, ja, ich bestand darauf, daß jeder Sekretär zu jedem Punkt der Tagesordnung seine Meinung sagte. Wer gewöhnt war, keine zu haben, wurde angehalten, durch Mitdenken eine zu finden. Bald brauchte ich niemanden mehr zu ermuntern. Es half auch, daß ich meine Überlegungen zu einem lösungsbedürftigen Sachverhalt in Frage stellte und zu Einwänden aufforderte. So löste Selbstvertrauen alsbald die wurmstichige Gefolgschaftstreue ab, die früher in diesem Kreise geherrscht hatte.

Ich will unser Verhältnis nicht nachträglich idealisieren. Was ich in Berlin praktizierte, hatte auch etwas von Ersatzbefriedigung an sich. Denn im Politbüro schlug das nicht oder nur indirekt durch. Wenn wir in Berlin in vielen praktischen Fragen realistischer entschieden, als es in der Partei Usus war, pickten wir doch die politische Eischale nicht an, die uns umgab.

Wir erlaubten uns eine gewisse Offenheit und Unbefangenheit der Diskussion. In die Erörterung von politischen und ökonomischen Problemen spielte immer häufiger der Maßstab der Perestroika hinein. Im Herbst 1989 war es so, daß nach und nach alle Mitglieder des Berliner Sekretariats von mir in die Denkvorgänge und Schritte eingeweiht waren, die schließlich zum Sturz Honeckers führten. Wir zogen an einem Strang.

Einigen Sekretären habe ich nicht wenig zu danken für anregende Mithilfe beim Umdenken. Mit Ellen Brombacher, der Kultursekretärin, in der ich eine geistige Schwester der Luxemburg sehe, habe ich zuweilen stundenlange Gespräche geführt über einen künftigen Codex des Umganges mit den Künsten und den Künstlern in einer sozialistischen Gesellschaft «jenseits von Honecker». Heinz Albrecht, Sekretär für Industrie, der sich noch nach der Wende zu Unrecht dem Vorwurf ausgesetzt sah, Mittags Eintreiber in Berlin zu sein, hat im Sekretariat mit Leidenschaft und Logik die Unausweichlichkeit von Wirtschaftsreformen beschworen.

Mitunter mußte er dabei gegen unsere Skepsis anrennen, weil die sowjetische Perestroika, auf die er sich berief, ökonomisch unfruchtbar blieb. Er beharrte darauf, daß Gorbatschows Ansatz richtig sei. Gerade weil die wirtschaftlichen Verhältnisse in der DDR übersichtlicher, kompakter seien als in der UdSSR, hätten wir die Pflicht und die Chance, den Beweis für die Richtigkeit der Moskauer Reformvorstellungen zu liefern.

Das waren Gespräche, die auf den präsumptiven Gang der Ereignisse gerichtet waren. Die Konsequenz der Veränderung war nicht unmittelbar daran geknüpft. Jedoch wurde mir die Notwendigkeit, die personellen Barrieren auf dem Weg dorthin abzuräumen, dadurch eindringlicher bewußt.

Wir schufen uns auf diese Weise geistige Enklaven, Spielräume, um uns für die Stunde X vorzubereiten. Als Zeithorizont schwebte uns vage der 12. Parteitag vor. Wir glaubten, das unserem eigenen Unbehagen schuldig zu sein. Das Schwinden der öffentlichen Akzeptanz der SED-Politik spielte nur indirekt in unsere Überlegungen hinein. Wir setzten auf die Zeit nach Honecker. In dieser Erwartung schlossen wir zu lange unsere Kompromisse mit den unerfreulichen Seiten der Gegenwart.

Bei der verbreiteten (und von einigen Betroffenen nicht ungern gesehenen) Liebedienerei gegenüber den Parteioberen brauchte es nicht viel, um in Berlin Aufmerksamkeit zu erregen und Erwartungen zu wecken. Ich verbat mir frühzeitig die Unsitte, Menschen zu einem Spalier abzukommandieren, nur weil ich einen Betrieb besuchte. Ich hatte das zweimal in Potsdamer Betrieben erlebt, als ich noch Kandidat des Politbüros war. Die 50-Meter-Strecke durch eine Jubelgasse empfand ich als Spießrutenlauf. Verlegen und angewidert fragte ich danach die örtlichen Zeremonienmeister, ob sie nicht meine Meinung teilen könnten, daß dieses Theater die Kollegen und mich erniedrigt. Sie reagierten erschrocken und verständnislos. Sie hätten sich nichts Schlechtes dabei gedacht. Das war's gerade!

Die solchem Serenissimus-Spuk abholden Berliner reagierten auf entsprechende Andeutungen von mir mit einem erleichterten «Gott sei Dank». Aber auch in den Berliner Betrieben wurden dem Besucher «von oben» stets Blumen, wenn nicht auf den Weg gestreut, so doch in ansehnlichen Sträußen überreicht. Ich pflegte sie den Kolleginnen im Empfangskomitee wieder zurückzugeben. Es war eine ärgerliche Unsitte. Blumen waren knapp, nicht zuletzt weil sie preisgestützt waren. «Ihr schmälert damit doch nur das ohnehin dürftige Angebot in den Blumenläden.»

Heute sage ich mir, es wäre wichtiger gewesen, im Politbüro kräftiger Bedenken gegen die Ungereimtheiten der Subventionspolitik anzumelden, die alljährlich über 50 Milliarden des Nationaleinkommens verschlang, ohne spürbare produktive Effekte damit zu erzielen. Schnittblumen waren uns ebenso stützungswürdig wie Taxitarife. Und das billige Brot verleitete nicht nur Kleintierhalter dazu, das Futter fürs liebe Vieh preiswerter im Bäckerladen zu beziehen.

6

Wichtiger als unverdiente Ehrenspaliere und Bukette waren mir die Treffen mit den Arbeitern und den betrieblichen Funktionären der Partei und der Gewerkschaften. Es sprach sich in den Betrieben herum, daß von Schabowski keine Monologe auf Versammlungen zu befürchten sind. Nach Gesprächen mit Kollegen am Arbeitsplatz fanden sich gewöhnlich dreißig bis fünfzig Vertreter des Betriebes zu einer Diskussionsrunde mit mir zusammen. Jüngere und ältere Belegschaftsmitglieder, Männer und Frauen, Betriebsarbeiter, Techniker und Ingenieure, Meister und Brigadiere, SED-Mitglieder und Parteilose nahmen daran teil.

Sogenannte Rechenschaftsberichte, chemisch gereinigte, schöngefärbte Darstellungen der Lage des Betriebes, verbunden mit Leistungsschwüren, waren nicht zugelassen. Ich erzielte schnell Zustimmung, wenn ich sagte: «Ihr habt keine Zeit. Wir sind auch nicht unterbeschäftigt, halten wir uns also nicht mit leeren Sprüchen auf. Sagt, wo es hapert, wo ihr nicht weiterkommt, wo euer Arm zu kurz ist, und wir von der BL wollen versuchen zu helfen. Wenn wir von zehn Problemen, die euch zusetzen, nur zwei gemeinsam bewältigen, dann hat es sich für beide Seiten gelohnt.»

Nach der Beratung wurde im Beisein aller Beteiligten ein Maßnahmeprotokoll verfaßt, das den Vertreter der BL und den Betrieb verpflichtete, das Notwendige einzuleiten. Meist ging es um Fragen der betrieblichen Organisation, der Versorgung der Kollegen in den Pausen und am Arbeitsplatz, um versackte Zulieferungen oder um Plankorrekturen, die bei der Plankommission durchzusetzen waren.

Die Methode fand Anklang. Die Betroffenen spürten Hilfe statt Besserwisserei. Ich bekam mehr Einladungen, als ich wahrnehmen konnte. Unser Arbeitsstil war nicht der schlechteste. Vielleicht war er ein Optimum unter den gegebenen Bedingungen. Zugleich offenbarte er aber die Misere des Systems. Die Betriebe waren in den wenigsten Fällen imstande, allein zu laufen. Sie hingen in den Seilen der Kommandowirtschaft. Die meisten bedurften ständig der Hilfe, die wir, das Sekretariat und die Bezirksleitung, unzulänglich genug zu leisten versuchten. Wir betätigten uns als Flickschneider an einer zum Verschleiß neigenden Montur, die wir der Gesellschaft selbst verpaßt hatten.

Alljährlich im Dezember fanden in den Bezirken Komplexberatungen statt. Hinter dieser Bezeichnung verbarg sich nicht etwa ein gruppentherapeutischer Versuch zur Heilung psychisch geschädigter DDR-Funktionäre. Es handelte sich um ein Treffen von Vertretern der Plankommission, der Ministerien und des Sekretariats der jeweiligen Bezirksleitung darüber, wie den chronischen Defekten der Planwirtschaft im Bezirk beizukommen ist. Gewöhnlich wiesen die Pläne für die Industrie der Bezirke erhebliche Bilanzlücken auf. Sie waren verursacht durch Finanz-, genauer Devisenmangel, durch Materialkürzungen, durch Ausbleiben von Ersatz- und Neuinvestitionen und – infolge technologischer Rückständigkeit – zu hohen Bedarf an Arbeitskräften.

In den letzten Jahren wiesen die Pläne der Berliner Industrie noch wenige Tage vor dem Planstart Löcher bis zu 400 Millionen Mark auf. In diesem Wertumfang waren Produktionsauflagen von Betrieben nicht gesichert. Kabelwerker bekamen nicht die ihnen schon seit Jahren zugesagten neuen Verseilmaschinen aus Magdeburg, weil die schnell in den Export gebuttert werden mußten. Dem Glühlampenwerk war erneut das Hochregallager gestrichen worden, obwohl dort die Lagerwirtschaft in einem katastrophalen Zustand war; der Betrieb behalf sich mit Containern, die überall im Betriebsgelände herumstanden. Die Hersteller von Kaffeeautomaten, die gute Exportgeschäfte machten, hingen am Dresdner Zulieferer-Tropf: Die Spezialheizungen wurden nur stotternd angeliefert. Die Produzenten von Fernsehröhren in Köpenick mußten ihren täglichen Ausstoß drosseln, weil bestimmte Bauteile vermutlich für Monate nicht rechtzeitig aus einem Ort namens Zwintschöna eintreffen würden. In diesem Falle wurde ein Amnestieerlaß «produktionswirksam»: Dem Betrieb fehlten plötzlich die Arbeitskräfte, die aus Strafanstalten gekommen waren.

In der Beratung mühten wir uns, im Interesse der Berliner Produzenten, irreale Planmargen herunterzusetzen, oder wir bestanden auf den entsprechenden Investitionen. Allzuviel kam nicht dabei heraus. Man trennte sich mit der Zusicherung, «an den Problemen weiter zu arbeiten».

Die nächste Runde des Schattenboxens gegen die Ungleichungen der Planwirtschaft setzte sich in den Betrieben fort. Wie solche ökonomischen Händel verliefen, wie schnell man in der Intrigen-Schmiere Mittags ausrutschen konnte, das mag folgendes Beispiel veranschaulichen.

Einer von einem guten Dutzend Berliner Betriebe, um die sich die Bezirksleitung unmittelbar kümmerte, war das Oberbekleidungskombinat. Es bekam von Jahr zu Jahr höhere Planauflagen, ohne daß durch grundlegend neue Technologien die Voraussetzungen dafür bestanden. Wir suchten Hilfe bei den Experten für Informationsverarbeitung der Akademie der Wissenschaften. Es war einfach (noch) nicht möglich, bestimmte komplizierte Näharbeiten ohne die geschickten Hände einer Arbeiterin auszuführen. Computerfachleute tüftelten an entsprechenden Programmen. Eine brauchbare Lösung war nicht in Sicht. Nur dadurch hätten aber bei den ohnehin durchrationalisierten Fertigungsabläufen in den Bekleidungsbetrieben die Produktivität nennenswert gesteigert und größere Stückzahlen erreicht werden können.

Ich hörte, daß der zuständige Minister dem Generaldirektor im Betrieb die Leviten lesen wollte, weil er die unsoliden Planvorgaben nicht widerspruchslos hinnahm. Also entschloß ich mich, an der Debatte vor Ort teilzunehmen. Mich beeindruckte, daß sich der Generaldirektor nicht die Butter vom Brot nehmen ließ. «Wie sollen wir die Ziele, die ihr uns aufbrummt, bewältigen?» fragte er den Minister. «Ihr könnt doch nicht bloß Planzahlen abregnen und uns verbieten, über die Voraussetzungen zu reden. Daß wir technisch keine Luft mehr haben, weißt du. Mehr Arbeitskräfte gibt es nicht. Du verlangst, daß ich aus zwei mal zwei nicht fünf, sondern neun mache. Das ist eine Mathematik, die man wohl nur im Ministerium beherrscht. Außerdem machen uns die Webereien das Leben schwer. Fortwährend werden die Gewebe und die Dessins gewechselt. Ändern sich die Muster, muß sich der Zuschnitt ändern. Wir müssen umstellen. Das kostet Zeit. Also nicht mal das Normale klappt.»

Dem Minister war es peinlich, sich die Gardinenpredigt in meiner Gegenwart anhören zu müssen. Aber er hatte ja Mittag im Nacken. Er stellte sich taub und bestand auf den unrealen Planzahlen. Nun wurde es mir zu bunt. «Euren Disput habe ich mir eine halbe Stunde angehört», sagte ich dem Minister. «Der Direktor hat doch einfach und einleuchtend erklärt, warum der Plan nicht zu schaffen ist. Du bist auf die Sachverhalte gar nicht eingegangen. Vielleicht erwartest du, daß er sich bei den Navajos einen Medizinmann mietet – gegen Valuta – und mit ihm auf den Werkshof geht, um die Götter um eine Eingebung oder um eine himmlische Lösung zu bitten. Versuch doch bitte mir, einem interessierten Laien, zu erklären, wie man bei den Voraussetzungen oder nicht vorhandenen Voraussetzungen das Planwunder vollbringen kann.»

Sicher wäre ohne mein Beisein der Direktor vom Minister zu dem Plankonzept verdonnert worden. Auch der Minister wußte natürlich, daß seine Vorgaben irreal waren. Aber er stand unter Erfolgszwang. Der Plan mußte auf dem Papier zunächst einmal wie gewünscht aussehen und formal auch durch die Produzenten bestätigt werden. Im Laufe des Jahres würde man schon mit einigen Tricks von den hohen Vorgaben wieder herunterkommen. Ärgerlich, daß der Direktor da nicht mitspielte. Durch meine Anwesenheit ging das Treffen anders aus als üblich. Das Kombinat bekam zusätzliche Arbeitskräfte aus Vietnam zugesprochen.

Dennoch war der Betrieb zu absurden Seiltänzen genötigt, um seinen Plan zu erfüllen. Er mußte einen Teil seiner Auflage in Jugoslawien produzieren lassen und bezahlte dafür mit Valuten. Um diese Aufwendungen zu finanzieren, mußte er seine Erzeugnisse wiederum zu Niedrigpreisen im Westen losschlagen.

Für Mittag, der natürlich von meiner «Einmischung» erfuhr, war das Kapitel nicht abgeschlossen. Er mußte es den Widerspenstigen in Berlin zeigen. Er veranlaßte, daß die Ertragslage des Kombinates auf die Tagesordnung des ZK-Sekretariats gesetzt wurde. Als wir davon Wind bekamen, stärkten wir den

Vertretern des Betriebes den Rücken. Sie sollten die Probleme des Kombinates so ungeniert zur Sprache bringen, als ob Mittag nicht dabeisäße. Ich hatte schon mehrfach erlebt, daß Honecker nicht immer dem Konzept Mittags folgte.

Auch diesmal tat er es nicht. Er reagierte einsichtig auf die Sorgen der Kollegen aus dem Betrieb. Sicher war dabei auch die Erwägung im Spiel, im Einzelfall «Realismus» zu demonstrieren. Mittag erhielt den Auftrag, Hilfe zu leisten. Der machte sich eifrig Notizen. Fürs erste war seine Intrige blockiert.

Etwa ein halbes Jahr liefen die Dinge besser für den Betrieb. Auf dem nächsten Seminar mit den Generaldirektoren der Kombinate, eine Art Befehlsempfang während der Leipziger Messe, holte Mittag zu einer vernichtenden Kritik am Berliner Bekleidungskombinat aus. Er griff den Generaldirektor an, daß seine Arbeit nicht den Maßstäben entspreche, die durch das ZK-Sekretariat gesetzt worden seien. Er drehte den Spieß um, denn im Sekretariat war ja die Position des Betriebes bestätigt worden. Der Generaldirektor sollte wissen, daß man dem Wirtschaftsgötzen nicht ungestraft trotzen darf. Zu feuern wagte Mittag ihn nicht, das hätte womöglich eine Rückkopplung zu Honecker gegeben mit einem zweifelhaften Ausgang für Mittag. Der Mann wußte nun, daß er auf der Abschußliste stand. Die Wende sollte Mittag auch durch diese Rechnung einen Strich machen.

7

Das Leben ging inzwischen seinen sozialistischen Gang. Wie alljährlich erreichte mich etwa drei Wochen vor Weihnachten ein Anruf von Günter Mittag, dem Wirtschaftssekretär des ZK: «Das Apfelsinenkontingent für das Fest steht vor der Auslieferung. Ich bitte dich, darauf zu achten, daß es nicht zu früh in den Handel kommt, damit die Bestände bis Weihnachten und möglichst darüber hinaus vorhalten.»

Ich wandte ein, daß die Regierung doch längst begriffen haben wird, wie mit der Ware umzugehen, wie sie einzusetzen sei. Das passiere doch jedes Jahr. Mittag reagierte unwirsch: «Ich spreche aus dem Zimmer des Generalsekretärs. Er bittet, daß in der Versorgung nichts schiefgeht.» Nach diesem Wink mit dem großen Bruder im Hintergrund sah ich keinen Grund, das Gespräch fortzusetzen. Ich rief Oberbürgermeister Krack an und informierte ihn von dem Gespräch. Er stöhnte auf. «Das machen wir nun Jahr für Jahr nach bewährtem Muster. Hat der nichts anderes zu tun?» Ich sagte ihm, er solle sich keinen Kopf machen. Das war die Art, wie wir untereinander die «Anleitung» durch die Spitze kompensierten.

Wenige Tage später klingelte wieder der W-tsch-Apparat, das abhörsichere Telefon, über das nur Mitglieder des Politbüros und einige Minister verfügten. Abermals war Mittag am Apparat. Er hatte es nicht nur mit der Mikroelektronik. Er arbeitete immer noch an der Lösung der Apfelsinenfrage. Diesmal ließ er erst gar keine Unklarheiten aufkommen, woher der Wind weht: «Erich ist aufgefallen, daß die Leute in der Klement-Gottwald-Allee an den Gemüseläden Schlange stehen. Vermutlich nach Apfelsinen.» Die Allee ist ein Teil der sogenannten Protokoll-Strecke, die von den Wandlitz-Siedlern als Zubringer zum Zentrum Berlins benutzt wurde. «Wir können jetzt keine Schlangen in den Hauptstraßen gebrauchen», fuhr Mittag fort.

Ich spürte, wie mein Geduldszwirn dünn wurde. «Wir müssen die Apfelsinen doch dort verkaufen, wo die Leute wohnen und wo Gemüsegeschäfte sind, ob in einer Haupt- oder Nebenstraße.» Im Hintergrund wurde die Stimme Honeckers vernehmbar. Mittag befand sich also wieder bei ihm. Dem Chef schien das Telefonat zu lange zu dauern. Mittag bedeutete mir hastig, daß die Schlangen verschwinden müßten. Ende des Gesprächs. Wieder rief ich den OB an. Wir wurden uns schnell einig, daß der Verkauf so weitergehen würde, wie er angelaufen war. Wie sollte man auch den Verkäufern und den Kunden begreiflich machen, daß sie ihre Apfelsinen nicht mehr im gewohnten Laden kaufen können, weil irgendwem die Schlangen peinlich waren.

Die DDR-Bürger pflegten übrigens zu unterscheiden zwischen Apfelsinen und Kuba-Apfelsinen. Letztere waren nicht so beliebt bei den Käufern wie Orangen aus Spanien oder Marokko, die zum geringeren Teil den DDR-Markt erreichten. Sie schmeckten zwar gut, hatten aber mehr Kerne, und das Fruchtfleisch war mitunter strohig. Zeitungen und Handel verwiesen auf den Vitaminreichtum der «Kubaner», empfahlen sie als Saftspender. Ihnen wurde bedeutet, die Ratschläge für den Umgang mit dem Kuba-Obst einzustellen. Dies setze die Ware herab, die von der DDR notwendigerweise importiert werde.

Als dem Binnenhandelsminister bei einem Routinevortrag im Politbüro über die Weihnachtsversorgung in der DDR die Bezeichnung «Kuba-Apfelsinen» entfuhr, trug ihm das eine leise, aber messerscharfe Rüge des Generalsekretärs ein. «Kein Wunder, daß wir das Vorurteil bei den Leuten nicht beseitigen können, wenn es sogar der Minister unterstützt.» Als ob man einen Minister dazu nötig hätte, um festzustellen, wie kernreich oder wie saftig eine Apfelsine ist. – Ein grotesker Schnörkel, gewiß. Aber er scheint mir bezeichnend dafür, wie offizielle Komplexe und Minderwertigkeitsgefühle in die Sphäre des Bürgers durchschlugen.

Die übertriebene Besorgnis um das Staatsrenommee hat manch andere Verlogenheit und Heuchelei hervorgebracht. Lange Zeit durfte nichts über Kriminalität und Alkoholismus in der DDR verlautbart werden. Die Existenz von neonazistischen Elementen wurde so lange verheimlicht, bis sie gerichtsnotorisch wurde. Die spießige Verschämtheit, die sich an dem Motto orientierte, daß nicht sein kann, was nicht sein darf, betraf die Probleme von Homosexuellen ebenso wie das Waldsterben, die Smogbelastung oder die Rate der Ehescheidungen. In einer Sphäre hat sie allerdings nicht gewirkt. An manchen Grenzübergängen zum Westen bot sich die DDR ganz ungeniert in einer schäbigen Tristesse dar, die einreisenden Besuchern Dantesche Empfindungen suggerieren mußte.

8

Ökonomische Not- und Pannenhilfe der geschilderten Art beanspruchte den größten Teil meiner Arbeitszeit. Der Kreis meiner Zuständigkeit als Erster Sekretär einer Bezirksleitung war natürlich weiter gezogen. Der Parteiapparat lag wie eine Art zweiter Haut über den öffentlichen Angelegenheiten. Nicht anders als der Magistrat und die Stadtverordnetenversammlung befaßten wir uns mit der Wäscherei in der Charité und mit der «Begrünung» neuer Wohnviertel, mit der Müllentsorgung und mit dem verdächtigen Schwund im Großhandelslager für Spirituosen, mit der havarierten Zwiebackstraße im Backwarenkombinat und mit dem schadhaften Parkett in der Seelenbinder-Sporthalle, im Januar mit der Getränkeversorgung im Hochsommer und im Juli mit der Winterfestmachung der Betriebe.

Die Partei war Macher und Revisor in einem. Sie spielte die Braut bei der Hochzeit und die Leiche bei der Beerdigung. Das war zuviel, um gutzugehen. Letztlich wurden damit Initiative und Verantwortung derer erstickt, deren Sache in Staat und Wirtschaft es war.

Amtsgepaart mit der Funktion des Berliner Parteichefs war mein Vorsitz in der Bezirkseinsatzleitung (BEL), jener halbmilitärischen Instanz, die in allen Bezirken geschaffen worden war, von der die Öffentlichkeit aber erst nach der Wende mehr erfuhr. Mitglieder der Berliner BEL waren der Zweite Sekretär der Bezirksleitung, der Oberbürgermeister, der Präsident der Volkspolizei, der Chef des Wehrbezirkskommandos, der Leiter der Bezirksverwaltung der Staatssicherheit und der Chef der an der Grenze zu Westberlin stationierten Grenztruppen. Die BEL pflegte drei- bis viermal im Jahr zu tagen.

In den Zusammenkünften besprachen wir die Schwierigkeiten bei der Gewinnung für den Offiziersnachwuchs der Armee. Die Absolventen der Oberschulen zeigten immer weniger Neigung dazu. Von den an den Schulen vorverpflichteten Offiziersbewerbern sprangen nach dem Abitur die meisten auf einen zivilen

Beruf ab. Das neue Denken, das aus der Sowjetunion herüberwehte, ließ eine militärische Laufbahn nicht mehr so aussichtsreich erscheinen wie früher.

Erörtert wurden auch verschiedene Pläne für den Fall einer Mobilmachung. Das betraf die Verfügbarkeit von Transporttechnik und Reparaturkapazitäten für militärische Zwecke, die Sicherung von Zufahrtswegen bei Truppenkonzentrationen in den Vororten und in der Innnenstadt, die Arbeit lebenswichtiger Betriebe in Krisen- und Kriegszeiten oder die Anlage von Lebensmittelreserven. Ich nehme an, es waren die gleichen makabren Sandkastenspiele, die auch jenseits unserer Grenzen betrieben wurden. Dort gewiß in der Zuständigkeit parlamentarisch kontrollierter Innen- oder Verteidigungsministerien. In der DDR hatte sich die SED mit dem Artikel 1 der Verfassung auch die Federführung in dieser Frage zugeschrieben.

Wir drei Zivilisten, Krack, der Oberbürgermeister, Müller, mein Stellvertreter, und ich, gestanden uns nach den Beratungen gelegentlich ein, wie absurd diese Übungen in kriegerischen Hypothesen waren. Die DDR würde wie die BRD immer erstes und unrettbares Opfer eines atomaren Konfliktes sein. Was immer auch an Sorgen und Lasten, mit den von der Wende eingeleiteten Prozessen für die eine oder die andere Seite verbunden sein mag, – daß diese grauenerregende Gefahr nach vierzig nicht sehr entspannten Nachkriegsjahren heute auf einen niedrigen Pegel zurückgefallen ist, bleibt vielleicht das beste und hoffentlich nachhaltigste Ergebnis der gegenwärtigen nationalen und internationalen Umschichtungen.

Die BEL gerieten in Verdacht, in der ersten Oktoberwoche 1989 Einsatzbefehle gegen Demonstranten in Dresden und Berlin verfügt zu haben. Es war damals zu blutigen Ausschreitungen und Massenverhaftungen gekommen. Der Verdacht lag nahe, war aber unzutreffend, wie ich es vor dem Berliner Untersuchungsausschuß über die Vorgänge am 7. und 8. Oktober dargelegt habe. Die Befehlsbefugnis über den Einsatz von militärischen Kräften zur Gewährleistung der inneren Sicherheit in einer für die DDR bisher noch nie dagewesenen brisanten Lage hatte sich Honecker als Vorsitzender des Nationalen Verteidigungsrates nicht aus der Hand nehmen lassen. In seinem Auftrag dirigierte Mielke alle Handlungen der bewaffneten Kräfte in der Woche um den 40. Jahrestag der DDR.

Ich bin später in der Presse als ein Mitwisser der wahrscheinlich von Mielke veranlaßten Ausschreitungen gegen die Berliner Demonstranten bezichtigt worden. Man nannte mich einen Lügner, weil ich das bestritten hatte. Mir wurde ein Papier mit meiner Unterschrift vorgehalten, datiert vom 8. Oktober, in dem ich Honecker über die Zahl der am Vorabend verhafteten Bürger informierte. Vor dem Ausschuß hätte ich jedoch behauptet, erst im Laufe des 9. Oktober und später von dem Ausmaß der Repressalien erfahren zu haben.

Bei dem Schreiben handelt es sich um eine Meldung an Honecker als Vorsitzendem des Nationalen Verteidigungsrates. Eine Woche vor dem 40. Jahrestag der DDR war der Sekretär des Rates, Generaloberst Streletz, bei mir erschienen. Er hatte mir einen Befehl des Vorsitzenden ausgehändigt, der mich als BEL-Vorsitzenden zur täglichen Meldung an ihn verpflichtete. Das martialische Gehabe und Wortgeprassel, das die Verquickung von Militär und Partei begleitete, war mir längst ein Greuel. Krenz und mich beherrschte zu diesem Zeitpunkt schon der Vorsatz, Honecker in den nächsten Wochen zu entmachten. Also habe ich die Lageberichte, die ein Abteilungsleiter der Bezirksleitung mit dem einschlägigen Vokabular täglich verfertigte, als eine lästige, wenn auch unvermeidbare Formalie abgezeichnet. Die vom Sonntag, dem 8., hatte mir meine Sekretärin am ersten Arbeitstag der Woche, nämlich am Montag, dem 9., zur Unterschrift vorgelegt.

Dies mag wie ein haarspalterischer Versuch anmuten, den Vorwurf der Lüge zurückzuweisen. Keinem der bei den Ausschreitungen der Sicherheitskräfte verletzten und gedemütigten Bürger wird damit Genugtuung zuteil. Wozu das also?

Ich kann es nur wagen, den Leser mit diesem richtigstellenden

Detail zu behelligen, weil ich ein anderes Eingeständnis daran knüpfe. Daß einer nicht Mittäter und nicht Mitwisser in diesen Vorgängen war, macht ihn nicht schuldlos. Obwohl uns Proteste und Vorwürfe der Bürger und des Auslands trafen, daß die DDR ein Überwachungsstaat sei, blieben wir beim Gewohnten und nannten es «Dienst an der Sache». Daß manche, darunter auch ich, dabei Skrupel oder Scham verspürten, deutete weniger auf Verblendung als auf Mangel an Zivilcourage hin, die Kehrseite der Parteidisziplin.

Durch die Vorgänge am 7. und 8. Oktober sah ich mich zu Unrecht in ein verdachtgeladenes Zwielicht gerückt. Im unabhängigen Berliner Untersuchungsausschuß hielt mir ein Theologieprofessor vor, meine Darstellung der tatsächlichen Befehlslage ignorierend wie ein Exorzist das Röhren des Teufels, ich müsse der Inspirator, wenn nicht der Erteiler des Ukasses gewesen sein, gewaltsam gegen die Demonstranten vorzugehen. Daß er mir Geständigkeit nicht suggerieren konnte, bestärkte ihn wohl nur in seiner Meinung über mich. Inwendig verstieg ich mich zu dem Räsonnement, daß dieser Gerechte mich gut genug kannte, um mir solche Brutalitäten nicht zuzutrauen; in den bewegten Oktobertagen waren wir Partner beim ersten öffentlichen Rathausgespräch gewesen, und er hatte mir alles Gute für die von uns eingeleiteten und erstrebten Veränderungen gewünscht.

Ein Schriftsteller im selben Ausschuß quittierte meinen Hinweis, daß der von uns vorbereitete Sturz Honeckers doch schwerlich mit dem Vorsatz zu vereinbaren sei, friedliche Demonstranten zu mißhandeln, als verlogene Selbstglorifizierung. Daraus spreche die Trivialität des Bösen. Ich verließ die Ausschußsitzung mit dem bitteren Gefühl, daß es dort zwar nicht dem Vorsitzenden, aber einigen Teilnehmern allein darum ging, Vorverurteilungen zu erhärten.

Inzwischen sind viele schmähliche Tatbestände über den Stasischwamm im DDR-Gemäuer ans Licht gekommen, von der Massenbespitzelung in Orwellschen Dimensionen, über Mißbrauch psychiatrischer Anstalten bis hin zur schäbigsten Form des Postraubs, dem organisierten Diebstahl von Banknoten aus Privatbriefen. Heute verstehe ich die unversöhnliche Hartnäkkigkeit der öffentlichen Investigatoren. Der Staatssicherheitsdienst galt ja als die Prätorianergarde der SED. Aber eben deshalb war er mit der höchsten Protektion, der des Generalsekretärs, längst zum Staat im Staate, zum exekutivsten Teil der Macht geworden.

Daß selbst die obersten Überwacher, die Generale der Staatssicherheit, wie «feindliche Elemente» verwanzt waren, offenbart auf groteske Weise die Totalität des Mißtrauens und der Überwachungsmaschinerie. Auch die Mitglieder des Politbüros wurden abgehört. Eppelmann, seinerzeit Interimsinnenminister, soll bei seinem Besuch im Lobetaler Refugium Honecker mit der Enthüllung überrascht haben, ihm seien einige Koffer mit Tonbändern übergeben worden, auf denen private Telefonate der Wandlitzer Insassen aufgezeichnet seien. Es ist nicht ohne makabre Ironie, daß Mielkes Lausch-Tapes so etwas wie das einigende Band waren, das Schuldige wie Opfer, die Herrschenden wie die Opposition umschlang.

Von Mielke erzählten mir Kellner, die im Wandlitzer Kasino arbeiteten, daß er dort gelegentlich einsam frühstückte. Spürte er hinter seinem Rücken irgendeine Bewegung oder nahm er durch die Scheibe der Windfangtür schemenhaft eine Person wahr, pflegte er aufzufahren und scharf zu rufen: «Wer ist da?» dann hatte sich der Betreffende zu identifizieren. Ich muß mir heute sagen, daß, auch durch meinen Namen gedeckt, die Sicherheits-Paranoia zu einem Teil der Gesellschaftsraison in der DDR wurde.

Das Stasi-Syndrom ist zum Verwesungsgift der DDR geworden. Bis ins parlamentarische Leben der neuen deutschen Republik ist es gedrungen. Wie konnte die Marxsche Verheißung, durch vergesellschaftete Produktionsmittel zu jenem gerechten und glückspendenden Gemeinwesen zu gelangen, «worin die freie Entwicklung eines jeden die Bedingung für die freie Entwicklung aller ist», einen solchen Wechselbalg gebären? Ist die Repression die Entartung des Verheißungsmodells, oder ist sie vielmehr sein anfänglich verborgener, doch immanenter Bestandteil?

Viel hängt davon ab, welches Verständnis von sozialer Entwicklung Menschen haben. Nicht ein vorgegebener idealer Bauplan, sondern die unendliche Kette von Versuch und Korrektur, neuerlichem Versuch und Korrektur bestimmt die Evolution in der Natur, in der Gesellschaft und in der menschlichen Erkenntnis. Mutationen, revolutionäre Sprünge können das permanente Experiment beschleunigen. Die Kette sprengen und ersetzen können sie nicht. Evolution bleibt die Dominante. Denn sie gewährleistet das Notwendige: Bestandssicherung, Öffnung für begrenzte nützliche Veränderungen oder Lösungen und schließlich unbeschränkte Veränderbarkeit dieser Lösungen, wenn sich ihre Tauglichkeit für das jeweilige System erschöpft hat.

Das sozialistische Verheißungsmodell will sich nicht an Korrekturen verschwenden, sondern durchsetzen. Fehler, Disproportionen, Rhythmusstörungen, gegen die das Retortenkonzept nicht gefeit ist, rufen Kritik und Ablehnung bei der Bevölkerung hervor. Da die Verheißung vollkommen zu sein hat, prinzipiell dem kapitalistischen Gesellschaftsentwurf überlegen bleiben muß, bedeutete das Eingeständnis von Unzulänglichkeiten oder Fehlern den Verzicht auf die Überlegenheit. Deshalb kann sich das System nicht berichtigen. Zu korrigieren ist die Nicht-Akzeptanz. Die Menschen müssen zur richtigen Raison gebracht werden. Durch Indoktrination, ideologisch und administrativ betrieben, sollen Kritik und Versuchstrieb eingeschläfert werden. Die Verheißung lebt besser mit dem Glauben.

Das Unheil kommt aus der selbsternannten Heilsbringerschaft, mit der wir uns in der Partei ausgestattet haben. Hier ist die eigentliche und letzte Quelle der Repression in unserem obrigkeitlichen, etatistischen Sozialismusversuch. Ein Versuch, der scheiterte, weil er den Menschen das «Versuchen» abgewöhnen wollte.

Die Anmaßung war unser Verhängnis. Sie gipfelte in jenem unerträglichen Satz des Staatssicherheitsministers Mielke vor der Volkskammer, als die Tage der SED gezählt waren: «Ich liebe euch alle.» Es macht die Phrase nur schrecklicher, daß sie nicht zynisch gemeint war. «Ich liebe euch alle – deshalb muß ich euch züchtigen», läßt sie sich weiterdenken. Und: «Deshalb müssen wir euch schützen vor euch selbst, in Gewahrsam nehmen vor euch selbst, Gewehrläufe auf euch richten lassen, wenn ihr undankbar dem Glück entfliehen wollt, das wir euch zugedacht haben…»

Viele empfinden heute erschrocken oder ernüchtert die Unvollkommenheiten der reichen bürgerlichen Gesellschaft, in die wir retirieren mußten. Aber ihre Mängel sind aussprechbar und deshalb offen für den Versuch der Bürger. Das Dümmste wäre es, wenn wir darüber vergäßen, die Antwort auf die Frage zu finden, die Ernst Bloch gestellt hat: Hat der Stalinismus den Sozialismus zur Unkenntlichkeit verzerrt oder zur Kenntlichkeit gebracht?

Kein Jahr wie 39 frühere

I

Der Übergang ins vierzigste Jahr der DDR schien mit nichts anzudeuten, daß es das Schicksalsjahr der Republik werden würde.

Nicht einmal jene haben das vermutet, die am klarsten sahen, daß sich das Land auf abschüssigem Pfad befand und seine Abwärtsbewegung sich mit physikalischer Unabwendbarkeit beschleunigen würde.

Konsistorialpräsident Manfred Stolpe, weitsichtiger Mann der Berlin-Brandenburgischen Kirche, bekannte im Mai 1990 während eines Treffens auf der Wartburg: «Ich bin ein schlechter Prophet. Ich habe diese Entwicklung nicht vorausgesehen. Weder der Zusammenbruch der SED-Herrschaft noch die Herstellung der staatlichen Einheit Deutschlands standen für mich auf der politischen Tagesordnung.»

Ebensowenig ahnten es die Rufer in der Wüste, die sogenannten politischen Randgruppen, die sich unter den Fittichen der Kirche einen schmalen, immer gefährdeten Lebens- und Wirkungsraum erstritten hatten. Sie sprachen schon lange unmißverständlich und mutig aus, was neun, zehn oder elf Monate später Hunderttausende auf den Straßen der großen Städte skandieren würden. Sie sahen sich unvermindert, ja zunehmend dem Griff des allgegenwärtigen Sicherheitsapparates ausgesetzt.

Daß westdeutsche Politiker von Grün bis Schwarz es sich zur Regel machten, bei offiziellen Besuchen in der DDR auch mit den oppositionellen Kräften zu sprechen, stärkte jenen den Rücken, machte sie vielleicht weniger wehrlos gegenüber der staatlichen Repression. Aber dies blieb doch weit unterhalb einer Legalisierung.

Die offizielle Politik der Bundesrepublik, Koalition wie Opposition, hat noch zu diesem Zeitpunkt und später – das war auch aus Äußerungen westlicher Gesprächspartner zu entnehmen – nur allmähliche, molekulare Veränderungen des Systems in der DDR erwartet.

Die Spekulationen über einen möglichen Nachfolger Honekkers schossen zwar üppiger ins Kraut. Wer immer auch und auf welche Weise erster Mann von Partei und Staat werden würde, er würde kein Liquidator der DDR sein. Das war für alle, die berufsmäßig oder am Stammtisch darüber rätselten, so sicher wie das Amen in der Kirche.

Es würde jemand sein, der unter Nutzung der auf ihn überkommenen Machtstrukturen und der Erfahrungen Gorbatschows versuchen müßte, der DDR zu mehr wirtschaftlicher Effizienz und mittels mehr Demokratie zu einer wirklichen politischen Akzeptenz durch die Bürger zu verhelfen, ohne ihren sozialistischen Geburtsschein zu zerreißen. Beziehungen einer neuen Qualität zwischen beiden deutschen Teilstaaten, möglicherweise konföderativer Art, für die Nachbarn reguliert und genießbar durch den gesamteuropäischen Prozeß, mußten nicht länger Phantasterei sein.

Auch international schien die DDR zum Jahreswechsel in nicht gar so schlechtem Licht zu stehen. Das Bild der Staatengemeinschaft in Ost wie in West wies manche «kranke Männer» auf. Die DDR mußte nicht zu den Unheilbaren gerechnet werden. Noch verweigerte sie sich zwar der Perestroika, aber ein Wandel war schon durch den biologischen Faktor absehbar. Der DDR wurde für diesen Fall mehr Kraft zur Rekonvaleszenz zugetraut als beispielsweise Polen oder Ungarn.

Als einen total abwegigen Pessimismus und als ein Anzeichen von Volltrunkenheit hätte ich es zurückgewiesen, wenn mir jemand während der privaten Silvesterfeier prophezeit hätte, daß die Partei, die SED, noch in diesem Jahr unter dem Volkszorn zerstieben und während weniger Wochen Hunderttausende Mitglieder verlieren würde.

Alles das nahmen wir nicht wahr. Wir sahen viele Mängel, aber wir erkannten in ihnen nicht die Symptome einer schweren, kaum noch behebbaren Krise. Die im Übermaß strapazierte Geduld, die unerfüllt gebliebenen Erwartungen der Menschen, die ihre politische Mündigkeit respektiert und verbrieft sehen wollten, haben alle günstigeren Prognosen für die DDR verdorren lassen.

2

Das neue Jahr war erst ein paar Tage alt, als mein Zimmer in der Berliner Bezirksleitung zum ersten- und letztenmal Treffpunkt des Politbüros wurde. Die in Berlin ansässigen Mitglieder waren zu meinem 60. Geburtstag gekommen. Die Sekretärin hatte Tische und Fensterbänke so gründlich entrümpelt, daß die Arbeitsklause spartanisch anmutete. Auf einer provisorischen Anrichte standen einige Flaschen Sekt und Gläser für den obligaten Anstoß bereit.

Das ZK-Protokoll schrieb ein exaktes Reglement für solche Anlässe vor. Ab sechzig wurden runde Geburtstage zum offiziellen Ereignis stilisiert. Die Glückwünsche überbrachte der Generalsekretär persönlich im Beisein der PB-Mitglieder. In den Parteizeitungen erschien der Wortlaut der Grußadresse mit einem zweispaltigen Konterfei auf der Titelseite. Am folgenden Tag wurde in Wort und Bild über die Gratulationscour berichtet. Bei ZK-Mitgliedern fielen die Glückwünsche kürzer aus. Sie wurden auch nicht auf der Titelseite, sondern auf Seite 2 veröffentlicht. Als besondere Huldigungsgeste mühten sich Lektoren des parteieigenen Dietz-Verlages, einen Sammelband mit Reden und Aufsätzen des jeweiligen Politbüro-Jubilars herauszubringen.

Das war zumeist ein vorprogrammierter Ladenhüter, trug dem Betreffenden jedoch ein Verlagshonorar ein.

Mein 60. Geburtstag war von einigen zeremoniellen Veränderungen begleitet, die auch einigen Medien in der Bundesrepublik nicht entgangen waren. Die Inszenierung war nicht so pompös wie bislang üblich. Das fing schon damit an, daß ich keinen langen leeren Tisch hatte herrichten lassen, der von den Besuchern stumm und nichtsdestoweniger eindringlich Geschenke einforderte. Wohltuend war, daß das Politbüro auf die sonst übliche aufwendige Gabe verzichtete. Für die Jäger war das gewöhnlich eine teure Suhler Flinte, für andere eine Kiste mit klirrendem Kristall oder eine wertvolle Kameraausrüstung aus dem Pentacon-Werk. Dazu gesellten sich dann noch die mehr oder weniger kostbaren Präsente der Gratulanten aus den verschiedenen gesellschaftlichen Bereichen. Manche Bezirksleitungen sollen sich in der Vergangenheit entsprechend dem Machtwert des Geburtstagskindes mit ganzen LKW-Ladungen hervorgetan haben.

Diesen Huldigungspomp hatte Erich Honecker durch eine Initiative im Politbüro einige Wochen zuvor beschnitten. Die ausufernde Geburtstagsberichterstattung wurde damit gleichfalls eingeschränkt. Obwohl so nicht begründet, verstanden wir den Vorstoß als eine Reaktion auf das zunehmende Murren im Volk. Die Selbstbeweihräucherung wenigstens auf diesem Felde zu dämpfen war mehr als geboten. Aus dem geänderten Ritual schloß die «FAZ» seinerzeit, «das kann nur als Abwertung des Ostberliner SED-Chefs verstanden werden.» Vielleicht hatte Honecker eine solche Nebenwirkung mit einkalkuliert. Er sprach nie darüber, aber die Spekulationen um seine potentiellen Nachfolger mögen ihn gelegentlich irritiert haben. Der Beschluß galt zwar für alle. Aber vermutlich hatte er sich darüber informieren lassen, wen er als ersten beträfe. Mit Stoph, Mittag oder Sindermann hätte er die neue Liturgie sicher nicht gestartet. Ich war es zufrieden, daß ich mit gebremstem Schaum zu tun hatte.

Erich Honecker verlas die Grußadresse. Etwas hilflos hörte ich die Rezitation auf meine Person an. Ich erinnerte mich, wie andere in dieser Situation bestimmte Daten und Wertungen «abnickten», als kontrollierten sie den Wahrheitsgehalt der Eloge. Mir kam in den Sinn, wie absonderlich es sei, daß ich, ein Sechzigjähriger, in dieser Runde quasi als ein junger Mann dastand. Wie würde es weitergehen mit der Führung? Könnte es eine menschliche und würdige Lösung des notwendigen Generationswechsels geben? War es nicht ein unverzeihliches Versäumnis, das Was und Wie des politischen Altenteils für Honecker niemals bedacht zu haben? Oder hatte schon jemand darüber nachgedacht? Wäre es nicht das beste, wenn der Generalsekretär selbst den Anstoß dazu gäbe, das Haus neu zu bestellen? Er hatte doch seine eigenen Erfahrungen mit der quälenden Technologie des Machtwechsels, als die Ära Ulbricht dämmerte.

Egon Krenz, der (mehr in den Medien der Bundesrepublik als in der DDR) als «Kronprinz» gehandelt wurde, hatte von Erich Honecker nie eine Bestätigung solcher Absicht vernommen. Formal mußte eine Wahl ohnedies dem Zentralkomitee vorbehalten bleiben. Mehr als zu halben Indizien ließ Honecker es jedenfalls nicht kommen. Krenz durfte ihn zwar als Vorsitzer im Politbüro während des Urlaubs vertreten, hatte danach aber wieder die Kehrtwendung ins protokollarische Glied zu vollziehen. Es kam vor, daß der Generalsekretär in einer zufälligen Runde maliziös verkündete, seine Ärzte hätten ihm wiederum beste Gesundheit attestiert. Sein Blick glitt dabei über die Gesichter, auch über das von Krenz. Möge sich niemand einbilden, hieß das, jemand könne ihn demnächst im Amte ablösen.

Ich brach die unbotmäßigen Überlegungen ab, um mich für ein paar Worte des Dankes zu sammeln, mit denen ich die Gratulation und die guten Wünsche erwidern wollte. Erst Stunden später, ein alter Freund saß bei mir, kam ich noch einmal auf das gerontologische Thema zu sprechen. Anlaß war seine frivole Bemerkung, der Ludergeruch der Perestroika greife beunruhigend um sich. Wir könnten uns jedoch glücklich schätzen, daß die DDR ein Hort der reinen Lehre, des Marxismus-Senilismus sei.

3

Woran liege es, fragte ich ihn, daß wir die politische Nachfolge nicht als den Normalfall verstehen und sie «europäisch gesittet» bewältigen. Auch der KPdSU sei das bisher nicht geglückt. Vielleicht hänge es damit zusammen, meinte er nach einigem Überlegen, daß wir kein Spektrum, sondern bestenfalls ein schmales Band von Meinungen, nur Spielarten von Konformität ertragen. Wir hätten Angst, daß ein breites Spektrum ausfransen und damit durchlässig werden könnte für fremde ideologische Einflüsse, was immer das sei. Er verfiel ins Dozieren, eine Schwäche, die ich bei ihm kannte. Aber diesmal irritierte mich das nicht. Die Partei habe die Fähigkeit zur Osmose, zum Austausch mit der Realität weitgehend eingebüßt. Ihre Membranen seien verledert. Wer aber nicht mehr aufnahmefähig ist für den Zustrom des Lebens, für seine Signale und Warnungen, werde mehr und mehr Fehler machen, sie nicht wahrnehmen oder zu rechtfertigen versuchen.

Die Partei verwandele sich in einen reaktionsunfähigen Golem. Die Personalverewigung sei dafür symptomatisch. Sie sei der Versuch, das fehlerhafte System bis zum letztmöglichen Zeitpunkt auszudehnen. Der Personenwechsel müßte deshalb logischerweise stets in absolute Kritik, in Verurteilung der von Fehlern überwucherten bisherigen Politik münden. Natürlich würden bei dieser Lage schon geraume Zeit auch persönliche Animositäten zwischen Cäsar und Brutus sprießen, wodurch der Konflikt scheinbar subjektiviert werde. Die Neuen würden die Fehler ihrer Vorgänger korrigieren, aber Gefahr laufen, die Korrekturen zu verabsolutieren und in alte wie neue Fehler abzugleiten, wenn nicht unablässig der Stoffaustausch mit der Realität stattfinde.

Meinungspluralität, Demokratie seien die einzigen Sicherungen dagegen. Es ginge also ums System und nicht nur um fünf oder zwanzig Fehler. Was immer an der sowjetischen Perestroika unvollkommen erscheine – sie sei ja ein Experiment –, Gorbatschow habe das starre, sich abschottende System durch ein neues ersetzt, das für die Signale der Wirklichkeit durchlässig sei. Mit allen Risiken natürlich, aber das alte System sei überhaupt nicht risikofähig gewesen. Es habe die Risiken nur vertagt. Die Einlösung des Wechsels sei lediglich hinausgeschoben worden.

Gespräche dieser Art, die ungeniert an unserem System kratzten, mit einem Mitglied des Politbüros, waren auch zu Beginn 1989 alles andere als die Regel. An Universitäten, wissenschaftlichen Instituten, an Theatern waren sie fast schon das übliche. Im Politbüro hinkten wir dieser Sachlage weit hinterher. Niemand konnte sicher sein, ob so elementare Zweifel, dem Sitznachbarn anvertraut, nicht an die falsche Adresse gelangten. Es gab zu diesem Zeitpunkt im inneren Zirkel der Macht nicht einmal ein Grüppchen, das eine konspirative Potenz hätte sein können. Es bedurfte erst der explosiven Lage, die sich im Sommer entwickelte, um den Panzer der Parteidisziplin aufzusprengen.

4

Am Abend sah ich mir die Bücher an, die mir der Tag beschert hatte. Ich fand darunter eine alte Broschüre, ein bibliophiles Exemplar der Schrift von Rosa Luxemburg über «die russische Revolution», herausgegeben und eingeleitet von Paul Levy. Beim Durchblättern blieb ich an Textstellen hängen, die der vormalige Besitzer mit peniblen Bleistiftstrichen und Ausrufezeichen versehen hatte. Mir war, als sähe ich in ein verbotenes Zimmer. Rosa Luxemburgs Auseinandersetzung mit Lenin über das Verhältnis von Diktatur und Demokratie schien uns auf den Leib geschneidert. Die «Häresie» beschrieb unsere Probleme.

Die geistige Umwälzung, die der Sozialismus bewirken soll, benennt sie so: «Soziale Instinkte anstelle egoistischer, Masseninitiative anstelle der Trägheit, Idealismus, der über alle Leiden hinwegträgt... der einzige Weg zu dieser Wiedergeburt ist die Schule des öffentlichen Lebens selbst, uneingeschränkte breiteste Demokratie, öffentliche Meinung...

Ohne allgemeine Wahlen, ungehemmte Presse- und Versammlungsfreiheit, freien Meinungskampf, erstirbt das Leben in jeder öffentlichen Institution, wird zum Scheinleben, in dem die Bureaukratie allein das tätige Element bleibt... diesem Gesetz entzieht sich niemand. Das öffentliche Leben schläft allmählich ein, einige dutzend Parteiführer... dirigieren und regieren... und eine Elite der Arbeiterschaft wird von Zeit zu Zeit zu Versammlungen aufgeboten, um den Reden der Führer Beifall zu klatschen, vorgelegten Resolutionen einstimmig zuzustimmen, im Grunde also eine Cliquenwirtschaft – eine Diktatur allerdings, aber nicht die Diktatur des Proletariats, sondern die Diktatur einer Handvoll Politiker, d.h. Diktatur im bürgerlichen Sinne...»

Dann andere Sätze, die sich wie mit Widerhaken in mir festsetzten: «Sozialistische Demokratie beginnt aber nicht erst im gelobten Lande, wenn der Unterbau der sozialistischen Wirtschaft geschaffen ist, als fertiges Weihnachtsgeschenk für das brave Volk, das inzwischen treu die Handvoll sozialistischer Diktatoren unterstützt hat. Sozialistische Demokratie beginnt zugleich mit dem Abbau der Klassenherrschaft und dem Aufbau des Sozialismus. Sie beginnt mit dem Moment der Machteroberung durch die sozialistische Partei. Sie ist nichts anderes als die Diktatur des Proletariats.»

Von der Lektüre war ich aufgewühlt und angezogen. Es meldeten sich wieder die Skrupel der ideologischen Disziplin. War es nicht treulos zu zweifeln? Ich hatte mir etwas darauf zugute gehalten, nicht so ein labiler Typ zu sein, der schnell die politischen Nerven verlor, wenn er auf Widerspruch oder Ablehnung stieß. Gerade die Unzugänglichkeit des anderen forderte mich heraus. Es schmeichelte mir, wenn meine Offenheit, meine bedingte Einsichtigkeit den Gesprächspartner auflockerten. Das waren Besucher, die ihre Anliegen in der Bezirksleitung vortrugen, Kollegen, denen ich in Betrieben begegnete. Allerdings waren darunter kaum überzeugte Opponenten der SED.

Mache ich nicht den Fehler, grübelte ich nun, mich bei Rosa Luxemburg unter dem Eindruck unserer Misere unhistorisch, schematisch zu bedienen? Hatten wir es nicht mit ganz anderen, von ihr nicht vorauszusehenden geschichtlichen Bedingungen zu tun? Faschismus, Krieg, Befreiung, kalter Krieg, miserable Ausgangslage der DDR, ein kapitalistischer Superprotz wie die BRD als Nachbar! Doch anders als früher wollten sich die Zweifel nicht mehr verflüchtigen.

Noch etwas gab mir zu denken: der zugleich sachliche und emotionale Charakter der Kritik von Rosa Luxemburg an der Praxis der russischen Revolutionäre. Sie schien mir ebenso von moralischer Unbestechlichkeit wie von Sympathie für die epochale Leistung Lenins diktiert. Diese Art von geistigem Ausfechten hatten wir nie geübt noch gelernt. Lenin hatte Rosa Luxemburg gerade in Kenntnis ihrer Kritik einen Adler der Revolution genannt. Der Stalinismus beseitigte die Spielräume für Diskussion und Kontroverse. Wir wußten nur zu verdammen und zu verketzern.

Die Wahrheit verpflichtet mich zu erwähnen, daß auch die zitierte Arbeit Rosa Luxemburgs in der Werke-Ausgabe des SED-eigenen Dietz-Verlages enthalten, also in der DDR für jedermann verfügbar war. Jahr für Jahr waren wir im Januar zur Gedenkstätte in Friedrichsfelde gezogen, um uns vor Rosa Luxemburg und Karl Liebknecht zu verneigen. Wir hatten uns nie gefragt, ob allein ihr Tod uns etwas zu lehren hatte. War Wachsamkeit, Abwehrbereitschaft gegen eine bedenkenlos zum Mord am politischen Gegner entschlossene Reaktion die einzige Mahnung? Das Vermächtnis der lebenden Rosa war uns darüber aus dem Blick geraten. Wir hatten sie in unseren Köpfen einbalsamiert, ihre Botschaft gelesen, gar zur Kenntnis genommen haben wir nicht. Auch dafür sollten wir im Jahr 89 die Quittung beziehen.

5

Die Christenheit kennt den Jahreskreis der kirchlichen Feiertage. Rückschauend frage ich mich, ob wir beim klerikalen Brauchtum nur unbewußt Anleihen gemacht haben. Im Jubiläumsjahr 1989 hangelte sich die Republik von Ereignis zu Ereignis. Die Massenwirkung war wichtiger als der Anlaß. Die Kirche mit ihrer frappierenden Zunahme an gesellschaftlicher Ausstrahlung war uneingestanden der innenpolitische Konkurrent der Partei bei dem Bemühen um ideologischen Bodengewinn. Sie gab uns ohnehin Rätsel auf. Obwohl die Zahl der praktizierenden Gläubigen stagnierte oder zurückging, wuchs die Fähigkeit der Kirche, Resonanzboden der allgemeinen Sorge und des verbreiteten Unbehagens über den Gang der gesellschaftlichen Dinge zu sein.

Die Organisatoren der Haupt- und Staatsanlässe plagten sich ab und betrieben erheblichen Aufwand, aber die eigenartige, stille Wirkung der alten Feiertage, deren religiöser Ursprung längst vergessen schien, erreichten sie nicht. Es war nicht zu übersehen, daß die Verkündigung über den Schalltrichter der Alltagsseelsorge nur eine begrenzte Reichweite hatte. Die Feiertage aber legten über viele anonyme Adressaten, über das ganze Volk einen Hauch der kirchlichen Botschaft, selbst wenn der einzelne nur das «arbeitsfrei» verbuchte. Fernsehen und Rundfunk übertrugen Gottesdienste. Millionen, Christen, Nichtchristen und Atheisten sahen, wie der Papst urbi, orbi und der Gorbisphäre den Segen erteilte. Die Kirche, ob es uns gefiel oder nicht, behauptete sanft und nichtsdestoweniger nachdrücklich den Anspruch ihrer Unvergänglichkeit. Man braucht wohl 2000 Jahre, um sich solcher Wirkungen sicher zu sein, zwar nicht untätig, aber gelassen und geduldig ihrer zu harren.

Uns blieb das versagt, obwohl unser Jahreskalender mit Veranstaltungen vollgestopft war. Alljährlich gehörten dazu im Januar die Kundgebung an der Gedenkstätte der Sozialisten in Berlin-Friedrichsfelde, der 1. Mai, der 8. Mai, der Tag der Befreiung vom Faschismus, der mit einer deutsch-sowjetischen Freundschaftswoche verknüpft war, der 7. Oktober, Nationalfeiertag, Datum der Proklamation der Deutschen Demokratischen Republik, der 7. November, Jahrestag der Oktoberrevolution. 1989 kamen der Termin der Kommunalwahlen und das Pfingsttreffen der FDJ hinzu.

«Live» oder zeitversetzt wurden die Aufmärsche und Fest akte über den Bildschirm verbreitet, die Berichterstattung über Stunden ausgedehnt. Dabei rissen nicht die Fernsehkabel, wohl aber der Geduldsfaden der meisten Zuschauer und Radiohörer. Sie pflegten abzuschalten. Bei ähnlichen Durststrecken auf der Mattscheibe hatte sich Erich Honecker gelegentlich beim Sekretär für Agitation, Joachim Herrmann, telefonisch gemeldet, diese oder jene Sequenz gelobt oder kritisiert. In solchen Phasen des absoluten Niedergangs des Fernsehens schien er wirklich der einzige zu sein, der in diesem Lande die Sendungen konsumierte, die auf Order eines einzelnen Betrachters gefertigt waren.

Es ist nicht absurd zu vermuten, daß auch am Nachmittag des 1. Mai 1989, also nach der Berliner Demonstration im Haus 12 in Wandlitz ein alter Mann vor dem elektronischen Guckkasten saß, auf dem bewegt und in Farbe die Reprise der Maidemo flimmerte. Er mag in den Gesichtern der Menschen, von denen ihm noch viele zugelächelt und zugewinkt hatten, die Antwort auf die Frage gesucht haben: «Steht dieses Volk noch zu mir?»

6

Ich sah die Berliner Maidemonstration 89 aus der für mich ungewohnten Fernseher-Perspektive. Eine Grippe hatte mich ans Haus gefesselt. Frontal bot sich mir dar, was ich, an der 1,30 m hohen Brüstung der Tribüne stehend, sonst nur mit Seitenblikken beobachten konnte: die Korrespondenz zwischen dem ersten Mann der Partei und des Staates, dem einzigen und den vielen, die Stunde um Stunde vorüberströmten.

Die Ikonographen aus Adlershof setzten es geübt ins Bild. Dem leeren Gestus der Massenhuldigung versagten sich die Kameraleute weitgehend. Sie zeigten nur ab und an eine Totale mit wehenden Fahnen und Transparenten über dem Heerwurm. Es überwog der Blick in die Gesichter, auf einzelne und kleine Gruppen im Defilee. Suchende Blicke, die an einem Punkt innehielten, Hände, die in die gleiche Richtung wiesen, kleine Kinder auf den Schultern ihrer Väter, die ihnen bedeuteten, wohin sie ihr Fähnchen strecken sollten. Immer wieder dazwischengeschnitten die Mitte der holzgezimmerten Empore: ein lachender, strahlender Honecker. Er war der beste Mann dort oben, unstreitig die Starbesetzung in diesem merkwürdigen Streifen mit Hunderttausenden Kleindarstellern und null Handlung.

Nur zwei- oder dreimal strich die Kamera über die gesamte erste Reihe auf der Tribüne. Die Gesichter der Politbüromannschaft waren Stunde um Stunde schlaffer, bei einigen grämlich geworden. Im Bizeps des Winkearms machten sich Konditionsschwächen bemerkbar. Allein Erich Honecker schien sich zu verjüngen. Er folgte mit Blicken einzelnen Demonstranten, fing Blumen auf, die man ihm zuwarf, schleuderte sie wieder zurück in die Menge, grüßte Veteranen auf Thälmannsche Weise mit der geballten Faust, streichelte Kinder, die ihm entgegengestreckt wurden, bewegte den erhobenen Arm rhythmisch nach den Klängen der Marschmusik, sang mit, wenn «Brüder, zur Sonne, zur Freiheit» oder «die junge Garde des Proletariats» erklang. Inzwischen – die Sonne war höher gestiegen – hatte er das saarländische Markenzeichen gehißt, er hatte sich den Strohhut aufgesetzt und summte gar die Berlin-Schnulze mit, die Helga Hahnemann, eine DDR-Nachfahrin von Claire Waldoff und Lotte Werkmeister, populär gemacht hatte und nun per Lautsprecher über die Karl-Marx-Allee tönte.

Unter der Suggestion des Augenblicks hatten sich vor der Tribüne die Gesichter der Demonstranten zu Lächeln und Freundlichkeit verklärt. Für die Dauer einiger Lidschläge verdrängte der Blickkontakt mit dem aufgekratzten Landesvater Sorge und Ärger, die der einzelne immer stärker in seinem Alltag verspürte. Vielleicht schon hundert Meter jenseits der eben passierten Tribüne, gewiß am nächsten Tag bei der Begegnung mit der Morgenzeitung, mit den Läden, mit den Fernsehnachrichten, mit den unentrinnbaren Kalamitäten im Betrieb blieb von der Maidemonstration wenig mehr als ein schales Gefühl, und der alte Unmut nahm wieder seinen Platz in den Köpfen ein.

7

Honecker empfand und verstand Massenveranstaltungen wie den «Kampfmai» als die eigentliche Wirklichkeit. Er wußte, daß die kritische Grundstimmung in der Bevölkerung zunahm. «Die DDR ist keine Insel der Seligen», lautete die von ihm ausgegebene Agitationsformel, die neben der allgemeinen und vorherrschenden Schönfärberei das Bedürfnis nach Ehrlichkeit und Transparenz abdecken sollte. «Vieles ist noch in Ordnung zu bringen, was nicht in Ordnung ist», war eine weitere Floskel, mit der Tuchfühlung zur Aufmüpfigkeit der Menschen hergestellt werden sollte. – Aber gerade weil vieles schwieriger geworden war, nicht mehr so glatt und widerspruchslos lief wie ehedem, hatte eine Maidemonstration in diesen Ausmaßen, die zudem ohne «Zwischenfälle» verlaufen war, ein besonderes politisches Gewicht. War sie nicht ein überzeugendes Barometer für die elementare Übereinstimmung mit seiner, Honeckers, Politik, mit dem von ihm verkörperten System – trotz der Unzulänglichkeiten, mit denen es (noch) behaftet war? Der Grund schien ihm noch immer betret- und belastbar zu sein.

In Wahrheit war der feste Boden der Macht, den solche Demonstrationen scheinbar verhießen, schwankend geworden.

Die Szenerie, die revolutionäre Tradition, proletarischen Kampfgeist ausweisen sollte, war durch den Trieb zur großen Zahl von Jahr zu Jahr mehr aus Gewohnheit, routinierter Organisation und mit Druck zusammengepappt. Sie hatte bedenkliche Ähnlichkeit mit einer Fata Morgana. Das zu erkennen war Honecker nicht imstande. Wir, die wir es ahnten, wollten es uns nicht eingestehen.

Nach der Liebknecht-Luxemburg-Demonstration im Januar 1988, als es zu den bekannten Aktionen oppositioneller Kräfte gekommen war, auf der Vertreter von oppositionellen Gruppen unter Berufung auf Rosa Luxemburg die Freiheit der Andersdenkenden eingefordert und damit den Nerv der SED-Führung, die Rosa als revolutionäre Vorkämpferin für sich beanspruchte, an einer besonders empfindlichen Stelle getroffen hatten, wurden auf Anweisung des Ministers für Staatssicherheit Vorkehrungen getroffen, um ähnliche Zwischenfälle bei künftigen politischen Höhepunkten auszuschließen. So waren auch vor der Maikundgebung 1989 führende Köpfe der oppositionellen Vereinigungen durch Abgesandte der Staatssicherheit verwarnt worden, sich jeder störenden Handlung zu enthalten, andernfalls müßten sie mit strafrechtlichen Konsequenzen rechnen. Darüber hatte der Leiter der Bezirksverwaltung des MfS, General Hähnel, mich informiert. «So etwas wie im Januar wird sich nicht wiederholen», hatte er selbstbewußt hinzugesetzt.

Auf den Stellplätzen hielten Ordner nach Leuten Ausschau, die den sich dort versammelnden Betriebsangehörigen unbekannt waren. Die sollten aufgefordert werden, sich auszuweisen. Eine weitere Sicherung gegen unliebsame Vorkommnisse war auf der Karl-Marx-Allee, gegenüber der Tribüne, mitten im Strom der Vorbeidefilierenden installiert worden. Eine Kette von 50 bis 60 zivilen Ordnern befand sich dort. Sie waren bereit einzugreifen, wenn jemand ein bislang verborgenes Transparent entrollen oder sein Jackett öffnen sollte, um uns mit einer selbstverfertigten unfreundlichen Losung zu ärgern.

8

Daß ich mich am 1. Mai in meiner Wandlitzer Stube befand und demzufolge nicht auf der Tribüne gesichtet werden konnte, war wiederum Anlaß zu Spekulation. Die «FAZ» spann den Geburtstagsfaden weiter. Daß ich bei diesem Pflichttermin des SED-Protokolls gefehlt hatte, ließ die Zeitung schlußfolgern, daß der Berliner Rivale von Krenz und Modrow wieder Punkte eingebüßt haben mußte. Einer der klugen Köpfe, die nach dem bekannten Slogan hinter diesem Blatt zu vermuten sind, hatte schlicht überinterpretiert, was wirklich nur eine infektiöse Erkältung war.

Ich beeile mich hinzuzusetzen, daß es billig wäre, sich heute über solche Spekulationen zu mokieren. Wir, die Mitglieder des Politbüros, hatten uns ja mit idyllischer Kulissenpappe nach innen wie nach außen abgeschirmt. In der Art fernöstlicher Theaterstile bewegten wir uns öffentlich nach einer starren Choreographie.

Es war unziemlich, zuviel eigene Kontur zu zeigen, zum Beispiel in der Sprache, bei den Reden, die dieser und jener zu bestimmten Anlässen zu halten hatte. Man zügelte sich mimisch, wenn das Auge der Fernsehkameras einen fixierte. Den Älteren, insbesondere Willi Stoph, passierte es – in letzter Zeit häufiger –, daß sie einer menschlich-allzumenschlichen Schwäche nicht Herr wurden. Das hypnotische Geräusch einer Festrede ließ sie schläfrig werden. Um so mehr war die Wachsamkeit der Kameraleute gefordert. Ein schlummernder Premier auf der Mattscheibe hätte nicht diesem, wohl aber den Fernsehleuten einen Karriereknick eingebracht. Damit wäre ja die Überalterung der Führungsriege augenfällig gemacht worden. Das wußte zwar ohnehin jeder. Aber bei dem hohen Rang der Ersatzrealität Fernsehen war die ins Bild gesetzte Rüstigkeit und Rastlosigkeit des Politbüros die andere, die gültigere Ebene der Wirklichkeit. Die durfte auf keinen Fall beschädigt werden.

Kein Wunder, daß die Journalisten der westlichen Medien die

gestylte Physiognomie der DDR-Führung nicht ernst nahmen. Die nimmermüden Ausspäher der politischen Szene befriedigten ja nicht nur die profane Neugier ihrer Leser, sondern lieferten auch Ansatzpunkte für Analyse und Handeln der Politiker. Sie pulten an jedem vermeintlichen und tatsächlichen Riß in der Fassade herum, um einen Blick in das Innere zu erhaschen. Kaffeesatzleserei war mit im Spiel. Aber wenn Tatsachen, Informationen aus erster Hand nicht verfügbar sind, ist das eine unvermeidbare Begleiterscheinung. Das Ausdeuten von Formalien wie Placierung oder Länge von Protokollmeldungen und Geburtstagselogen, An- oder Abwesenheit bei einem offiziellen Ereignis, das Erschnüffeln von Rauchzeichen, wie es der «Spiegel» nennt, eine skurrile Indizienkunde herrschten vor bei der Beurteilung der DDR.

Die schlechte, verschwommene Sicht auf das Ziel ließ die Journalisten manche Fahrkarte schießen. Von uns wurde das mit Hohn und Genugtuung registriert. «Die wissen doch nicht, was gespielt wird, die Armleuchter.» Und Mielke bescheinigte sich selbst: «Unser Laden ist jedenfalls dicht!»

Dabei hätte mancher von uns besser daran getan, die Spekulationen, die um seine Person in Westmedien gerankt wurden, gründlich und kühl zu überdenken, sie nicht gleich schamhaft oder ängstlich ad acta zu legen. In den journalistischen Projektionen und Denkspielen waren im Grunde die Hoffnungen vieler im Lande DDR gebündelt, die sie auf diesen oder jenen in der Führung der SED unter Einfluß sowjetischer Praktiken und Leitbilder gesetzt hatten. In gewissem Sinne war das ein Bonus, der an einige verteilt wurde.

Auch ich habe versäumt, ihn durch Handeln produktiv zu machen. Daran ändert nichts, daß aus meiner Frau mangels passendem Stammbaum auch bei allergrößtem Bemühen nie eine Cousine von Raissa Gorbatschowa geworden wäre, wie man ihr nachsagte. Aber eine überzeugte Anhängerin und Verfechterin von Gorbatschows Perestroika war sie allemal. Nicht nur dem Politbüro hätte es gutgetan, wenn in seinen Beratungen frühzeitig die Positionen oder der Widerspruch durchgeschlagen wären, die einigen von uns in den Medien der anderen Seite zugetraut wurden.

9

Das politische Massenmarathon im Mai 1989 setzte sich fort mit den Kommunalwahlen am 7. Mai. Am späten Abend des Wahlsonntags verlas Egon Krenz, bildschirmfüllend, mit getragener Stimme, das vorläufige Ergebnis der Abstimmung von über 12 Millionen wahlberechtigten Bürgern. Wiederum hatten die Kandidaten der Einheitsliste der Nationalen Front ein schwindelerregendes Resultat kurz unterhalb der 100-Prozent-Grenze erzielt. Die Wahlmaschine hatte, wie erwartet, das überwältigende Bekenntnis der Bürger zum Sozialismus, zu ihrem Staat, zur Führung unter Honecker hervorgebracht. Was die 100000er-Demonstrationen des «Kampfmai» exemplarisch auswiesen, war nun scheinbar zweifelsfrei mit statistischer Exaktheit, bis auf zwei Stellen hinter dem Komma, zur Realität erhoben.

Es war die zweite Fata Morgana, die, von uns selbst fabriziert, die Krisensymptome in der Gesellschaft überlagern sollte. Dabei wußten wir, daß jenseits der sozialistischen Grenzpfähle unsere Wahlen mit Hohn und Spott bedacht, als eine Monstrosität des real existierenden Sozialismus abgetan wurden.

Freunde in den kommunistischen Parteien Westeuropas hielten uns das vor. Bei Gesprächen in Paris und Rom hatten mir das meine dortigen kommunistischen Partner zu verstehen gegeben. «Warum versucht ihr nicht die Ansätze von Wahldemokratie für die DDR zu nutzen, zu modifizieren, die sich in der Sowjetunion oder in Ungarn zeigen? Was ihr da veranstaltet, ist doch ein Muster ohne Wert.» Sie sagten mir das aus Sorge um die DDR, die von vielen ihrer Mitglieder als ein sozialistischer Aktivposten betrachtet wurde. «Ihr habt doch sogar eine bessere Ausgangslage, weil bei euch ja noch andere Parteien existieren.» Ich habe darauf nur mit vagen Andeutungen derart geantwortet, daß in der DDR früher oder später personelle und politische Veränderungen eintreten werden, wie sie die Republik braucht. Sie waren davon sowenig befriedigt wie ich.

Am Anfang dessen, was sich in 40 Jahren zu jener ungesunden Zwangsvorstellung von Einheit unter der Dominanz der SED auswachsen sollte, stand ein vernünftiger und einleuchtender Impetus. In den ersten Nachkriegsjahren galt politische Gemeinsamkeit der antifaschistischen und demokratischen Kräfte als fast selbstverständliche Konsequenz aus den Erfahrungen von Weimar wie aus dem tausendjährigen KZ-Reich. Daraus resultierte der Gedanke der Einheitsliste wie auch des demokratischen Blocks, einer Art Allparteienforum, Gewerkschaften und andere Massenorganisationen mit einbegriffen. Durch kameradschaftlichen Disput sollte hier Übereinstimmung in Grundfragen der Gesellschaftsentwicklung, im Hinblick auf wichtige Gesetzesinitiativen geübt und herbeigeführt werden.

Trotz der zahlenmäßigen und politischen Vorrangstellung der SED in der damaligen sowjetischen Besatzungszone war für solches Konsenstraining anfangs ein gewisser Spielraum vorhanden. Er erwuchs nicht zuletzt aus dem menschlichen und politischen Respekt, den Persönlichkeiten wie Wilhelm Pieck, Otto Grotewohl, Otto Buchwitz, Jakob Kaiser, Wilhelm Külz, Hans Loch, Otto Nuschke, Lothar Bolz, Ernst Lemmer u. a. füreinander hegten. Das ging so lange recht gut, bis der kalte Krieg zwischen den Großmächten Kontroversen in unheilbare Konfrontationen verwandelte.

Mit der Ausprägung der SED als Partei neuen Typus nach stalinistischem Muster verlor sie zusehends die Fähigkeit, den Rang, ja die Unverzichtbarkeit sozialer Interessenvielfalt auch für die von ihr angesteuerte homogene sozialistische Gesellschaft zu begreifen. Nicht Übereinstimmung durch Diskussion und Überzeugen, sondern das Prinzip formaler, hohler Einstimmigkeit bestimmte mehr und mehr die Praxis der Legislative. Da weder Parteien noch Programme zu wählen waren, eine Auswahl nicht mehr stattfand, degenerierten die Wahlen zur Formalie, zur Absegnung der sich immer gleichbleibenden Sache.

Nebensächlichkeiten wurden mit Bedeutungen ausgestopft und fast wichtiger als die Wahl selbst. Dazu gehörte es, daß sich Rundfunk und Fernsehen beeilten, Meldungen über die Wahlbeteiligung von Ortschaften, Dörfern wie Sensationsnachrichten darzureichen. Aus dem Bezirk Erfurt, den vom Politbüro Mittag betreute, pflegten bereits um die Mittagszeit viele Stimmbezirke hundertprozentige Wahlbeteiligung zu vermelden. Ähnlich erzeugte die Presse eine Aura künstlicher Wichtigkeit um die Verpflichtungen von Betriebsbelegschaften, mit erfüllten Plänen zur Wahl zu gehen. Solcher Medien-Flicflac half, den dürftigen Akt des Stimmzettelfaltens zu überspielen.

Ich muß bekennen, daß uns das westliche Wahltreiben in der kritischen Sicht auf die eigenen Praktiken nicht gerade bestärkt hat. Die Flick-Barzel-Lambsdorff-Affäre, der Barschel-Skandal, die kaum auszumachenden Unterschiede zwischen Republikanern und Demokraten in den USA, sieht man von ihren Maskottchen Esel und Elefant ab, der Schlagschaum der Wahlversprechen, von dem nach dem Urnengang gewöhnlich nur ein feuchter Fleck übrigblieb – das war eine Optik, die unsere Selbstgerechtigkeit nährte.

Wenn ich wähle, bevollmächtige ich nur einen Politiker, nach der Wahl gegen meine Interessen tätig zu werden. Dieses Kabarettisten-Bonmot beschreibt ziemlich genau unsere geringschätzige Einstellung zu westlichen Wahlen. Verhängnisvollerweise hatten wir es versäumt, über die Defekte unserer Wahlen ernsthaft nachzudenken.

In der Politbürositzung vom 9. Mai zeigte sich bei einigen meiner Nachbarn doch ein Anflug von Scham über das Wahlergebnis. Das äußerte sich indes nur in einigen kurzen Bemerkungen vor Eintritt in die Tagesordnung. Werner Eberlein, Werner Jarowinski, Gerhard Schürer, Egon Krenz und ich stimmten überein, daß wir so etwas dem Volk nicht noch einmal zumuten dürften. Wie das zu bewerkstelligen sei, sagte und wußte in diesem Augenblick keiner von uns. Bei mir verfestigte sich der Gedanke, daß es mit Honecker als Generalsekretär auf keinen Fall möglich sein würde. Für die Tagesordnung des 12. Parteitages würde ein anderer Referent benannt werden müssen.

Am 2. Mai war bekanntgeworden, daß Ungarn mit der Demontage des Eisernen Vorhangs begonnen hatte. Die Ungarn bauten ohne vorherige Absprache mit Verbündeten Teile der befestigten Grenze des sozialistischen Lagers ab. Wir begriffen, daß das eine Zäsur darstellte. Wir ahnten nicht, daß daraus ein Sog entstehen würde, der uns das Heft des Handelns aus der Hand nehmen sollte. Eine Umwandlung, eine Perestroika der DDR, von Vorsatz, Plan und Zeithorizont möglicher SED-Reformer bestimmt, war weniger wahrscheinlich geworden. Sie würde, wenn überhaupt, sich nun hastig, in ungeordneter Anpassung an äußere Zwänge vollziehen.

Wir sahen ebensowenig, daß wir, die SED – und Egon Krenz in persona –, das Stigma der Wahlfälschung trugen. Das war ein Makel, dessen zerstörerische Wirkung sich erst in den kommenden Monaten voll zeigen sollte.

Unsere geheimen Gedanken und Skrupel ließen wir auch in dieser Politbürositzung nicht laut werden. Niemand konnte sicher sein, ob sich dieser oder jener, der vielleicht ähnlich dachte, zu Beistand aufraffte. Eine Fronde gegen Honecker und Mittag hatte sich nirgendwann abgezeichnet. So wurde das traurige Kapitel Wahlen am 9. Mai mit der üblichen selbstgefälligen «Einschätzung» über die Einheit von Partei und Volk abgeschlossen.

11

Die Wahlen am 7. Mai waren manipulierte und gefälschte Wahlen. Manipulation war immer am Werke: Denn wer eine Einheitsliste vorgelegt bekommt, kann nicht zwischen Kandidaten wählen. Wenn die Liste im Vorfeld der Wahlen, als Vorschlag der denkbar besten Kandidaten für die denkbar beste, die sozialistische Sache empfohlen wird, dann ist eine Entscheidung dagegen im Grunde als ein Votum gegen den Sozialismus qualifiziert. Wenn in den Medien die offene Abstimmung propagiert wird, wenn Wähler öffentlich erklären, sie würden keine Wahlkabine benutzen, dann werden viele ihr Wahlverhalten danach einrichten. Wer dann noch die Wahlkabine benutzt, macht sich fast schon als Gegner verdächtig. Er ist registrierbar. Ebenso ist jedes Nichterscheinen zur Wahl als Gegnerschaft oder als Protest auszumachen. Hinzu kam noch die in manchen ländlichen Gegenden geübte Praxis, daß Gemeinden geschlossen früh zur Wahl gehen und als Gruppe ein offenes Bekenntnis ohne Benutzung der Wahlkabine ablegen. Solcher (Ab-)Usus hat bei allen Wahlen in der DDR bewirkt, daß die Ja-Stimmen stets knapp unter dem elektoralen Nonplusultra lagen.

Daß trotz dieser für westliche Begriffe geradezu absurden Wahlergebnisse noch weitere Korrekturen nach oben, also schlichte Zahlenfälschungen, vorgenommen wurden, war bei den Wahlen am 7. Mai besonders verbreitet. Schon vor Ausbruch der akuten politischen Krise im Spätsommer war die Stimmung in der Bevölkerung gereizter als je zuvor. Aus den Berliner Stadtbezirken waren der SED-Bezirksleitung wesentlich mehr Äußerungen von Wahlverweigerung bekanntgeworden als bei früheren Wahlen. Mein Stellvertreter Helmut Müller hatte während einer Beratung mit dem Organisationssekretär des ZK, Horst Dohlus, über diese Tendenzen informiert und – so hatten wir es besprochen – ausdrücklich darauf hingewiesen, daß in Berlin mit einem schlechteren Wahlergebnis als früher gerechnet werden müsse. Er wurde von den Vertretern der Bezirke Karl-

Marx-Stadt, Cottbus und Dresden unterstützt. Dohlus akzeptierte die realistische Prognose.

Auf einer Zusammenkunft mit den Kreissekretären der Berliner Parteiorganisation und mit Bürgermeistern der Stadtbezirke habe ich die gegenüber Dohlus vertretene Auffassung wiederholt. Ich drang auf eine peinlich korrekte Abwicklung der Wahlabläufe und der Auszählung entsprechend den gesetzlichen Regelungen. Mir schwebte dabei als möglicher Tatort für Unkorrektheiten das Wahllokal vor. Ich warnte davor, bei der öffentlichen Auszählung irgendwelche faulen Tricks zu veranstalten. Wir hatten Kenntnis davon, nicht zuletzt durch Berichte der Staatssicherheit, daß die Opposition den Wahlvorständen diesmal besonders scharf auf die Finger sehen würde.

Ohne mein Wissen und folglich ohne meinen Auftrag waren allerdings schon Tage zuvor bei den Bürgermeistern der Stadtbezirke Abgesandte des Magistrats, bis hinauf zu einem Stellvertreter des Oberbürgermeisters erschienen, um anhand aller bis dahin vorliegenden Erkenntnisse über die Wählerstimmung eine «Voraussage» über den Wahlausgang zu erarbeiten. Das soll schon vor meiner Zeit in Berlin bei der Vorbereitung von Wahlen Praxis gewesen sein, sollte ich später erfahren. Der Apparat, in diesem Falle der Staatsapparat, hätte gar nicht eines Anstoßes bedurft. Er verfuhr so, wie es ihm antrainiert war.

Teilweise hatten die Emissäre in den Bezirksämtern ihre Vorstellungen über die Prognose, über Ja-, Gegen- und ungültige Stimmen schon schriftlich fixiert und mitgebracht. Angesichts der bekannten Verquickung von Partei und Staatsmacht wurden die als Vorschau etikettierten Absprachen von Bezirksbürgermeistern wie eine Weisung der Zentrale für das Wahlergebnis gewertet. Widerspruch und moralische Bedenken wurden zurückgehalten nach dem Motto «Wenn's die Partei so haben will». – Meine gegenteiligen Beschwörungen müssen die Bürgermeister für den Auftritt eines Heuchlers oder eines Trottels gehalten haben.

Nicht im Wahllokal, sondern den Augen der Öffentlichkeit

entzogen, auf der zweiten Ebene, in den Bürgermeistereien, wo die Ergebnisse der Stimmbezirke summiert wurden, waren die «Frisiersalons», wo gemäß den Richtwerten teilweise um groteske Zehntelprozente geschönt wurde. Diesmal gelang es nicht mehr, nach der Wahl zur Tagesordnung überzugehen. Die Prüfer der Opposition hatten gut gearbeitet. Sie waren in einer Vielzahl von Wahllokalen bei der Auszählung zugegen gewesen. Sie verglichen die Basisresultate mit den Zählergebnissen der anderen Ebenen und stellten erhebliche Diskrepanzen fest.

Bei den Staatsanwälten häuften sich Anzeigen wegen des Deliktes des Wahlbetrugs. Sie wurden nicht bearbeitet. Mit allgemeinen Redensarten, auch unter Hinweis auf die Protokolle der Wahlvorstände, wurden die klageführenden Bürger abgewiesen.

Wiederum spielten Fernsehen und Rundfunk der Bundesrepublik ihren Part, ließen die Wahlwächter der Opposition zu Wort kommen, verbreiteten Daten, die die Fälschungen belegten. Auf dem Berliner Alex versammelten sich an jedem 7. der folgenden Monate Menschen, die mit ihrem Protest dafür sorgten, daß die Erinnerung an den rabiaten Wahlverschnitt im Bewußtsein der Öffentlichkeit nicht ausgelöscht wurde.

12

Beim Niederschreiben versuche ich mir zu vergegenwärtigen, was ich angesichts dieser Vorgänge empfand. Vorherrschend war ein Gefühl der Peinlichkeit: Warum mußten wir die DDR, die SED, uns selbst international um jeden Kredit bringen. Ich scheute davor zurück, selbst unter vier Augen einem vertrauten Freund oder Genossen die Frage zu stellen, was und wie es sich abgespielt haben könnte. Ich wollte nicht den Deckel von der Büchse genommen sehen, aus der es stank. Das war – so redete ich mir ein – Vergangenes. Vor mir türmten sich aktuelle Aufgaben, Probleme der Planerfüllung, der Versorgung, des Wohnungsbaus. Hinter allem rumorte die Frage, wie man in der DDR die Verhältnisse ändern könnte. Schließlich war da auch noch das Kalkül, je nachhaltiger der Eklat um die Wahlfälschung, desto leichter würde es sein, bei einer nächsten Wahl die überfälligen Änderungen durchzusetzen, die unser Wahlsystem mit Demokratie ausstatten könnten.

Erst im Januar 1990 hörte ich Authentisches über die Vorgänge am Abend des 7. Mai. Ich hatte eine kriminalpolizeiliche Vorladung zur Klärung eines Sachverhaltes zugestellt bekommen. Vom Polizeipräsidium, wo ich mich einzufinden hatte, eskortierten mich zwei Kriminalbeamte in Zivil zur Generalstaatsanwaltschaft. Dort empfing mich der «General» persönlich, ein noch jüngerer Mann, bis vor kurzem Stellvertreter des Generalstaatsanwalts und zuständig für die politischen Fälle, also für die Opposition von gestern. Inzwischen war er aus der Partei ausgetreten.

Kühl machte er mir klar, daß er entschlossen sei, die Wahlfälschungen «von flächendeckendem Ausmaß» in Berlin und die zentrale Verantwortung dafür aufzurollen. Ich nahm die Ankündigung schweigend und mit dem inneren Räsonnement zur Kenntnis, daß mir solche Forschheit, ein paar Monate früher an den Tag gelegt, Achtung abgenötigt hätte. Historische Verspätung und vorauseilender Gehorsam im Hinblick auf die im März nach der ersten freien Wahl zu erwartende neue Macht schienen mir in dem Mann auf eindrucksvolle Weise verschmolzen. Er wollte mir wohl zu verstehen geben, daß es für mich besser wäre, gleich meine Anstifter- und Täterrolle zu bekennen.

An dem anschließenden mehrstündigen Verhör im Polizeipräsidium nahm die Frau des Generalstaatsanwaltes, eine Mitarbeiterin in seiner Behörde, als ermittelnde Staatsanwältin teil. Ich hatte nichts dagegen, fand aber die im Familienverbund betriebene Erkundung gegen den mutmaßlichen Delinquenten nicht sonderlich elegant. Das Verhör erbrachte nichts, was die Verdachtsmomente gegen mich erhärtet hätte. Die Kriminalbeamten klärten mich detailliert darüber auf, wie trotz meiner Warnung gefälscht worden war.

«Dann hatten Sie also in dieser Frage Ihre Leute nicht im Griff?» meinte einer der vernehmenden Offiziere halb skeptisch, halb ironisch. Ich mußte das konzedieren und fügte hinzu, es sei mir leichter, mit diesem Vorwurf zu leben als mit der Schuld, Wahlbetrug angeordnet zu haben.

Ich kannte die betroffenen Bürgermeister persönlich und wußte, daß sie in den Grenzen unserer Verhältnisse aufrichtig um die Interessen der Bürger bemüht waren. Sie hatten sich meine insistierenden Bemerkungen über einen korrekten Wahlverlauf angehört und offenbar gedacht, ich meinte das Gegenteil. Niemand von ihnen hatte gewagt, mir seine innere Bedrängnis zu offenbaren. Dabei hatte ich mir viel auf die Offenherzigkeit und Ehrlichkeit zugute gehalten, die ich in meinem Umfeld praktizierte und zu verbreiten hoffte. Doch ich blieb ein Teil des Systems, und das System hatte mich korrigiert. Es war eine späte und bestürzende Einsicht, die ich aus der Vernehmung mit nach Hause nahm. Sie lastete auf mir wie die Vorstellung, daß durch meine Mitverantwortung für diese Machtstrukturen Menschen in Schuld verstrickt waren.

13

Die dritte große Polit-Fata-Morgana sollte schon eine Woche nach der Kommunalwahl erneut die Republik in Atem halten. Am 14., 15. und 16. Mai überzogen die Kanäle des Fernsehens, die Wellenbereiche des Rundfunks und die Spalten der Zeitungen der DDR wiederum Bilder und Berichte von einem gigantischen Getümmel. Diesmal überwog die Farbe Blau. Es waren die Tage des Pfingsttreffens der Freien Deutschen Jugend.

Hunderttausende hatten Wochen zuvor in den FDJ-Gruppen der Schulen und Betriebe das «Mandat» für die Teilnahme an dem Spektakel in Berlin erhalten. Auf 750000 war ihre Zahl am Vormittag des Pfingstsonntags angeschwollen. Die einsichtigen

FDler hatten sich diesmal fast ausschließlich mit Zügen und nicht mit Bussen nach Berlin transportieren lassen. Devisenaufwendiger flüssiger Treibstoff sollte nicht vergeudet werden. Die meisten blieben auch nur einen Tag. Es war schon eine rechte Hatz und eine logistische Leistung der Reichsbahn.

Die Dreiviertelmillion Jungen und Mädchen nahmen am Vormittag des 15. Mai dieselbe Route, vorüber an derselben Tribüne mit derselben Besatzung wie zwei Wochen zuvor der Maizug. Pfingsten sollte der Welt vorführen, daß die Macht in der DDR nicht nur solide im Volk verankert, sondern auch zukunftsträchtig war.

«Wenn wir die Jugend haben, ist uns auch die DDR von morgen sicher», pflegte Erich Honecker zu sagen. Die Demonstration der Blauhemden, die straffer und zügiger ablief als das zivile Gewoge am 1. Mai, erzeugte mit ihren Sprechchören und Parolen das hehre Bild – oder besser die dröhnende Kulisse – der Übereinstimmung zwischen SED-Führung und junger Generation. Die Formel von der Kontinuität und Erneuerung, Honekkers betuliche Antwort auf die sowjetische Perestroika, schien sich zu Pfingsten auf der Karl-Marx-Allee zu bewahrheiten. Kontinuität, das war die allen Experimenten abholde politische Linie der Partei. Erneuerung, das war ihre Akzeptanz durch die Jugend, die auf dem Treffen scheinbar nicht die Spur eines Veränderungswillens offenbarte.

Der Schein trog. Es war auch hier, wie es in einem verbreiteten Jux-Lied hieß, «der Wurm drin». Den Menschen stand nicht mehr der Sinn nach solchen Mammutveranstaltungen. Der Berliner Parteiorganisation war schon ein halbes Jahr zuvor die Auflage erteilt worden, hunderttausend Privatquartiere für Teilnehmer am Pfingsttreffen zu beschaffen. Was früher gemeistert wurde, fiel den Quartierwerbern diesmal schwer. Selbst viele Mitglieder der SED zeigten keine Bereitschaft, Gäste aufzunehmen. «Wozu dieses Spektakel?» bekam in diesem Jahr viel häufiger zu hören, wer in Sachen Pfingsttreffen an die Türen klopfte. Anfang April eröffnete mir Helmut Müller: «Wir machen

Schluß mit der Quälerei, Günter. Wir haben bis jetzt mehr als 60 000 Plätze festgemacht. Mehr ist nicht drin. Den Rest bringen wir in Schulen und Betriebsheimen unter.»

Von Quartiereltern war zu erfahren, daß die politische Motivation der bei ihnen eingezogenen Teilnehmer gleich Null war. Sie wollten einfach «mal Berlin sehen». Das «Abtrampeln vor Hony» nahmen sie in Kauf. Bezeichnend war, daß viele Funktionäre der Freien Deutschen Jugend während der Vorbereitung auf das Treffen mit Fragen konfrontiert wurden, die sonst im Jugendverband nicht üblich waren und schnell politisch eingekreist worden wären. Diesmal wurden sie hingenommen.

Viele wandten sich gegen die Form der Massenaufmärsche als unzeitgemäß und kostspielig. Das Geld sollte man lieber für den Wohnungsbau, für das Gesundheitswesen oder andere nützliche Dinge verwenden. An den Universitäten kursierte die Frage, ob sich der Jugendverband nicht neu definieren müsse. Die These von der Kampfreserve der Partei passe nicht mehr in die Zeit. Stärker als früher machten sich pazifistische Positionen Luft. Die DDR solle konsequenter ihren Abrüstungswillen beweisen. Die Wehrpflicht solle abgebaut werden. Und immer wieder der Verdacht, die SED stehe der Perestroika feindlich gegenüber.

Ein Paukenschlag besonderer Art kam vom zentralen Sinfonieorchester der FDJ. Seine Mitglieder waren Studenten verschiedener musikalischer Bildungstätten, die bei solchen Anlässen ein großes öffentliches Konzert mit Beethovens Neunter zu geben pflegten. Jetzt teilten sie mit, daß sie nicht im Blauhemd musizieren wollten. Auf Erich Honecker als Begründer und Ersten Vorsitzenden der FDJ müssen die Signale niederdrückend gewirkt haben. Er hielt sich auf seinen Jugend-Instinkt viel zugute. Als er die befremdliche Kunde über das Orchester erfuhr, soll er einen Augenblick betroffen geschwiegen und dann kurz hervorgestoßen haben: «Sollen sie es doch ganz bleibenlassen.» Das FDJ-Orchester hat kein Konzert während des Pfingsttreffens gegeben.

14

Knapp fünf Monate später, am Abend des 7. Oktober, zogen Zehntausende FDJler Unter den Linden entlang. Es war ein Fackelzug, der an eine vier Jahrzehnte zurückliegende Aktion erinnern sollte, mit der damals FDJ-Mitglieder die Ausrufung der DDR begrüßt hatten. «SED – FDJ! – SED – FDJ! – E-rich! – E-rich! – E-rich!» So hatte es zu Pfingsten stundenlang durch die Karl-Marx-Allee gehallt. Jetzt schienen die jungen Fackelträger den Chef der Republik zu übersehen. Ihre Blicke und Rufe galten dem Mann neben ihm: «Gor-bi! – Gor-bi!» Honeckers Gesicht blieb unbewegt. Nach Abschluß des Fackelzuges verabschiedete er sich kurz und förmlich von Gorbatschow und den anderen Gästen. Wortlos stieg er in seinen Citroën und fuhr ab.

Beim Verlassen der Tribüne ergab es sich, daß ich dem gehbehinderten Mittag eine Holzstiege herunterhalf. Er murmelte vor sich hin: «Das war doch ein Skandal. Das hätte man doch anders organisieren müssen.» – So war das immer: wenn die Wirklichkeit versagte, mußte man organisieren, dran drehen, inszenieren. Aber dafür war es nun unwiderruflich zu spät. Die «Organisation» war auf den Hund gekommen. Die Vorrufer hatten mitskandiert «Gor-bi! – Gor-bi!»

Im Jubiläumsjahr 1989 war das Getöse der großen Inszenierungen ohne den erwünschten Nachhall auf das Denken und Fühlen der Menschen geblieben. Es versackte wie in einem schallschluckenden Raum. Aber was sich am Wahltag, jenseits des öffentlichen Zeremoniells und Einblicks, ereignet hatte, die obskuren Vorgänge der Wahlfälschung, sollte – List der Idee – immer mehr ans Licht und ins Gerede kommen und seine schließliche Sprengkraft beweisen.

Die Langzeitwirkung der Wahl hatte ich auf einer der letzten Sitzungen des Politbüros vor unserem Rücktritt Ende November verspürt. Es war schon später Abend, als die Beratung zu Ende ging. Wir schickten uns an, die Aktenbündel unter den Arm geklemmt, den Sitzungssaal zu verlassen. Die Stimmung war gedrückt. Wir fühlten, wie uns mit jedem Tag der politische Atem knapper wurde. Die Hiobsbotschaften aus den Parteiorganisationen nahmen zu, Massenaustritte, Mißtrauensvoten gegen die Führung, Ratlosigkeit. In diesem Augenblick betraten zwei Männer den Raum, der neue Potsdamer Parteisekretär Vietze und ein Mitglied seines Sekretariats. Sie verlangten, Egon Krenz zu sprechen. Zwischen Tür und Angel entspann sich ein kurzer Dialog.

«Egon, du bist nicht mehr zu halten. Das ganze Politbüro wird nicht mehr akzeptiert. Durch die ständigen Enthüllungen über Machtmißbrauch (das war eine der einschlägigen Vokabeln dieser Tage) fühlen sich die Mitglieder betrogen. Auch von euch.» Vietze sprach hastig und erregt, sein Begleiter hatte gerötete Augen, vor Schlaflosigkeit oder weil er einem Tränenausbruch nahe war.

«Was ist denn los? Nun mal der Reihe nach!» erwiderte Krenz, konsterniert wie wir alle.

«Jetzt sind in Potsdam die ersten wegen Wahlfälschung verhaftet worden. Die Genossen wollen aussagen, daß sie die Weisung bekommen haben. Das steht die Partei nicht länger durch. Egon, du warst Leiter der Wahlkommission. Du hast die Verantwortung. Du muß zurücktreten.»

Die Kanonade war in dem gepreßten Tonfall auf uns niedergegangen, wie wir ihn schon von Begegnungen mit anderen Bezirkssekretären kannten. Uns standen Leute gegenüber, die von dem haßvollen Druck der Bevölkerung zermürbt waren. Krenz setzte das Gespräch mit den Potsdamern in seinem Zimmer fort. Wir anderen verließen stumm den Raum. Ich bin überzeugt, daß Egon Krenz niemals die Fälschung eines Wahlergebnisses veranlaßt hat. Aber er und wir alle waren uns in diesem Augenblick bewußt, daß uns von der Verantwortung für solche Vorgänge niemand freisprechen würde. Das Potsdamer Intermezzo hat dazu beigetragen, daß am 3. Dezember das Zentralkomitee und das Politbüro der SED ihren Rücktritt erklärten.

Berlin – Moskau: Szenen einer Ehe

I

Für die Berliner SED war nach dem Pfingsttreffen die Zeit der hektischen Betriebsamkeit nicht vorbei. Wir bereiteten uns auf die Berliner Tage in Moskau vor, die für Ende Mai geplant waren. Alle fünf Jahre, so war es zwischen den Stadtverwaltungen und den Parteileitungen beider Städte vereinbart, stellen sich die Metropolen nacheinander jeweils an der Moskwa und an der Spree vor.

Wir Berliner wollten diesmal in Moskau ein breiter gefächertes Programm bieten. Es sollte sich von Vivaldi, Pop und Bockwurst bis zu Kinderfesten, Souvenirverkauf und Abwasserbehandlung spannen. Mir ging es um mehr als nur ein paar Kulturveranstaltungen und die offiziellen Sprüche über die liebevollen Schwestern Berlin und Moskau. Im Zentrum sollte eine große Ausstellung über das Berliner Gemeinwesen stehen. Handwerker, Bauleute, Künstler, Ärzte, Kneipiers, Kunstgewerbler usw. sollten sich und ihre Wirkungssphäre präsentieren. Berlin zum Anfassen – das wollten wir den Moskauern ein paar Tage ermöglichen.

Ich kümmerte mich selber um die Informationstafeln für die einzelnen Sektionen der Ausstellung. Die Besucher sollten nicht mit Reklametexten gelangweilt werden. Ich drängte darauf, daß Probleme nicht ausgespart werden, mit denen unsere Kommune zu tun hatte: die noch nicht bewältigte Rauchgasentschwefelung, die Zahl der Wohnungssuchenden, die Kriterien der Wohnungsvergabe oder die medizinische Betreuung von Kleinkindern in den neuen Wohngebieten mit überwiegend junger Bewohnerschaft. Keine geleckte DDR-Show, sondern Vielfalt, Transparenz, Lebensnähe war unsere Arbeitsdevise.

Natürlich bewegten wir uns in der gewohnten Blickverengung. Ausreisen und politische Opposition waren kein Programmpunkt. Von solcher Perestroika-Reife waren wir weit entfernt. Ich bin mir nicht einmal sicher, ob es unsere sowjetischen Partner gerne gesehen hätten. Von meinen Familienangehörigen wußte ich um die ungleich größeren Alltagssorgen der Moskauer. Mit Lebensmitteln, insbesondere mit Fleisch, waren sie in den letzten Jahren nicht besser versorgt worden. Die privat betriebenen Gaststätten, die offensichtlich keinen Nachschubmangel kannten, sorgten zwar für das Flair der Moskauer Küche. Sie standen aber mit ihren gesalzenen Preisen im Grunde nur Betuchten offen. Das machte weiteren Ärger. Wer nicht im Ausland arbeitete oder dort Verwandte hatte, war mit Konsumgütern schlechter dran als ein DDR-Bürger.

Auch Honecker kam darauf wiederholt zu sprechen. Wer sich bei ihm lieb Kind machen wollte, brauchte ihm nur Informationen über die unzureichende Versorgung in der Sowjetunion zuzustecken. Er ließ darüber am Mittagstisch ab und an eine Bemerkung fallen, resignierend den Kopf schüttelnd über die tauben Nüsse der Gorbatschowschen Wirtschaft, wie er es sah. Die zynische Begleitmusik kam meist von Günter Mittag. Von ihm stammt die Sentenz, die «Spinner und Kritikaster bei uns sollten doch mal sagen, ob sie nun volle Läden oder Perestroika haben wollen». Man mußte schon über die unverfrorene Einäugigkeit eines Mittag verfügen, um die Angebotslücken in unseren Läden zu ignorieren.

Ich wollte den Moskauern durch unsere Veranstaltungen entgegen den Tönen der Beharrung aus der DDR, die ja auch sie nicht überhörten, ein wenig «Vorperestroika» in unseren Gefilden vorführen. Sie sollten mitbekommen, daß in der Berliner Luft etwas lag, das über die derzeitigen Verkrampfungen in der

SED-Führung hinauswies. Wir sind bereit und fähig, uns mit euch zu synchronisieren. Das war die Botschaft, die wir mit den Berliner Tagen transportieren wollten.

In diese Richtung ging auch unser Wunsch, den Dialog mit der Moskauer Bevölkerung breit, intensiv und offen zu führen. Wir boten unseren Gastgebern Dutzende Diskussionsrunden an mit Kommunalpolitikern, Ärzten, Kulturschaffenden, Gewerbetreibenden, Betriebsdirektoren, Stadtwirtschaftlern, auch mit dem Tierparkdirektor (uns waren die Probleme des aus allen Nähten platzenden Moskauer Zoos bekannt). Lew Saikow, mein Moskauer KPdSU-Kollege, hatte keine Einwände. «Eto nam nrawitza» – das ist nach unserem Geschmack, meinte er bei den Vorgesprächen im Dezember.

2

Ich hatte den Berliner Vorsitzenden der anderen Parteien, der CDU, der Liberaldemokraten, der Bauernpartei und der Nationaldemokraten, vorgeschlagen, mit mir nach Moskau zu fahren. Das entsprach meinem Verständnis von der Rolle dieser Parteien, die in der Vergangenheit allzulange als gefälliges Verpackungsmaterial für unsere faktische Einparteienherrschaft gedient und ansonsten ein politisches Schattendasein geführt hatten.

Eine meiner ersten Maßnahmen als Berliner SED-Sekretär war es, die Beziehungen zu den Parteivorsitzenden nicht mehr einem Abteilungsleiter der Bezirksleitung zu überlassen. Sie waren meine Partner. Fortan setzten wir uns in regelmäßigen Abständen zusammen, um unsere Vorstellungen zu aktuellen kommunalen Fragen auszutauschen. Wir vertrauten einander bald. Ich habe sie auch über Probleme informiert, die uns in der Parteiführung der SED beschäftigten.

In Moskau bestritten wir gemeinsam die Gespächsrunden mit

Hunderten interessierten Bürgern der sowjetischen Metropole. Nicht wenige von ihnen waren überrascht, daß in der DDR noch andere Parteien außer der SED existierten. Ich fand, daß dies ein Armutszeugnis für uns war. Wir hatten zu wenig getan, um mit diesem Pfund zu wuchern, das uns die Gründerväter der DDR und nicht zuletzt die damalige sowjetische Besatzungsmacht hinterlassen hatte. Gewiß spielte auch das gesamtdeutsche Kalkül der Sowjetunion zu dieser Zeit eine nicht zu unterschätzende Rolle. Diese Parteien hätten für den Prozeß der Wiedervereinigung, die ja damals noch Essenz sowjetischer Deutschlandpolitik war, als Bundesgenossen der SED nützlich sein können.

Ich weiß nicht, welchen Umgang andere Bezirkssekretäre mit ihren Partnern im demokratischen Block pflegten. Nur gelegentlich konnte ich das beobachten. Mich ärgerten anmaßende oder herablassende Töne, die ich dabei vernahm. Ich hatte es mir zur Regel gemacht, mit den Vertretern der anderen Parteien, den «Blockflöten», wie sie im Volksmund abschätzig bezeichnet wurden, kameradschaftlich und achtungsvoll zusammenzuarbeiten. Ich sah darin eine Chance für die SED, aus dem Käfig ihrer Allkompetenz herauszukommen, die sie gar nicht oder immer weniger abzudecken imstande war.

Bei jeder Gelegenheit, die sich bot, betonte ich die Unverzichtbarkeit der Existenz dieser Parteien in der DDR. Ursprünglich, nach der Befreiung 1945, waren sie eine Art historischer Konzession an die national- und kleinbürgerlichen Kräfte gewesen, die durch den Faschismus nicht kompromittiert waren. Die sowjetische Militär-Administration genehmigte ihre Gründung und ließ ihnen politische Handlungsräume.

Die Blockparteien, wie der Terminus technicus für die nichtkommunistischen politischen Vereinigungen lautete (was eine bezeichnende Ungenauigkeit war, denn die SED war ja selbst eine «Blockpartei»), erschienen zwar bläßlich, schrumpften in der DDR jedoch nie zu der Bedeutungslosigkeit wie vergleichbare Parteien in der ČSSR, in Polen oder in Ungarn. Die Existenz der Parteien war keine Nostalgie, sondern zunehmend eine Notwendigkeit für die DDR. Sie waren durch ihren eigenen Beitrag für das soziale und politische Leben in unserem Lande allmählich wichtiger geworden. In weiten Bereichen des Dienstleistungswesens, in Handel und Gewerbe hätte es ohne sie und ihre Mitglieder schlechter ausgesehen. Ihr Bestand und ihre Eigenständigkeit wurden mit der weiteren Differenzierung der sozialistischen Gesellschaft unentbehrlich.

Bei meiner Vernehmung vor dem denkwürdigen Volkskammerausschuß, in dem etliche Sünder den Vorzug genossen, über Sünder derselben Kategorie zu rechten, wurde mir freudlos, doch klar bescheinigt, daß in Berlin die anderen Parteien ein vom üblichen Gebaren der SED abweichendes Verhalten ihnen gegenüber wahrgenommen hatten. Heute bin ich mir allerdings bewußt, daß in meinem kameradschaftlichen Umgang mit den Block-Partnern uneingestanden auch «Vorsorge» gegen jene obwaltete, die sich im Niemandsland, jenseits der politischen Klasse der DDR, zum Widerstand gegen den Vormundschaftsstaat der SED formierten.

3

Jetzt heimsten wir erst einmal euphorisch die Anerkennung der sowjetischen Genossen ein. Die Gästebücher der Ausstellungen wiesen Tausende Eintragungen auf, in denen Moskauer uns Sympathie, Respekt und immer wieder den Wunsch bekundeten, daß DDR und Sowjetunion noch enger zum Nutzen der Perestroika des Sozialismus zusammenarbeiten mögen.

Lew Saikow unterhielt sich während eines Abendessens angeregt mit den Berliner Vorsitzenden der Blockparteien. Er stellte ihnen die Frage, ob sie auch die Courage hätten, gegenüber der SED das Maul aufzureißen. Meine Partner betonten, daß dies durchaus passieren könne. Sie zögen jedoch einen Stil der Kooperation vor, und Knalleffekte hielten sie nicht unbedingt für erstrebenswert.

Das traf zu und war dennoch eine halbe Unehrlichkeit. Weil wir es uns allesamt selbst verboten, Fragen aufzuwerfen, die auf eine wirksamere Eigenständigkeit der Blockparteien hinausliefen. Daß sie Interessen ihrer Mitglieder – zum Beispiel der technologischen Ausrüstung von Handwerksbetrieben einen höheren Stellenwert bei der staatlichen Investitionsvergabe einzuräumen – zugespitzt, kontrovers verfochten, war kaum vorstellbar. Das wäre ja unanständig, eigennützig gewesen, ein Verstoß gegen die ökonomische Raison (der SED). Wir behinderten uns dadurch selbst, über falsche und nützliche Proportionen in der Volkswirtschaft nachzudenken.

Saikow bescheinigte uns, daß die DDR gut daran getan habe, eine Mehrparteienlandschaft im Sozialismus zu bewahren und auszubauen. Nachdenklich fügte er hinzu: «Wir wissen nicht, was sich bei uns noch tun wird. Die KPdSU wird die Sowjetgesellschaft auch künftig führen.» Davon war er überzeugt. «Das Einparteiensystem muß jedoch zur Kenntnis nehmen, daß es ein ganzes Spektrum von gesellschaftlichen und politischen Interessen gibt. Das beweist die spontane Ausbreitung von Zehntausenden informellen Gruppen in der Sowjetunion.»

Ich wehrte das Lob für die SED ab. Daß es die anderen Parteien in der DDR gibt, sei nicht die Erfindung der SED. Die damalige sowjetische Besatzungsmacht habe ja nicht nur ihre Zulassung genehmigt, sondern den Kommunisten auch geraten, Bündnispolitik zu betreiben, diese Parteien in die politische Verantwortung einzubinden. Die Kommunisten wären womöglich viel radikaler der sowjetischen Heim-Praxis gefolgt. Das gilt übrigens auch für die Einzelhandwerker oder die kleinen Unternehmer. Die SMA (Sowjetische Militär-Administration) hatte es nicht zugelassen, daß die kleinen und mittleren Produzenten durch die Bank vergesellschaftet wurden. «Sie sehen, Lew Nikolajewitsch, wir haben sowjetische Rezepte befolgt, die ihr selbst für euch nicht gelten lassen wolltet.»

4

Wenige Wochen später erzählte mir Außenminister Schewardnadse, der sich zu einem kurzen Besuch in Berlin aufhielt, daß die Berliner Tage in Moskau großen Anklang gefunden hätten. Saikow habe Gorbatschow darüber informiert, dieser habe Genugtuung geäußert über den Charakter der Veranstaltungen, insbesondere über die vielen Diskussionen. «Haben Sie das auch Genossen Honecker gesagt?» fragte ich ihn. – «Aber ja», antwortete er. Zu mir hat Honecker darüber kein Wort verlauten lassen.

Den Generalsekretär hatte ich Anfang des Jahres von dem Projekt der Berliner Tage unterrichtet. Kontakte mit sowjetischen Partnern außerhalb offizieller Regierungsgespräche u. ä. so hochangebunden, waren nicht mehr so recht erwünscht.

«Wer ist denn jetzt dein Partner in Moskau?» fragte er.

«Seit Jahresfrist etwa, seit Jelzin abgesägt wurde, ist Saikow in Moskau 1. Sekretär.»

«Ah, Saikow, den haben ich und Mittag in Leningrad kennengelernt. Stimmt doch? Aber das ist lange her.»

«Ja», erwiderte ich. «Soviel ich weiß, hat er aber daneben seine Funktion im Politbüro als zuständiger Sekretär für die Rüstungsindustrie nicht abgegeben.»

«Gut», meinte Honecker. «Mit Saikow ist auszukommen. Mach, was ihr vorhabt, und grüß ihn von mir. Lad ihn doch nach Berlin ein. Ich würde gern mal mit ihm reden.» Und dann nachdrücklich: «Zeigt in Moskau, wie bei uns die Genossenschaften arbeiten. Die machen dort jetzt so viel Trara um Genossenschaften. Das haben wir doch alles längst.»

Honeckers Haltung zu Jelzin einerseits und zu Saikow andererseits spiegelte bis zu einem gewissen Maße seinen Beziehungskonflikt zur Person Gorbatschows wider.

Jelzin hatte ich im Herbst 1986 kennengelernt. Ich machte meinen Antrittsbesuch beim neuen ersten Mann von Moskau, zu dem Jelzin avanciert war. Obschon nicht Vollmitglied im sowjetischen Politbüro, war der berserkerhafte Sibirer als ein bevorzugtes Objekt der westlichen Medien international schnell zur bekanntesten Figur der Perestroika-Mannschaft nach Gorbatschow geworden. Er galt als dessen Stoßbrigadier. Am 24. Dezember 1985 war der einstige Gebietssekretär von Swerdlowsk nach einer kurzen Amtszeit als Sekretär für die Bauwirtschaft im ZK der KPdSU an die Spitze des Moskauer Stadtparteikomitees übergewechselt. Er hatte das, wie er mir versicherte, widerwillig und auf Einreden Gorbatschows getan. Man habe ihn schließlich überzeugt, daß nur er die Hinterlassenschaft seines Vorgängers, des Breshnew-Getreuen Grischin, beseitigen könnte.

Jelzin war der Erfinder und Betreiber der «Jarmarki», der Wochenendmärkte auf den Straßen und Plätzen Moskaus, die den Großstädtern nach Jahrzehnten erstmals wieder zu spätherbstlicher Jahreszeit frisches Obst und Gemüse, sogar Wolgograder Arbusi – Wassermelonen – und Moldawische Weintrauben bescherten. Er sprengte Schieber- und Spekulantenringe im Handel, ließ Korruption im Polizeiapparat aufspüren. Er feuerte Moskaus Oberbürokraten Promyslow, einen willfährigen Gehilfen von Jelzins Moskauer Vorgänger Grischin.

Der war ein konturloser, aber selbstgefälliger Apparatschik. Wenn er, selten genug, einen Betrieb besuchte, ließ er es zu, daß ihm von betrieblichen Funktionären aus Liebedienerei oder Berechnung ein roter Teppich ausgerollt wurde. Das war Stadtgespräch in Moskau. Grischin hatte versucht, sich bei dem vom Tod gezeichneten Tschernenko einzuschmeicheln in der törichten Spekulation, der würde ihn als Nachfolger einsetzen können. Er glaubte, vielleicht nicht ganz zu Unrecht, die Zustimmung vieler konservativer Elemente zu finden. Gegen den entschlossenen und dynamischen Gorbatschow und seine Anhänger im ZK hatte er jedoch keine Chance. Für die Moskauer Bevölkerung war Grischin eine Kreatur der Breshnewschen Stagnationszeit. Er war ihnen so gründlich verhaßt, wie sie nun Jelzin als einen Recken der Perestroika, des überfälligen politischen Kehraus, auf den Schild hoben.

Während des 11. Parteitages der SED begleitete ich Gorbatschow durch Berlin. Ich sagte ihm, daß ich mich im Herbst mit Jelzin treffen würde. Er reagierte darauf für mich erstaunlich zurückhaltend. Ich war ja wie alle des Glaubens, daß Jelzin einer seiner engsten Parteigänger war. Wir wußten im Politbüro der SED nicht eben viel und Genaues über die innere Konstitution des neuen Oberkommandos im Kreml.

«Boris Nikolajewitsch (Vor- und Vatersnamen von Jelzin), eto tschelowek burny», antwortete Gorbatschow auf meine Ankündigung. Jelzin sei ein ungestümer Charakter. Das sei aber für die Perestroika besser als Langweiler, Nichtstuer und Abwartende. Fast verteidigend oder rechtfertigend klang das. Heute ist bekannt, auch aus Jelzins Biographie, daß zwischen beiden schon damals eine Spannung knisterte.

Honecker war das holzende und bolzende Perestroika-Idol zutiefst suspekt. Daß die Westpresse Jelzin als Ausmister des von Breshnew hinterlassenen Augiasstalles in den Himmel hob, bestärkte ihn nur in seiner Abneigung.

5

Ich mußte an Gorbatschows knappes Psychogramm denken, als ich Jelzin Ende 1986 in Moskau traf. In Tscheremetjewo wurde unsere Abordnung von einem seiner Stellvertreter in Empfang genommen. Als ich ihn fragte, ob denn mein Gastgeber krank geworden sei, gab er verlegen Auskunft, er nehme an einer Parteiversammlung in einer Poliklinik teil. Er bitte mich um 22 Uhr zu einem ersten Gespräch in sein Büro. Ich gestehe, daß es mir ein wenig albern vorkam, wie mein Moskauer Partner mir seinen Arbeitseifer demonstrierte. Ich hatte weiß Gott auch einen prallen Terminkalender und keine 35-Stunden-Woche. Einen von mir eingeladenen ausländischen Gast hätte ich noch immer selbst empfangen.

Abends, im Haus des Moskauer Stadtparteikomitees am Alten Platz, auf dem Wege zum Zimmer Jelzins, begegnete ich einigen Mitarbeitern mit mürrischen Gesichtern, die anscheinend schicksalsergeben das harte Arbeitsregime ihres neuen Meisters auf sich genommen hatten. Jelzin stand in seinem mit dunkelbraunen, blankpolierten Möbeln ausgestatteten Arbeitszimmer. Gravitätisch umarmte er mich. Er mußte gute 1,90 m groß sein und hielt sich sehr gerade. Seine volltönende Stimme schien für die russische Sprache wie geschaffen. Er sagte einige Worte der Entschuldigung, daß er mich auf dem Flugplatz nicht habe empfangen können. Ich wehrte ab und setzte hinzu, ich sei froh, daß er nicht durch Krankheit verhindert gewesen sei.

Unsere Delegation hatte am Ankunftstag ein renommiertes Moskauer Baukombinat besucht. «Warum habt ihr euch denn in diesen Vorzeige-Betrieb schleppen lassen?» polterte er los. Moskau habe mehr schlecht arbeitende Betriebe. Es wäre besser dorthin zu gehen. Seine Schock-Methode begann mir Spaß zu machen. Es sei doch ein Vorschlag des Stadtparteikomitees gewesen, konterte ich. Aber dort singe man jetzt wohl mehrstimmig. Wir würden das beherzigen.

Als er eine ironische Bemerkung über Prager Kollegen einflocht, mit denen er vor einigen Wochen zusammengetroffen war, kam mir der Verdacht, daß er uns als eine Art ausländischer Breshnewisten betrachtete. Er solle nicht glauben, sagte ich ihm, weil mein Vorgänger mit seinem Vorgänger Grischin gesprochen habe, würden wir denken wie dieser.

Ich erzählte ihm, daß Grischin bei einer Begegnung mit Naumann ein Manuskript von etwa 30 Seiten Umfang Wort für Wort verlesen habe, ein Grundsatzreferat über die Politik der KPdSU. Naumann habe das ungläubig mit angehört, bis er begriff, daß dies der Auftakt für das Informationsgespräch über Berliner und Moskauer Angelegenheiten sein sollte. Bei der nächsten Begegnung habe Naumann gleichgezogen, indem er ein Schriftstück von ähnlich spannender Beschaffenheit und Länge verlas. Daß er, Jelzin, ebensowenig wie ich einen Fetzen Papier auf dem

Tisch liegen habe, möge er als Ausdruck gleicher Denkungsart werten. Er lachte, und das Eis war gebrochen.

Das Gespräch floß munter dahin. Wir wurden an diesem Abend noch «ein Paar». Ich fragte, wie er sich fühle als Held der westlichen Welt. Nun ließ er meine Ironie abgleiten. Er könne keine Rücksicht darauf nehmen, was die Presse aus dem macht, was man aussprechen muß. Verstehen könne er die Journalisten allerdings. Wer untätig sei und der Welt nichts zu sagen habe, sei eben keine Nachricht wert. Wir unterhielten uns lange darüber, wie die Moskauer wohnten. Er beklagte, daß es trotz enorm forcierten Wohnungsbaus noch immer massenhaft Mehr-Parteien-Quartiere gebe. Eine Folge sei auch, daß in Moskau unverhältnismäßig viele Menschen psychisch erkrankt seien. Die Zahl der Psychiater reiche nicht aus. Wieder brach es aus ihm heraus: «Ist das nicht ein Skandal? Ich habe den Gesundheitsminister angerufen. Nachts. Veranlasse sofort, daß 200 Psychiater aus der Union in Moskau eingesetzt werden!»

Seine Impulsivität war mir sympathisch und forderte mich zugleich heraus. «Das kann man dem Gesundheitsminister auch am Tage sagen», wandte ich ein. «Der muß ja nicht auch noch neurotisch werden. Und was ist nun dort, wo die Psychiater abgezogen werden, zum Beispiel in Swerdlowsk (er kam aus Swerdlowsk)? Du kannst kraft deiner Wassersuppe dem Minister befehlen. Aber was macht ein Gebietssektretär, der die Leute nicht so zittern macht wie du, Boris?»

Sein innerer Druck löste sich wieder in Lachen auf. «Natürlich hast du recht», lenkte er ein. Er handle schon aus einer sachlichen und moralischen Position heraus. Er sei kein Jelzentriker. Die Moskauer könnten, müßten für ihr Gesundheitswesen Gerechtigkeit einfordern. In der Hauptstadt existierten viele Allunions-Institute, die für das ganze Land arbeiteten. Aber die medizinische Normalbetreuung der Moskauer sei mehr als unbefriedigend. Deshalb habe er das Recht und die Pflicht, solche Ansprüche durchzuboxen.

Nach fast vierstündiger Debatte waren wir einander merklich

näher gekommen. Ich begriff, daß Jelzin keine Harun-al-Raschid-Imitation war, obwohl er damit kokettierte. Er offenbarte die Fähigkeit zu nüchterner Analyse ebenso wie die Gabe, Einsichten und Erfordernisse in kurzfristige Aufgaben wie in längerfristige Großprojekte zu bündeln. Er schien mir angetrieben von einer rücksichtslosen innovativen Energie, die Widerspruch und Korrektive braucht, um schöpferisch zu werden. Sicher ist er eine Herausforderung für alle, die mit ihm zusammenarbeiten.

Ich nehme an, daß er zu mir Vertrauen faßte. Er lud mich ein, mit ihm «Jarmarki» zu besuchen und mit den Moskauern zu diskutieren. Am nächsten Tag fanden wir uns auf einem Platz im Leningradski Rayon ein. Im Nu umdrängten uns Hunderte von Menschen. Sie stellten Fragen nach der Arbeit des Handels, der Polizei, sie dankten Jelzin für die Möglichkeit, in den Wintermonaten frisches Gemüse zu kaufen. Petitionen wurden ihm übergeben. Einzelne Bürger lud er zu sich ins Büro, wenn ihre Anliegen nicht hier, auf der Parkwiese, zu klären waren.

Jemand schlug das Wohnungsthema an. Beifallssturm für Jelzin, als er erklärte, daß der Zustrom nach Moskau gestoppt werden müsse. Zu viele neue Wohnungen würden an Zugezogene vergeben. «Da, Moskwa Moskwitscham!» – «Moskau den Moskauern!» schrie ein entzückter Lokalpatriot. Jelzin hob abwehrend den Arm. «Das heißt aber, wir müssen die Drecksarbeiten in Moskau künftig selbst machen.» Also auch in Moskau eine Art Gastarbeiterproblematik. «Es wird für unsere Jungen und Mädchen künftig nicht nur Weißkittel-Berufe geben. Und die Betriebsleiter müssen rationalisieren, die Grundfonds erneuern. Im nächsten Fünfjahrplan 60 Prozent. Pro Jahr müssen wir den Maschinenbestand um 12 Prozent auswechseln. Keine Arbeitskräfte-Importe aus der Union nach Moskau. Es sei denn, der Betrieb zahlt dafür hohe Abgaben an den Mossowjet (Magistrat).» Die Leute wurden ruhiger. Ein billiger Populist war dieser Jelzin nicht. Er würde etwas tun für die Moskauer, aber sie würden dafür auch etwas berappen müssen.

Von Honecker nach meinem Eindruck von Jelzin befragt,

sagte ich, er sei ein talentvoller und dynamischer Mann, vielleicht ein bißchen unbeherrscht. Die DDR interessiere ihn sehr, die Wirtschaft, die Dienstleistungen. Ich sei gut mit ihm ausgekommen. «Na, hoffentlich hast du recht», meinte er skeptisch. Er hat seine Abneigung gegen Jelzin nie verloren.

Im folgenden Jahr fuhr er nach Moskau, um ein Thälmann-Denkmal einzuweihen. Dabei ergab sich ein kurzer Kontakt mit Jelzin. Er kam in seinem Vorurteil bestärkt zurück. «Das ist ein eingebildeter Kerl. Sogar Gorbatschow hat Ärger mit ihm. Der reißt mehr ein, als er neu macht.»

Für Erich Honecker, der die Perestroika mit Mißtrauen verfolgte, war Jelzin die Inkarnation aller negativen, den Sozialismus zersetzenden Züge der Perestroika. Jelzin war für ihn der enttarnte Gorbatschow. In dieser Annahme beirrte ihn auch nicht, daß die beiden sowjetischen Politiker einander nicht grün waren und Gorbatschow den Querkopf schließlich aus dem Politbüro gefeuert hat.

6

Lew Saikow, der Nachfolger des querulanten Jelzin, war von einer Machart, die Honecker mehr behagte. Seine Karriere ist typisch für einen sowjetischen Selfmademan. Der junge Metallarbeiter qualifizierte sich zum Ingenieur und wurde schließlich Direktor eines großen Leningrader Rüstungsbetriebes. Der erfolgreiche Wirtschaftsfachmann avancierte unter dem Leningrader Parteisekretär Romanow zum Oberbürgermeister der Fünf-Millionen-Stadt. Die Jahre mit Romanow waren nicht einfach, ließ er mir gegenüber durchblicken. Der Leningrader Parteichef war ein despotisches und selbstherrliches Mitglied von Breshnews Führungsequipe. Über seinen aufwendigen Lebensstil kursierten viele Gerüchte.

Gorbatschow ließ ihn nach seiner Amtsübernahme als einen

der ersten aus allen Ämtern entfernen. Romanow ist der Familienname der letzten Zarendynastie. Die Allmacht des regionalen Parteisekretärs und die Namensgleichheit mögen bei ihm einen gewissen Zarenwahn provoziert haben. In Leningrad hatte die Kunde böses Blut gemacht, daß Romanow anläßlich der Hochzeit einer Tochter aus Museumsbesitz kostbares Porzellan seines Petersburger Namensvetters für die große Familienfete geordert hatte. Daß die feuchtfröhlichen Gäste einiges Porzellan zertrümmerten, focht den Romanow-Parvenü nicht an. Gorbatschow erleichterte es, den Leningrader im Handstreich zu entmachten.

Saikow rückte an die Spitze des Stadtparteikomitees auf. Gorbatschow hatte keine Bedenken, ihn ins Politbüro zu berufen, wo er die Funktion des Sekretärs für die Rüstungsindustrie übernahm. Er blieb das auch, als man ihm die Verantwortung für die Moskauer Partei übertrug. Dafür schien er besonders geeignet wegen seiner Erfahrungen als Wirtschaftsmanager, als Verwaltungsexperte wie als politischer Chef der heimlichen Hauptstadt Leningrad.

Der wie Jelzin hochgewachsene Saikow unterscheidet sich in Gestus und Sprache von seinem Vorgänger. Er entspricht der landläufigen Vorstellung von einem Leningrader. Er ist korrekt, bedächtig, freundlich, ohne es an Entschiedenheit mangeln zu lassen. In Moskau belasteten Saikow zwei Handicaps. Erstens war er Nachfolger des gemaßregelten Jelzin, dem die Bevölkerung huldigte. Das schuf von vornherein eine Mißtrauensschranke. Zweitens war er der Mann aus der Leningrader Beletage. Die latente Konkurrenz zwischen der geschichtlichen und der politischen Metropole des Landes war hartnäckig. Wollte Gorbatschow nun die Moskauer mit einem Leningrader Mores lehren? Ich bin nicht sicher, und Saikow war es auch nicht, ob er bei der Wahl zum Obersten Sowjet, bei der er gegen Jelzin hätte antreten müssen, eine Chance gehabt hätte. Er hatte es vorgezogen, nicht zu kandidieren, sondern über die Parteiliste ins Parlament zu kommen. 1989 zog er sich aus seinen Moskauer Ämtern wieder zurück. Er war dann als Sekretär des Verteidigungsrates tätig.

Wenn Honecker Saikow als einen «guten Mann» bezeichnete, dann hing das wahrscheinlich damit zusammen, daß er bereitwillig Gerüchten glaubte, die Saikow als einen Gesinnungsfreund Ligatschows und damit als einen potentiellen Verschwörer gegen Gorbatschow abstempelten. Zwei dünne Indizien schienen das zu erhärten. Nina Andrejewa, die Verfasserin der bekannten Anti-Perestroika-Plattform, die in einem Prawda-Artikel das von Gorbatschow schief gehängte Stalin-Bild wieder gerade rücken wollte, stammt aus Leningrad, war also nach Meinung von Kremlastrologen eine Parteifunktionärin aus dem Stall Saikows.

Das zweite Anzeichen für die Position Saikows wurde im ZK der SED einem Interview entnommen, das Saikow dem amerikanischen Nachrichtenmagazin «Newsweek» gegeben hatte. Aus seinen Äußerungen war zu entnehmen, daß er mit Ligatschow gut zusammenarbeite. Außerdem rühmte er sich, in Abwesenheit von Gorbatschow und Ligatschow derjenige zu sein, der die Beratungen des Sekretariats des ZK leitete. Ich habe, obwohl ich sorgsam darauf achtete, von Saikow nie eine Bemerkung gehört, die auf Illoyalität gegenüber Gorbatschow hingedeutet hätte.

Sowjetische Bekannte nannten ihn einen Technokraten, der sich zu den Lagern der Reformer und der Konservativen eher indifferent verhält. Mit Sicherheit war er kein Mauerbrecher der Perestroika. Für Gorbatschow schien er jedoch geraume Zeit eine verläßliche Größe zu sein. Sein Ruf als «Gemäßigter» mochte ihn geeignet erscheinen lassen für seine Aufgabe als Vertreter des Politbüros im Verteidigungsrat der UdSSR.

Daß er nicht nur mit den Militärs auskam, sondern auch bemüht und einfühlsam mit Kräften der anderen Seite des gesellschaftlichen Spektrums der Sowjetunion umzugehen verstand, erlebte ich bei einem gemeinsamen Besuch in Sagorsk, dem Sitz des Oberhirten der russisch-orthodoxen Kirche. Saikow erörterte dort in meinem Beisein Fragen der Beziehungen zwischen Partei, Staat und Kirche in der UdSSR. Gesprächspartner war der Leiter des Priesterseminars von Sagorsk, Bischof Alexander. Wenn man die einschlägige Medien-Terminologie benutzen wollte, war er der Chefideologe, der der obersten Kaderschmiede der Orthodoxie vorstand.

Saikow hob in der Unterhaltung die ethische Integrität der Kirche hervor. Sie habe einen bedeutenden Beitrag zur Verteidigungsmoral des sowjetischen Volkes gegen die faschistischen Aggressoren geleistet. Das sei um so höher zu bewerten, als die Kirche ja in der Stalinzeit unter furchtbarer Repression gelitten habe. Der Standpunkt der KPdSU heute sei, daß die Union für ihre geistige Erneuerung des erzieherischen Faktors der Kirche bedürfe. Anstand, Treue, Ehrlichkeit, Nächstenliebe, Einsatz für das Gedeihen der Heimat seien Werte, die bei der Kirche immer gut aufgehoben waren und die das Land heute mehr denn je brauche. – Ich konnte nur staunen; Saikow hatte seinen Katechismus gut drauf.

Jemand, der so unbefangen und voller Wertschätzung die Arbeit der Kirche beschrieb – er hat sich ebenso auch unter vier Augen mir gegenüber geäußert –, kann schwerlich ein dogmatischer Widersacher Gorbatschows gewesen sein.

7

«Es war eine Intimfeindschaft», zitierte mich der Spiegel zum Verhältnis zwischen Honecker und Gorbatschow. Ich muß diese lapidare Aussage relativieren. Lediglich festzustellen, daß der eine den anderen nicht mochte, hieße nur zum tausendsten Mal eine Teilwahrheit zu wiederholen. Es ist nicht nur naheliegend, sondern es stimmt natürlich auch, daß der Altkommunist Honecker, der von 1930 bis 1931 auf der internationalen Lenin-Schule in Moskau die stalinistischen Weihen empfangen hatte, der den Nazis die Stirn geboten und das Zuchthaus Brandenburg überlebt hatte, den Newcomer Gorbatschow zunächst skeptisch beobachtete.

In der Folgezeit bewertete er ihn immer mehr als verhängnisvoll für den Bestand der real-sozialistischen Gemeinschaft wie für ihre geistige Klammer, die marxistisch-leninistische Ideologie. Gorbatschows schnell erworbene und erfolgreich eingesetzte Weltläufigkeit war gewissermaßen die andere Seite seines unbefangenen, um nicht zu sagen respektlosen Umgangs mit bislang gültigen Dogmen. Dabei legitimierte er sich mit der marxistischen These, wonach sich die Wahrheit einer Theorie in der Praxis zu erweisen hat.

Honecker hatte sich selbst allerdings nie als einen Hohepriester der Theorie verstanden oder hervorgetan. Seine Politik trug manchen pragmatischen Zug. Andererseits war Honecker ein treuer Bundesgenosse der Sowjetunion, bereit, mit ihr durch dick und dünn zu gehen. Thälmanns Maxime, daß die Haltung zur Sowjetunion Prüfstein für jeden Kommunisten sei, war für Honecker ein Glaubenssatz. Daran ist nicht zu zweifeln. Das galt für die Sowjetunion unter Stalin. Das war aber auch der Fixpunkt, an den man sich halten konnte, als auf Stalin ein Chruschtschow, auf diesen ein Breshnew und dann ein Andropow, ein Tschernenko und schließlich ein Gorbatschow folgte.

Der Sowjetunion als erstem sozialistischem Land der Erde und der KPdSU, die als erste den revolutionären Rubikon zu einer neuen Gesellschaft überschritten hatte, während die Sozialdemokratie zaudernd am Ufer zurückgeblieben war, galten die besten Empfindungen eines Kommunisten.

Honecker wußte aber auch – und das war schlichte Realpolitik –, daß sein Reich, die DDR, ohne engste politische, ökonomische und militärische Verflochtenheit mit der Sowjetunion in ihrer Existenz stets gefährdet war.

Welchen Rang nimmt bei solchen Prämissen die mehr oder weniger große Unverträglichkeit zweier Politiker ein? Wieweit konnte und mußte sie das Verhältnis beider Länder beeinflussen? Woher diese hartnäckige Widersetzlichkeit eines Honecker, wo sich doch bei ebenso Betroffenen wie Husak, Kadar oder Shiwkow gemäßigter Zweifel oder gar eilfertige Anpassung bemerkbar machten. Honeckers Abneigung gegen Gorbatschow war kein blitzartiger Befall von Antipathie. Sie baute sich auf. Ihre Ursachen waren vielschichtiger als das oben beschriebene Klischee des kontroversen Verhältnisses zwischen den beiden so ungleichen kommunistischen Politikern. Dazu sollten die Berufenen, die Historiker, ihre Sonden anlegen. Ich kann nur einige Beobachtungen und Mutmaßungen beisteuern.

Es wurde nicht wenig darüber spekuliert, ob durch eine aufgeschlossene Haltung der SED zur Perestroika, durch eine frühzeitig gewandelte Partei die Geschicke der DDR einen anderen Lauf genommen hätten. Ich halte nicht viel von solchen Hypothesen. Sie führen meist in die Irre, weil sie sich aus der jeweiligen Realität meist nur die für die Spekulation geeigneten Fakten herausfischen. Wichtig scheint mir jedoch, differenziert zu sehen, was den jähen Untergang der DDR durch Verweigerung herbeigeführt hat. Wir waren in der Tat der deutsche Suppenkasper der Perestroika.

Unter der Glätte eines monolithischen Bündnisses, wie es zwischen den sozialistischen Ländern bestand (von Rumänien sehe ich ab) oder sich nach außen darbot, gab es Ärger, Streit, Enttäuschungen, Anmaßung, kurz, Interessenunterschiede und unterschiedliche Potenz, sie auszugleichen. Nicht viel anders als im westlichen Bündnis. Wir hielten sie nur schamhaft unter der Decke.

8

Zuweilen lohnt es sich, in den Sedimenten früherer Jahre nach Erklärungen für ein politisches Phänomen zu stöbern. Honeckers Weg zur Macht, auf den Platz Ulbrichts, war zwar durch jenen vorherbestimmt, aber in der letzten Phase doch mühevoll gewesen. Ulbricht wollte noch nicht zurücktreten, als Honecker die Zeit dazu gekommen schien. Das alte Lied zwischen Senior und Junior. Im Unterschied zu uns Heutigen, Gescheiterten, hatte Honecker seine Claims gründlich abgesteckt. Er hatte sich der Mehrheit im Politbüro versichert. Vor allem aber hatte er sich Rückendeckung in Moskau geholt. Das Antichambrieren in der KPdSU-Zentrale muß dem eigenwilligen und entschlossen auf die Macht zusteuernden Saarländer nicht leichtgefallen sein.

Honecker war nach 1933 nicht in die Sowjetunion emigriert. Er hatte nicht unmittelbar den Menschen und Seelen verschlingenden Terror erfahren, der in den dreißiger Jahren auf den ausländischen Kommunisten in der Sowjetunion lastete. Seine kommunistische Gesinnung hatte er in der Höhle des Löwen, in einem Nazizuchthaus, behauptet. Beides hat ihn mit einem bestimmten Maß an selbstbewußter Unbefangenheit gegenüber sowjetischen Vorstellungen ausgestattet, ohne daß sie die durch seine kommunistische Raison gesetzten Grenzen gesprengt hätte.

Honeckers Aussichten auf die Nachfolge Ulbrichts stiegen beträchtlich Ende der sechziger, Anfang der siebziger Jahre. Der spitzbärtige Partei- und Staatschef mit dem sächsischen Falsett, der seine Mitarbeiter, darunter auch Honecker, gelegentlich behandelte wie ein Tischlermeister seine unbedarften Lehrlinge, begann sich in Moskau unbeliebt zu machen. Er war der Erfinder der Theorie vom Sozialismus als einer relativ selbständigen Periode. Damit reizte er die sowjetischen Ideologen, die die Sowjetunion schon halb im Kommunismus und in absehbarer Zeit vollends in den Gefilden sahen, wo jeder nach seinen Fähigkeiten tätig sein und jedem nach seinen Bedürfnissen gegeben würde. Die Ulbrichtsche Theorie war aber auch suspekt, weil sie das Vorbild Sowjetunion entrückte und zu einer relativ selbständigen Politik verleiten könnte.

Ulbricht irritierte seine sowjetischen Partner mit ständigen Hinweisen auf das effiziente Wirtschaftssystem, das er (mit Hilfe von Günter Mittag) seit einigen Jahren in der DDR etablierte. Das NÖSPL (Neues ökonomisches System der Planung und Leitung der Volkswirtschaft) mit seiner Verquickung von ökonomischen Hebeln, Elementen der Kybernetik und der Heuristik wurde zu Recht als eine indirekte Kritik an den schwerfälligen ökonomischen Strukturen in der Sowjetunion empfunden. Ulbrichts Pech war es, daß das NÖSPL nicht so griff wie erhofft und vor allem die in der Volkswirtschaft entstandenen Disproportionen nicht beseitigte.

Honecker sah seine Chancen steigen. Im Sommer 1970, während einer Begegnung in der Sowjetunion, stieß er bei Breshnew auf Zustimmung, als er auf eine Ablösung Ulbrichts anspielte. Die KPdSU-Führung empfahl die mittlere Variante: Honecker sollte Generalsekretär werden, Ulbricht sollte als Altenteil der Posten des Vorsitzenden des Staatsrates bleiben. Dem künftigen ersten Mann der DDR wurde eine unmißverständliche Warnung mit auf den Weg gegeben. Man solle in der DDR die Überheblichkeit gegenüber anderen sozialistischen Ländern, deren Erfahrungen, Methoden der Leitung ablegen. Honecker begriff, daß dies die Anmahnung unbedingter Gefolgschaftstreue war.

Breshnew war für den Personenwechsel in der Spitze der SED. Aber das mußte als ein glatter, geordneter Übergang erscheinen, durfte keinen Gedanken an Usurpation aufkommen lassen. Das hätte ja die guten Sitten in den anderen sozialistischen Ländern verderben, zu Eigenmächtigkeiten verleiten und das sowjetische Prärogativ beeinträchtigen können. Die Entmachtung Chruschtschows durch Breshnew war nicht als Muster gedacht. Das hätte womöglich eine frühere oder spätere Entmachtung Breshnews durch einen anderen Prätendenten zu einem gefährlich normalen Vorgang gemacht. Die Tendenz der Verewigung einmal etablierter persönlicher Machtverhältnisse ließ jede Veränderung dieser Art zu einer delikaten Angelegenheit werden.

Es war die Denkungsart, der letztlich auch Ulbricht zu parieren gewohnt war. Deshalb konnte ihn Breshnew einige Wochen nach dem Treffen mit Honecker in einem Gespräch mit dem Hinweis unter Druck setzen, daß man in Moskau über Reibereien und Streitigkeiten im Politbüro der SED beunruhigt sei. Daß Breshnew mit ihm nicht über die Störenfriede sprach, wie sie zu disziplinieren wären, sondern daß man ihm diesen Tatbestand vorhielt, zeigte Ulbricht an, woher der Wind wehte. Ulbricht machte denn auch keine Anstalten, sich zu rechtfertigen. Er betonte lediglich sein Einverständnis, daß es notwendig sei, die Einheit im Politbüro zu gewährleisten.

Ein von Honecker inspirierter und von 13 Mitgliedern des Politbüros unterschriebener Brief, Ende Januar 1971 an Breshnew gerichtet, besiegelte Ulbrichts Schicksal. «Es tritt immer stärker hervor», hieß es darin, «daß Genosse Walter Ulbricht, von dem Gefühl seiner Unfehlbarkeit geleitet, für kommende Jahrzehnte, ja, bis zum Jahr 2000 politische und andere Prognosen vorlegt, die sich keine andere Partei der sozialistischen Staatengemeinschaft stellt. Aus vielen Bemerkungen und manchem Auftreten geht hervor, daß sich Genosse Walter Ulbricht gern auf einer Stufe mit Marx, Engels und Lenin sieht... Seine Haltung gipfelte in einer Behauptung im Politbüro, daß er ‹unwiederholbar› sei. Die übertriebene Einschätzung seiner Person überträgt er auch auf die DDR, die er immer wieder in eine ‹Modell›- und ‹Lehrmeisterrolle› hineinmanövrieren will.» Das Politbüro des ZK der KPdSU wurde gebeten, «uns bei der Lösung dieser komplizierten Frage zu helfen».

Im Frühjahr 1989 hat Honecker aus nicht ganz erfindlichen Gründen dieses und anderes Archivmaterial im Politbüro kursieren lassen. Daraus war abzulesen, daß er zwischen seiner persönlichen Macht und der jüngsten DDR-Geschichte ein absolutes Gleichheitszeichen gesetzt sehen wollte. Vielleicht sollten die Papiere sagen, an mir kommt niemand vorbei, Anspruch und Warnung. Sie offenbarten aber auch die Protektorenrolle der Breshnew-Führung, ohne die für Honecker nichts gelaufen wäre. Inzwischen konnte er auf Moskauer Rückendeckung nicht mehr bauen. Außerdem beschrieb das Papier von 1971 Symptome der Selbstüberhebung bei Ulbricht, die 18 Jahre später auf ihn selbst zutrafen.

Nach dem Beschwerdebrief an Breshnew dauerte es noch drei Monate, bis die «Einheit des Politbüros» auf Kosten Ulbrichts wiederhergestellt war. Am 3. Mai 1971 wählte das ZK der SED Honecker zum neuen Ersten Sekretär der Partei. Die Inszenierung blieb gefällig. Ulbricht wurde noch für kurze Zeit auf den (bedeutungslosen) Platz eines Vorsitzenden der SED gerückt.

9

Das Konzept, mit dem Honecker antrat, war einfach und aus der Sicht der SED richtig und notwendig. Er wollte so schnell wie möglich aus dem Schatten Ulbrichts heraustreten, der zur negativen Galionsfigur der DDR geworden war und als engstirniger und harter stalinistischer Statthalter der UdSSR galt. Der vierschrötige Mann, Traumobjekt von Karikaturisten, Stimmenimitatoren und Kabarettisten, schien wie geschaffen, die DDR als ein Provisorium zu verkörpern. Da täuschte man sich zwar in seinen Energien; er hatte immerhin mit dem Bau der Mauer die Hallstein-Illusionen welken lassen. Honecker war jedenfalls entschlossen, die DDR nach Ulbricht von jeglichem Ruch der Vorläufigkeit, des Übergangsphänomens zu befreien.

Zwei ehrgeizige Ziele beherrschten ihn. Innenpolitisch ging es ihm darum, der SED und ihrem ersten Mann im Volk endlich so etwas wie Popularität zu verschaffen. In der zwanzigjährigen Geschichte der SED hatte nur der väterlich-joviale Wilhelm Pieck, der erste Präsident der DDR, eine gewisse Volkstümlichkeit erlangt. International visierte Honecker die weltweite völkerrechtliche Anerkennung der DDR als des gleichberechtigten und gleichwertigen zweiten deutschen Staates an. Für beide Elemente dieser Strategie waren die Zeichen günstig.

Die DDR hatte um die Wende von den sechziger zu den siebziger Jahren trotz ökonomischer Mangelerscheinungen in materiell-technischer Hinsicht den Vorkriegsstand wieder erreicht. In der internationalen Arena war im Gefolge der Entkolonialisierung eine Reihe neuer Staaten erschienen. Sie waren nicht bereit, das Reglement des kalten Krieges zu befolgen.

Die BRD-Doktrin der Alleinvertretung zerbröselte. In Bonn hatte sich eine sozialliberale Koalition etabliert, die Kurs auf eine Aussöhnung mit dem Osten nahm. Eine Periode der internationalen Entspannung kündigte sich an.

Honecker konnte außerdem davon ausgehen, daß innere und äußere Akzeptanz seiner Politik einander befördern würden. Der Erfolg dieser Linie würde schließlich das Gewicht der DDR innerhalb des sozialistischen Blocks erhöhen und ihre Handlungsspielräume gegenüber der Sowjetunion vergrößern. Die Politik Honeckers, im Sprachgebrauch der Partei die Linie des 8. Parteitages, barg jedoch, zunächst latent, Reizstoffe, die immer mal wieder zu Verstimmungen zwischen Moskau und Berlin führen sollten.

Honeckers innenpolitischer Programmpunkt Nr. 1 war die Wiederentdeckung des Sozialprinzips. Bis dahin war nur vom Leistungsprinzip die Rede gewesen. Die Volkswirtschaft hatte sich so weit von den Kriegsschäden und den Reparationen erholt, daß nun die Schere zwischen den Erfordernissen der weiteren ökonomischen Entwicklung und den Bedürfnissen der Menschen nicht weiter auseinanderklaffen mußte. Die gegenwärtige Generation sollte nicht länger der Helot für die Künftigen und deren besseres Leben sein.

Es wurden sozialpolitische Programme verabschiedet und in Angriff genommen, die den Arbeitern und Angestellten erhebliche soziale Verbesserungen verhießen und brachten. Das betraf die Urlaubslänge, die Fürsorge für werdende und junge Mütter, Lehrlings- und Studentenentgelte, Unterstützung für kinderreiche Familien, großzügige Darlehen für junge Ehen und viele andere Maßnahmen. Wichtigster und aufwendigster Bestandteil dieser Politik war ein Wohnungsbauprogramm, für das bis 1989 insgesamt etwa 275 Milliarden Mark eingesetzt wurden. Das einzige, allerdings beschämend Unsoziale an diesem Programm war, daß es für die Rentner nur Brotsamen übrig hatte. Die «Einheit von Wirtschafts- und Sozialpolitik», wie das offizielle Etikett lautete, erzielte Wirkungen bei den Menschen. Das Ansehen Honeckers und der Partei stieg in den siebziger Jahren.

In der Führung der KPdSU rief dieser Kurs indes nicht eitel Wohlwollen und Zustimmung hervor. Dort sah man mit Mißvergnügen, wie sich der Abstand zum Sozialniveau in der DDR weiter vergrößerte, wo die Versorgungslage ohnedies besser als in der Sowjetunion war. Der Gulasch-Kommunismus, den man den Ungarn als therapeutisches Mittel nach der 56er Krise zugestand, geziemte sich nicht für die DDR.

Es wäre unfair zu verschweigen, daß die Sowjetunion zu dieser Zeit enorme Lasten trug. Sie waren ihr durch den Zwang zum Rüstungsgleichgewicht auferlegt. Aber auch die wirtschaftliche und militärische Unterstützung von Ländern wie Kuba, Angola, Äthiopien, Mozambique, Vietnam forderte von der UdSSR alljährlich einen kräftezehrenden Tribut. In den Städten herrschte akuter Wohnungsmangel. Das Angebot an Lebensmitteln und technischen Gebrauchsgütern war unzureichend, das durchschnittliche Lohnniveau niedrig. Alle diese Erschwernisse im Leben des Sowjetbürgers wurzelten letztlich im stalinistischen Selbstverständnis der UdSSR als Hort des weltweiten antiimperialistischen Kampfes, der wiederum gesetzmäßig aus der unaufhebbaren Konfrontation der beiden Weltsysteme erwuchs.

Honeckers Erfolge zeugten zwar für den Sozialismus nach sowjetisch-stalinistischem Grundmuster. Sie desavouierten jedoch auch die Politik Breshnews, die solche Resultate nicht vorweisen konnte. Die sowjetischen Gesellschaftswissenschaftler verhielten sich wie der Fuchs in der Fabel, dem die Trauben zu hoch hingen. Sie machten aus der Not eine Tugend und attackierten in prinzipiellen Abhandlungen Konsumdenken und Konsumideologie als Ausfluß bürgerlicher Manipulation. Das bezwecke nur, die Massen den Werten des Sozialismus zu entfremden.

Die Theoretiker der DDR setzten dagegen die These, daß der letzte Sinn des Sozialismus darin bestehe, das Wohl des Volkes zu mehren. In den Reden der SED-Spitze und in Theorie-Artikeln tauchte nun häufiger ein Engels-Zitat auf, das aus seiner Rede am Grabe von Marx stammt: «Wie Darwin das Gesetz der Entwicklung der organischen Natur, so entdeckte Marx das Entwicklungsgesetz der menschlichen Geschichte: Die bisher unter ideologischen Überwucherungen verdeckte einfache Tatsache, daß die Menschen vor allen Dingen zuerst essen, trinken, wohnen und sich kleiden müssen, ehe sie Politik, Wissenschaft, Kunst, Religion usw. treiben können...»

Zu schaffen muß Honecker der Vorwurf gemacht haben, daß seine Politik unsolide, nicht finanziell gedeckt sei und die Gefahr der Abhängigkeit von westlichen Gläubigern berge. Ich hörte diesen Verdacht in den 70er Jahren von sowjetischen Journalistenkollegen. Solche Mutmaßungen waren damals noch ungerechtfertigt und darauf berechnet, das Experiment Honeckers zu diskreditieren.

10

Eine Quelle derartiger Stimmungen war zu jener Zeit der sowjetische Botschafter in der DDR, Abrassimow. Zu seinen guten Bekannten und gewiß auch Informanten gehörte, wie man sich in Berlin erzählte, der schon erwähnte frühere Erste Sektretär der Berliner SED, Naumann. Ich erinnere mich an eine Geburtstagsfeier mit sowjetischen Freunden in der ersten Hälfte der 70er Jahre. Zu später Stunde platzte Naumann in unsere Gesellschaft. Er kannte das Geburtstagskind vom gemeinsamen Besuch der

Moskauer Komsomol-Hochschule. Nach einigen sto Gramm – hundert Gramm – Wodka begann er abfällig über die Linie des 8. Parteitages zu räsonieren. Seine Tirade gipfelte in der mehrmaligen Wiederholung des Satzes: «Wir leben über unsere Verhältnisse. Wißt ihr Freunde, mit Honecker, der dem Volk Sozialbrocken vorwirft, leben wir über unsere Verhältnisse.» Allen Anwesenden war klar, daß diese Sentenz aus dem Wörterbuch von Abrassimow stammte.

Mit Abrassimow auszukommen wäre auch anderen als Honecker schwergefallen. Er betrachtete sich noch immer als Hochkommissar in einem besetzten Land. Ein hochfahrender Mann, der sich wie ein Polit-Patriarch aufführte. Er ging in Betriebe und hielt Reden wie ein Politbüromitglied, ließ Funktionäre zu sich in die Botschaft einladen und forschte sie über die Politik der DDR aus. Er war stets bereit, Unrat zu wittern, wenn sich in der Politik oder im Leben der DDR etwas bemerkbar machte, was von der sowjetischen Norm abwich.

Mißtrauisch mag er beispielsweise Honeckers Auffassung zur Kenntnis genommen haben, daß die DDR künftig nicht mehr zwischen sozialistischen und kapitalistischen Unglücken unterscheiden werde, weil menschliches Versagen oder höhere Gewalten hier wie dort zu Katastrophen führen. Soweit es Vorkommnisse waren, die die DDR betrafen, verhielt sich Abrassimow ruhig, wenngleich das für ihn ein befremdlicher sozialistischer Exhibitionismus war.

Als sich das «ND» herausnahm, über den verpatzten Start einer Aeroflot-Maschine auf dem Berliner Flughafen Schönefeld zu berichten, weil davon immerhin einige Dutzend Passagiere betroffen waren, löste das beim Botschafter einen Unmut aus, den er telefonisch einen der stellvertretenden Chefredakteure des SED-Blattes lautstark spüren ließ. Er protestierte erregt gegen die Veröffentlichung. Sie verunglimpfe die sowjetische Zivilluftfahrt. Er werde sich darüber an geeigneter Stelle beschweren. Das konnte nur der Generalsekretär sein. Er bestehe darauf, daß Veröffentlichungen dieser Art nicht mehr vorkämen. Honecker zu den «ND»-Redakteuren: Ihr macht, was bei uns üblich ist. Dabei blieb es.

Weniger Vertrauen, Freundschaft und Verständnis zu fördern, als Mißtrauen zu säen, schien dieser Un-Diplomat als seine erste Aufgabe zu sehen. Seine Informationen gingen nicht nur an das Außenministerium am Smolensker Platz, sondern auch an den DDR-Sektor der internationalen Abteilung des ZK der KPdSU. Ich merkte das nicht nur bei meinen Besuchen in Moskau, wenn mir von den betreffenden Mitarbeitern des Apparates zu Meldungen Fragen gestellt wurden, die ihnen suspekt und im «ND» schon vor Wochen erschienen waren. Honecker selbst blieben absurde Vorhaltungen nicht erspart.

Seit Ende der 70er Jahre pflegte Breshnew während seines Sommerurlaubs auf der Krim bilaterale Treffen mit Generalsekretären der Bruderparteien sozialistischer Länder abzuhalten. Ich werde nicht vergessen, wie entrüstet Honecker im heimischen Politbüro über eine Episode berichtete, die sich in Breshnews Urlaubsdomizil in Oreanda zugetragen hatte. Nach der Erörterung einiger wesentlicher politischer Fragen schaute der damals schon gesundheitlich angeschlagene Breshnew in das Themenpapier, das ihm vermutlich von dem anwesenden Sektorleiter DDR des ZK, Martynow, vorbereitet worden war. Breshnew habe ihm dann gesagt: «Erich, wir machen uns Sorgen um die ideologische Lage in der DDR.» Auf Honeckers Rückfrage, was ihn dazu veranlasse, erwiderte Breshnew in ernstem Tonfall, man habe Informationen darüber, daß sowjetische Komsomolzen, die an einem Treffen mit FDJlern in Karl-Marx-Stadt teilnahmen, in den Nachttischen auf ihren Hotelzimmern Bibeln gefunden hätten. Honeckers Kommentar: «Mit solchem Quatsch bin ich dort ernsthaft konfrontiert worden, Genossen. Das hat ihm doch nur der Pjotr (Abrassimow) geblasen.»

Nach Breshnews Tod wurde Honecker beim neuen Generalsekretär, Juri Andropow, vorstellig. Er verlangte, Abrassimow abzulösen, weil er eine Belastung für die Beziehungen zwischen beiden Ländern sei. Andropow entsprach dem sofort und schickte als neuen Botschafter Wjatscheslaw Kotschemassow nach Berlin. Er war ein alter Bekannter Honeckers. Als Vorsitzender des Antifaschistischen Komitees der Sowjetjugend hatte er 1951 an den Weltfestspielen in Berlin teilgenommen. Kotschemassow erwies sich als ein behutsamer und taktvoller diplomatischer Mittler, dessen Mission mit der sich entfaltenden Perestroika immer schwieriger wurde.

II

Außenpolitisch boten die siebziger Jahre kaum Anlaß zu Spannungen und Irritationen mit der UdSSR. Im Verlaufe der von Breshnew betriebenen Entspannungspolitik fielen der DDR im Laufe weniger Jahre über hundert diplomatische Anerkennungen zu. Krönung des DDR-Booms war die Aufnahme des zweiten deutschen Staates in die Vereinten Nationen, zeitgleich mit der UNO-Mitgliedschaft der Bundesrepublik. Moskauer, Warschauer und Berliner Vertrag markierten das Ende der Nachkriegszeit und ließen auf eine Friedensperiode für Europa hoffen. Auf der Konferenz von Helsinki saß Honecker schon gleichberechtigt zwischen US-Präsident Gerald Ford und Bundeskanzler Helmut Schmidt. Die völkerrechtlich sanktionierte Souveränität und Unverletzlichkeit der Grenzen des westlichen Vorpostens des Sozialismus in Europa lag ebenso im Interesse der Sowjetunion wie der DDR.

Honecker war stets darauf aus, eigene politische Handlungsräume abzustecken und sie geschickt für seine Autorität zu nutzen. Er sah sich als flexiblen Hardliner des sozialistischen Lagers. Zu den italienischen Kommunisten hielt er Kontakt, als sie in den 70er Jahren der Diktatur des Proletariats abschworen und ihre polyzentristischen, eurokommunistischen Thesen verkündeten. Er traf sich weiter mit Marchais, als die französische

KP die UdSSR und ihre Verbündeten wegen des Einfalls in die ČSSR oder das sowjetische Abenteuer in Afghanistan verurteilte.

Er bestand darauf, daß die DDR-Vertreter in der «Interkit» einer multilateralen Arbeitsgruppe, die sich seit Maos Alleingang mit der Entwicklung in China befaßte, nicht jeden sowjetischen Ausfall gegen die Volksrepublik mitmachten. China sei und bleibe auch unter Mao ein sozialistisches Land. Nicht abstoßen, sondern gewinnen, war die von Honecker ausgegebene Devise. Die Hartnäckigkeit, mit der er diese Linie verfocht, hat ihn schließlich 1986 als ersten der sozialistischen Partei- und Staatschefs nach Peking geführt. Es war eine Mission, die die Beziehungen auch der anderen sozialistischen Länder zu China entkrampfen und normalisieren half.

Die siebziger Jahre stellen sich als Honeckers goldenes Jahrzehnt dar. Westliche Medien konstatierten die Herausbildung eines DDR-Bewußtseins. Das Provisorium reifte zu einer fast unangefochtenen eigenständigen Existenz. Die sozialdemokratisch konvertierte BRD geriet selbst mit ihrem – von der CDU ohnehin als rhetorisch verdächtigten – Vorbehalt hinsichtlich der deutschen Einheit international ins Hintertreffen. Honeckers Forderungen nach Anerkennung der DDR-Staatsbürgerschaft, nach Umwandlung der Vertretungen beider Staaten in Botschaften wurden von Verbündeten der BRD hinter vorgehaltener Hand akzeptiert, wenn man sich auch nicht offiziell dazu bekannte.

Ungeachtet dessen sah Honecker sein Lebenswerk noch nicht vollendet: Die letzte, rückhaltlose Anerkennung der DDR durch die Bundesrepublik, den bedeutendsten politischen, ökonomischen und militärischen Faktor in Westeuropa, den stärksten NATO-Verbündeten der USA, stand noch aus.

Ein außenpolitisches Konfliktfeld zur Sowjetunion eröffnete sich mit der Entscheidung des Bonner Parlaments für eine Nachrüstung mit amerikanischen Pershing-Raketen. Ein Jahr zuvor hatte Honecker am Werbellinsee Kanzler Schmidt vergeblich beschworen, sein Schicksal nicht mit den Mittelstreckenwaffen zu verknüpfen. Der Regierungswechsel in Bonn machte Kohl zum Vollstrecker der Schmidtschen Initiative zur westlichen Nachrüstung. Außenminister Gromyko erklärte auf einer Pressekonferenz in Bonn mit einer bei ihm ungewohnten Erregung, daß der Bundestag mit seiner Entscheidung die Tür zu Abrüstungsverhandlungen auf Dauer zugeschlagen habe. Generalsekretär Andropow sprach von einem Raketenvorhang, der sich nun zwischen beiden deutschen Staaten absenken werde.

Der politische Kälteeinbruch paßte nicht in Honeckers Konzept. Er ließ Warmluft einblasen. Auf der 7. Tagung des ZK im Oktober 1983 verkündete er: «Jetzt erst recht alles für den Frieden!» Entgegen der sowjetischen Order signalisierte er Dialogbereitschaft. Er wollte sich nicht seinen Nimbus als ein um den Frieden besorgter und bemühter Staatsmann nehmen lassen. Außerdem sah er sein Dauerziel gefährdet, eine höhere Qualität der Akzeptanz der DDR durch die Bundesrepublik durchzusetzen. Indem Honecker couragiert seine Interessen gegen den Raketenhader zwischen Moskau und Washington behauptete, gewann er an europäischer Statur. Er ließ den Gesprächsfaden mit allen Kräften des politischen Spektrums der BRD nicht abreißen, ungeachtet des Murrens in Moskau.

12

Nach dem Rücktritt Schmidts wandelte sich die SPD zur Antiraketenpartei. Honecker nahm für sich in Anspruch, in diesem Sinne auf führende Politiker der SPD eingewirkt zu haben. Er war mehr denn je überzeugt davon, daß ihm im sozialistischen Lager niemand – die sowjetische Diplomatie einbegriffen – das Wasser reichen könne, was Kompetenz, Flexibilität und Einflußmöglichkeit in bezug auf die politische Szene der Bundesrepublik beträfe. Er betrachtete sich als BRD-Experten Nr. 1 im Warschauer Pakt. Eine Reise nach Bonn schien ihm gerade in dieser spannungsreichen Zeit das geeignetste Mittel, um seine Ansprüche und Intentionen spektakulär geltend zu machen.

Als man in Moskau von seiner Absicht erfuhr, reagierte man ungläubig, dann unwillig. Eine Medienkampagne wurde in Gang gesetzt, um den augenscheinlich außer Kontrolle geratenen Honecker wieder auf Vordermann zu bringen. Tenor war, mit der revanchistischen BRD sei Verständigung nicht möglich. Ungedruckt blieb das Ur-Mißtrauen, das Kollegen der «Prawda» mir gegenüber im Sommer 1984 äußerten: Die «Fritze» in Ost und West könnten sich trotz Blockraison und Klassengegensätzen arrangieren. Unsere Freunde trauten der Trennwirkung der Systembarrieren weniger als den nationalen Bindungen zwischen den beiden deutschen Teilstaaten.

Im selben Jahr wurde Honecker von Tschernenko, der nach Andropow ein kurzes Interregnum der Stagnation einleitete, nach Moskau gerufen. Honecker nahm Axen, Hager und Mielke mit auf die Reise. Im Moskauer Politbüro wurden die deutschen Genossen beschworen, den Revanchistenstaat nicht durch einen Staatsbesuch auszuzeichnen. Der kränkelnde Tschernenko überließ es weitgehend dem sowjetischen Verteidigungsminister Ustinow, Fraktur zu reden. Gorbatschow, noch im Status eines Mitglieds des Politbüros und Sekretärs des ZK, nahm an dem Treffen teil.

Auf sowjetischer Seite bekundete niemand Verständnis für das Projekt Honeckers. Er wiederum rückte nicht ab von seinem Vorhaben und drängte auf sowjetische Einsicht. Die Runde ging aus wie das Hornberger Schießen. Moskau hatte entschieden, Bonn in die Strafecke zu stellen. Da konnte es nicht gestattet werden, den von Gromyko und Andropow über die Raketensünder und Revanchisten verhängten Bann zu lösen. Es war eine taktische Frage. Moskau wollte sein grimmiges Gesicht wahren.

Für Honecker hatte es den Rang einer Lebensfrage. Das Westreise-Verbot lastete auf den Beziehungen zwischen Moskau und Berlin. Es lag auf der Hand, daß er nach dem Machtwechsel im Kreml einen Sinneswandel zu seinem Reiseziel erwartete. Mehr noch, Honecker sah darin ein wesentliches Kriterium für Wollen und Stil des neuen ersten Mannes der Sowjetunion. Das erhoffte Signal blieb aus. Gorbatschows Teilnahme am 11. Parteitag der SED in Berlin 1986 endete für Honecker mit einer Enttäuschung, fast schon mit einem Eklat.

Gorbatschow war der gefeierte, bestaunte, aber auch leicht beargwöhnte ausländische Gast. In seiner Rede hatte er die scharfe und tiefgreifende Auseinandersetzung an der verflossenen Periode in der Sowjetunion bekräftigt und als unerläßlich für die Erneuerung der Partei und des Landes gerechtfertigt.

Der deftige Umgang mit Kritik an der hausgemachten Mißwirtschaft mochte noch hingehen, hatte doch auch die SED die gesellschaftliche Erstarrung in der Ära Breshnews beklagt und bespöttelt. Eine Frage Gorbatschows an Honecker sorgte für die erste Eintrübung. Er hatte über die Notwendigkeit einer sozialökonomischen Beschleunigung in der UdSSR gesprochen. Das war für ihn zu jener Zeit ein Schlüsselbegriff der frühen Umgestaltung. Nun wollte er von Honecker in einem Pausengespräch wissen, ob die SED den Begriff in ihr politisches Vokabular übernehmen werde.

Der hielt das für ein verblüffendes Ansinnen. Leicht indigniert klärte Honecker seinen Gast darüber auf, daß die DDR seit dem 8. Parteitag, also seit 1971, ein sozialpolitisches Programm unter dem Motto «Einheit von Wirtschafts- und Sozialpolitik» realisiere. Das meine wohl ungefähr das gleiche, was die Sowjetunion jetzt anstrebe.

Gorbatschow hatte seine Frage unbefangen gestellt. Sie war nicht als Mahnung oder Vorwurf zu verstehen in dem Sinne «Nun macht das mal gefälligst nach!», aber bei dem Umgangsstil, an den wir bisher gewöhnt waren, mußte es von Honecker so herausgehört werden. Es konnte scheinen, als wolle schon wieder jemand die «Parny», die Jungs in der DDR, belehren. Ein Rest von Unbehagen blieb.

Am letzten Tag seines Aufenthaltes in der DDR traf Gorbatschow mit dem Politbüro in Schloß Niederschönhausen zusammen. Nach einer politischen Tour d'horizon kam er auf den Reise-Wunsch seines Gastgebers zu sprechen. Ohne diplomatische Umschweife wiederholte er den ablehnenden Standpunkt, der Honecker schon in der Tschernenko-Runde vorgesetzt worden war. Er endete mit der Frage: «Was soll ich meinem Volk sagen, Erich, wenn du in dieser Situation die Bundesrepublik besuchst?»

Honecker erwiderte darauf trocken: «Und was sagen wir unserem Volk, das in tiefer Sorge um den Frieden ist und deshalb will, daß ich diese Reise unternehme?» Die Begegnung endete in gespannter Atmosphäre. Zweifellos wirkte sich aus, daß Gorbatschow zu dieser Zeit noch auf die deutschlandpolitischen Berater angewiesen war, die schon unter Breshnew und Tschernenko ihre Analysen verfertigt hatten.

Welche grotesken Formen Honeckers Widersetzlichkeit gegen seinen sowjetischen Partner annahm, schilderte mir Krenz an einem persönlichen Erlebnis. Im Herbst 1986 erreichte ihn in seinem Urlaubsdomizil, dem Ferienheim des Ministerrats in Dierhagen an der Ostsee, ein dringlicher Anruf des Genossen Medwedjew aus Moskau. Der spätere Ideologiechef der KPdSU war damals noch ZK-Sekretär für Internationale Beziehungen. Krenz erfuhr von ihm, daß er einige Fragen von Gorbatschow an Honecker zu übermitteln habe. Krenz verwies ihn an Honeckers Berliner Büro. Das habe er versucht, klärte ihn Medwedjew auf, das Gespräch sei jedoch nicht entgegengenommen worden.

Krenz vermutete richtig, daß Honecker nicht willens war, sich von einem ZK-Sekretär eine Botschaft Gorbatschows übermitteln zu lassen. Das sollte der gefälligst selber tun. Medwedjew hatte versucht, sein Berliner Pendant Axen zu erreichen. Doch der befand sich in Griechenland. Im Büro Krenz erfuhr er, daß dieser an seinem Urlaubsort über einen W-tsch-Apparat verfüge. So hatte Medwedjew Krenz aufgegabelt. Krenz war bereit, den Vermittler zu spielen. Er fand Honeckers Versteckspiel peinlich.

Die Mitteilung von Gorbatschow betraf dreierlei. Zunächst: Honecker möge doch vor seiner beabsichtigten Reise nach

China zu einer kurzen Absprache in Moskau Station machen, damit er in Peking auch die Position der KPdSU vertreten könne. Das zweite signalisierte einen bemerkenswerten Wandel: Man sei bereit, sich mit Honecker über einen Termin der von ihm erstrebten Reise in die BRD zu einigen. Zum dritten wolle man sich mit der SED über ein Treffen der Generalsekretäre im November verständigen.

Um nicht als Durchkreuzer der Honeckerschen Verweigerung dazustehen, sagte Krenz dem Chef listig, daß durch Fehlleitung das Medwedjew-Gespräch bei ihm gelandet sei. Aber Honecker durchschaute den Trick. Wenn es ein Irrläufer war, hätte er ihn nicht annehmen sollen, blaffte er Krenz an. Verärgert hörte er sich schließlich die Anfragen aus Moskau an.

Wenige Minuten nach diesem Gespräch klingelte bei Krenz erneut das Telefon. Mielke war am Apparat. Er stellte Krenz eine gewerbeübliche Rätselfrage: «Was hast du denn verbrochen?» Krenz war verblüfft und beunruhigt. Dann gab Mielke Aufschluß: Honecker habe ihn angewiesen, den von Krenz benutzten W-tsch-Apparat in Dierhagen zu sperren. Eine atavistisch anmutende Reaktion. Man kappt den Draht, und das vermaledeite Kreml-Problem ist erst einmal aus der Welt.

Es verstrich noch mehr als ein Jahr, bis die Meinungsverschiedenheiten über die BRD beigelegt waren, der Staatsratsvorsitzende der DDR an den Rhein und die Saar reisen und der Weltpresse mit der Metapher vom «Feuer und Wasser» Stoff für Schlagzeilen liefern und die Illusion in den dauerhaften Bestand der DDR nähren konnte.

13

Honecker bemaß den eigenen Rang in der Hierarchie der kommunistischen Partei- und Staatsführer an seiner Rolle als BRD-Spezialist. Zu dieser Sonderstellung gehörte, daß er sich als einziger Parteiführer eines sozialistischen Landes mit Ausnahme der Sowjetunion direkt für Bruderparteien in der kapitalistischen Sphäre verantwortlich fühlen konnte, für die DKP und die SEW. Die KPdSU tolerierte diesen Anspruch als einzigen zulässigen Rest gesamtdeutscher Gemeinsamkeit. Die Aversion gegen Person und Politik Gorbatschows sollte aus dieser Richtung weiteren, verschärfenden Anstoß beziehen.

Der DKP-Vorsitzende Herbert Mies und sein Parteivorstand sahen in Perestroika und Glasnost, die im Westen mit großer Sympathie verfolgt wurden, eine Chance, antikommunistische Vorurteile abzubauen und die Partei allmählich aus dem politischen Ghetto herauszuführen. Mies fühlte sich dazu ermutigt nach Begegnungen mit Gorbatschow, mit dem er vor Jahren gemeinsam die Bänke der Parteihochschule der KPdSU am Myusskaja-Ploschadj gedrückt hatte. Als sich die bundesdeutschen Kommunisten bei Landtagswahlen mit Gorbatschow-Plakaten als Perestroika-Partei empfahlen, erhob Honecker Einspruch. Die DKP sei doch eine BRD- und keine sowjetische Partei. «Ich kann mich nicht erinnern, daß die KPD jemals Wahlkampf mit Stalin-Bildern geführt hat!»

Die Schmerzgrenze war erreicht. Professor Herbert Häber, ZK-Abteilungsleiter und guter Kenner der Bonner Szene, hatte Honecker Mitte der achtziger Jahre ins Politbüro aufrücken lassen. Er wurde nun damit betraut, weitere Perestroika-Seitensprünge der DKP zu verhüten. Ohne das gewünschte Ergebnis kam er von Gesprächen mit dem DKP-Vorstand zurück. Resigniert berichtete er im Politbüro über seine fruchtlose Mission. Die Genossen seien nicht von ihrer Emphase für Gorbatschow abzubringen. «Jetzt macht der uns schon die DKP abspenstig», resümierte Honecker erbittert.

Empört war er aber auch über seinen Beauftragten, dem er Kapitulation vorwarf. Er ließ Häber wieder aus dem Politbüro entfernen. Offiziell hieß es, er sei aus Krankheitsgründen zurückgetreten. Häber, der nicht nur talentiert, sondern auch ehrgeizig und sensibel war, hatte sein Mißerfolg schwer mitgenommen. Er verschwand als suizidgefährdet für einige Zeit in einer psychiatrischen Klinik. Der Verdacht, daß dies von Honecker veranlaßt worden sei und somit ein Fall von politischer Psychiatrie vorliege, ist durch nichts bewiesen.

Ich bin überzeugt, daß Honecker die Behinderung seiner BRD-Ambitionen und das Abdriften der DKP als schwerwiegende politische Gesichts- und Gewichtsverluste empfand, die ihm von Gorbatschow zugefügt wurden. Dieser, ein Jüngerer und als Kommunist auch nicht entfernt so ausgewiesen wie der antifaschistische Widerstandskämpfer Honecker, erlaubte sich, ob bewußt oder ahnungslos, in sein Lebenswerk einzugreifen. Hier sehe ich die eigentliche Wurzel des Vorurteils und der Abneigung gegen Gorbatschow. Alles, was die Umwandlung der Sowjetunion an Ungereimtheiten, wie Honecker es verstand, hervorbrachte, hat diese Aversion nur aufgestockt. Sei es die mißglückte Antialkoholismus-Kampagne, die Wahl von Betriebsdirektoren, die Propagierung des politischen Pluralismus, das ungehinderte Sprießen der informellen Gruppen, die umfassende Erweiterung betrieblicher Kompetenzen, die schonungslose Abrechnung mit dem Stalinismus in Literatur, Kunst und Medien usw., usf.

Das Verbot des «Sputnik», die Versuche, Aufführungen moderner sowjetischer Theaterstücke zu behindern oder zu unterbinden, die Absetzung sowjetischer Filme zielten darauf, sich durch eine ideologische Bannmeile gegen das Überschwappen des neuen Denkens abzuschotten. Honecker konnte und wollte nicht verstehen, daß Gorbatschow auch als ein Instrument der Geschichte notwendige Prozesse in Gang gesetzt hatte, die um die DDR keinen Bogen machen würden, nur weil er sie für sein Meisterstück hielt.

Zeit der Sprachlosigkeit

I

Der ausgehende August und der beginnende September sind mır als goldener Spätsommer in Erinnerung. Aber die angenehme kleine Wehmut, die sich nach dem Urlaub bei solchem Wetter einzustellen pflegt, kam nicht auf. Ich war wie viele gereizt und unruhig. Das Land war nicht mehr ahnungslos. Immer mehr Bürger wußten, was sie wollten. Sie wollten ernst genommen werden als Individuen und als gesellschaftliche Wesen. Für jemanden wie mich, noch immer eingeflochten in seine weltanschaulichen Überzeugungen, war es bedrückend: Trotz zunehmender Alltags-Kalamitäten war es nicht die Zweitklassigkeit ihres materiellen Daseins, die wie in früheren schwierigen Situationen der DDR die Menschen mit uns hadern ließ; mehr noch waren sie abgestoßen von unserer Politik.

Der Mangel an bestimmten Gütern nahm allerdings schon die Dimension einer sozialen Diskriminierung an. Sie addierte sich zur eingegrenzten Reisefreiheit. DDR-Bürger machten die bittere Erfahrung, daß sie selbst in den ihnen noch offenen Bruderländern weniger erwünscht waren als der Gast aus dem imperialistischen Wessiland. Mit ihrer Währung blieb ihnen manche touristische Dienstleistung versagt. Gastronomisch wurden sie am Katzentisch placiert.

Honecker wußte davon, auch von den Emotionen, die das auslöste. Am Rande einer Politbürositzung erwähnte er einschlägige Erfahrungen seiner Tochter Sonja in Bulgarien. Die Familie Yanez besaß im Unterschied zu anderen Kindern von Politbüromitgliedern kein eigenes Haus und schon gar nicht eine Ausstattung, wie sie z. B. Mittag oder Sindermann ihren Nachkömmlingen verschaffte. Von Tochter und Schwiegersohn, die lange Zeit mit ihren Kindern in einer kommunalen Dreiraum-Wohnung in der Leipziger Straße lebten, hörte Honecker überhaupt viele ungefilterte Tatsachen aus der Welt der Normalverbraucher, vom Gemüse- und Brotangebot in der Kaufhalle bis zur Versorgung mit Kinderkleidung und Medikamenten.

Was unseren Urlaubern in Bulgarien widerfuhr, war gewissermaßen eine private Begegnung mit den harten Gesetzen des Weltmarktes. Ihnen offenbarte sich die wirtschaftliche Schwäche ihres Landes auf dem Territorium eines ebenso schwachen Partners der DDR. Honecker konnte auf die mißliche Erfahrung seiner Tochter nur entrüstet und hilflos reagieren. «Wo soll das hinführen, wenn wir Sozialisten uns jetzt schon selbst das bißchen, was wir miteinander haben, immer mehr dezimieren. Wenn Shiwkow solche Beutelschneiderei betreibt, müssen wir im Hinblick auf die bulgarischen Touristen nachziehen.» So sah das in den letzten Jahren in der Gemeinschaft der sozialistischen Brüder aus. Die ökonomische Auszehrung nagte letztlich auch an den menschlichen Beziehungen.

Noch ein Beispiel: Was wurde in Zeitungen, Fernsehen und Rundfunk der DDR für ein Aufhebens von der Mikroelektronik gemacht! Die Bürger sollten sich mit Stolz aufladen angesichts der mikroelektronischen Potenz der DDR. High-Tech zum ehrfürchtigen Bestaunen, nicht zum Anfassen. Schulklassen mußten sich mit Taschenrechnern begnügen, um einen Begriff von Informatik zu bekommen. Während sich in der Bundesrepublik Computer in der Privatsphäre mehr und mehr verbreiteten, sich die Schüler zu Hause spielerisch am Kleinrechner ein neues Stück Allgemeinbildung eroberten, blieb der DDR-Haushalt computerfrei. Das änderte sich kaum, als Ende des Jahres 1988 die ersten DDR-Rechner mit schlichten 8-Bit-Prozessoren zum horrenden Preis von etwa 3000 Mark im Handel erschienen.

Es mußte sich erst die Wende in der DDR vollziehen, bis ein Offizieller, der (damals noch) Kulturminister Hoffmann, den Widerspruch zwischen Wirklichkeit und Propaganda öffentlich beklagen konnte. Auf der 10. Tagung des ZK im November sagte er: «Viele Menschen haben das Gefühl, etwas Entscheidendes in ihrem Leben zu verpassen. Ich nenne es, die Welt kennenzulernen, moderne Konsumgüter und andere Sachen erwerben zu können. Den meisten Bürgern sind hochtechnologische Produkte fast unerreichbar. CD-Plattenspieler, Home- und Personalcomputer kann man nirgendwo mit unserer Währung erwerben.»

2

In der zweiten Hälfte des Jahres 1989 hatte sich in der Skala der entbehrten Werte ein deutlicher Wandel vollzogen. Die politische Geduld der Menschen war erschöpft wie noch nie. Das hatten nicht nur Farce und Fälschung der Wahlen bewirkt, die uns von den oppositionellen Kräften unermüdlich vorgehalten wurden. Schuld daran waren auch der eintönige apologetische Singsang der Medien, der die verdrossenen Menschen aufbrachte, ebenso wie die gußeiserne Altherrenriege, von der keine Veränderung zu erwarten war. Aber es waren nicht nur diese DDR-eigenen Quellen, aus denen die Energien des Protestes, des Widerstandes gespeist wurden.

Vor allem stimulierten die politischen Botschaften, die aus dem Osten herübertönten. Sie machten die Aufsässigen verwegener und ließen sie zuversichtlich an ihre Chance glauben. Die neue Offenheit Gorbatschows, die Kühnheit, mit der er alte Zöpfe abschnitt, die Aufkündigung verstaubter Tabus, die Entdogmatisierung der Gesellschaft, der Mut zum politischen Pluralimus – das faszinierte. Mehr noch, es wog schwerer als die materiellen Unzulänglichkeiten der Perestroika. Die Konsumverlockungen des Westens verblaßten neben diesen politischen Verheißungen. Es war auch ein Indiz dafür, daß die Menschen zu dieser Zeit den Sozialismus im Grunde nicht beseitigen, sondern erneuert, verbessert sehen wollten. Deshalb fruchteten die Versuche in den Medien und eine Flüsterpropaganda so gut wie nicht, den Gorbatschow-Kurs als eine Methode zur Entleerung von Fleischerläden zu denunzieren.

In der Sowjetunion beeinträchtigten die von der Perestroika nicht bewältigten Probleme damals schon erheblich die öffentliche Meinung. Während sich Gorbatschows Stern in der Sowjetunion zu verdunkeln begann, leuchtete er für die Suchenden in der DDR unvermindert hell. Obwohl es in der SED Bewunderer des Mannes im Kreml gab, in der Spitze wenige und heimliche, in der Mitgliedschaft viele und offene, hinderten uns die tiefverwurzelten, die stalinistisch geprägten Vorstellungen von innerparteilicher Disziplin, aber auch dogmatische Borniertheit und ein kleinliches Wägen von Erfolgen und Mißerfolgen Gorbatschows, uns selber zu finden und auf die zuzugehen, die unsere Gegner waren und doch Gleiches oder Ähnliches wollten.

Statt dessen sahen wir, erschrocken und hilflos, wie der sozialistische Block in die Brüche ging. Die Ungarn rückten mit Drahtscheren dem Eisernen Vorhang zu Leibe. Obwohl wir im Politbüro ahnten, welche Sprengkraft in diesem Vorgang lag, zogen wir es vor, uns selbst zu beschwichtigen. In der Politbürositzung am 4. Mai lieferte uns Armeegeneral Keßler das Alibi. Er erklärte, daß er solide Informationen darüber habe, daß sich trotz Abbaus der befestigten Grenze am Grenzregime selbst nichts ändern werde. Bürger der DDR, die über Ungarn in den Westen zu fliehen versuchen, würden auch künftig von ungarischen Grenzern daran gehindert werden.

Unsicherheit und Fragen blieben. Die Ungarn hatten uns nicht konsultiert. Würde es bei diesem Schritt bleiben? Würde sich der Regelverstoß zu einer allgemeinen Unberechenbarkeit auswachsen? Würden wir die eigenen Bürger im schlimmsten Falle von den Urlaubsgebieten in Ungarn, Rumänien und Bulgarien abschnüren müssen? Die politische Geschäftigkeit des Sommers, von der schon die Rede war, verdrängte nur kurzzeitig die Sorgen aus dem Blickfeld. Auf Dauer waren sie so wenig zu verscheuchen wie Wespen vom Pflaumenkuchen.

Ohne allzu simple Kausalitäten zu bemühen, muß gesagt werden, daß Ungarn als Katalysator beim Verfall der SED-Macht wirkte. Die durch die ungarischen Reformkommunisten gewandelte Grenze offenbarte, wie angeschlagen die DDR war. Der Strom der Flüchtlinge versiegte nicht mehr. Er erreichte seinen ersten Höhepunkt Mitte August, als zum Ausgang eines sogenannten paneuropäischen Picknicks unbehindert Hunderte DDR-Bürger die Grenze nach Österreich im Spaziergang überwanden. Daß Otto von Habsburg, der CSU-Feudale, dabei ein Hauptakteur war, machte das Ganze für uns besonders abscheulich und provokant. Der bislang unterdrückte Groll gegen die ungarischen Genossen wurde deutlicher und öffentlich artikuliert. Im Politbüro sprach Mittag, der amtierende Vorsitzer, erstmals vom Verrat der Ungarn. Es war bequem, die Symptome anzuklagen. Doch niemand ließ sich mehr täuschen. Die Blicke blieben auf uns, die Verursacher, gerichtet.

Von einer Demarche in Budapest kam ein stellvertretender Außenminister mit der Kunde zurück, Außenminister Horn sei der treibende Keil der Entwicklung. Die Militärs stünden noch loyal zu den Erwartungen der DDR. Aber das sei nicht mehr zu vereinheitlichen. Jeder mache dort, was er für richtig hält. Honecker erteilte Außenminister Fischer Order, in Moskau vorzufühlen, ob man nicht durch eine Außenministerkonferenz die Ungarn disziplinieren könne. Moskau gab zu verstehen, daß man sich davon nichts verspräche. Die Zeiten, wo durch Mehrheitsdruck jemand auf Konsens eingeschworen wurde, waren vorüber.

3

In der Nacht zum Montag, dem 11. September, öffnete Budapest die Grenze für 7000 DDR-Bürger, die sich dort inzwischen mit der Absicht angesammelt hatten, in die Bundesrepublik überzusiedeln. Ungarn hatte die Vereinbarung mit der DDR aufgekündigt, wonach Staatsangehörige der DDR ohne amtliche Genehmigung ihres Staates in Drittländer nicht ausreisen dürfen. Die Ungarn lösten so ihr Dilemma, entweder die Menschen zwangsweise nach Hause zu verfrachten oder ein deutsch-deutsches Dauerbiwak auf ungarischem Boden zu dulden. Zweifellos hat dieser Schritt dazu beigetragen, daß Ungarn sich als Partner für Westeuropa im allgemeinen und die BRD im besonderen empfehlen konnte. Uns blieb nur, zähneknirschend in den Medien zu verkünden, daß Ungarn der verbündeten DDR für eine von Kohl in Aussicht gestellte 500-Millionen-Anleihe die Treue gebrochen habe. Die Zerrüttung im Bündnis schritt rapide fort.

Die der DDR den Rücken kehrten, um in der Bundesrepublik eine neue Existenz zu finden, taten es vielfach aus den gleichen Motiven wie jene, die im Lande die Opposition stärkten. Sie waren vielleicht pessimistischer. Sie glaubten nicht daran, in absehbarer Zeit die politischen Verhältnisse in der DDR so wenden zu können, wie es ihr Selbstbewußtsein verlangte. Dafür spricht auch, daß es überwiegend jüngere Menschen waren. Nicht wenige erlagen der Psychose der Umstände. Sie fürchteten, die DDR könne in Kürze das Schlupfloch verstopfen. Das verleitete manchen überhastet zur Flucht.

In wenigen Tagen hatten sich etwa 15000 Menschen durch die unverschlossene ungarische Pforte in die Bundesrepublik abgesetzt. Auch danach stoppte der Exodus nicht. Tag für Tag waren es zwischen 400 und 500 Männer, Frauen und Kinder, die ihre Heimat verließen, statistisch gesehen die Belegschaft eines Mittelbetriebes.

Mein Tag begann mit dieser Information, wenn ich um 6 Uhr den Deutschlandfunk einschaltete. Er endete mit den Berichten westlicher Fernsehreporter, die die Menschen nach ihren Motiven befragten und die Notlage beschrieben, in die sie ausweglos geraten waren. Erst in diesen Tagen, unter dem Eindruck der nicht enden wollenden bestürzenden Tatsachen, nahmen meine inneren Zweifel ein Ausmaß an, daß ich an eine beschleunigte Änderung von Politik und Personen der SED-Führung zu denken begann. Wie und mit wem das zu bewältigen wäre, wußte ich zunächst noch nicht. Ich begann mich zu fragen, ob meine Überzeugung, die ich durch eine kugelsichere Theorie und durch den geschichtlichen Weg der Arbeiterbewegung begründet glaubte, nicht nur eine gehobenere Art von Autosuggestion sei. Es fing für mich, damals noch unbewußt, ein Prozeß der inneren Auseinandersetzung mit den dogmatischen Konstruktionen an, auf die mein Weltbild gegründet war.

Auf der morgendlichen Fahrt von Wandlitz nach Berlin pflegte ich im Autoradio zum dritten- und viertenmal die Nachrichten zu hören. Das Bild der noch schläfrig-ruhigen Stadt im Licht der Frühsonne kontrastierte scharf mit dem alarmierenden Text des Nachrichtensprechers. In mir regte sich die Ahnung von etwas Niegekanntem, Unglaublichem, das auf uns zukommt. Ich hätte nicht sagen können, ob es gefährlich, schlecht oder gut für uns sein würde. Während ich dies schreibe, wird mir erneut bewußt, daß ich die beunruhigende Morgenstimmung dieser Septembertage nicht vergessen werde.

Heute kommt es mir unbegreiflich vor, daß die unaufhaltsame Abstimmung mit den Füßen, durch die die mühselig errungene Reputation und Identität der DDR zerrann wie Sand in einer Eieruhr, im Politbüro nicht Anlaß war für eine ständige Diskussion über unsere inneren Probleme. Andere Warnsignale, wie die zunehmend kühneren Handlungen der Opposition, schlugen ebensowenig durch auf die offizielle Tagesordnung des Politbüros.

Es ist glaubwürdig, wenn Egon Krenz in seinem Buch schreibt, daß Honecker seine Hinweise auf die anhaltende Abwanderung mit der Bemerkung abschmetterte: «Warum stellt ihr überhaupt die Zahl der Ausreisenden zusammen? Was soll das? Vor dem Mauerbau sind viel mehr von uns weggegangen.» Die Sitzungen des Politbüros und des Sekretariats wurden immer mehr zu Szenen eines absurden Theaters. Während sich das Volk von uns abwandte, übten wir uns in der Kunst gesellschaftlicher Voraussicht, zum Beispiel indem wir festlegten, wie im Jahre 1991 die Pionierleistung Otto Lilienthals in Anklam zu würdigen sei.

Begünstigt wurde die Atmosphäre des Selbstbetrugs durch die Separiertheit der Politbüromitglieder. Während Honecker und Mittag oder Honecker und Mielke immer häufiger zusammenhockten und geheime Staatssachen besprachen, herrschte zwischen uns anderen «splendid isolation».

Ich hätte zu jener Zeit nicht sagen können, wie einzelne Politbüromitglieder über die Lage wirklich dachten und urteilten. Es war nicht üblich, sich mit einem anderen zu treffen und unbefangen zu räsonieren. In den wenigen Minuten vor Beginn einer Büro-Sitzung standen wir gelegentlich in kleinen Gruppen zusammen. Dieser oder jener ließ eine Bemerkung fallen, in der sich kritische Sicht oder Alarmiertheit über die Lage andeutete. Das Gespräch verstummte oder man wandte sich einem unverfänglichen Gegenstand zu, sobald Mittag oder Mielke sich zu der Gruppe gesellten.

Wenn der Generalsekretär die Beratung eröffnete, wurde die quälende Hauptsache weggesteckt, und man widmete sich mit ernster Miene den bedeutenden Nebensächlichkeiten der von Honecker komponierten Tagesordnung. Die Mehrzahl der Mitglieder des Spitzengremiums der SED, selbst wenn sie nicht zu den verbohrtesten zählten und die Vorgänge im Lande sie bedenklich stimmten, waren allerdings weit davon entfernt, den Kurs Honeckers substantiell in Frage zu stellen.

Die Tatsachen aber gaben keine Ruhe. Die in uns angestauten unguten Gefühle drängten zur Entladung. Die bewegungslose Geschäftigkeit des Politbüros teilte sich den Menschen als ignorantes und unfähiges Schweigen mit. Die Sekretäre der Grundorganisationen der Partei drängten auf Argumentationshilfe.

Das Schimpfen auf die Treulosigkeit der ungarischen Freunde beantwortete die Fragen ihrer Kollegen nicht.

Wie sollte es weitergehen? Die «Getürmten» rissen Löcher nicht nur in Familien. In den Betrieben begann es fühlbar an Arbeitskräften zu mangeln. In Nahverkehrsbetrieben fehlten Busfahrer. In Schulen fielen Unterrichtsstunden aus, weil Lehrer aus dem Urlaub nicht zurückgekehrt waren. Der individuelle Vorgang des Schritts in die andere, die westliche Welt offenbarte seine doppelte gesellschaftliche Dimension: den persönlichen Dissens mit der herrschenden Politik und die negativen materiellen Auswirkungen für die Zurückgelassenen.

4

Während einer Politbürositzung Anfang September kam es erstmals zu einer unverblümten Debatte, in der einige Krankheitsbefunde genannt wurden, über deren Symptome wir uns bisher hinweggelogen hatten. Honecker war nicht in Berlin. Er erholte sich seit dem 1. September auf einem seiner Refugien in der Schorfheide von der Gallenoperation, der er sich im August hatte unterziehen müssen und die nicht komplikationslos verlaufen war.

Nicht Krenz, sondern Mittag leitete die Sitzung. Krenz war von Honecker schon im August für vier Wochen in den Urlaub entlassen worden. Der Als-ob-Nachfolger hatte dem Generalsekretär angeboten, seinen Urlaub zu verschieben, damit er bei den komplizierten Verhältnissen im Lande und während des Krankenhausaufenthaltes von Honecker zur Verfügung stehe. Honecker hatte abgewinkt. Anspielungen auf den Ernst der Lage hörte er nicht gern, es sei denn, sie kamen von ihm. Niemand sei unabkömmlich, hatte er kühl geantwortet. Krenz möge ruhig Ferien machen. Er teilte ihm mit, daß er Mittag zu seinem Platzhalter bestellt habe.

Krenz war sichtlich niedergeschlagen, als ich ihm vor Urlaubsantritt gute Erholung wünschte. Daß Honecker seine Vertretung in dieser Situation so geregelt hatte, war ein Mißtrauensvotum gegen Krenz. Die Urlaubsvertretung für Honecker war verglichen damit eine Formalie. Gewöhnlich blieb Honecker im Lande, und täglich erhielt Krenz von ihm Direktiven. Bei Krankheit und gar einer Operation bestand die Gefahr eines zeitweiligen Totalausfalls des Chefs. Da war für Honecker die Macht besser bei Mittag aufgehoben. In diesen schwierigen Zeitläuften schien ihm der harte und trickreiche Mittag der Geeignetere, verglichen mit dem eifrigen, aber skrupulösen Krenz.

Als Honecker im Politbüro seine Personalentscheidung mitteilte, schluckten wir sie wortlos. Es war eine makabre Konstellation: Der fast 77jährige, vor dem Operationstisch stehend, berief den schwer zuckerkranken, beidseitig Unterschenkel-Amputierten zu seinem Amtsverweser.

Mittag machte sich anscheinend ernsthaft Hoffnungen, ungeachtet seiner Krankheit, anstelle von Krenz in der politischen Erbfolge den Platz Nr. 1 einzunehmen. Während er zuvor über Monate Schongang eingelegt hatte, am frühen Nachmittag seine Zelte im ZK abzubrechen pflegte, war er jetzt von morgens bis abends an seinem Platz. Die Politbürositzungen leitete er mit prinzipiellen Bemerkungen zur Lage ein. Ich bemerkte an ihm häufiger eine Gewohnheit, die mir früher nur gelegentlich aufgefallen war: Er schob zur Bekräftigung von Äußerungen, die ihm wichtig waren, ruckartig das Kinn vor und warf den Kopf zurück – eine seltsame Imponiergebärde.

Allein Mittag hatte zu dem kranken Honecker Zugang, selbst unmittelbar nach der Operation. Er hielt Kontakt zu ihm auf der Intensivstation. Das Politbüro fütterte er mir kargen, eher nichtssagenden optimistischen Sätzen über den Operationsverlauf und die Genesung seines Meisters. Wir wunderten uns, daß alles Wochen dauerte, und fragten uns, ob an den von westlichen Zeitungen verbreiteten Gerüchten über den gesundheitlichen Verfall Honeckers nicht doch etwas dran sei.

Erst viel später erfuhr ich über andere Kanäle, daß schon vor dem chirurgischen Eingriff eine Komplikation eingetreten war. Ein plötzlicher Abfall der Pulsfrequenz machte es notwendig, dem Patienten einen Herzschrittmacher einzusetzen. Der Gallenstein war nicht der einzige krankhafte Befund, auf den die Ärzte stießen. Honeckers Dickdarm war entzündet; es bestand die Gefahr einer Perforation. An einer Niere wurde eine Zyste festgestellt, die abgesaugt werden mußte. Mittag schwieg sich darüber aus. Das läßt nur den Schluß zu, daß er sich mit diesem «Herrschaftswissen» Chancen, zumindest einen Zeitvorteil ausrechnete, falls es mit Honecker zum Schlimmsten kommen und der Platz ganz oben vakant werden sollte.

Die erwähnte Politbürositzung begann wie üblich. Mittag holte einleitend zu den gewohnten politischen Kernsprüchen aus. Dann erwähnte er, daß mit neuen Unannehmlichkeiten aus Budapest zu rechnen sei. In Ungarn befänden sich circa 120000 DDR-Bürger, zumeist Urlauber. Da liege ein großer Unsicherheitsfaktor. In den Flüchtlingslagern ließen die Ungarn die Westdeutschen schalten und walten. Ein Reisestopp nach Ungarn würde gegenwärtig keine Entlastung bringen. Er könne im Gegenteil nur die Stimmung verschlechtern. Torschlußpanik würde sich verbreiten und noch mehr Leute den Menschenhändlern in die Arme treiben. Mielke verwies nach einem Wortschwall über die Tücke des Gegners darauf, daß man zunächst die Bearbeitung von Anträgen auf Reisen nach Ungarn verzögern werde. Sindermann salbaderte über den imperialistischen Generalangriff auf die DDR, den einzig noch unerschütterlichen Hort im sozialistischen Lager. Die Ungarn hätten sich ihren Verrat ja auch gut honorieren lassen – mit der Anleihe aus Bonn.

Einige von uns, so glaubte ich an den Gesichtern zu sehen, machte das Gerede nervös. Mich brachte das farbenblinde Gefasel, die unbarmherzige Selbstgerechtigkeit, die daraus sprach, allmählich in Wallung. Krolikowski, ZK-Sekretär für Landwirtschaft, früher viele Jahre Erster Stellvertreter von Ministerpräsident Stoph, kam mir mit einem Einwurf zuvor und gab mir ein

Stichwort. Verblüffenderweise warf er die Frage auf, ob es nicht, verteufelt noch mal, an der Zeit sei, daß sich das Politbüro mit einer Erklärung an das Volk wende.

Er hatte recht. Aber da ich Krolikowski kannte und wußte, daß von ihm kein neuer Gedanke zu erwarten war, daß ihm nur vorschweben konnte, die eben vernommenen versteinerten Sprüche in «ND»-Papier zu wickeln, reagierte ich ungehalten. Eine Erklärung sei gut und schön, rief ich ihm zu. Aber das sei doch nur Papier. Es könne sogar ein gefährliches Papier werden, wenn wir nur wiederholen, was niemand mehr hören will. «Rück doch mal heraus mit dem, was du sagen willst in der Erklärung, Werner!»

Krolikowski, der sich ungerecht angegriffen fühlte, warf erregt dazwischen, er verbitte sich den Ton. Sindermann ließ gleichfalls eine rügende Bemerkung über meine Anmaßung ab. Aber ich war nicht mehr zu bremsen. Ich fuhr fort, daß ich eine Erklärung befürworte, wenn darin den Bürgern eine andere Reisepraxis angeboten würde. Allerdings müßten wir dann auch erwägen, welche finanziellen Prioritäten wir setzen wollten, damit die Leute über ein vertretbares Minimum an Devisen verfügen könnten.

In einer Erklärung dürften wir aber auch nicht länger ignorieren, was die Arbeiter in den Betrieben aufbringe, die schleppenden Zulieferungen, die fortwährenden Änderungen des Planes. Wir könnten Fehlentwicklungen nicht länger einzelnen Kombinatsdirektoren oder Ministern in die Schuhe schieben, uns auf deren Inkompetenz oder Faulheit herausreden. Wir müßten endlich über größere Kompetenzen der Betriebe sprechen. Es gehe nicht an, daß unablässig Weltspitze gefordert werde, aber ein Betrieb für die Durchsetzung einer Erfindung zig Instanzen durchlaufen müsse, um eine Genehmigung zu erhalten, sein Produktionsprogramm zu verändern. Da könne er sich doch nur hoffnungslos vom Weltmarkt verabschieden.

Wir müßten auch ein Wort über die Versorgung verlieren. Wir sollten nicht glauben, daß es uns die Leute abnähmen, wenn die

Verantwortung für die Mängel auf diesem Felde auf die Räte der Kreise abgeschoben werde. Schließlich müßten mehr nüchterne und ehrliche Töne in unseren Zeitungen und im Fernsehen angeschlagen werden. Was man dort lese und höre, komme einem ja wie Berichte aus einem anderen Land vor.

Ich entschuldigte mich für meine ruppige Tonlage. Ohne Verständigung über solche Inhalte jedoch könnten wir eine Erklärung vergessen, setzte ich hinzu. Ich schwieg und kam mir vor wie ein Fallschirmspringer, der nicht genau wußte, wo er gelandet war. Erstaunlicherweise ging die Diskussion weiter. Es sprach der Karl-Marx-Städter Lorenz und vertrat aus seiner Sicht und Erfahrung einen ähnlichen Standpunkt. Auch Walde aus Cottbus und Böhme aus Halle nahmen in diesem Sinne das Wort. Hager belegte, ohne sich auf mich zu berufen, anhand von ihm bekannten Stimmungen aus dem Kulturmilieu die Notwendigkeit, mehr Offenheit an den Tag zu legen.

Dann geschah das, was ich einen Fall von deutscher Misere im Politbüro nenne. Hager meldete sich erneut zu Wort und forderte den Abbruch der Debatte. Sie habe einen so grundsätzlichen Charakter angenommen, daß sie nicht ohne den Generalsekretär geführt werden könne. Und wir, die wir uns Luft gemacht hatten, fügten uns ohne Widerrede.

Ohne Zweifel haben wir damals eine Chance vertan. Wir hätten darauf bestehen müssen, die Diskussion weiterzuführen. Vielleicht wäre es uns gelungen, Honecker und Mittag zu isolieren und vier Wochen früher einen personellen Wechsel durchzusetzen. Allerdings bleibt es zweifelhaft, ob wir durch den Zeitgewinn unsere konzeptionellen Schwächen hätten ausgleichen können. – So versank die Führung des Landes nach einer kurzen, öffentlich unbemerkten Aufwallung weiter in Sprachlosigkeit.

5

Am Montag der letzten Septemberwoche nahm Honecker seine Arbeit wieder auf. Statt zehn Tage, wie er selbstsicher vor der Operation verkündet hatte, waren sechs Wochen vergangen, bis er wieder einigermaßen auf den Beinen war. Mit einem forschen «Nun, Genossen, da sind wir wieder» betrat er am folgenden Tag den Sitzungssaal des Politbüros.

Weder der Tonfall noch die sonnengebräunte Haut konnten übersehen machen, daß sich Honecker verändert hatte. Das Gesicht war greisenhaft hager geworden. Der Blick war trübe. Er sprach leise und verschluckte mehr Silben als üblich. Über den Inhalt der Aussprache, die wir ohne ihn gewagt hatten, verlor er kein Wort. Er kündigte nur an, daß die Grundsatzdebatte nach dem 40. Jahrestag stattfinden würde. In der verbleibenden kurzen Zeit gelte es, die Kraft für den erfolgreichen Verlauf des DDR-Jubiläums einzusetzen. Am Schluß der Sitzung wirkte er ermüdet.

In den vergangenen vierzehn Tagen war ich zu der Auffassung gelangt, daß die notwendige Veränderung in der Politik nur möglich sei, wenn Honecker und Mittag, diese ungleichen Dioskuren, entmachtet würden, und zwar ohne die geringsten Konzessionen und Halbheiten. Es war schon nicht mehr realistisch anzunehmen, daß wir uns mit dem gegenwärtigen Generalsekretär bis zum Parteitag im Mai 1990 durchschleppen, geschweige denn dort seine Wiederwahl riskieren könnten. Es gab nur einen Weg, um das zu verhindern. Die Kräftelage im Politbüro mußte so beeinflußt werden, daß eine Mehrheit für die Absetzung zustande käme. Ich gestehe, daß mich diese Gedanken anfänglich belasteten wie eine unsaubere, treulose Anwandlung, deren man sich zu genieren hätte.

Ich sah keinen anderen als Krenz, auf den sich eine Mehrheit als Nachfolger Honeckers vereinigen ließe. Nicht, daß ich ihn als einen Ausbund an politischer Begabung bewerten konnte. Dazu kannten wir allesamt einander zuwenig. Wir spielten im Grunde jeder nur eine Rolle in der Honecker-Inszenierung namens Politbüro. Aber er war relativ jung und schien geübt in Partei- und Staatsangelegenheiten. Vor allem traute ich ihm ein paar Perestroika-Eigenschaften zu: Offenheit, Achtung vor einer anderen Meinung, Wille zur Veränderung. Ich hoffte, daß er über politische Wachstumshormone verfügt.

Obwohl Krenz, Modrow und Schabowski von den Westmedien etwa in der gleichen Preisklasse gehandelt wurden, mußte man mit den Füßen auf dem Boden bleiben. Weder Modrow, der nicht PB-Mitglied war, noch ich hätten in diesem Politbüro die Chance einer realen Anwartschaft gehabt. Nach meinem Auftritt in der «Septembersitzung» war ich für eine Reihe der Älteren noch weniger annehmbar geworden. Modrow, der natürlich keinen Aufstand in der Provinz riskierte, konnte und mußte abwarten, bis jemand im Politbüro die Kastanien aus dem Feuer holte. Erst auf der nächsten Ebene, bei den Entscheidungen im Zentralkomitee, würden seine Aussichten wieder steigen. Ich wußte nicht, ob Krenz von den Streitkräften und Mielkes Sicherheitsbereich akzeptiert wurde. Er mußte aber über Kontakte und Einwirkungsmöglichkeiten verfügen. Inzwischen hatten sich dort einige ehemalige FDJ-Funktionäre placiert.

Über die Spekulationen der Westmedien, wer Honecker beerben könnte, wurde im Politbüro nie ein Wort verloren. Das war ein absolutes Tabuthema. Honecker reagierte auf entsprechende Veröffentlichungen mit keiner Andeutung. Darüber zu reden wäre frivol gewesen. Hin und wieder erlaubte ich mir einen Jux mit Krenz. Wenn man mich in einer Zeitung auf- und ihn abwertete, rief ich ihn an und versicherte ihm mit gespielter Unterwürfigkeit, daß nichts mir ferner liege, als ihm den Posten des Generalsekretärs streitig zu machen. «Ich möchte mich nur deiner Gunst empfehlen, falls du einen vertrauenswürdigen Gärtner mit Sprachkenntnissen brauchst.»

Zeitweilig hat er in mir vielleicht einen Rivalen vermutet. Erst nachdem ich ihn bei einer offiziellen Veranstaltung, das geschah auch im September, verstohlen, aber eindringlich aufforderte, sich von Mittag nicht in die zweite Reihe der Protokollformation abdrängen zu lassen, schien er in mir den Bundesgenossen zu sehen. Der Eindruck mußte sich verstärken, als ihn seine Freunde Lorenz und Herger über die Diskussion im Politbüro informierten. Nicht nur die besorgniserregende Lage im Land mag Krenz angespornt haben zu handeln. Daß Honecker Mittag ihm vorgezogen hatte, war ein derber Anstoß, die Machtchance nicht zu verpassen.

In den wenigen Tagen zwischen seiner Rückkehr aus dem verordneten Urlaub und der lange entschiedenen Reise nach Peking, zum 40. Jahrestag der Proklamation Volkschinas, war kaum Zeit und Gelegenheit, uns tiefer unserer Gemeinsamkeit zu versichern. Krenz vertraute mir nun als einem Nichtkonkurrenten. Die oberflächliche gegenseitige Sympathieerkundung reichte nur, um uns als Perestroika-Freunde zu erkennen. Es war zu wenig für ein Programm mit deutlichen Kontrapunkten zur bisherigen Linie der SED.

Krenz ließ durchblicken, daß seine Leute, die ehemaligen FDJ-Spitzenfunktionäre Herger, Rettner, König, die inzwischen wichtige politische Ämter bekleideten, an Papieren arbeiteten. Verborgen blieb bei diesen Umständen, daß Krenz dazu neigte, den Bruch mit Honecker nicht so harsch zu vollziehen, während ich seine Absetzung aus allen Funktionen als conditio sine qua non für unser Unternehmen betrachtete.

In seinem Buch «Wenn Mauern fallen» (1990) bekennt Krenz: «Mein entscheidender Fehler war, daß ich zu lange geglaubt hatte, die Kursänderung in der Politik gemeinsam mit Erich Honecker vornehmen zu können.» Selbst als der Arm schon erhoben war, der Honecker vom Sockel stürzen sollte, gab es noch ein Stocken. Auch in der kurzen Zeit der Wende, die wir zu verantworten hatten, sollte uns dieses Harmoniebedürfnis zu schaffen machen, besonders als es notwendig wurde, in der Führungsmannschaft entschieden weiter personell zu verändern.

6

Inzwischen waren den Szenen aus Budapest und an der ungarischen Grenze neue bestürzende Bilder aus Prag gefolgt. Menschen, die sich mit Koffern und Rucksäcken über den schmiedeeisernen Zaun der BRD-Botschaft schwangen. Kinder im Regen, in der Septemberkühle, die in Zelten hausen mußten. Ich sah das in der zornigen Gewißheit, daß wir dem bald ein Ende setzen würden: Die Menschen sollten sich nicht mehr weigern müssen, ihr Land Heimat zu nennen. Alle Versuche, die DDR-Bürger in Prag zur Rückkehr zu bewegen, schlugen fehl. Nur ein kleiner Teil ließ sich mit der Zusage umstimmen, in Kürze mit offizieller Genehmigung aus der DDR ausreisen zu können.

Damit das DDR-Jubiläum nicht durch den Makel von Prag verdunkelt werde, entschloß sich Honecker zu einem tollkühnen Dreh. Am letzten Freitag im September telefonierte er mit seinem Kollegen in der Prager Burg, Milos Jakes. Er dankte den tschechoslowakischen Genossen für ihre solidarische Haltung mit der DDR. Vor allem aber wollte er verhindern, daß die Prager vom Budapester Beispiel verdorben werden könnten und die Botschaftsbesetzer auf eigene Faust in die Bundesrepublik entließen. Während des Telefonats gab Jakes zu verstehen, daß die eigenen Dissidenten durch die Vorgänge um die BRD-Botschaft Oberwasser bekämen.

Honecker hatte eine Lösung anzubieten. Er schlug vor, mittels einiger DDR-Züge die Flüchtlinge in einer Nacht-und-Nebel-Aktion über das Territorium der DDR in die BRD zu verfrachten. Jakes fand, es sei die beste Lösung, wenn die DDR das Problem, das beide Seiten belaste, selbst aus der Welt schaffe.

Am Abend des 29. September war die Linden-Oper Ort eines Freundschaftsmeetings zwischen Repräsentanten der DDR und der VR China. Botschafter Dake und Hermann Axen hielten die Festreden. Honecker und das Politbüro waren anwesend, um dem Bruderland zu seinem Jubiläum Referenz zu erweisen. Zum Schluß der Veranstaltung wurde uns zugeflüstert, daß wir uns noch einmal im Apollo-Saal, eine Art Foyer, einzufinden hätten. Dort war ein langer Tisch für uns hergerichtet. Während wir Platz nahmen, fing Honecker an, über sein Ferngespräch mit Jakes zu reden. «Ich habe die Entscheidung treffen müssen», sagte er. «Ihr sollt aber über die Sache schnell Bescheid wissen. Es bleibt uns nichts anderes übrig, wenn wir es bis zum 7. vom Tisch haben wollen.»

Die als Husarenstück gedachte Entleerung der Prager Botschaft der Bundesrepublik erwies sich als ein Rohrkrepierer. Die ausgefeilte Logistik des Unternehmens konnte nicht verhindern, daß es tagelang zum Ereignis auf westlichen Bildschirmen wurde. Genscher ließ sich von den DDR-Refugiers auf dem Botschaftsbalkon als Erlöser feiern. Es war ein Kinderglaube anzunehmen, daß Bonn Zurückhaltung üben würde. Am Abend vernahm ich in der Tagesschau, daß sich die Kunde von der Exodusroute durch die DDR wie ein Lauffeuer verbreitet hatte. Während eines technischen Halts bei Dresden sprangen weitere junge Leute auf den Zug.

Wie eine Röhre in einem kommunizierenden System hatte sich derweil die Botschaft in Prag erneut mit DDR-Bürgern aufgefüllt. Honecker entschloß sich deshalb, die weitere Räumung der Botschaft mit dem Schließen der Grenze zur ČSSR zu kombinieren. Im Bezirk Dresden heizte sich die Stimmung gefährlich auf. In der Nacht zum 5. Oktober, als der größte Schub mit etwa 10000 Menschen den Dresdener Raum passierte, geriet der dortige Parteichef Modrow in eine prekäre Lage. Es kam zu tumultartigen Szenen zwischen Polizei und Demonstranten, die er nur mit Mühe eindämmen lassen konnte.

Alles das hatte Honecker bei seiner Entscheidung nicht bedacht. Es focht ihn nicht an. Er machte das Maß voll. Vom «ND»-Chefredakteur ließ er sich einen bestellten ADN-Kommentar im Manuskript vorlegen und las ihn wie gewohnt aufmerksam durch. Nach dem Satz «Sie alle haben durch ihr Verhalten die moralischen Werte mit Füßen getreten und sich selbst aus unserer Gesellschaft ausgegrenzt» hielt er einen Augenblick inne.

Dann fügte er eigenhändig die folgenden Worte ein: «Man sollte ihnen deshalb keine Träne nachweinen.» Der Kommentar löste nicht nur bei vielen Angehörigen der Flüchtlinge Empörung aus. Realitätsferne und Zynismus, die daraus sprachen, machte den Parteisekretären in den Betrieben und vielen SED-Mitgliedern in ihrer Arbeits- und Lebenssphäre schwer zu schaffen.

In der Bezirksleitung erreichten uns Anrufe, in denen sich Wut und Verzweiflung mischten. «Ist denn die Führung von allen guten Geistern verlassen? – So machen wir die Partei kaputt. – Da können wir ja gleich beim Neuen Forum mitmachen.» Mitglieder des Sekretariats der BL gaben bei Betriebsbesuchen den erregten Parteimitgliedern zu verstehen, daß der ADN-Kommentar eine Entgleisung und nicht unsere Linie sei. Die Ausgereisten sollten nicht verunglimpft und das Problem nicht verkleinert werden. Es waren Beschwichtigungen. Aber mehr zu sagen waren wir damals noch nicht imstande.

7

Während das Jubiläumskarussell zu rotieren begann, sich die offiziellen Veranstaltungen häuften, tönten auf Demonstrationen und bei anderen Aktionen nicht nur in Dresden oder Leipzig, sondern schon in einer Reihe von Städten der DDR wie eine alarmierende Begleitmusik lauter und trotziger die Rufe nach mehr Demokratie, nach neuem Denken, nach freiem gesellschaftlichem Dialog über die Zukunft des Landes.

Krenz war kurze Zeit vor dem Jahrestag aus Peking wieder in Berlin eingetroffen. Er äußerte sich besorgt über die politische Zuspitzung, die durch Honeckers Ausreise-Tourismus mitbewirkt war. Er wie ich hatten vor dem Jubiläum eine Fülle offizieller Termine wahrzunehmen. Die Zeit für Gespräche blieb knapp. Wir verkannten eben unsere Spielräume. Außerdem waren wir uns darin einig, die Feierlichkeiten durchzustehen. Bei den kurzen Begegnungen, die möglich waren, merkte ich, daß Krenz nun fest entschlossen war, den Griff zur Macht zu wagen. Es war auch höchste Zeit, wenn er nicht von Mittag aus dem Rennen geworfen werden wollte.

Mit richtigen Vorsätzen war er aus Peking zurückgekommen. «Was immer auch auf dem Tien-an-men geschehen ist, nirgendwo dürfen wir mit militärischer Gewalt gegen Demonstranten vorgehen. Das wäre für uns das politische und moralische Ende.» Er ließ hier die Position erkennen, die er später als sein Credo und als verbindliche Richtlinie für die militärischen und Polizeikräfte verkündete: Politische Konflikte dürften nur mit politischen Mitteln bewältigt werden.

Wir stimmten überein, daß die am 7. Oktober wieder auf dem Alex zu erwartende Demo zur Anprangerung der gefälschten Wahlergebnisse vom 7. Mai nicht mit Gewalt verhindert werden dürfe. Die Bezirksleitung sollte allein mit Agitatoren auf dem Platz vertreten sein. Ich hatte davon Wind bekommen, daß Honecker und Mielke die militärischen Absicherungen der Feierlichkeiten in Berlin miteinander abgesprochen hatten. Krenz bat ich deshalb, seinen Einfluß geltend zu machen, daß keine «Dummheiten» passierten.

Als ich von Mitarbeitern hörte, daß Kameras der Fernsehgesellschaften der BRD sich auf dem Alex postieren wollten, ließ ich darüber Stillschweigen bewahren. Falls der Agitationsbereich des ZK davon Kenntnis erhielte, würde sicher ein Filmverbot verhängt werden. Ich setzte darauf, daß westliche Fernsehkameras Gewaltversessene auf unserer Seite zügeln könnten. Die Kameraleute auf keinen Fall behindern, war meine Devise. So hatte sich das Blatt seit dem Januar 1988 gewendet. Damals hatten Berliner SED-Mitglieder noch die Arbeit von Kameraleuten der ARD und des ZDF gestört, die das staatliche Vorgehen gegen dissidente Demonstranten filmen wollten.

Der andere Vorsatz von Krenz zielte auf die Politbürositzung vom 10. Oktober, für die Honecker die Generaldebatte anberaumt hatte. Krenz wollte dafür als Diskussionsgrundlage den

Entwurf einer Erklärung vorlegen, die wir bis jetzt der Bevölkerung noch immer schuldeten. Sein Vertrauter Herger hatte Grundzüge eines solchen Dokuments konzipiert. Auf dem Rückflug von Peking nach Berlin hatte Krenz daran gearbeitet. Ich sollte das Papier, das eine Schlüsselrolle bei den weiteren Entwicklungen im Politbüro spielte, erst am Vormittag des 8. Oktober zu Gesicht bekommen.

8

Gorbatschow landete am Vormittag des 6. Oktober mit einer Sondermaschine auf dem Flughafen Schönefeld. Erich und Margot Honecker empfingen ihn und seine Frau Raissa. Das Protokoll vermerkte die übliche herzliche Atmosphäre bei der Begrüßung. Die Folie des Zeremoniells konnte nicht völlig die innere Spannung zwischen Gastgeber und Gast verdecken.

Zu groß und zu widersprüchlich waren die Erwartungen, die Honecker in den Besuch setzte. Er hatte die Absegnung seiner dogmatischen Linie durch den ungeliebten Neuerer im Kreml nötiger denn je. Gorbatschow wiederum wollte sich der Stabilität und Leistungsfähigkeit der DDR, aber gewiß auch der Aussicht auf Verjüngung und Wandel in der Führung der SED versichern. Von Polen und Ungarn war ja nicht mehr viel zu erwarten. War Synchronisation mit dem starrsinnigen dogmatischen Zwischenrufer aus Berlin noch möglich? Wo waren die neuen Kräfte? Würde seine Anwesenheit nicht sogar die rückwärtsgewandten Elemente legitimieren?

Der Nachmittag mit der offiziellen Festveranstaltung, auf der Honecker und Gorbatschow sprachen, brachte keine Sensationen. Honeckers Rede war von peinlicher Glätte, leeres Hochglanzpapier. Probleme sichtete er nicht. In einer unangebrachten Anwandlung von Loyalität, vielleicht auch im Vorgefühl der Peinlichkeit, die seine Rede für uns alle bedeuten würde, hatte ich Honecker noch am Mittwoch aufgesucht und ihm einige bescheidene Vorschläge zu seinem Referat gemacht. Ich riet ihm, auf die Stimmungen in der Bevölkerung zu reagieren und darüber Sorge zu bekunden, aber auch die Bereitschaft anzudeuten, durch einen breiteren Dialog – das zielte auf eine gewisse Einbeziehung der neuen politischen Kräfte – den Rahmen für Gemeinsamkeiten weiter zu spannen.

Er sah mich prüfend an. Unvermittelt fragte er: «Wie ist die Meinung zu dem ADN-Kommentar im ‹ND›?» Nicht wissend, daß der schlimmste Satz darin von ihm stammte, erwiderte ich, daß viele Genossen dadurch verärgert seien und meinten, er erschwere ihre Arbeit. Er schaute auf seinen Redeentwurf und schloß mit der Floskel: «Ich werde sehen, was sich noch machen läßt.»

Die Wirkung meiner Demarche war gleich Null. Im Präsidium der Festveranstaltung sitzend, registrierte ich zwei Formulierungen in der fast dreißig Schreibmaschinenseiten langen Rede, aus denen für Auguren zu schließen war, daß in der DDR nicht alles glatt lief. Sie machen aber auch deutlich, wie sich bei Honecker die krisenhafte Sachlage zwanghaft zu hohler «positiver» Phraseologie verdünnte. Die erste: «Unsere Probleme allerdings lösen wir selbst mit unseren sozialistischen Mitteln.» Die zweite: «In den kommenden Wochen und Monaten werden herangereifte Fragen der Entwicklung unserer sozialistischen DDR weiter erörtert werden, zu denen der Parteitag die erforderlichen Entscheidungen treffen wird.»

Gorbatschows Rede war staatsmännisch moderat. Er vermied alles, was nach Aufrechnung von Unterschieden in der Politik der SED und der KPdSU aussehen konnte. Immerhin unterließ er es nicht, festzustellen: «Demokratisierung, Offenheit, sozialistischer Rechtsstaat, freie Entwicklung aller Völker und ihre gleichberechtigte Mitbestimmung in den Angelegenheiten, die das ganze Land betreffen, würdige Lebensbedingungen für die gesamte Bevölkerung, garantierte Rechte für jeden, umfassende Möglichkeiten für das Schöpfertum eines jeden Menschen – das erstreben wir, und von diesen Zielen lassen wir uns leiten. Unsere Partei und unser Volk sind entschlossen, die Reformen, die die sowjetische Gesellschaft radikal erneuern sollen, erfolgreich zum Abschluß zu bringen.»

Der auffallend laue Beifall für die Festrede des Staatsratsvorsitzenden und die Gorbi-Ovationen am Abend, während des Fackelzuges Unter den Linden, zeigten an, daß Honecker auch ein Heimspiel nicht mehr gewinnen konnte.

9

Der Sonnabend begann mit der Militärparade auf der Karl-Marx-Allee. Anschließend fuhren die Politbüromitglieder zum Schloß Niederschönhausen. Im selben Saal, wo wir drei Jahre zuvor mit dem Generalsekretär der KPdSU zusammengesessen hatten, warteten wir nun mit gemischten Gefühlen auf ein neues Treffen mit ihm. Gorbatschow und Honecker führten zu der Zeit ein Vier-Augen-Gespräch. So meinten wir.

Plötzlich fragte jemand: «Wo ist denn der Günter Mittag?» In der Tat, Mittag war nicht da. Unsere Blicke wanderten zu Stoph. Der machte ein saures Gesicht. Uns war klar: irgendwo im Hause fand ein Sechs-Augen-Gespräch statt. Wenn überhaupt, hätte der Ministerpräsident dabeisein müssen. Mittag war nur Politbüromitglied und Sekretär wie andere. Was Stoph ärgerte, machte Krenz besorgt. Das war ein weiteres Indiz dafür, daß Honecker mit Mittag besondere Pläne hatte. Als Mittag im Gefolge der Generalsekretäre eine halbe Stunde später zu uns stieß, fanden wir unsere Vermutung bestätigt.

Vier Monate später erfuhr ich von einem sowjetischen Bekannten, einem TASS-Korrespondenten, was sich wirklich vor unserer Begegnung mit Gorbatschow zugetragen hatte. Er erzählte mir, daß er sein Staatsoberhaupt nach Niederschönhausen begleitet hatte. Dort wollte man ihn zunächst nicht einlassen. Den Subalternen, die ihm den Zutritt verweigerten, sagte er, daß Gorbatschow stets auf die Anwesenheit von Berichterstattern Wert lege. So konnte er bleiben. Bei dem Spitzengespräch war er nicht zugegen, sondern hielt sich im Vorraum auf. Er schilderte mir, wie Honecker nach der Unterredung hinter seinem Gast mit angespannter Miene das Zimmer verließ. Mittag sah ihn fragend an, Honecker reagierte darauf nicht.

Überrascht erkundigte ich mich: «Wie soll ich das verstehen? Mittag hatte doch an dem Gespräch teilgenommen.» – «Aber nein», erwiderte mein Bekannter. Mittag habe sich zwar vor dem Gespräch an der Tür des Verhandlungsraumes postiert. Aber weder Gorbatschow noch Honecker hätten Anstalten gemacht, Mittag einzuladen. Sich einfach anzuschließen, konnte er nicht wagen. Aus Honeckers verkrampfter Haltung nach dem Gespräch hatte er schließen können, daß das Tête-à-tête nicht sehr gut verlaufen war. Er begriff wohl damals, daß es nicht mehr lohnte, auf Honecker zu setzen.

Gorbatschow sprach als erster zum Politbüro. Er bezog sich fast ausschließlich auf die Lage in der Sowjetunion. Er machte kein Hehl aus seinen Schwierigkeiten, berichtete von den Erfahrungen der KPdSU bei der Umgestaltung. Auf die verfahrene Situation in der DDR spielte er nicht an. Auch den Satz: «Wer zu spät kommt, den bestraft das Leben», münzte er nicht vordergründig auf uns. Er bot ihn uns als Quintessenz aus der sowjetischen Entwicklung an. Sein Vortrag warb taktvoll darum, Tacheles zu reden.

Dann sprach Honecker. Er beantwortete die ehrliche Selbstdarstellung Gorbatschows mit einer neuerlichen schrecklichschönen Eloge auf die problemgeschüttelte DDR. Kein Wort von Demonstrationen, Ausreisen oder von Disproportionen in der Volkswirtschaft. Mit starrem Blick, eine leichte Röte und die Grimasse eines Lächelns im Gesicht, was wohl Verbindlichkeit vorspiegeln sollte, schwelgte er in DDR-Erfolgen, deren größter für ihn die Aussicht auf einen 4-Megabit-Chip war. Zur gemeinsamen Serienfertigung lud er Gorbatschow großmütig ein.

Als er geendet hatte, blickte Gorbatschow erstaunt auf. Er sah sich um. Wir starrten ihn an. Er lächelte resigniert und ließ einen merkwürdigen kleinen Schnalzlaut hören, was soviel heißen mochte wie: «War das alles?» oder: «Das war wohl nichts.» Die Gäste erhoben sich. Mit der Bemerkung, daß wir uns in Kürze, nämlich beim abendlichen Empfang, wiedersehen würden, verließen sie den Raum. Die Peinlichkeit des Treffens war für mich nur zu ertragen gewesen, weil ich wußte, wozu wir entschlossen waren.

Auf dem Empfang hatte Krenz mit Falin und ich mit Gerassimow, dem Sprecher des Außenministeriums, einige Worte gewechselt. Wir deuteten an, daß die Ausführungen Honeckers unmöglich gewesen seien. Die sowjetischen Genossen sollten jedoch sicher sein, daß sich demnächst etwas ändern würde.

Gorbatschow fuhr vom Empfang direkt zum Flughafen. Mittag und Axen verabschiedeten ihn. Ich bin skeptisch, daß Gorbatschow, wie Krenz in seinen Erinnerungen schreibt, vor dem Abflug gesagt haben soll: «Handelt, handelt!» Es hatte sich ja noch keine für ihn erkennbare Front gegen Honecker im Politbüro aufgebaut. Wenn er Vermutungen hegte, hätten sie sicher nicht Mittag und Axen gegolten.

Das Ganze unterstreicht nur, wie wenig unsere Pläne und unser Tun mit der KPdSU abgestimmt waren. Das war eine Auswirkung der unter Gorbatschow gewonnenen Selbständigkeit und Eigenverantwortung der kommunistischen Parteien. Andererseits hätten frühzeitiger Kontakt zu Moskau und mehr Rückendeckung von dort unser Vorhaben befördern können. Nicht mehr vereinbar waren mit den neuen Bedingungen des internationalen Umgangs jene Praktiken, die vor achtzehn Jahren Ulbrichts Ablösung mit Uhrwerkspräzision hatten abrollen lassen.

Die Entmachtung

I

Der beklemmende Verlauf des Treffens mit Gorbatschow und die Demonstration in Berlin wirkten nach. Unser Unternehmen duldete keinen Aufschub mehr. Dieser Gedanke beherrschte mich seit dem Abend des 7. Oktober. Die Mahndemo auf dem Alexanderplatz, die uns seit dem Mai an jedem 7. eines Monats aufs neue den Wahlbetrug einbleute, war – so glaubte ich noch – ohne Zwischenfälle verlaufen. Zeitweise sollen sich auf dem Alex zwischen 15000 und 20000 Menschen befunden haben. Sie bildeten kleinere und größere Gruppen, in denen debattiert wurde. Hunderte «Agitatoren» der Bezirksleitung der SED diskutierten mit Andersdenkenden. Dies war ein winziger Fortschritt. Die Standpunkte, die dort aufeinanderprallten, waren kontrovers, unüberbrückbar. Aber es wurde niemand verhaftet und auf niemanden eingeschlagen.

Daß dies am Nationalfeiertag der DDR auf dem größten Platz Berlins unter den Augen der internationalen Öffentlichkeit stundenlang abrollen konnte, hatte den aufreizenden Ruch eines Sakrilegs. Vor einem Jahr noch wäre das als eine Szene aus dem Tollhaus betrachtet und entsprechend geahndet worden. Die Funktionäre der Berliner SED, die etwas so Ungeheuerliches geduldet, mehr noch, durch die verfügte Teilnahme von SED-Mitgliedern als Diskutanten indirekt sanktioniert hätten, wären en bloc in die Wüste geschickt worden.

Das Blatt hatte sich gewendet. Nicht, daß die Andersdenkenden als Partner angenommen wurden. Sie blieben Kontrahenten. Doch sie waren stärker, selbstbewußter geworden. Die innere politische Schwäche der Macht hingegen war augenfälliger denn je. Wie wenig die Macht ihr Verhältnis zum politischen Gegner revidiert und wie wenig unser Vorsatz zu Vernunft und Gewaltlosigkeit gefruchtet hatte, sollte sich in den späten Abendstunden an anderer Stelle der Stadt zeigen.

Etwa eine Stunde vor Beginn des Empfangs im Palast der Republik am Marx-Engels-Platz begann sich die Menge auf dem Alex zu zerstreuen. Das Eingreifen der Polizei bestand bis jetzt nur darin, die Demonstranten, die sich in Richtung des Stadtbezirks Prenzlauer Berg zurückzogen, so vom Alex abzudrängen, daß ein Spreearm zwischen ihnen und dem Ort des Empfangs lag. Dagegen war nichts einzuwenden. Wir kannten ja keine Bannmeile. Es mußte sicher sein, daß die ausländischen Gäste, unter ihnen Staatsoberhäupter, von den innenpolitischen Querelen der Republik unbehelligt blieben.

Während Honecker im großen Saal des Palastes der Republik seinen Trinkspruch vor den angereisten Honoratioren und dem einheimischen Establishment ausbrachte, hielt ich mich in einem Seitengang des Gebäudes auf. Unter den Fenstern erstreckte sich das jenseitige Spreeufer. Ich beobachtete, wie auf der rasenbedeckten Uferböschung, augenscheinlich vom Alex kommend, Hunderte Menschen vorbeizogen. Sie gestikulierten und riefen etwas. Durch die Scheiben konnte ich nur die beiden Silben verstehen, die schon am Vorabend beim Fackelzug unter den Linden Honecker in Harnisch gebracht hatten: «Gor-bi, Gor-bi». Ich ging in den Saal, fand Krenz und flüsterte ihm zu, er möge herauskommen. Etwa zehn Minuten lang verfolgten wir gemeinsam das ungewöhnliche Defilee. Dann leerte sich die Uferfläche. Wir waren uns nun sicher, daß alles friedlich verlaufen war. Beruhigt begaben wir uns wieder zu den Gästen.

Wir wußten nicht, daß es wenig später, in Straßen des Stadtbezirks Prenzlauer Berg, zu schlimmen Gewaltausbrüchen kommen sollte. Polizei und Kräfte der Staatssicherheit hatten dort offensichtlich die Demonstranten erwartet, auf sie und unbeteiligte Passanten eingeschlagen. Viele wurden festgenommen und in der Haft, also wehrlos, drangsaliert, psychisch mißhandelt, wie die Staatsanwaltschaft später ermittelte.

Ahnungslos, ja in der falschen Gewißheit, die uns beim Blick durch die Palast-Fenster gekommen war, fuhren wir vom Empfang nach Hause. Bevor wir uns verabschiedeten, fragte mich Krenz, ob ich für Sonntag vormittag eine Einladung für die Normannenstraße (Sitz des Ministeriums für Staatssicherheit) hätte. Ich bejahte und fügte hinzu, ich sei nicht sehr erpicht auf den Frühschoppen bei Mielke. Der Berliner Chef der Staatssicherheit nehme an der Besprechung teil und würde mich schon informieren, falls nötig. Krenz riet mir, zu kommen. Er wolle mir bei dieser Gelegenheit den Entwurf der Erklärung für die Politbürositzung geben.

2

Wir trafen uns gegen 10 Uhr in einem kleinen Konferenzraum des Ministeriums. Krenz, Herger und ich waren die einzigen Zivilisten unter den Epaulettenträgern des MfS, der Armee und des Innenministeriums. An der Tafelwand hing eine Karte Berlins. Mielke führte das große Wort. Er erklärte, daß es dem Zusammenwirken von Sicherheits- und Polizeikräften gelungen sei, den Nationalfeiertag im wesentlichen störungsfrei zu halten. Die wildesten Randalierer habe man dingfest gemacht. Man müsse auch am heutigen Sonntag auf Provokationen gegnerischer Kräfte eingestellt sein. Die entsprechenden Stäbe und Kräfte dürften in ihrer Wachsamkeit nicht nachlassen und sich für mögliche Einsätze bereithalten. Er bitte den Berliner Ersten Sekretär, daß gegebenenfalls wieder Agitatoren zur Verfügung stünden.

Das war der banale Gehalt dieser Beratung, in deren Verlauf ich mich erneut fragte, weshalb man mich oder Krenz hierherbestellt hatte. Es versteht sich, daß Mielke bei dieser Selbstdarstellung als großer Zampano kein Wort darüber verlor, wie, möglicherweise auf seine Veranlassung, Demonstranten mißhandelt worden waren. Er sagte nichts darüber – ein Augenzeuge berichtete es Monate darauf in der Presse –, daß er sich an die Knüppelstätte begeben und die Einsatzkräfte vor Ort zu brutalem Vorgehen angefeuert hatte.

Die Zusammenkunft ist später zu einer «Geheimkonferenz» hochstilisiert worden. Sie war so geheim, wie jedes Palaver von Staatssicherheitsleuten von ihnen selbst mystifiziert wurde. In einer Sendung des ZDF wurde ein Stasi-Mann gezeigt, der inzwischen vermutlich beim BND in Kost und Logis war. Das einzig Authentische an dem als Schattenriß vorgeführten Agenten schien mir sein sächsischer Zungenschlag. Er verkündete, daß auf der Besprechung am 8. Oktober ein generales «Konzept zur Niederschlagung der Opposition» behandelt worden sei. Dagegen spricht schon, daß Honecker ein Projekt dieser Größenordnung nie aus seinem Griff als Vorsitzender des Nationalen Verteidigungsrates gelassen hätte. In Mielke hat er nicht viel mehr als seinen Stasi-Feldwebel gesehen. Gravierender ist, daß zu diesem Zeitpunkt die Lage schon zu verfahren war, als daß sich Honecker und Mielke noch zu einer Strategie hätten aufraffen können. Die Unsicherheit, die in den kommenden Tagen über den Beratungen im Politbüro und im Sekretariat lag und auch aus den taktischen Winkelzügen Honeckers sprach, zeugte mehr von Kopflosigkeit als von einer entschiedenen Marschroute der Gewalt.

Der undefinierte Zustand barg allerdings eigene Gefahren. Er bedeutete keine Sicherheit, daß Honecker nur auf einen friedlichen Verlauf setzen würde. Dem Drang zum Machterhalt wohnten Unwägbarkeiten inne. Niemand konnte sagen, an welchem Punkt der Entwicklung das Verrücktspielen anfängt. Dieser Gefahr wollten Krenz und ich unbedingt zuvorkommen.

Während mir von Mielkes martialisch-abgehacktem Vortragsstil die Ohren brummten, schob mir Krenz unter dem Tisch endlich seine Ausarbeitung zu. Ich überflog die fünf Schreibmaschinenseiten. Gemessen an den Erwartungen der Menschen, war es ein unzulängliches Papier. Der sprachliche Gestus, das Vokabular, auch der Inhalt unterschieden sich auf den ersten Blick nicht von üblichen Parteidekreten. Ich erkannte jedoch sofort die herausfordernde Brisanz, die es zumindest für *einen* Leser haben mußte: für Erich Honecker.

Das galt für zwei Textstellen. Hatte Honecker noch eine Woche zuvor in den erwähnten «ND»-Kommentar die unsägliche «Tränen»-Stelle hineinredigiert, so bot nun die Erklärung eine andere Lesart der Vorgänge. In ihr wurde festgestellt, daß es uns nicht gleichgültig lasse, wenn sich Menschen, die hier arbeiteten und lebten, sich von unserer Republik lossagen. Von Verrat war nicht mehr die Rede. Statt dessen hieß es: «Die Ursachen für diesen Schritt mögen vielfältig sein. Wir müssen und werden sie auch bei uns suchen.»

Während Honecker in seiner Rede am Nationalfeiertag die DDR als ein Land der bewältigten Probleme gezeichnet hatte, wurde in der Erklärung von grundlegenden Fragen in unserer Gesellschaft gesprochen, «die heute und morgen zu lösen sind. Es geht um wirtschaftliche Leistungsfähigkeit und ihren Nutzen für alle, um demokratisches Miteinander und engagierte Mitarbeit, um gute Warenangebote und leistungsgerechte Bezahlung, um lebensverbundene Medien, um Reisemöglichkeiten und gesunde Umwelt.»

Bei unserer ritualisierten Sprache war für jeden Eingeweihten die scheinbar harmlose Aufzählung von Schlagwörtern ein Polit-Stenogramm, das aufhorchen ließ. Ich konnte mir die Reaktion des Generalsekretärs vorstellen. Wie durften wirtschaftliche Leistungsfähigkeit, ihr Nutzen für alle, gute Warenangebote Probleme sein oder öffentlich problemverdächtig gemacht werden? Wer erlaubte sich, die Medienpolitik zur Diskussion zu stellen? Sie war so lebensverbunden, wie er es für zweckmäßig erachtete. Reisemöglichkeiten und Umwelt? – Hier wurden doch den ewigen Meckerern und rauschebärtigen Öko-Spinnern Avancen gemacht! Außerdem im ganzen Entwurf kein Wort über die NATO, den Herd aller Intrigen gegen die DDR.

Es war nicht entfernt eine Deklaration, mit der wir uns entschieden und bewußt an die Seite der Volkserhebung stellten. Aber sie erlegte uns den Zwang zur Auseinandersetzung mit Honecker bis hin zu seiner Ablösung auf. Der Countdown konnte beginnen. Leise sagte ich zu Krenz: «In Ordnung. – Treffen wir uns nachher im ZK?»

In seinem Zimmer auf der Politbüro-Etage gingen wir eine Stunde später den Text durch. Neben anderem äußerte ich die Überlegung: «Sollte man nicht, um dem Material mehr Pep und Stoßrichtung zu geben, etwa folgendes schreiben: Uns bedrückt jede Träne von Eltern, die um einen Sohn, eine Tochter oder um Anverwandte und Freunde geweint wird, weil sie jetzt unser Land verlassen haben.» Krenz war nicht dafür. Wir müßten ja die anderen Mitglieder des PB hinter uns bekommen. Da würden Honecker und andere nicht mehr mitspielen. Die Desavouierung sei dann zu offensichtlich. Gegen uns könnte sich eine Mehrheit aufbauen. Ich gab mich damit zufrieden. Krenz hat dann eine ähnliche Formulierung in seine Rede auf der 9. ZK-Tagung aufgenommen, die Honeckers Absetzung besiegelte. Aber da war sie schon preiswert zu haben.

Krenz ließ den endgültigen Entwurf am Sonntagnachmittag Honecker in Wandlitz zustellen. Der Generalsekretär hatte das alleinige Recht, Vorlagen für die Beratung im Politbüro freizugeben. Gegen 15 Uhr kam Krenz in mein Büro in der Bezirksleitung. Er war blaß. Seine Illusionen hatte er noch nicht aufgegeben. Er wollte nicht glauben, schreibt er in seinen Erinnerungen, daß «Honecker keine Bereitschaft zeigt, die Sprachlosigkeit der Parteiführung zu beenden».

«Erich hat schon zurückgerufen», sagte Krenz. – «Ja, und?» fragte ich. – «Er ist ziemlich sauer. Er will die Vorlage nicht ins Politbüro geben. Er ist damit nicht einverstanden.» – «Damit haben wir ja gerechnet. Und weiter?» – «Ich habe ihn beschworen, daß die Erklärung überfällig ist. Wir müssen etwas sagen.

Ich solle mir das reiflich überlegen, hat er drohend erwidert. Er wolle morgen noch einmal mit mir darüber reden.»

Ich drückte ihm die Hand. «Egon, das war couragiert. Du hast dich nicht unter den Daumen nehmen lassen. Der Schuß ist aus dem Lauf. Es gibt kein Zurück mehr.» Nun komme alles darauf an, die Erklärung im Politbüro durchzubringen. Dazu müßten wir uns vorher einzelner Mitglieder versichern. Erstmals sprachen wir über mögliche Sympathisanten. Mit allen sofort zu reden lohnte nicht. Es war auch gefährlich. Wir mußten unter ihnen einige vermuten, die Honecker von unseren Einreden informieren würden. Es würde schon reichen, wenn sechs bis acht mit uns zögen. Krenz sagte, daß Lorenz in alle seine Schritte eingeweiht und als unser dritter Mann zu betrachten sei. Ich übernahm es, Jarowinsky, Tisch und Böhme (Halle) auf unser Vorhaben einzustimmen.

Wir rechneten auch mit der Unterstützung Alfred Neumanns. Seit langem hatte er zu erkennen gegeben, daß er Mittags Wirtschaftswunder nicht ernster nahm als das Zauberkunststück mit der schwebenden Jungfrau, nur daß es ihn weniger erheiterte. Der Groll des langen Ali – er hatte die Höhe von zwei Axen – bezog Honecker mit ein, weil er Mittags Protektor war. Möglicherweise wirkte nach, daß er und Honecker zu Zeiten Ulbrichts vorübergehend um den zweiten Platz in der Partei rivalisiert hatten. Schürer betrachteten wir gleichfalls als sicheren Posten in unserer Rechnung.

Krenz meinte, Hager, Stoph, Mielke und Krolikowski in unserem Sinne beeinflussen zu können, ohne in jedem Falle schon durchblicken zu lassen, daß der Stoß letztlich auf die Entmachtung Honeckers zielte. Mit einer so beschaffenen Diskussionsriege müßten wir uns der Mehrheit versichern können. Ich begann, eine Liste der Politbüromitglieder aufzustellen mit den Rubriken plus = gewinnbar, plus/minus = schwankend und minus = Gegner oder schwer kalkulierbar.

Im Laufe des späten Nachmittags und am Abend des 8. Oktober bekam ich erstmals einen Begriff vom Ausmaß der Verhaftungen in Berlin. Die Frau eines oppositionell gesinnten Pankower Künstlers rief in der Bezirksleitung an und erbat Unterstützung, um ihren Mann, den sie unter den Festgenommenen wähnte, freizubekommen. Offensichtlich setzte sie darauf, daß Schabowski helfen würde. Ich forderte den Abteilungsleiter Sicherheit auf, den Bürger ausfindig zu machen. Er stieß bei seinen Nachforschungen darauf, daß eine Reihe der Verhafteten in Behelfsgefängnissen steckten. Augenscheinlich waren es so viele, daß die einschlägigen Verwahranstalten nicht ausreichten. Erst im Laufe des folgenden Tages wurde der Mann gefunden und auf freien Fuß gesetzt.

Bei den mehrmaligen Rückfragen ließ ich dem Leiter der Berliner Staatssicherheit meine Forderung übermitteln, alle Inhaftierten unverzüglich freizulassen. Die Lage auf dem Alex habe keine Veranlassung zu solchem Vorgehen geboten. Mir wurde zugesichert, daß alle spätestens in den nächsten Tagen entlassen würden. Einerseits verstärkten diese Vorgänge in mir das Gefühl, wie dringlich die von uns angebahnten Entscheidungen waren. Zum anderen verkannten wir, wie sich die Lage im Lande bereits verschärft hatte. Es brauchte mehr als nur personelle Veränderungen in der Spitze, um den Erwartungen der Menschen Genüge zu tun.

Am folgenden Tag, Montag, dem 9. Oktober, sah sich Krenz mit der Bewegung in der «Außenwelt» konfrontiert. Sekretäre der Leipziger Bezirksleitung der SED hatten ihm telefonisch übermittelt, daß sie zu der Montagsdemonstration in der Messe-Metropole einen Appell zur Gewaltlosigkeit unterzeichnet hatten. Sie baten Krenz um Unterstützung, weil die Atmosphäre in Leipzig konfliktgeladen sei. Er solle darauf hinwirken, daß von den «bewaffneten Organen» der Appell respektiert werde. Krenz, der unter dem Druck des bevorstehenden Gesprächs mit Honecker stand, hatte mir davon bei einem Anruf erzählt. Er wollte mit Mielke, Keßler und Innenminister Dickel Absprachen im Sinne der Leipziger Genossen treffen.

Honecker ließ den widerspenstigen Junior am Montag zunächst garkochen. Er holte Krenz erst gegen Mittag zu sich. Bei dem Gespräch schlug er einen beschwörenden Tonfall an. Erstaunlich war, daß er auf Einzelheiten der Erklärung, die seinen Widerspruch hervorriefen, nicht sonderlich einging. Vorwurfsvoll redete er auf Krenz ein, daß er sich an eine ähnliche Situation in der Partei nicht erinnern könne, nie habe er sich Wilhelm Pieck oder Walter Ulbricht gegenüber ähnliches erlaubt. Das war, was Ulbricht anbetraf, eine glatte Unwahrheit oder Ausdruck eines schadhaften Langzeitgedächtnisses.

Überraschend machte er Krenz eine Andeutung darüber, daß er mit ihm eigentlich große Pläne habe. Das konnte nur als Hinweis auf die Nachfolge verstanden werden. Tatsächlich war es die erste und einzige Andeutung dieser Art, die Krenz je von ihm vernahm. Nach dem Zuckerbrot ließ Honecker die Zuchtrute sehen. Falls Krenz auf seiner Absicht beharre, die Vorlage einzubringen, könne er nicht mit einer höheren Verantwortung in der Partei rechnen. Honecker fuhr noch gröberes Geschütz auf, indem er von einem Versuch der Spaltung im Politbüro sprach. Da sich Krenz nicht beirren ließ, schloß er verärgert und drohend: «Dann tu, was du nicht lassen kannst. Aber ich kann dir jetzt schon sagen, das Politbüro wird die entsprechende Antwort geben.»

So hatte es mir Krenz unmittelbar nach der Begegnung mit Honecker geschildert. Er war mitgenommen von der kontroversen Unterredung. Ich bemühte mich, ihm den Rücken zu stärken. Krenz brauchte etwas Zeit, sich zu fassen. Er hatte, wie ich später zu meiner Verblüffung erfuhr, sogar mit Herrmann, den wir nicht zu unseren natürlichen Verbündeten zählten, über seinen Clinch mit Honecker gesprochen.

Die Umstände unserer beginnenden Konspiration mögen mit dazu beigetragen haben, daß Krenz sein in Leipzig dringend erwartetes Einverständnis erst abends übermittelte. Jedenfalls hatte er sich, wie er mir am späten Nachmittag versicherte, mit allen drei Generalen darüber geeinigt, daß in Leipzig Gewalt aus dem Spiel bleibe. Der Verlauf der Demonstration bestätigte das.

Krenz hatte bei einem Telefonat nach 19 Uhr die Initiative der Leipziger abgesegnet. Für die drei Sekretäre, die den Tag über zwischen Hoffen und Bangen geschwebt hatten, kam der Entsatz aus Berlin ziemlich spät.

Jochen Pommert, einer der drei, schrieb mir im November, daß sie sich in freier Entscheidung zusammengefunden hätten und «in einer beängstigenden Situation nach einer Möglichkeit gesucht (haben), sehr Schlimmes für die Bürger der Stadt und für das ganze Land abzuwenden. Es gab niemanden, der uns beauftragt, bevollmächtigt oder gar gedeckt hätte. Hoffnung kam auf», schrieb er, «als ich gegen 19 Uhr 15 des 9. Oktober durch ein Telefonat erfuhr, daß Egon Krenz die Haltung der drei Sekretäre der Bezirksleitung unterstützt. Was mich persönlich betrifft, so war ich mir durchaus im klaren darüber, daß ich unter den damals obwaltenden Umständen von meiner Partei hätte zur Verantwortung gezogen werden können. Nachfolgende Diskussionen im damaligen Sekretariat der Bezirksleitung bestätigten dies.»

Pommert schloß seinen Brief mit dem Satz: «Was das Handeln, die Beweggründe und die Verantwortung jener Leipziger sechs Persönlichkeiten – Gewandhauskapellmeister Masur, Pfarrer Peter Zimmermann, Bernd-Lutz Lange sowie Kurt Meyer, Roland Wözl und mich – betraf, wollte ich Dich wissen lassen, aus welchen Befürchtungen und Gründen heraus wir gehandelt haben. Es war der Auftrag unseres Gewissens, uns verantwortungsvoll für Gewaltlosigkeit, Besonnenheit und für die Erneuerung durch Dialog und vertrauensvolles Handeln aller einzusetzen, die dazu bereit sind.»

Aus dem Brief spricht nicht nur, welchen Pressionen SED-Mitglieder in der eigenen Partei ausgesetzt waren, wenn sie es wagten, vernünftig zu handeln. Er ist auch bezeichnend für den Aberwitz, in den sich die SED zu jener Zeit schon generell hineinmanövriert hatte. Aus meiner Kenntnis muß ich allerdings ins Reich der Fabel verweisen, was Krenz nachträglich zum (verhinderten) Blutsäufer von Leipzig stempeln will.

3

Die Debatte im Politbüro begann am Dienstag wie üblich um 10 Uhr. Daß sie bis zum Nachmittag des folgenden Tages andauerte, war ein Vorgang ohne Beispiel, zumindest seit Honecker die Geschäfte leitete. Sie war ein Musterbeispiel für Honeckers taktische Durchtriebenheit. Er hatte, wenn überhaupt, nur zu Mittag eine Andeutung über seinen Streit mit Krenz verlauten lassen. Selbst Herrmann gegenüber hatte er sich ausgeschwiegen. Was dieser wußte, hatte er von Krenz erfahren. Das bedeutete, Honecker wollte das Politbüro in dem Glauben lassen, daß auch diese Vorlage wie jede andere mit seiner Billigung, zumindest nicht gegen seinen Widerstand, verteilt wurde. Anderenfalls wäre sie ja nicht auf die Tagesordnung gesetzt worden.

An einem Eklat im Politbüro war ihm nicht gelegen. Wäre das gar nach außen gedrungen, hätte das von schwerwiegenden Zerwürfnissen und folglich vom Durchschlagen der Krise im Politbüro gezeugt. Schließlich hatte er die Lektion des Ulbricht-Abgangs gut gelernt; sie trug ja seine Handschrift. So ausgetüftelt das auch sein mochte, es war die Taktik eines von Blindheit Geschlagenen.

In seinen kurzen einleitenden Bemerkungen griff Honecker weder die Vorlage noch ihren Einreicher Krenz in persona an. Damit hatte er sich Spielraum für jegliche Haltung zu dem Entwurf geschaffen, falls die Diskussion anders verlaufen sollte als von ihm erwartet.

Er benutzte ein anderes Papier, um die Debatte zu beeinflussen und Krenz vor Beginn der Aussprache indirekt eine kräftige Blessur zuzufügen. Es handelte sich um eine Einschätzung der Stimmung unter der Jugend, die die Vorsitzenden der FDJ und der Pionierorganisation, Aurich und Poßner, und der Leiter der Jugendabteilung des ZK, Schulz, verfertigt hatten. Sie war von ihm nicht auf die Tagesordnung gesetzt worden, er hatte sie jedoch verteilen lassen.

Schneidend wandte sich Honecker gegen den Inhalt der Einschätzung. Besonders erzürnte ihn die Wiedergabe von Meinungen Jugendlicher, die das Politbüro wegen seiner Perestroika-Feindlichkeit und der Vergreisung kritisierten. Er geißelte das als eine unerhörte, beleidigende Provokation. Schulz als Mitverfasser müsse abgelöst werden. Merkwürdigerweise verlangte er das nicht für die beiden anderen Autoren. Hier dürfte eine Rolle gespielt haben, daß sie öffentliche Funktionen bekleideten, die eine solche Maßregelung zu spektakulär gemacht hätten.

Jeder von uns begriff, daß Krenz das eigentliche Ziel des Angriffs war. Er hatte als zuständiger Sekretär für die Jungendpolitik die Vorlage begutachtet und an Honecker weitergeleitet. Verdutzt über den Nebenschauplatz, der da plötzlich eröffnet wurde, trat Krenz den Rückzug an. Er nahm Schulz in Schutz. Die beanstandeten Stellen gäben nur Auffassungen von befragten Jugendlichen wieder. Er übernehme die Verantwortung, ziehe das Jugendpapier zurück und würde von den beteiligten Genossen eine neue Fassung ausarbeiten lassen.

Obwohl einige Diskussionsredner diesen Faden zunächst weiterspannen, ging Honeckers Absicht nicht auf. Ermutigt durch die bekannten Grundaussagen des Entwurfs der künftigen Politbüro-Erklärung, deren kontroversen Hintergrund sie nicht kannten, bestätigten fast alle Büromitglieder den Ernst der Lage und belegten ihn mit ihren Erfahrungen und Erlebnissen. Sie drückten Genugtuung über die veränderte Tonlage unserer Selbstdarstellung aus, die der Entwurf widerspiegele. Wohlgemerkt, die Mehrheit äußerte sich so in der Annahme, dies sei von Honecker inspiriert. Daß sie im Grunde die Aussagen des Jugendpapiers bestätigten, wenn auch weniger drastisch in der Wortwahl, ging ihnen nicht auf.

Eine direkte Attacke führte Alfred Neumann gegen die Person Mittags. Er warf dem bis dahin Unangreifbaren Unfähigkeit und Schuld an den Schwierigkeiten in der Volkswirtschaft vor. Mehrere Diskussionsredner forderten, die Kritik- und Problemlosigkeit der Medien zu beenden. Auch Herrmann geriet damit ins Schußfeld.

Honecker registrierte mit unbewegter Miene, wie die von ihm erhoffte Zurückweisung der Erklärung durch die Politbüromitglieder ausblieb. Er änderte wiederum seine Taktik. Zu Krenzens und meiner Überraschung resümierte er, daß man sich im Grunde einig sei über den Text. Er schlage deshalb vor, eine kleine Kommission, bestehend aus Mittag, Krenz und Herrmann, einzusetzen und ihr die Schlußredaktion zu übertragen.

«Und Günter Schabowski», rief Krenz dazwischen. Honecker stutzte einen Augenblick, sagte dann aber: «Meinetwegen auch Schabowski.» Man könnte dabei, fuhr Honecker fort, Teile einer Einschätzung des 40. Jahrestages verwenden, die seine Referenten ausgearbeitet hatten. Er warf Mittag ein Material zu, das umfangreicher war als der Entwurf der Erklärung.

Wir trafen uns im Zimmer von Herrmann. Es herrschte eine eigenartige Atmosphäre. Wir wußten, was wir voneinander zu halten hatten. Herrmann unternahm keinen Versuch, etwas am Text der Erklärung zu ändern. Auch Mittag war auffällig zurückhaltend. Beide, jeder auf seine Art, mögen schon geahnt haben, daß sich in der Führung etwas entwickelte, dem man sich besser nicht tumb entgegenstemmte. Mittag schlug lediglich vor, aus Honeckers Paket, das sich als eine Kurzfassung seines Jubiläumsreferates erwies, einige Sätze aufzunehmen. Wir akzeptierten das, weil es die Substanz, auf die es uns ankam, nicht veränderte.

So war auch dieser Versuch Honeckers fehlgeschlagen, die Erklärung durch ein Pamphlet aus seiner Küche zu ersetzen. Unser Sieg blieb jedoch zweifelhaft und unzureichend. Wir hatten zwar Honeckers Absichten ins Leere laufen lassen. Aber was wir sagten, traf nicht den Nerv der Menschen.

4

Nach der Sitzung holte Honecker zu einem weiteren Versuch aus, die Erklärung in der Partei zu paralysieren. Er rief die Ersten Sekretäre der Bezirksleitungen für den nächsten Tag nach Berlin. An dem Treffen nahmen die Sekretäre des ZK teil, also auch Krenz und ich. Honecker leitete mit einem etwa dreißigminütigen Vortrag ein. Zu unserer Verblüffung gab er eine Lesart der Politbürositzung, als hätten er und wir uns in verschiedenen Veranstaltungen befunden. Die Schwierigkeiten der DDR und der SED führte er auf das Wirken feindseliger Kräfte von außen, mit einem Wort der NATO, zurück. Sein Patentrezept lautete: Verwirklichen wir die Beschlüsse des 11. Parteitages, dann könne sich der Gegner nur die Zähne an der DDR ausbeißen. Sie sei und bleibe die einzig noch stabile Größe im sozialistischen Lager.

Honeckers starrsinniger Euphemismus veranlaßte Jahn, den Potsdamer Sekretär, zu einer taktvollen Anspielung auf einen Amtsverzicht des Generalsekretärs. Daß er mit dem Hinweis auf ein «ehrenvolles Beispiel» indirekt an Ulbrichts politisches Ende erinnerte, mag auf Honecker besonders abschreckend gewirkt haben.

Konsterniert waren mehrere der Ersten Bezirkssekretäre über die Offenbarungen aus Honeckers Scheinwelt. Modrow warf dem Politbüro vor, daß es ihn mit dem Flüchtlings-Expreß Prag–Hof via Dresden in eine schwierige Lage gebracht und dann, während der Unruhen, im Stich gelassen habe. Er frage sich, ob das Politbüro überhaupt noch wisse, was in der Republik vor sich gehe, wenn alles auf die NATO geschoben werde.

Chemnitzer aus Neubrandenburg äußerte ähnliche Besorgnisse. Lorenz, Karl-Marx-Stadt, und Walde, Cottbus, schilderten, wie sich Lage und Stimmung in ihren Bezirken verschlechterten. Einige wie Albrecht, Suhl, und Ziegenhahn, Gera, verrieten wie gewohnt eine bestürzende politische Ahnungslosigkeit.

Honecker forderte mich als Berliner Sekretär auf, das Wort zu nehmen. Ich nutzte die Chance. Ohne Honecker zu erwähnen, desavouierte ich ihn gründlich. Ich sagte, daß die Politbüromitglieder nicht die NATO-Platte aufgelegt hätten. In der Sitzung sei es einzig und allein um ein Thema gegangen, um den Ernst der Situation in der DDR und seine Ursachen, die – wie es in der Erklärung heiße – bei uns gesucht werden müßten. Ausdrücklich hob ich die Berechtigung der Kritik Modrows hervor. Zu einem abwiegelnden Zwischenruf Honeckers an die Adresse Modrows sagte ich, der Dresdener verdiene Anerkennung für sein Bemühen, die Lage im Bezirk und in der Stadt im Interesse der Menschen nicht total entgleisen zu lassen.

Honecker beendete nach meinen Bemerkungen die Sitzung mit der dürren Empfehlung, der Konterrevolution in der DDR keine Chance zu lassen. Das sei oberstes Gebot der Partei.

Anschließend wollte es der Zufall, daß Modrow und ich uns auf der Toilette trafen. Wir wechselten ein paar Worte. Er dankte mir für die Flankendeckung. «Wir müßten uns mal unterhalten», schlug ich vor. Er war daran auch interessiert. Doch zunächst wurde nichts daraus. Die Ereignisse hielten uns in Atem. Wir gingen erst einmal weiter unserer Wege.

Nach der Beratung mit den Ersten Bezirkssekretären wurden Krenz und ich uns einig, daß in der nächsten Politbürositzung die Würfel fallen mußten. Noch immer hatten wir uns nicht über ein Szenario des Sturzes verständigt. Krenz schwebte vor, daß eine Gruppe von Politbüromitgliedern Honecker in seinem Arbeitszimmer aufsuchen und ihm den Rücktritt abfordern sollte, und zwar unmittelbar vor Beginn der Sitzung. Er dachte außer uns beiden an Stoph, Hager, Lorenz, Tisch und Krolikowski als Mitglieder der Gruppe. Der Amtsverzicht sollte anschließend im Politbüro sanktioniert werden.

Krenz war überzeugt, sich dazu der Mitwirkung von Stoph, Hager und Krolikowski versichern zu können. Stoph hatte schon lange – wie man in Berlin sagt – einen Rochus auf Honekker, der ihm als Antreiber und Aufpasser ohne Haftung Mittag vor die Nase gesetzt hatte. Dieser verfuhr nach der Devise: Erfolge gehen auf mein Konto, für die Pannen steht die Regierung gerade. Hager hatte sich bei einer Fühlungnahme zunächst Bedenkzeit ausgebeten, dann aber sein Einverständnis erklärt. Als ein Mitwirkender konnte er hoffen, seinen durch jenen unseligen Tapeten-Spruch lädierten Ruf aufzubessern. Über die Motive Krolikowskis war ich mir nicht klar.

Inzwischen unternahm Honecker einen neuerlichen Versuch, die ihm aufgenötigte Erklärung zu einem Un-Papier zu machen. In der Bevölkerung war sie weithin unbeachtet geblieben, um so absurder war sein verbissenes Bemühen. Für Freitag hatte Honecker die Vorsitzenden der Blockparteien und den Präsidenten des Nationalrats der Nationalen Front zu einer Beratung ins ZK geladen, um ihnen seine Lesart von der Lage nahezulegen. Von Herrmann, der das Kommuniqué vorbereitete, verlangte er, Bezüge auf die pikanten Stellen der Erklärung zu vermeiden. Erst als Herrmann einwandte, daß man nicht hinter dem Dokument des Politbüros zurückbleiben dürfe, willigte er ein.

An der Beratung sollten außer Herrmann, dem zuständigen Sekretär, Mittag und Krenz teilnehmen. Offensichtlich wollte Honecker mit dieser ungewöhnlichen Besetzung den «Blockfreunden» jeden Verdacht auf Meinungsverschiedenheiten im Spitzengremium der SED nehmen. Krenz, der sich nicht mehr vereinnahmen lassen wollte, entschuldigte sich mit dringenden Rücksprachen in Leipzig, wo wieder eine Montagsdemo bevorstand. In der Runde der Parteivorsitzenden drängte als einziger LDP-Chef Gerlach auf kritischere Formulierungen im Kommuniqué, um Tuchfühlung mit der Realität zu wahren.

Honecker bediente sich nun des Arguments von Herrmann. Es dürfe kein Eindruck von Zweigleisigkeit entstehen. Die Übereinstimmung zwischen den politischen Kräften in der DDR sei wichtiger denn je. Er sicherte zu, alle anstehenden Probleme mit den Partnern in den geeigneten Gremien kameradschaftlich zu klären. Er meinte damit wohl weniger den demokratischen Block, das Parlament oder die Regierung, sondern die bilateralen Absprachen zwischen der Abteilung «Befreundete Parteien» des ZK und den Parteivorständen. Nach ähnlichen Bemerkungen des Nationalratspräsidenten und des Vorsitzenden der Nationaldemokraten gab sich Gerlach zufrieden.

Honecker verbuchte einen letzten Scheinsieg. In Bild und Text führten die Medien, am Abend im Fernsehen und am nächsten Morgen in den Zeitungen, die sterile Eintracht ad maiorem gloriam SED vor. Gute vier Wochen später, auf der letzten Sitzung des demokratischen Blocks, gaben die Vorsitzenden dieser Parteien Krenz und mir unumwunden zu verstehen, daß sie die Einheitsbandagen abstreifen müßten, wenn sie sich noch einen Rest von Glaubwürdigkeit bei ihren Mitgliedern und in der Bevölkerung erhalten wollten.

5

Krenz rief mich am Freitagabend an. Erleichtert sagte er mir, daß Honecker einen von ihm, Krenz, inspirierten und vom Sekretär des Verteidigungsrates, Generaloberst Streletz, verfaßten Befehl unterschrieben habe, wonach bei der zu erwartenden Demonstration in Leipzig von staatlicher Seite keine Gewalt angewendet, vor allem Schußwaffen nicht eingesetzt werden dürften. Honecker hatte den vorerst flüchtigen Gedanken fallengelassen, mit Panzern eine Einschüchterungskulisse zu schaffen. Damit schien im Augenblick die Gefahr einer unkontrollierten Entwicklung mit unabsehbaren, bürgerkriegsähnlichen Konsequenzen gebannt. Niemand war allerdings in der Lage vorauszusagen, was eine Woche später geschehen könnte. Unbezweifelbar war nur eins: Honecker mußte das Heft aus der Hand gewunden werden. Am Dienstag mußte die Entscheidung fallen.

Ich sagte Krenz, daß wir an «the day after», an den Tag danach, denken müßten. Es sei unumgänglich, die Veränderung im Politbüro weiter voranzutreiben. Ebenso müßten wir uns um die Regierung Gedanken machen. Krenz schlug vor, daß wir uns am Sonntag bei Tisch treffen sollten, um weitere Einzelheiten zu besprechen. Tisch hatte sich bei unserem Vortasten, wer als Gesinnungspartner in Betracht käme, als aufgeschlossen erwiesen. Bei meiner ersten Fühlungnahme war er sofort und rückhaltlos bereit gewesen mitzumachen. Er hatte Mittag im Visier. «Der Intrigant muß weg. Er ist der böse Geist von Honecker. Mit seiner Wirtschaftspolitik macht er auch die Gewerkschaften kaputt.»

Tisch begann, einen aktiven Part in unseren Plänen zu übernehmen. Unmittelbar nach der Erklärung, die das Politbüro nach mehrtägigen Wehen zur Welt gebracht hatte, schob er in der Gewerkschaftszeitung «Tribüne» einen Artikel nach, in dem er das Blatt für einen uneingeschränkten kritischen Meinungsaustausch über die Widersprüche im Lande öffnete. Bei dem vorauszusehenden weiteren Ansehensverfall der SED hielt er es augenscheinlich für angebracht, den Riemen zu lockern, der die Gewerkschaften an die SED fesselte und sie nach leninschem Muster zur «Transmission» zwischen Partei und Arbeitern machte. Weder Krenz noch ich ahnten zu dieser Zeit etwas von dem Sprengsatz, den Tisch sich selbst gelegt hatte. Wir wußten nichts von seiner Jagd-Latifundie in Mecklenburg, die Wochen später zusammen mit anderen Enthüllungen seinen Ruf im Laufe von Stunden ruinieren sollte.

Am Sonntag fanden wir uns nach Einbruch der Dunkelheit im Wandlitzer Haus des Gewerkschaftsvorsitzenden ein. Vom Interieur ist mir nur noch eine umfangreiche Kollektion von Bierseideln in Erinnerung, die mehrere Bücherregale in Anspruch nahm. Krenz unterrichtete uns über sein Gespräch mit Willi Stoph. Der sei nicht dafür, vor der Politbürositzung mit einer Abordnung beim Generalsekretär aufzumarschieren. Honecker würde sofort die Frage stellen, was uns zu diesem Schritt legitimiere, und aufs Politbüro verweisen. Es würde nur ein peinliches Gerangel geben. Man sollte die Sache gleich im Politbüro angehen. Das war einleuchtend.

Stoph sei bereit, erfuhren wir, im Politbüro den Antrag auf Absetzung zu stellen. Wir hatten an Stoph als «Vorredner» gedacht, um für alle im Politbüro ein Zeichen zu setzen. Wenn der

Alt-Genosse den Vorgang einleitete, würden auch die Ahnungslosen begreifen, woher der Wind weht. Nun, wo es direkt um den Sturz Honeckers ging, durfte der Kreis der Eingeweihten auf keinen Fall zu weit gezogen werden. Es war in der Tat damit zu rechnen, daß dieser oder jener aus Parteidisziplin oder aus persönlicher Verbundenheit dem Chef unsere Absichten enthüllen würde.

Stoph habe ferner zu verstehen gegeben, informierte uns Krenz, daß er nach dem Parteitag aus Altersgründen vom Posten des Ministerpräsidenten entbunden werden möchte. Er denke an Krolikowski als Nachfolger. Tisch und ich widersprachen sofort. Krolikowski habe sich nicht als fähiger Wirtschaftsmann erwiesen. Als erster Stellvertreter von Stoph habe er keine Statur gezeigt. Er sei ein Phrasendrescher und bemüht, Mittag nach dem Munde zu reden.

Tisch warf ein, ob nicht der Vorsitzende der Gewerkschaften als künftiger Regierungschef erwägenswert sei. Das könnte international gut wirken. Außerdem verfüge er über einen komplexeren Einblick in die Wirtschaftsbelange als Krolikowski. Er kenne schließlich die Meinung der Arbeiter. Es werde mehr Einverständnis der Werktätigen mit einem Ministerpräsidenten aus dem Gewerkschaftsstall geben. Krenz wollte sich nicht festlegen, da noch Zeit verbliebe bis zur nächsten Volkskammertagung, die über die Regierung zu befinden hätte.

Der letzte Punkt, den wir besprachen, war eine Reise von Tisch nach Moskau am nächsten Tag. Es handelte sich um einen Routinebesuch bei seinem sowjetischen Kollegen, dem Vorsitzenden der Sowjetgewerkschaften Schalajew. Tisch sollte in Moskau auf eine kurze Begegnung mit Gorbatschow dringen, um ihn über unser Vorhaben am Dienstag in Kenntnis zu setzen. Wir wollten von Gorbatschow keine Botschaft und kein Placet, das er ohnehin nicht geben konnte. Er sollte lediglich wissen, daß wir nun die historische Verspätung aufholen wollten.

Tisch bewerkstelligte es mit der gebotenen Diskretion. Während einer Fahrt seiner Delegation durch Moskau scherte sein Wagen zum Erstaunen der Delegationsmitglieder plötzlich aus dem Konvoi aus und schlug die Kremlroute ein. Gorbatschow nahm die Kunde mit Genugtuung, ohne viele Worte zu verlieren, zur Kenntnis. Er bat Tisch, Krenz und den anderen Genossen seine besten Wünsche für den Erfolg unserer Sache zu übermitteln.

6

Wir waren nicht gefeit gegen die sprichwörtlichen Zwischenfälle vor der Premiere. Ein Mißverständnis sorgte für Blutdruckanstieg und überflüssige Aufregung. Die Hektik forderte ihren Tribut. Am Montag morgen, gegen neun Uhr, läutete mein Telefon in der Bezirksleitung. Krenz war am Apparat. Resigniert teilte er mir mit, daß Stoph ihn mit einer Bedingung konfrontiert habe, von der früher nicht die Rede gewesen war. Er sei nur bereit, die Absetzung ins Rollen zu bringen, wenn man Honecker in der Funktion des Staatsratsvorsitzenden belasse. So hörte ich es bei Krenz heraus. Es mag auch an der verdeckenden Sprache gelegen haben, der wir uns in der letzten Zeit am Telefon bedienten. Jedenfalls war es zum Aus-der-Haut-Fahren. Ein Eingehen auf diese Bedingung würde unser Unternehmen scheitern lassen, noch ehe es begonnen hatte. Erregt versuchte ich, das klarzumachen. «Wenn wir uns darauf einlassen, wirst du kujoniert bis zum Gehtnichtmehr. Er muß aus allen Ämtern raus! Unsere Perestroika können wir sonst in den Rauch schreiben. Die ganze Partei muß verstehen, daß die Ära Honecker zu Ende ist.» Krenz erwiderte, er wisse nicht, ob er Stoph jetzt noch erreichen könne. Er müsse den W-tsch-Apparat freihalten, für den Fall, daß Honecker ihn zu sprechen wünsche. Ich beschwor Krenz, nichts unversucht zu lassen, um Stoph von seiner Meinung abzubringen.

Nach dem Telefonat überlegte ich, was zu tun sei. Wenn ich

Stoph anriefe, würde der vermutlich störrisch reagieren. Ich hatte keinen besonders guten Draht zu ihm. Mir fiel ein, daß irgend jemand von einer Besprechung zwischen Botschafter Kotschemassow und Stoph geredet hatte, die am Abend stattfinden sollte. Ich mußte mit dem Botschafter sprechen.

In der Bezirksleitung hatten der Erste Sekretär und sein Stellvertreter je einen W-tsch-Apparat. Wie Krenz wollte ich mein Telefon jetzt nicht blockieren. Ich ging in das Zimmer meines Stellvertreters. Dort saßen einige Sekretäre der Bezirksleitung. Sie waren in meine Angelegenheiten eingeweiht. Ich konnte also ohne nähere Erklärung unbefangen handeln.

«Helmut, erlaube mir mal, kurz mit Kotschemassow zu telefonieren.» Der Botschafter war selbst am Apparat. Er sprach nicht fließend deutsch. Auf russisch klärte ich ihn über die Sachlage auf. Eindringlich bat ich ihn, bei Kontakt mit Stoph seinen Einfluß in unserem gemeinsamen Interesse geltend zu machen. Als Botschafter konnte ich ihn nicht nötigen, sich in DDR-Interna einzumischen. Ich ließ ihm deshalb keine Möglichkeit für eine Erwiderung. «Antworten Sie mir bitte jetzt nicht», schloß ich. «Sie sind Diplomat, Wjatscheslaw Iwanowitsch. Und dies ist ein ungewöhnliches Ansinnen. Ich bin überzeugt, daß sie das Ihnen Mögliche tun werden.» – «Ich habe Sie verstanden», sagte der Botschafter. Dann war unser Gespräch beendet.

Nahezu ein Jahr später erfuhr ich von Krenz, daß mir meine verschwörerische Schwarzseherei einen Streich gespielt hatte. Stoph hatte sich Krenz gegenüber nicht für Honecker verwandt, sondern sich selbst als Staatsratsvorsitzender empfohlen. Das war seine Bedingung gewesen, die Vorreiterrolle gegen Honekker zu spielen, er hat sie dann augenscheinlich fallengelassen. Krenz wiederum hatte meinen Befürchtungen und Protesten nicht entnommen, daß sie Honecker galten. Stoph als Staatsratsvorsitzender hätte uns allerdings ebensowenig gut angestanden, wenn auch von sowjetischer Seite wiederholt für schonende Behandlung des früheren Ministerpräsidenten plädiert worden war. Der sowjetische Botschafter hatte auf diese Weise ein paar

Stunden eher als sein Präsident erfahren, daß am nächsten Tag in Berlin die überfällige Kurskorrektur anlaufen würde. Ob er Tisch mit der Information zuvorgekommen war, weiß ich nicht.

Nach diesem Intermezzo fuhr ich zu einer Parteiversammlung ins Köpenicker Werk für Fernsehelektronik. Die Genossen erörterten ohne Hemmung ihre Sorgen und stellten mir eine Reihe von Fragen. Wiederholt bezogen sie sich auf die Formulierung von den «lebensverbundenen Medien» in der Erklärung des Politbüros. Sie verlangten, die Menschen durch gründliche und wahrheitsgetreue Information in den Stand zu setzen, die sie betreffenden und bewegenden Fragen sachkundig zu erörtern und zu entscheiden. Es würde zuviel von oben proklamiert, ohne daß eine Diskussion voranginge. Notwendig sei das offene Streitgespräch mit den Genossen in Politbüro und ZK. Nur so könne verlorenes Vertrauen vielleicht wiedergewonnen werden.

Ich erwiderte, daß ich die Erwartungen verstehe und bejahe. Sie hätten in dem Wust bekannter Formulierungen das eigentlich Beachtenswerte in der Erklärung des PB herausgefischt. Ich ermutige sie in diesem Sinne, durch eigenes Tun ihre Spielräume voll auszuschreiten. Um in dieser komplizierten Situation zu bestehen, müsse und werde in der Partei ein grundlegender Prozeß der gesellschaftlichen Erneuerung eingeleitet werden.

Das war alles noch sehr gewunden, aber ich spürte, daß die Kollegen die Witterung des Bevorstehenden aufnahmen. Während meiner Bemerkungen wurde mir mitgeteilt, der Generalsekretär wünsche mich im ZK zu sprechen. Die Genossen registrierten, daß ich nicht mit fliegenden Rockschößen ihre Versammlung verließ und noch etwa zehn Minuten weitersprach.

Wieder in der Bezirksleitung, rief ich Honecker an. Er meldete sich mit leiser Stimme. Ohne sich weiter zu erklären, sagte er «ich möchte in einen Berliner Betrieb gehen. Was hältst du von Bergmann-Borsig?»

Mit Gewerkschaftern des Betriebes hatte ich am Freitag gesprochen. Sie wollten Harry Tisch sehen, aber der befand sich an diesem Tag auf der Elbewerft in Boitzenburg. Ich hatte ihm angeboten, an seiner Statt den Berliner Betrieb aufzusuchen. Mein Interesse rührte daher, daß Emissäre von Mittag dort – wörtlich – nach «Nestern des Klassenfeindes» fahndeten. Als Anlaß reichte Mittag aus, daß gewerkschaftliche Vertrauensleute des Betriebes einen Brief an Tisch gerichtet hatten, in dem sie sich für einen offenen Dialog über die Beweggründe für die Abkehr so vieler Bürger von der DDR und vom Sozialismus verwandten. Vorsichtig hatten sie auf eine Änderung der Gewerkschaftsarbeit gedrängt, weil die Schwierigkeiten in der alltäglichen Versorgung und in den betrieblichen Abläufen zunahmen.

Mittag hatte den Mitgliedern der von ihm eingesetzten Arbeitsgruppe des ZK eingeschärft, daß die Belegschaft schon am 17. Juni (1953!) nicht «gestanden» hätte. Das wiederhole sich nun. Mittags Kommentar war uns von Mitgliedern der Arbeitsgruppe zu Ohren gekommen. In der Gewerkschaftsversammlung, an der ich teilnahm, versicherte ich den Kollegen, daß ihr Anliegen berechtigt sei. Das sei die Meinung von Tisch und mir. Wir würden gemeinsam mit ihnen nach befriedigenden Lösungen suchen. Auch in dieser Versammlung machte niemand aus seinem Herzen eine Mördergrube. Die Kollegen schienen mein Bemühen um Offenheit zu akzeptieren. Sie trugen mir auf, Tisch die Einladung zu einem weiteren konstruktiven Gespräch im Betrieb zu übermitteln.

Jetzt konnte ich Honecker auf seine Frage nur wahrheitsgetreu antworten: «Erich, ich glaube, es hat keinen Sinn, dort hinzugehen. Bei der vorherrschenden Stimmung würdest du nur in eine schlechte Lage kommen.» Er schwieg einen Augenblick und sagte dann: «Wenn du meinst...» Es klickte. Er hatte den Hörer aufgelegt.

Auch dieses Telefonat mußte von Honecker als ein befremdliches Symptom verstanden werden. Selbst wenn die Lage in einem Betrieb schwierig war, pflegte ein Bezirkssekretär mit freudiger und eifriger Bereitschaft auf eine solche Absicht des Generalsekretärs zu reagieren. Es wäre seine Sache gewesen, alles so zu arrangieren, daß es für den «Chef» gefällig abliefe und das «enge Vertrauensverhältnis» zwischen der Führung der SED und den Werktätigen demonstriert würde.

Gegen Mittag hatte ich noch einen unerquicklichen Zusammenstoß mit Krolikowski. Mit Krenz hatte ich mir wieder die Aufgabe geteilt, mit einigen Mitgliedern des Politbüros den geplanten Verlauf der entscheidenden Sitzung am Dienstag zu besprechen. Sie sollten darauf eingestellt sein, den Antrag Stophs zu unterstützen und so der Diskussion die Richtung zu bahnen. Ich bat Krolikowski, sich entsprechend vorzubereiten. Jetzt blaffte er mich unvermutet so an, wie ich ihn in der September-Beratung angegangen war. Wir benähmen uns wie kleine Würstchen. Ihm brauche man nicht zu sagen, was zu tun sei. Wir hätten wohl Angst vor dem morgigen Tag, wir machten zu viel Theater um das Ganze. Er, Krolikowski, sei kein kleiner Junge, daß man ihm mit solchem Stuß komme.

Ich war zunächst perplex. Dann entsann ich mich meines früheren Ausfalls gegen ihn. Er hatte mir das anscheinend nicht vergessen. Mir ging durch den Kopf, Krolikowski könne womöglich über die Linie Krenz–Stoph Wind davon bekommen haben, daß er nicht konkurrenzlos auf den Posten des Ministerpräsidenten spekulierte. Vielleicht waren ihm sogar unsere Einwände gegen ihn bekanntgeworden. Ich brach das Gespräch ab. Wir gingen kühl auseinander. Erneut wurde mir bewußt, wie unfertig wir uns in das Abenteuer begeben hatten. Unser Unternehmen bot eine Menge Anlaß für Intrigen und Grabenkämpfe.

Im Gegensatz dazu verlief ein Gespräch mit Hermann Kant reibungslos. Ich bat ihn, die Mitglieder der «Kulturfraktion» im ZK vorsichtig auf die für den übernächsten Tag vorgesehene Tagung des Zentralkomitees, und zwar auf die sehr wahrscheinliche Entscheidung über eine Absetzung Honeckers, einzustimmen. Er sagte ohne Zögern zu. Mein Stellvertreter Müller sprach in gleichem Sinne mit ihm bekannten Berliner ZK-Mitgliedern. Herger vergewisserte sich der Militärs im ZK. Stoph verbürgte sich für die Mehrzahl der Minister, die im ZK saßen. So konnten wir die Gefahr einer Mehrheit gegen unser Vorhaben im ZK mit einiger Sicherheit eingrenzen.

Abends machte ich mich daran, eine Rücktrittserklärung von Honecker zu entwerfen. Wir konnten Honecker nicht absetzen ohne Zustimmung des Wahlgremiums, nämlich des ZK. Falls sich Honecker doch mit seiner Absetzung einverstanden erklärte, sollte er die Chance eines zivilisierten Ausscheidens haben. Er sollte seinen Rücktritt vor dem Zentralkomitee selbst erklären können.

Mit dem Entwurf wollte ich zwei Gefahren ausschalten: erstens, daß Honecker selbst seinen Nachfolger vorschlägt, und zweitens, daß er sich nur aus einer, nämlich der Funktion des Generalsekretärs zurückzieht. Die zweite Gefahr lag um so näher, als das ZK nicht befugt war, Entscheidungen über Staatsämter wie die des Vorsitzenden des Staatsrates und des Vorsitzenden des Nationalen Verteidigungsrates zu treffen. Diese Risiken mußten durch die Form der Abdankung ausgeschlossen werden.

7

Um Eberlein zu treffen, fand ich mich am Dienstag schon eine Viertelstunde vor Sitzungsbeginn im Beratungsraum des Politbüros ein. Eberlein war der einzige auf meiner Liste, den ich am Vortage nicht erreicht hatte. Ich nahm ihn jetzt auf die Seite. «Werner», sagte ich ihm leise. «Heute geht's ums Ganze. Niemand darf umfallen. Ich brauche nicht deutlicher zu werden.» Er schaute etwas unsicher drein und nickte. Ich wußte, daß ihm aus langgewachsener persönlicher Sympathie dieser Schritt schwerer als manchem anderen von uns fallen würde. Aber er verstand, daß es keine Alternative dazu gab.

Eine Minute vor zehn betrat Honecker den Raum. Er gab, wie es seine Gewohnheit war, jedem die Hand. Es lief an wie üblich. Nach der Eröffnung der Tagesordnung verlas der Leiter des Büros des PB, Schwertner, das Beschlußprotokoll der letzten Sitzung.

Als Honecker den Punkt 1 der Tagesordnung aufrufen wollte – ich glaube, es war ein mündlicher Bericht von Herrmann über das Treffen mit den Vorsitzenden der anderen Parteien –, meldete sich Willi Stoph: «Erich, gestatte.» – «Ja», sagte Honecker leicht erstaunt. Mit dem bei ihm gewohnten sauertöpfischen Ausdruck und in dem leiernden Tonfall, mit dem er sonst über die Deviseneinnahmen der Republik zu informieren pflegte, setzte Stoph die Bombe in den Raum. «Ich stelle den Antrag», sagte er, «den Genossen Honecker von seiner Funktion als Generalsekretär zu entbinden und auch die Genossen Mittag und Herrmann von ihren Funktionen zu entbinden.»

Honecker reagierte – zunächst gar nicht. Mit steinernem Gesicht, hinter dem sich Hilflosigkeit verbarg, und nach einem kurzen, beklemmenden Schweigen setzte er augenscheinlich an, zur Tagesordnung überzugehen. Proteste wurden laut, er faßte sich allmählich. «Na bitte», sagte er, «diskutieren wir darüber!» Sein taktisches Gehirn begann wieder zu arbeiten. Obwohl sich sofort ein Dutzend zu Wort meldete, wählte er mit Bedacht zuerst die Mitglieder aus, von denen er vermutete, daß sie Stoph in die Schranken weisen würden.

Er mußte erfahren, daß das Instrumentarium seiner Listen verschlissen war. Wen er auch aufrief, er war für den Antrag. Sein Jago Mittag verhielt sich wie ein Bühnen-Schurke: Honekker sei nicht mehr tragbar, seine Ablösung sei überfällig. Das sagte der Mann, der sich den illusionären Hang Honeckers schamlos zunutze gemacht und daraus wie kein zweiter Honig für seine eigene Macht gesaugt hatte. Krenz, Jarowinsky, Schürer und ich riefen empört dazwischen. «Hast du zu dir selber, zum Wirtschafts-Desaster nichts zu sagen?» Honecker hatte schon dem nächsten das Wort erteilt. Er blätterte uns durch wie ein Bankrotteur ein Bündel Lotteriescheine nach einem Gewinnlos. Auch Herrmann war für die Entscheidung. «Ein paar Tage später könnte es schon zu spät sein, Erich», meinte er zu seinem

Mentor und Zuchtmeister. Im Unterschied zu Mittag nahm er die Verantwortung für die abstoßende, verfehlte Medienpolitik voll auf sich, obwohl jeder von uns wußte, daß auf diesem Felde, anders als in der Wirtschaft, Honecker selbst der Inspirator war. Ein schrecklicher Dilettant von flohknackerischer Pedanterie, der sich Herrmanns als eines Werkzeugs bediente. Neumann warf Honecker vor, daß er 1971 eine intakte Partei und ein Land übernommen habe, das nur mit zwei Milliarden in der Kreide stand.

Schweigend hörte sich Honecker die Vorhaltungen derer an, die scheinbar noch bis eben seine Paladine gewesen waren. Auch bei der Schimpfkanonade von Krolikowski – seine angepaßtöligen Sprüche von gestern hatte er anscheinend vergessen – zeigte sich keine Regung in der Miene des Gefällten.

Nur als Mielke zur Revanche für viele kleine Demütigungen ausholte und in einem sich überschlagenden Sermon drohte: «Ich kann ja mal auspacken», rief Honecker dazwischen: «Dann sag's doch!» Aber bei Mielke war nach der Emphase die Luft heraus. Sein Ausbruch endete in unverständlichem Gemurmel.

Ich ahnte nicht, worauf der oberste Lauscher anspielte. Niemand hakte mit einer Frage nach. Mein Eindruck war, daß es die meisten in der Runde abstieß, wie einige nun, als es schon gefahrlos war, persönliche Rechnungen mit Honecker beglichen. Mielkes gehässiger Ausfall schien mir nicht mehr zu sein als die Umkehrung seiner sonstigen Anbiederei an den Generalsekretär, wichtigtuerisches Geschwätz. Monate danach, als bekannt wurde, daß Mielke und Honecker sich gegenseitig beschuldigten, den Bau von luxuriösen Urlaubshäusern veranlaßt zu haben, glaubte ich, daß hinter Mielkes Schreckschuß vielleicht ähnliches gesteckt hatte, etwas, das mit Korruption oder persönlicher Bereicherung zusammenhing. Erst im November 1990 wurde durch eine Sendung des Zweiten Deutschen Fernsehens bekannt, daß im Büro des Stasi-Prinzipals ein «roter Koffer» mit Akten der Nazi-Justiz über den Häftling Honecker gefunden worden war. Aus den Schriftstücken soll angeblich zu ersehen sein, daß sich der saarländische Jungkommunist gegenüber seinen Verhörern nicht so verschwiegen oder standhaft verhalten hat, wie es seine offizielle Biographie erzählt. Wenn das zutrifft, hatte Mielke schon lange eine gefährliche Waffe gegen Honecker in der Hand gehabt. Wäre allein der Anflug eines solchen Verdachts ruchbar geworden, hätte das Honeckers politisches Ende bedeutet. Nicht bekannt ist, wie lange Mielke schon davon wußte. Unbeantwortet bleibt, warum er uns, den Verschwörern, davon nichts mitgeteilt hat. Und schließlich: Zu welchem Zweck hatte er das brisante Dossier in seinem Panzerschrank aufbewahrt? Fragen, auf die vielleicht keine schlüssige Auskunft mehr zu haben sein wird.

Die Debatte im Politbüro verlief weiter so, wie sie begonnen hatte. Keiner plädierte für den Verbleib Honeckers an der Spitze der Partei. Mir erteilte er als letztem das Wort. Ich sprach als 25., denn einer aus dem 26köpfigen Politbüro war nicht anwesend, sein alter Gefährte Heinz Keßler, mit dem er zusammen die FDJ aufgebaut hatte. Er befand sich in Nicaragua. Nach den vielen, überwiegend sachlich gehaltenen Stellungnahmen, die den Antrag befürworteten, konnte ich darauf verzichten, noch einmal zur Person zu sprechen. Mir war es wichtig zu betonen, daß Honecker von allen, auch von seinen staatlichen Ämtern zurücktreten müsse. Zudem lenkte ich die Aufmerksamkeit auf die brennenden Sachfragen, die nun, nach dem Ausscheiden Honeckers, schnell in Angriff genommen werden müssen.

Als Honecker zum Schluß abstimmen ließ, hoben sich 25 Arme für den Antrag. Honecker, Mittag und Herrmann entschieden gegen sich selbst. Das Politbüro beschloß, dem ZK zu empfehlen, Krenz anstelle von Honecker zum Generalsekretär zu wählen.

Wir verließen schweigend den Sitzungsraum. Allmählich wich der Druck, unter dem wir gestanden hatten. Sang- und klanglos war die Ära Honecker zu Ende gegangen. Verbohrter menschlicher Ewigkeitswahn hatte sich als jäh begrenzbar erwiesen. Ein anderer Wahn, in dem wir alle noch befangen waren, die gesellschaftliche Exklusivität und Allmacht der Partei, sollte erst sieben Wochen später getilgt werden. Noch ahnten wir nicht, daß uns das eigentliche Scherbengericht erst bevorstand.

8

Krenz fand sich nach der Sitzung bei Honecker ein, um mit ihm über den Ablauf der ZK-Tagung am Mittwoch zu sprechen. Er übergab ihm den von mir verfertigten Entwurf seiner Abdankung. Aus seinem Buch erfährt man nicht, ob sich Krenz in dieser Besprechung die folgenschwere Konzession abhandeln ließ, daß Honecker ihn als Nachfolger vorschlägt, oder ob Honecker ihn getäuscht und den Text eigenmächtig verändert hat.

Die Quasi-Einsetzung durch seinen Vorgänger hat Krenz von der ersten Stunde an kompromittiert. Es war damit eine Optik geschaffen, die nicht nur demagogischen Verdächtigungen Raum gab, sondern auch viele glauben ließ, die Konspiration gegen Honecker sei von uns getürkt worden. Ich kann nur erneut betonen, daß einige, die uns das später unterstellten, in den kritischen Tagen des Oktober systemkonform ihren Geschäften nachgingen. Für ihren Hausgebrauch fabrizierten sie Lageeinschätzungen, die keinen mehr überraschen konnten. Weniger Leute, als Finger an einer Hand sind, haben den Weg in die Parteiführung freigeschaufelt. Andere sind auf ihm ausgeschritten, ohne das Risiko, sich auch nur eine Beule zu holen. Ich stelle das fest, ohne uns in die Nähe der originären Leistung der Volksbewegung zu rücken. Sie war die Kraft der Umwälzung; wir haben uns erst unter ihrem Druck zur Tat aufgerafft.

Als ich auf der ZK-Tagung Honeckers Rezitation des von mir entworfenen Textes mit dem eingesetzten Namen von Krenz vernahm, glaubte ich jedenfalls meinen Ohren nicht trauen zu dürfen. Der Fluch des Pharao! Mir war sofort klar, daß Krenz und uns allen damit eine schwere Hypothek aufgebürdet war. Bis auf eine Genossin stimmte das ZK einhellig den Vorschlägen des Politbüros zu.

Die Aussprache war fahrig, heftig und kurz. Modrow, der gleichfalls die Hand für Krenz als Generalsekretär gehoben hatte, forderte, sofort mit einer Grundsatzdebatte zu beginnen, und wenn sie drei Tage dauerte. Ihm wurde von anderen Diskussionsrednern widersprochen. Nach diesen Entscheidungen müsse man erst einmal zurück in die Grundorganisationen, in die Belegschaften, an die Arbeitsplätze, um über die neue Lage zu informieren. Auch ich drängte darauf, weil in Berlin fünftausend Parteimitglieder in der Seelenbinderhalle darauf warteten, von mir aus erster Quelle von den Ergebnissen des ZK-Plenums zu hören. Heinz Keßler, der mit faktischer und historischer Verspätung aus Nicaragua eingeschwebt war, versuchte abermals, einen Vortrag über die Umtriebe der NATO gegen die DDR vom Stapel zu lassen, wurde aber durch Zwischenrufe gestoppt. Kulturminister Hoffmann und Kurt Hager plädierten für Abbruch der Debatte. Auf dem nächsten, schnell einzuberufenden ZK-Plenum könne und werde die Generaldebatte beginnen. Jetzt müsse Egon Krenz vor die Kameras und zum Volk sprechen.

Der erste Fernsehauftritt des neuen Generalsekretärs war darauf angelegt, ein Flop zu werden. Krenz hatte kein anderes Papier als jenes, das er wenige Stunden zuvor dem höchsten Parteigremium vorgetragen hatte. Er wiederholte es einfach, jetzt vor einem Millionenpublikum in der DDR und in der Bundesrepublik, als spräche er vor einem gigantisch erweiterten Zentralkomitee.

An keiner Stelle lugte für die Menschen etwas grundlegend Neues durch, etwas, das ihren Hoffnungen Nahrung hätte geben können. Es war ein zweiter Aufguß der Politbüroerklärung. Ein paar Mängel mehr wurden deutlicher beim Namen genannt. Aber nirgendwo waren mit kühnem Meißel gegrabene Ansätze eines Zukunftsentwurfs erkennbar. Alles klebte am Tag. Selbst die wenigen Sätze über die Perestroika, unsere eigentliche Richtmarke, wiesen jenen verkniffenen Zug auf, den man von Honekker gewohnt war. Kaum daß sie als ein «unumgänglicher Vorgang» bezeichnet wurde, war schon wieder die Rede davon, daß ein solcher Prozeß von Erscheinungen begleitet ist, die manchen mit Sorge erfüllen. Das Auditorium wurde mit einem großen Eimer Kontinuität begossen und mit einem Fingerhut voll Erneuerung beträufelt.

Das Fernsehbild tat ein übriges. Krenz, brav dunkelgewandet, verlas mit Ansage-Rhetorik seine Rede. Die äußere Statik betonte den Mangel an inhaltlicher Bewegung. Man kann dafür nicht Krenz allein verantwortlich machen. Wir, die «Erneuerer», hatten eben keinen Gedanken darauf verwendet, wie wichtig die erste Szene sein würde in dem neuen Stück, das wir eröffnet hatten. Es wäre besser gewesen, Krenz hätte sich in einem Interview vorgestellt, unbefangen, menschlich. Wir hatten noch die Maske einer biederen Perfektion auf, ohne es zu merken.

Einige der Stichworte hätten fallen sollen, die erst Wochen danach im Entwurf des Aktionsprogramms auftauchten – und dann schon wieder von den weiterstürmenden Erwartungen der Öffentlichkeit abgehängt waren. Die Menschen, die von der Absetzung Honeckers längst nicht so fasziniert waren wie wir selbst, wollten von uns mehr Programm, neue Linie sehen. Andererseits hemmte uns unmittelbar nach der Wende noch die Befürchtung, wir könnten den Parteimitgliedern zuviel zumuten. An der Parteibasis gab es Protest und Unmut über die Führung. Aber das war nicht unbedingt synchronisiert mit der zunehmend oppositionellen Stimmung in der Bevölkerung.

Ich merkte das am Abend bei meiner Ansprache vor den Berliner Genossen. Als ich schilderte, wie Honecker nach seiner Amtsenthebung, die als Amtsverzicht inszeniert war, den Saal verließ und die ZK-Mitglieder ihm stehend und applaudierend Referenz erwiesen, brach stürmischer Beifall los. Die Genossen wollten schon einen neuen Generalsekretär, aber «Erich» durfte kein Fußtritt verpaßt werden. Sie waren verunsichert genug. Sie wollten in diesen Tagen keine Demontage, sondern sich selbst aufgebaut sehen. Noch hatte der offene Verfall der Partei nicht eingesetzt.

Das Ende mißt 40 Tage

I

Am 19. Oktober, dem Tag nach der Zäsur im Zentralkomitee, sah das Politbüro bis auf die drei hinausgedrängten Missetäter noch so aus wie gestern. Für das Volk hatte sich die Physiognomie der Macht nicht erheblich verändert. Die geblieben waren, verkörperten für die Menschen nach wie vor das System. Für Krenz, Schabowski und Lorenz, deren Verschwörer-Rolle nicht offengelegt war, galt das ebenso. Die verhängnisvolle Identität war auch auf dem 9. ZK-Plenum nicht aufgebrochen worden.

Was von Krenz zu vernehmen war, hörte sich noch nicht nach einer einschneidenden Kursänderung an, auf die man nach den waghalsigen Wende-Manövern des Steuermanns im Kreml schon lange gehofft hatte. In das Netz, in dem wir alle kauerten – das Volk aufbegehrend und ausbruchshungrig, die Führenden sicherheitsbesessen wie eine Wach- und Schließgesellschaft –, hatten wir ein Loch geschnitten. Die Leute wurden den Zweifel nicht los, ob wir nicht schon wieder beim Zuknüpfen waren.

Wir hatten es nicht gelernt, über uns selbst prinzipiell zu reflektieren. Unsere Praxis war so unbezweifelbar richtig wie die Theorie, die sie ja zu bestätigen hatte. So waren wir zur Palastrevolution geschritten ohne deutliche geistige Alternative. Woher sollte sie plötzlich kommen in diesem Politbüro, das in seiner Mehrheit mühselig zur Brutus-Tat geschoben werden mußte. Es gab also kein fertiges ideelles Konzept, das sich unaufhaltsam und unbeirrbar seine Strukturen und Figurationen schaffen würde.

Das Alte war noch intakt und stand den nötigen Veränderungen träge, mißtrauisch, widerwillig oder feindselig im Wege. Wir ließen uns zuviel Zeit, das Neue, das dem Volk vom Munde abzulesen war, in ein eigenes Programm zu fassen. Wir hatten uns zu einer anderen Zeitrechnung bekannt, aber um uns in ihr zurechtzufinden, buchstabierten wir noch den alten Kalender.

Darin bestand unser Dilemma. Auch die Leute spürten das. Wir hatten bei ihnen nur einen schmalen politischen Kredit. Das war weder zu überhören noch zu übersehen, als Krenz und ich am Morgen nach der 9. ZK-Tagung in den großen Berliner Maschinenbaubetrieb «7. Oktober» gingen. Ich hatte Krenz geraten, nicht in einer Belegschaftsversammlung eine Rede zu halten, sondern in einer breiten Diskussionsrunde für jegliche Frage zur Verfügung zu stehen. Nach dem Rundgang durch eine Betriebsabteilung kamen wir mit etwa 50 Kolleginnen und Kollegen zusammen.

Der erste Sprecher, ein Bohrwerksdreher, hielt Krenz vor, daß er dessen Fernsehrede am Vorabend mit gemischten Gefühlen angehört habe. Sie enthalte Positives, sei aber auch unkonkret. Warum habe er nicht klar zur Reiseproblematik gesprochen. Er wisse nicht, was getan werde, um das Warenangebot zu verbessern. Während wir im Ausland unsere Erzeugnisse zu Dumpingpreisen verschleuderten, müßten für Fernseher und japanische Videorecorder Summen auf den Tisch geblättert werden, die kein Arbeiter mit Durchschnittsverdienst aufbringen könne. Wie vertrage sich unsere finanzielle Lage mit dem prunkvollen Neubau der FDGB-Zentrale?

Eine Ingenieurin mahnte uns, daß wir nach dem Wechsel in der Spitze nicht mit einem besonderen Vertrauensvorschuß rechnen sollten. Selbst zur Parteibasis müsse Vertrauen erst einmal wiederhergestellt werden. Ein Technologe, Mitglied der NDPD, äußerte sich zur führenden Rolle der SED. Der Anspruch sei doch nur zu rechtfertigen, wenn die SED zu wichtigen Fragen der Gesellschaft Angebote vorlege, auf die sich die

Mehrheit der Bevölkerung einigen könne. Er vermisse nach der 9. Tagung des ZK solche überzeugenden Angebote.

Der Generaldirektor des Kombinates, zu dem der Berliner Betrieb gehört, nannte die chronischen Defekte der Volkswirtschaft beim Namen: unzuverlässige Kooperation mit Zulieferern, dadurch ständige Gefährdung der Position auf den internationalen Märkten, Weltspitze im Improvisieren statt in den Erzeugnissen und schließlich die Bilanzlücken im Plan. Mängel im Dienstleistungsbereich führten dazu, daß sich Kollegen in der Arbeitszeit um ihre persönlichen Angelegenheiten kümmern müßten.

Huldigungen hatte Krenz nicht empfangen. Aber er verließ den Betrieb in dem Gefühl, daß es hinter der Kritik und den Vorbehalten noch Erwartungen an uns gab. Das war eine Chance. Es sollte sich herausstellen, daß wir nicht imstande waren, sie voll zu nutzen. Die Menschen verlangte es nach zügigem, entschiedenem Bruch mit der Vergangenheit und ihrem Ballast. Unser Tempo befriedigte sie nicht. Desto schneller zehrte sich die kleine Ration an Glaubwürdigkeit auf, über die wir verfügten.

2

Bevor uns die Partei aufgab und wir selbst uns nur noch in das politische Ende fügen konnten, erlebte ich jedoch eine kurze Zeitspanne, die ich nicht missen möchte. Sie umfaßte die ersten acht oder zehn Tage nach der Wende in der SED-Führung. Ich stürzte mich in das politische Getümmel. Nahezu jeden Tag besuchte ich Betriebe, diskutierte mit den Arbeitern, sprach mit Menschen auf der Straße. Sie waren kritisch und skeptisch gestimmt, aber sie hörten uns wieder und sagten uns, was sie dachten. Wir konnten noch hoffen, den Dialog mit dem Volk in Gang zu bringen, der erloschen war und nie wieder entfachbar schien.

Das gesellschaftliche Leben war zu jener Zeit intensiv wie noch nie, aber ein demokratisches Regelwerk gab es noch nicht.

Die politische Vitalität der Menschen brach sich unaufhörlich und spontan in Demos und Meetings Bahn. Das barg Gefahren. Irgendwann, irgendwo könnte es wieder zu Zusammenstößen kommen, durch die Menschen zu leiden hätten. An einem Nachmittag, während ich mit meinem Sekretariat zusammensaß, erfuhren wir, daß sich in der Liebknechtstraße zwischen Dom und Volkskammer eine Menschenkette formiert, um gegen die Mißhandlungen von Demonstranten am 7. Oktober zu protestieren. Ich schlug den Sekretären vor, daß wir uns unverzüglich an den Ort des Geschehens begeben sollten, um es nicht zu Ausschreitungen kommen zu lassen.

Zehn Minuten später waren wir in der Liebknechtstraße. Ich ging auf die Demonstranten zu. Es waren junge Menschen. Dem Habitus nach tippte ich auf kirchliche Gruppen. Ich sagte ihnen, wer wir sind, und versicherte, daß wir ihre Demo nicht behindern wollten. Ich bat sie jedoch zu bedenken, daß es keine genehmigte Aktion sei. Ein geschützter Ablauf durch die Polizei sei nicht garantiert. Durch Provokationen könne es zu Schlägereien kommen. Wir würden einschreiten, wo sich ein Knüppel zeigen sollte. Aber wir könnten es nur dort tun, wo wir uns gerade befinden. Die Teilnehmer ließen sich nicht von ihrem Vorhaben abbringen. Gottlob lief alles gut ab.

Während dieses Disputs hatten sich um mich, um den Oberbürgermeister und die Sekretäre große Trauben von Passanten gesammelt. Sie bestimmten nun das Gespräch. Es drehte sich bald um das ganze Spektrum von Fragen, die die Menschen in diesen Tagen bewegten.

Jemand sagte mir: «Woher wissen wir, daß es nicht wieder nur eine Falle ist, was Sie uns versichern?» Ich antwortete ihm: «Ich werde jetzt damit leben müssen, wie andere auch, daß alles, was wir sagen, von vielen als ein Trick oder eine Falle verdächtigt wird. Wir dürfen deshalb nicht resignieren. Wir haben uns das Mißtrauen selbst eingebrockt. Seien Sie mißtrauisch! Schauen Sie uns auf die Finger! Das wird uns helfen, nie wieder Mißtrauen zu erzeugen.»

Ihre größte Dimension erlebte die Bürgerdebatte ein paar Tage später vor dem Roten Rathaus. Oberbürgermeister Krack und ich hatten zu öffentlichen «Rathausgesprächen» in den Abgeordnetensaal eingeladen. Schon eine halbe Stunde vor Beginn stauten sich vor der Rathausfreitreppe Tausende Berliner. Sie stimmten meinem Vorschlag zu, das Unternehmen unter freiem Himmel ablaufen zu lassen. Im Abgeordnetensaal hätten nur einige hundert Platz gefunden. Die Menge vor dem Rathaus wuchs auf annähernd 20000 Menschen an.

Es wurde ein Forum, das auch bei den alten Athenern Gnade gefunden hätte. In der Aussprache, an der sich Vertreter des Neuen Forums und anderer politischer Gruppen beteiligten, wäre kein Tabu zu halten gewesen, falls jemand der Befragten aus Politik, Wissenschaft und Kultur diese absurde Vorstellung gehegt hätte.

Auch der Polizeipräsident stellte sich den Bürgern. Er entschuldigte sich in aller Form für die Übergriffe der Einsatzkräfte am 7. und 8. Oktober in Berlin, die seiner Verantwortung unterstellt waren. Nach einer Forderung aus der Menge wurde ein öffentlicher Untersuchungsausschuß eingesetzt, um die Verantwortung für die Vorgänge um den Nationalfeiertag der DDR zu klären. Ich plädierte für die Schaffung eines Demonstrationsrechts, das normaler Bestandteil unserer politischen Kultur sein müsse. Das erste Sonntagsgespräch fand nach über vier Stunden seinen vorzeitigen Abschluß, weil Krack und ich mit Walter Momper verabredet waren. Ich hatte den Eindruck, daß sich etwas von der fruchtbaren Atmosphäre des Rathausgesprächs auf die Unterredung mit dem Regierenden der anderen Hälfte der Stadt übertrug.

Die kurze Zeit dieses elementaren Dialogs mit der Bevölkerung war die packendste meines politischen Lebens. Ich machte meine Erfahrung mit echter, unmittelbarer Demokratie. Es war die Wiedergewinnung der Ehrlichkeit. Ich war ich selbst, während ich Rede und Antwort stand. Ich brauchte nicht an Sprachregelungen und Stanzen zu denken, an denen irgendwer meine

Rede messen würde. Ich fühlte mich frei. Es war atemberaubend.

Einige meiner Kollegen im Politbüro sahen das anders. Ihre Versuche, ähnliche Massengespräche in Gang zu bringen und sich in ihnen zu behaupten, hatten mit einem Fiasko geendet. Der Erfurter Bezirkssekretär meinte nach seiner Bauchlandung, es sei eine ganz falsche Methode. Er werde sich nicht noch einmal zum Watschenmann für Demagogen machen lassen. Ein anderer drückte den gleichen Gedanken origineller aus: Er ziehe es vor, ein feiger Hund genannt zu werden denn als dummes Schwein dazustehen. Ich fand, wer sich so gepfeffert ausdrücken kann, sollte auch vor unbequemer öffentlicher Debatte nicht zurückschrecken.

3

Gemütszustände von Politikern sind für das geschichtliche Interesse von zweifelhaftem Wert. Ich skizziere dennoch unsere innere Verfassung während des politischen Zwischenspiels der vierzig Tage, die uns beschieden waren. Darin spiegelte sich signifikant der Widerspruch zwischen Wollen und Können, zwischen Illusion und Realität wider. Objektiv war unser Scheitern programmiert, weil das System nicht zu verbessern, sondern nur zu überwinden war. Mit dieser Feststellung könnte man den Fall abhaken. Aber niemand wäre dadurch klüger.

Nur unsere Unzulänglichkeit, eben unsere Subjektivität, ließ uns eine Chance vermuten, die Dinge zum Besseren zu wenden. Nur durch unsere Subjektivität waren wir imstande zu versuchen – und zu irren. Damit haben wir ungewollt das Zwangsläufige unseres Niedergangs verdeutlicht. Wir dienten dazu, diese Objektivität hervortreten zu lassen und faßlich zu machen. Sie liegt allen nachfolgenden Entwicklungen zugrunde. Die dagegen anrennen oder die darüber triumphieren, begehen denselben

Fehler. Sie überschätzen sich. – Aber von solchen Einsichten waren wir im Oktober und November 89 weit entfernt.

In der ersten Phase, die etwa die Zeit bis zur 10. ZK-Tagung (8. November) umfaßte, lebten wir in der Hoffnung, es könnte uns gelingen, eine bessere DDR zu schaffen. Es gab kleine Erfolge; die Mißerfolge und Fehler schrieben wir in dieser Zeit den Schwierigkeiten zu, denen alles Neue nicht entgehen kann.

Die zweite Phase setzte während des 10. Plenums ein. Unser Selbstgefühl wich einer Verunsicherung. Es mehrten sich die Anzeichen, daß sich die Parteibasis von uns abzuwenden begann.

In der dritten Phase, die ich von Mitte November an datieren möchte, machte sich immer mehr Resignation breit. Die Mitglieder waren zunehmend demoralisiert durch den Haß, der ihnen aus der Bevölkerung entgegenschlug, und durch immer neue Enthüllungen in den Medien über die Sünden und die Sünder der alten Führung. Sie verließen fluchtartig und in Massen die Partei. Die Vergangenheit hatte uns eingeholt. Wir kamen ins Rutschen. Nirgendwo bot sich ein Halt. Der Fall war unausbleiblich.

In den Berliner Annalen der Wende nimmt die Großkundgebung auf dem Alexanderplatz am 4. November einen besonderen Platz ein. Obwohl ich mich dort als einer der Redner gegen viel und lautstarken Protest durchsetzen mußte, war und ist sie für mich ein Beleg für unsere damalige Zuversicht auf einen Konsens auch mit jenen, die uns am schärfsten mißtrauten, uns kaum noch für gesprächsfähig hielten.

Schauspieler und Regisseure Berliner Theater, insbesondere des Deutschen Theaters und der Volksbühne, waren die Initiatoren des Massenmeetings, an dem nach Schätzungen der Polizei an die 300000 Menschen teilnahmen. Veranstalter und staatliche Ordnungshüter hatten eng zusammengearbeitet, um einen ungestörten Verlauf zu sichern. Die Theaterensembles stellten selbst die Ordner. Ausgestattet mit grünen Schärpen, zeugten sie von der neugewonnenen politischen Souveränität des Bürgers.

Schon einen Monat vorher, in der angespannten und dumpfen

Luft, die den Jahrestag der Republik umgab, war eine Demonstration von den Berliner Künstlern erwogen worden. Damals hatte ich die Intendanten beschworen, vorerst von der Absicht zu lassen. Das Risiko war zu groß, daß ohne eine Einspruchsmöglichkeit der Bezirksleitung von zentraler Stelle, möglicherweise von Honecker selbst, rigoroses Vorgehen gegen die Demonstranten angeordnet worden wäre. Nun war das Aufgeschobene ohne dieses Gefahrenmoment möglich. Die Kulturschaffenden konnten ihre politischen Vorstellungen von einer demokratischen und sozialen Gesellschaft nicht *vor,* sondern *mit* einem Massenauditorium bekräftigen.

Die Rednerliste zierten Namen wie Heiner Müller, Stefan Heym, Eckehard Schall, Christoph Hein und Christa Wolf. Aus der politischen Ecke waren der Mitbegründer des Neuen Forums Prof. Reich, der LDP-Vorsitzende Gerlach, von der SED Markus Wolf und Gregor Gysi – gewissermaßen mit eigenem Mandat – angesagt. Unter den vorgesehenen 29 Rednern wollte man auch einen SED-Offiziellen haben. Der Berliner Bezirksleitung wurde eine Einladung übermittelt. Ein namentlicher Vorschlag war damit nicht verbunden gewesen.

Im Politbüro informierte ich über die Einladung und bat um eine Entscheidung. Man war sich nicht schlüssig, ob ein Mitglied des Politbüros überhaupt teilnehmen sollte. Der Gedanke an Krenz wurde gleich wieder fallengelassen. Der Generalsekretär konnte keinen Unberechenbarkeiten ausgesetzt werden. Hager hatte inzwischen um seine Entlassung aus dem Politbüro gebeten; er wäre auch unannehmbar für die Veranstalter gewesen. Ich machte den Bedenken ein Ende, indem ich mich selbst vorschlug. Eine gewisse Erleichterung war unverkennbar.

Ich war mir klar darüber, daß ich keinen leichten Stand haben würde. Aber es gab keine Alternative, wenn wir uns ehrlich machen wollten. Die Zeit der verlogenen Ergebenheitsadressen hatten wir doch selbst beendet. Als ich auf dem Rednerpodest stand, hatte ich Mühe, mich gegen laute Protestrufe zu behaupten. Jetzt sah ich mich in die Rolle des «Andersdenkenden» gedrängt, wiewohl ich mich so nicht verstand. Die demokratische Tugend des Anhörens, um die ich die Rufer bat, war noch eine zarte Pflanze. Da die Mikrofone gut waren und ich über keinen schlechten Resonanzboden verfüge, konnte ich meinen kurzen Text zu Ende bringen. Ich bekannte, daß die SED die Umgestaltung spät, «verdammt spät» begonnen hat. Aber «wir sind gewillt und lernen, unverdrossen mit Widerspruch zu leben. Wir wollen die Produktivität des Widerspruchs nutzen.»

Wie wir uns in diesen Tagen noch selbst begriffen, schlug in den folgenden Sätzen durch: «Die Dynamik des Aufbruchs zum Neuen läßt sterilen politischen Nachlaßverwaltern keine Chance. Das ist sicher! Aber ich mag auch nicht die schnellen Scheiterhaufen, auf denen manche alles brennen sehen wollen, was an unbestreitbaren Leistungen in vergangenen Jahrzehnten vollbracht wurde.» Unter Pfiffen plädierte ich in meinem Schlußsatz «für einen Sozialismus, der stark macht, weil die Menschen ihn wollen».

In den folgenden Tagen habe ich nicht wenige aufrichtende Bemerkungen vernommen. Ich bedankte mich dafür, aber nahm sie nicht an. Für mich gehörte es zum neuen politischen Ambiente, ja, es feuerte mich an, daß ich mir als ein Oberer, ein Bonze, gegen Widerspruch Gehör verschaffen mußte. Ich fand es notwendig und hätte mich nachträglich geschämt, wenn wir auf der Kundgebung nicht präsent gewesen wären. Mir hatte die Teilnahme Auftrieb gegeben.

Natürlich hatte ich die erforderliche Lautstärke nur erreichen können, indem ich das Maul weit aufriß. Biermann hat das zu dem schönen Bild vom «SED-Boß von Berlin als zähnefletschendem Glasnostalgiker» inspiriert. Der schmäh-gewaltige Gitarrenbarde haderte in einem langen «ZEIT-Beitrag – so konnte man es herauslesen – mit Christa Wolf, daß er auf dem Alex nicht mit von der Partie war, wohl aber außer mir der «Saulus-Paulus» Wolf, das «tapfere Schneiderlein» Heym oder der «LDP-Wetterhahn» Gerlach. Ich las die Epistel um den 20. November herum. Da hätte ich gern unbefangen über die Hüte lachen wollen, die er uns aufgesetzt hatte. Aber die Stimmung war nicht mehr danach. Es ging schon merklich bergab mit uns.

Vor der Kundgebung hatte ich mich eine halbe Stunde zusammen mit bedeutenden Köpfen in einer Gaststätte am Alex aufgehalten. Unversehens kam ich neben Heiner Müller zu Stuhle. Wir witzelten ein bißchen. Er gab mir trostreich zu verstehen, mit der SED sei es nun erst mal aus. Sie sei mindestens dreißig Jahre weg vom Fenster, Zeit, um sich sachlich und moralisch zu regenerieren.

Auf eine andere Tonlage stieß ich bei Pastor Schorlemmer, den ich danach traf. Als wolle er mir Mut machen, meinte er, das Land werde in diesem neuen Abschnitt seiner Entwicklung jeden brauchen, der ehrlich und fähig ist. Ich wünschte, ich hätte diesen aufrichtigen und unabhängigen Zeitgenossen schon Jahre früher kennengelernt. Als ich später auf das hölzerne Rednergerüst kletterte, schlug er mir auf die Schulter, eine Geste des Beistands. Ich war gerührt, doch ich wehrte ab. Es war ja kein Schafott, das ich besteigen mußte.

Ich erinnere mich auch an ein kurzes Gespräch mit Markus Wolf vor Beginn der Kundgebung. Die Regierung Stoph war gerade zurückgetreten und die neue Mannschaft noch nicht im Entwurf vorhanden. Geradheraus fragte ich Wolf, ob er nicht im neuen Kabinett unter seinem Freund Modrow mitmachen wolle. Als was denn, erkundigte er sich vorsichtig. Mit seiner früheren Branche wolle er auf keinen Fall etwas zu tun haben. Ich flachste, da gehe es ihm so wie mir. Er gab ernsthaft zurück, ihm liege mehr an einer Tätigkeit im Kultur- oder Medienbereich. Die Bescheidenheit hielt ich für Koketterie.

Rückschauend bin ich sicher, daß seine Zurückhaltung gewichtigere Gründe hatte. Der Kundschafter-General war 1987, vermutlich für eine befristete Läuterungsphase, auf Literatur umgestiegen. Ein Wechsel ohne Karenz vom Stasi-Direktorium in eine politische Spitzenfunktion, vielleicht als Generalsekretär, konnte belastend sein. Der von ihm angegebene Grund für das überraschende Ausscheiden aus dem Mielke-Ministerium war für jemanden seiner Statur wenig überzeugend: Er wolle fortan den künstlerischen Nachlaß seines Bruders, des Filmregisseurs Konrad Wolf, pflegen. Immerhin war Markus Wolf in Ost und West gleichermaßen als außergewöhnlich fähiger Spionage-Manager gepriesen. Selbst wenn es Mielke nicht unlieb gewesen sein konnte, den intellektuellen Wunderknaben loszuwerden, die sowjetischen Partner dürften kaum mit Wolfs Pensionierung einverstanden gewesen sein, es sei denn, sie sahen andere Gründe. Daß der General auch im Ruhestand – wie der «Spiegel» recherchiert hatte – auf allerlei Stasi-Equipment nicht zu verzichten brauchte, widerspricht nicht gerade dem, was Wolf sich selbst oder andere ihm zugedacht haben mögen.

Mir scheint, daß Wolf mit List und Härte seine Rückkehr, nun in die große Politik, vorbereitete. Dazu gehörte sicher, daß er in den Monaten vor dem Sturz Honeckers mehrmals Krenz aufsuchte und ihn in der Auffassung bestärkte, daß die SED-Politik geändert werden müsse. Krenz, der an seine Berufung als Honecker-Nachfolger glaubte, war ein geeignetes Medium, um in das Politbüro hineinzuwirken, das Wolf ja nicht zugänglich war. Es war der einzige Ort, wo der Gorbatschow-Widersacher Honecker ausgeschaltet werden konnte. Danach würde man weitersehen. – Ich erinnerte mich später, wie Modrow in einer Pause während der 10. ZK-Tagung zu anderen von einer «Kania- oder Jakes-Lösung» sprach. Ich hatte das nicht weiter beachtet. Er meinte wohl, die Bestätigung von Krenz als Generalsekretär sei eine Übergangslösung wie seinerzeit die vorübergehende Ersetzung Giereks durch Kania oder die Husaks durch Jakes.

Für einen Zufall möchte ich es auch nicht halten, daß Gysi und Wolf die einzigen namhaften SED-Leute waren, die von den Veranstaltern selbst auf die Rednerliste der Kundgebung auf dem Alex gesetzt wurden, die man später als die eigentliche Zäsur der Wende hatte hochstilisieren wollen. Es sollte sich zeigen, daß die Uhren längst anders gingen. Vorbei waren die Zeiten, wo «Geschichtlichkeit» durch Dekret oder Interpretation festgestellt wurde. Berlin oder Dresden konnten den Vorgängen in

Leipzig nicht den originären und bestimmenden Rang für die Wende in der DDR streitig machen.

Unser Verschwörerhäuflein im Politbüro hatte zwar Honekker gestürzt, aber wir waren nach Meinung einiger Selbsterwählter die falschen Leute. Für die Berufenen hielten sich der Freundeskreis um Wolf, zu dem Modrow und sicher auch Berghofer, der Dresdener Oberbürgermeister, gehörten. Einer ihrer Sympathisanten, von Hause aus ein Kunstkritiker, sorgte für späte Aufhellung. Im August 1990 druckte der Berliner «Morgen» eine lange Epistel des Mannes ab, der zu entnehmen war, daß die Dresdener Runde nicht ein provinzielles Politkränzchen war. Es soll frühzeitig über eine mächtige Rückendeckung verfügt haben.

«Noch Mitte 1987», war im «Morgen» zu lesen, «hatte der damalige Vizeminister für Staatssicherheit der UdSSR, Krjutschkow (er ist seit 1989 Chef dieser Behörde und Mitglied des Politbüros), Manfred v. Ardenne bei der Erörterung von Reformvorschlägen, die dieser ergebnislos Egon Krenz unterbreitet hatte, erklärt, die Zeit zum Handeln sei noch nicht gekommen... Damit die Sowjets Einfluß nehmen konnten, bedurfte es zweierlei: einerseits des spürbaren Volkswiderstandes, andererseits eines selbständig handelnden Mannes an den Schaltstellen des SED-Apparates. Dieser selbständig handelnde Mann war der Bezirkssekretär Modrow.»

Damit die Verknüpfung der drei Namen – Ardenne, Krjutschkow, Modrow – für den Leser verständlich wird, bleibt etwas nachzutragen. Das Institut von Professor Ardenne befindet sich in Dresden. Über den Aufenthalt des hohen Sowjetrepräsentanten in der sächsischen Bezirksstadt ist seinerzeit zwar keine Zeile veröffentlicht worden. Jedoch ist es ziemlich unwahrscheinlich, daß Krjutschkow damals Modrow, den Dresdener Bezirkssekretär, nicht getroffen oder ohne ihn das Institut besucht hat. Das gehörte zur Parteietikette. Man kann getrost davon ausgehen, daß Modrow von den Dresdener Äußerungen Krjutschkows Kenntnis hatte, um es zurückhaltend zu formulieren. Die um diese Zeit in westlichen Medien einsetzende stärkere Favorisierung Modrows als Honecker-Nachfolger stellt eine nicht zu übersehende Koinzidenz dar. Ob sie nur zufällig war, können allein Modrow und sein damaliger Moskauer Gast beantworten.

Auf den Verbund zwischen Modrow und Wolf weist der Enthüller an anderer Stelle seines Artikels hin. Er wirft der westlichen «Politologie» Begriffsstutzigkeit vor, weil sie nicht darauf reagiert habe, daß Modrow während eines BRD-Aufenthalts im August 1989 Markus Wolf als seinen Freund apostrophiert hat. «Es braucht wenig Phantasie», doziert er, «um zu erkennen, daß Markus Wolf mit seinen althergebrachten Beziehungen zum sowjetischen Sicherheitsministerium, dieser inzwischen von Krjutschkow geleiteten Stütze der Perestroika, der Organisator jener Anti-Honecker-Fronde war, die von Dresden am 8. Oktober die Initiative ergriff...»

Ob viel oder wenig, es braucht in jedem Falle Phantasie, um ein solches Bild des Geschehens zu zeichnen. Wolf und Modrow hatten den Tyrannensturz weder vermocht noch riskiert. Nachdem andere es getan hatten, mußten sie sich sputen, den Anschluß an die Entwicklung zu finden, «damit die Sowjets Einfluß nehmen konnten», was immer der Verfasser darunter versteht, aber auch in ihrer Rechnung klaffte ein Loch. Es genügte nicht, kein Mitglied des Politbüros gewesen sein, um vom Volk von der Verantwortung für die in Verruf gekommene SED-Politik freigesprochen zu werden.

Den Protest, der Wolf nicht weniger als mir auf der Berliner Kundgebung entgegenschlug, hatte ihm sein Stasi-Stigma eingetragen. Der gutinszenierte Ausflug in die literarische Welt, seine Peres-«Troika«-Software, hatte daran nichts ändern können. Es muß ihm bewußt geworden sein, daß große persönliche Ambitionen, die ihm in der Presse der Bundesrepublik nachgesagt wurden, womöglich verfrüht, wenn nicht verfehlt wären.

Das Minenlegen gegen die erste Schicht der «Erneuerer» betrieb er entschlossen weiter. Am markantesten zeugt davon ein

Artikel, den er während der 10. Tagung des ZK im «ND» veröffentlicht sehen wollte. Darin spricht er – nun schon im Tonfall des politischen Weichenstellers – dem «provisorischen alten – neuen Politbüro» die Führungslegitimation ab und verleiht sie den Parteidemonstranten vor dem ZK, insbesondere den jungen Wissenschaftlern und Studenten. Der Artikel endet mit einer merkwürdigen, vorauseilenden Demission und gleichzeitiger Platzreservierung für den politischen Olymp: «Wir Älteren werden Ihnen mit Rat und Tat zur Seite stehen, Ihnen aber den Vortritt lassen. Einen Jürgen Kuczinsky oder Markus Wolf braucht man nicht in ein neues ZK zu wählen. Wir sind auch so da!»

Der Chefredakteur des «ND» wagte nicht, die Herausforderung an das «alt-neue Politbüro» zu veröffentlichen. Der Rundfunk hingegen verbreitete den Wolf-Appell. Dort funktionierten die junge Medienfreiheit und die Kontakte des Verfassers besser.

4

Eine Woche nach der 9. ZK-Tagung wurde Krenz von der Volkskammer zum Vorsitzenden des Staatsrates und zum Vorsitzenden des Nationalen Verteidigungsrates gewählt. Das Parlament tagte so geräuschlos und geölt wie ehedem. Eine Debatte gab es nicht. Volkskammerpräsident Sindermann versprach, «den Formalismus aus unserem Hause zu verbannen». Honecker wurde ohne Kommentar seitens einer der Fraktionen von seinen staatlichen Funktionen abberufen. Ebenso erging es Mittag, der Mitglied des Staatrates und Vorsitzender des Volkskammerausschusses für Industrie und Bauwesen war. Am trauten Bild vom honorigen freiwilligen Ämterverzicht wurden noch ein paar Pinselstriche angebracht. Mit herzlichem Beifall wurden die Bemerkungen Sindermanns quittiert: «Wir lassen die menschliche Größe und die kommunistische Anständigkeit unseres Genossen Honecker nicht antasten.» Krenz entbot Honecker Respekt für sein politisches Wirken und wünschte ihm Gesundheit und Wohlergehen, wofür er gleichfalls Beifall erhielt.

Doch es gab ein auffallendes Indiz dafür, daß sich unter der glattgeharkten Oberfläche des Parlaments etwas bewegte. Bei der Wahl von Krenz zum Staatsratsvorsitzenden stimmten 26 Abgeordnete gegen ihn, und ebenso viele enthielten sich der Stimme. Mit dem Vorsitz im Nationalen Verteidigungsrat wollten acht Parlamentarier Krenz nicht betraut sehen, siebzehn waren sich unschlüssig. Soweit ich es übersehen konnte, waren die meisten von denen, die sich nicht Volkskammer-konform verhielten und aus der gewohnten Reihe tanzten, Mitglieder der LDPD-Fraktion.

Ihr Parteivorsitzender Gerlach hatte Anspruch auf den Vorsitz im Staatsrat erhoben. Er meinte – meines Erachtens zu Recht –, eine gewisse politische Hervorhebung verdient zu haben. Gerlach und seine Partei hatten sich in den letzten Jahren nicht mehr so lammfromm zur SED verhalten wie die anderen Parteien im «Block». Sie hatten die spezifische Interessenlage ihrer Mitglieder, meist Gewerbetreibende, aber auch Ärzte und Techniker, deutlicher ausgesprochen. In der zweiten Hälfte des Wende-Jahres waren Gerlach in Reden und die LDPD-Zeitung «Der Morgen» mit Erneuerungstönen hervorgetreten.

Ein Eingehen auf Gerlachs Ambitionen hätte eine beachtliche Aufwertung der Rolle der Blockparteien und unsere Bereitschaft signalisiert, den anderen Parteien mehr Kompetenz und Spielraum zuzugestehen. Wir sahen in Gerlachs Forderung nicht die Offerte. Im persönlichen Gespräch mit Gerlach argumentierten Krenz und ich, daß die Verhältnisse noch zu neu und zu unsicher seien und deshalb ein gemeinsames Interesse bestehe, an den gegebenen zentralen Befugnissen zunächst nichts zu ändern. Wir ließen durchblicken, daß wir uns bei weiteren personellen Veränderungen Gerlach als Volkskammerpräsidenten vorstellen könnten. Er lenkte ein und verzichtete darauf, in der Volkskammer gegen Krenz anzutreten. Fraktionszwang werde es aber in seiner Partei nicht geben.

Für die Mehrheit im Politbüro war Krenz in diesem Punkte fast zu kompromißlerisch gewesen. Gerlach war ihnen nicht geheuer, ein unzuverlässiger Bundesgenosse, nur darauf bedacht, abzuspringen und sich auf Kosten der SED zu profilieren. Die beleidigte Engstirnigkeit schlug auch bei der späteren Wahl des Volkskammerpräsidenten durch. Sie belastete die Verhandlungen, die Modrow, inzwischen designierter Ministerpräsident, für die Bildung einer Koalitionsregierung aus Vertretern mehrerer Parteien mit nun schon deutlich voneinander abgehobenen Interessen führen mußte.

Ich hatte Gerlach vor der Wahl zugesagt, daß ich in der SED-Fraktion für ihn als Parlamentspräsidenten plädieren würde. Als ich das tat, wurde mir von Krolikowski entgegengehalten, daß da die gesunden Kräfte in der Partei nicht mitziehen würden. Ich erwiderte, daß mir angst und bange werde, wenn Krolikowski das Prädikat «gesund» und «ungesund» an die Genossen vergibt. Wir wollten uns nicht länger wie Mimosen gegenüber der LDP aufführen, sondern besser daran denken, wie Modrow eine echte, konstruktive Regierungskoalition zimmern könne.

Modrow, von dem ich mir gewünscht hätte, er würde kräftig in meine Kerbe hauen, sprach über einige Schwierigkeiten, mit denen er als künftiger Premier zu tun haben werde; er empfahl, bei diesen Prämissen die richtige Wahl zu treffen. Als die «richtige Wahl» erwies sich nach Meinung der SED-Mehrheit in der Volkskammer nicht Gerlach, sondern der Vorsitzende der Bauernpartei, Maleuda. Ein lauterer und bescheidener Mann, der seine Aufgabe in der komplizierten Übergangsphase mit Anstand und bemerkenswertem demokratischem Sinn löste.

Gerlach nahm gelassen in Kauf, daß die SED-Mehrheit ihn hatte durchfallen lassen. Er ahnte Mitte November gewiß schon, daß Krenz es nicht mehr lange machen würde. Nachdem der Staatsratsvorsitzende Krenz den Generalsekretär Krenz um eine Woche politisch überlebt hatte, nahm Gerlach seinen Platz ein. Er amtierte unauffällig bis zur Konstituierung der neuen, freigewählten Volkskammer.

Die Wahl von Krenz an die Spitze des Staatsrates nahm sich für uns, die wir zu dieser Zeit blind waren für die gefährlichen Handicaps, die wir uns selbst aufhalsten, wie ein Doppelerfolg aus. Einerseits hatte er die sogenannte überwältigende Mehrheit auf sich vereinigt; zum anderen wurde durch Gegenstimmen und Stimmenthaltungen ein für die Volkskammer ungewohnter demokratischer Dissens offenbar. Krenz wertete denn auch das Ergebnis der Abstimmung als «das notwendige und begrüßenswerte neue Selbstbewußtsein unseres hohen Hauses». In Wirklichkeit sahen sich die Menschen in ihren Zweifeln an der neuen Führung bestätigt. «Die SED macht's genauso wie unter Honekker. Sie behält alles in der Hand, um sich nicht auf die Finger sehen zu lassen.»

Die 9. Tagung des ZK hatte schon verkündet, daß Krenz auch Staatsoberhaupt werden soll. Es gab viele Zuschriften und Stimmen in der Bevölkerung, die davor warnten, die alte Machtkonzentration beizubehalten. In einer Versammlung aller SED-Mitglieder der Volkskammer am Vormittag vor der Wahl von Krenz hatte der Abgeordnete Kant, Vorsitzender des Schriftstellerverbandes, den Parlamentspräsidenten, Sindermann, mit dem Dilemma konfrontiert, in dem nicht nur Kant sich befand. Wie solle er sich entscheiden zwischen Wählerauftrag (nicht für Krenz) und Parteidisziplin (für Krenz)? Auch der Schriftsteller Holtz-Baumert äußerte Besorgnis über die Zusammenfassung eines Übermaßes von Macht in einer Hand.

Sindermann gab eine klassische Antwort: Jeder Abgeordnete müsse jetzt mit den Wählern sprechen und seine Meinung vertreten, von der er doch annehme, daß sie mit der Position der Partei übereinstimme. Der ZK-Veteran Quandt, ehemals Erster SED-Sekretär des Bezirkes Schwerin, machte das weniger sibyllinisch. Er beschied Kant kurz und bündig: «Wir können keine Gewaltenteilung zulassen. Deshalb muß Krenz gewählt werden.»

Statt Erneuerung triumphierte der Anachronismus. Die Veränderer, sowenig angenehm uns das war, steckten mit den Beharrern noch immer im selben Graben. Wir wollten eine bessere

DDR und eine andere, eine bessere SED. Aber daß die SED das nur werden konnte, wenn sie von ihrer verfehlten Machtanmaßung abrückte, das hatten wir im Innersten noch nicht verstanden. Deshalb schoben wir auch die ernsthafte Kontaktnahme zu den neuen politischen Kräften hinaus. Wir hielten es für weniger riskant und für aussichtsreicher, erst einmal die Verankerungen unserer Macht im alten «Bündnissystem» mit den vertrauten Partnern neu zu justieren.

5

Daß wir auf den Vorsitz im Staatsrat nicht verzichtet hatten, war ein schwerer Fehler. Nicht weniger sollte uns der schleppende Gang der Untersuchungen über die Ausschreitungen am 7. und 8. Oktober in Berlin belasten. In der schon erwähnten Zusammenkunft aller SED-Abgeordneten der Volkskammer nahm das Thema mehr Raum als die Frage ein, ob es opportun sei, Krenz auch als Staatsoberhaupt zu installieren. Tenor der Debatte war nicht das Bedauern über das Zusammenschlagen der Demonstranten. Statt dessen wurde darüber lamentiert, welchen niederträchtigen Anwürfen die Partei ausgesetzt sei.

Der schon zitierte Quandt schilderte mit sich überschlagender Stimme, wie er nach 1945 erboste Bauern, die sich einem Zwangseinsatz entziehen wollten und ihm bedrohlich auf den Pelz rückten, mit einer Pistole in Schach gehalten habe. Er lasse sich nicht von konterrevolutionären Rowdies totschlagen. Das müsse man auch einem Angehörigen der Schutz- und Sicherheitsorgane zubilligen, wenn er sich gegen eine aufgewiegelte Menge zur Wehr setzen müsse.

Es war eine unglaublich selbstgerechte und verdrehte Lesart des Geschehenen, die uns morgen schon wieder in Konflikte stürzen könnte. Ich verlangte, daß man mit den larmoyanten Selbstbespiegelungen aufhören sollte. Ich berief mich auf die Erfordernisse der politischen Lage. Darunter verstand ich auch, die Krenz-Wahl nicht durch eine unabgetragene politische Hypothek zu belasten. Wir müßten unverzüglich die Öffentlichkeit über die Resultate der bisherigen Ermittlungen in Kenntnis setzen. Der Mangel an Entschiedenheit und Information demontiere das Ansehen des neuen Generalsekretärs. Daraufhin wurde am nächsten Tag der von Wolfgang Herger vor dem Staatsrat erstattete Bericht des Volkskammerausschusses für Verfassung und Recht über die Untersuchungsergebnisse veröffentlicht.

Während der Parteiversammlung, die im Plenarsaal der Volkskammer stattfand, waren die Mikrofone, die in alle Nebenräume übertrugen, nicht abgeschaltet gewesen. Ein unbekannt gebliebener Tontechniker hatte die Debatte fast vollständig mitgeschnitten und das Band oppositionellen Kräften zugespielt.

In Presseberichten wurde danach der Eindruck erweckt, daß ich im Gegensatz zu meinen Intentionen die Untersuchung gegen die Schuldigen an den Übergriffen habe unterbinden wollen. Ich nahm später vor dem unabhängigen Berliner Untersuchungsausschuß Gelegenheit, die Interpretation richtigzustellen, zu der vermutlich eine Formulierung von mir Anlaß gab. In der Parteiversammlung hatte ich den Informationskrampf der ermittelnden Justiz als ein Trauerspiel bezeichnet und darauf bestanden, die konkreten Ergebnisse der vorliegenden, also «vorläufig abgeschlossenen», Ermittlungen nicht länger den Bürgern vorzuenthalten. Aus dieser Wendung wurde der Verdacht gegen mich geschlußfolgert. Er war unzutreffend. In der von mir zur Veröffentlichung empfohlenen Erklärung des Abgeordneten Herger ist auch von einem Abschluß der Untersuchungen keine Rede. Es wurde, im Gegenteil, der Generalstaatsanwalt beauftragt, jeden einzelnen Fall genau zu untersuchen.

Daß am 7. und 8. Oktober in Berlin Menschen blutig geprügelt und gedemütigt wurden, war das traurigste und abstoßendste Selbstzeugnis der DDR an ihrem Jahrestag. Die unmittelbar schuldig geworden sind, waren Hervorgebrachte und Opfer einer jahrzehntelangen Indoktrination mit Feindbildern, die jeden ausgrenzten, der sich nicht ins Prokrustesbett unserer Dogmen pressen ließ. Auch wir, die wir uns in diesen Tagen endlich anschickten, der Repression ein Ende zu setzen, konnten damit eine tieferliegende Schuld nicht kompensieren.

Auf das Volk der DDR blieb die im Grunde nur mit zwei Farben – Schwarz und Weiß – hantierende Propaganda der SED weithin ohne tiefe Wirkung. In den Köpfen der Genossen, aber auch nicht weniger Parteiloser, die durch Profession und andere Umstände dem System nahestanden, hatte die Parteilinie doch deutliche Spuren gegraben. Sie hatten sich an diese Weltsicht, die scheinbar in sich geschlossen war, gewöhnt und brauchten sie. Sie bezogen daraus Selbstbehauptung, weil die Menschen in ihrem Umfeld sie vielfach nicht akzeptierten. In Konfliktlagen sollte und mußte sich dieses eingeübte Selbstbewußtsein als ein von Feindseligkeit umringtes Ego auf gefährliche Weise entladen.

Acht Jahre war ich in der Spitze der Machtpyramide der SED tätig. Ich trage Verantwortung für ihre Politik und deren deformierende Auswirkungen. Krenz und ich haben diese Mitschuld vor dem Berliner Ausschuß zur Untersuchung der Vorgänge am 7. und 8. Oktober bekannt.

6

Das frühe und jähe politische Ende es FDGB-Vorsitzenden Tisch, der seit 1971 als Kandidat und seit 1975 als Vollmitglied dem Politbüro angehörte, war mit der zerstörerischen Krise des Gewerkschaftsbundes verflochten. Beides zeigte die Konvulsionen an, die das System nach unserem Versuch einer Rettungstherapie erfaßten. Tischs Untergang, der schon am 2. November auf einer Tagung des Bundesvorstandes besiegelt wurde, war eine im Zeitraffer ablaufende Analogie auf unser künftiges Debakel.

Das geht bis zu dem Verdacht von Tisch, daß ihn Verschwörer zu Fall gebracht haben. Verschwörer können vielleicht nicht anders, als die Ursache für das eigene Fiasko in einer anderen Verschwörung zu vermuten.

Mein letztes Treffen mit Tisch fand im neuen FDGB-Gebäude statt, und zwar unmittelbar nach der 9. ZK-Tagung. Er hatte mich auf ein paar vertrauliche Worte in sein Büro gebeten. Ich sah mir bei dieser Gelegenheit den «Prunkbau», wie ihn der Kollege aus dem VEB «7. Oktober» genannt hatte, das erste Mal genauer an. Die gegliederte Fassade nahm dem Betonklotz, an der Spree auf der Höhe der Jannowitzbrücke gelegen, etwas von seiner Massigkeit.

Es war ein «LVO-Objekt» gewesen. «LVO» bedeutet «Landesverteidigungsobjekt». Wenn ein Bau, gleich ob militärischer oder ziviler Bestimmung, beschleunigt hochgezogen werden sollte, benötigte er dieses Prädikat vom Bauministerium. Damit war dem Bauherrn der Zugang zu jenem Schlaraffenland eröffnet, wo der Strom von Zement und anderen begehrten Baumaterialien nie versiegte. Auch den Arbeitskräften und Technik war dann nicht länger Mangel, der das Bauen in den Wohngebieten oder in der Industrie für die Bauleute zum Dauerstreß macht. Ich erinnerte mich, daß ich vor Jahresfrist mit Hilfe der Berliner Gewerkschaftsvorsitzenden Annelies Kimmel, die später Tisch im Amt ablöste, Arbeiter von dieser LVO-Baustelle zeitweilig abzweigen ließ, um die seit zehn Jahren andauernde Rekonstruktion des Krankenhauses Köpenick zu beschleunigen.

Ich hatte noch nie ein Bankhaus von innen gesehen. So könnte es aussehen, ging es mir durch den Kopf, das Interieur der FDGB-Feste musternd, eine dezente Mischung von Eleganz und Sachlichkeit. Nach der Gewerkschaften eigenem Geist roch es mir nicht in diesen Gängen. Kaum vorstellbar, daß sich ein schlichter Kollege mit seinen Sorgen hier unbefangen dem Vorsitzenden nähern würde. So war das auch nicht gedacht. Später hörte ich, daß in der oberen Etage ständig Volkspolizisten untergebracht waren, um den Insassen unliebsame Besucher vom Leibe zu halten.

Ich unterließ eine Anspielung darauf, als ich Tisch sah. Er saß hinter einem maßgefertigten halbrunden Schreibmöbel und machte ein sorgenvolles Gesicht. «Da läuft was schief», sagte er. – «Was?» fragte ich. Er sprach von seinen Besuchen in der Elbewerft und im VEB Bergmann-Borsig. «Die Kollegen in beiden Betrieben habe ich aufmöbeln wollen, ihre Interessen zu behaupten gegenüber Partei- und Wirtschaftsleitungen, die die Gewerkschaften nicht für voll nehmen. Du kennst ja unser Leiden. Wir sind uns darüber auch einig mit Egon. Und nun höre ich aus allen Richtungen nur Ärger, Meckerei und Protest.» In seiner Besorgnis schwang unausgesprochen die Ahnung mit, daß unter solchen Umständen der Traum vom Gewerkschaftspremier bald ausgeträumt sein würde.

«Irgend jemand will mir etwas am Zeug flicken», fuhr er fort. – «Ich glaube, schuld ist die ‹Tribüne› mit ihrer Berichterstattung über meine Reden in den Betrieben. Da ist alles so – verkürzt wiedergegeben. Die Kollegen müssen danach zu dem Eindruck kommen, ich wollte ihnen vorwerfen, daß sie nicht genügend aktiv seien. Ich frage mich, ob nicht der Simon, du kennst ihn doch...» Er brach ab.

Ich verstand das Ganze nicht. Wir hatten von den Schwierigkeiten, in die Tisch geraten war, so gut wie nichts mitbekommen. Ich nahm mir vor, in der «Tribüne» nachzulesen, was passiert war. Mit Simon würde ich sprechen, um Genaueres zu erfahren. Aus der gemeinsamen Zeit bei der «Tribüne» kannte ich ihn gut. Wir hielten weiter Kontakt, als ich zum «ND» überwechselte und ins Politbüro kam. Er suchte mich von Zeit zu Zeit auf. Wir sprachen dann freimütig und lange über die Lage. Simon war für unsere Verhältnisse ein aufsässiger Mann, einer Lobhudelei für die Obrigen, auch für Tisch, abhold. In der «Tribüne» wurden öfter kritische Töne angeschlagen. Tisch klagte manchmal darüber, daß es mit Simon «kein leichtes Brot» sei. Aber feuern wollte er ihn nicht, weil er ein guter Chefredakteur war. Die eigene Tonlage der «Tribüne» kam ihm auch gelegen für sein Renommee als Gewerkschaftsführer, nicht zuletzt gegenüber ausländischen Partnern. Jetzt hoffte er wohl, daß ich auf Simon in seinem Sinne einwirken würde.

Nach den Kontakten mit mir und Krenz Ende September hatte Tisch verstanden, daß die politischen Zeitläufte in der DDR bald eine andere Richtung nehmen würden. Er begann sich unverzüglich darauf einzustellen. In einer durch die Veränderung in der Partei sich erneuernden politischen Landschaft würden die Gewerkschaften einen anderen Stellenwert als bisher erlangen. Das sowjetische Beispiel hatte das vorgeführt. Um von den Arbeitern akzeptiert zu werden, würden sie nicht länger die bedingungslosen Erfüllungsgehilfen der SED sein können. Das Aktionsdefizit der Gewerkschaften war in den letzten Monaten peinlich offenbar geworden. Die oppositionellen Bürgerbewegungen gaben den politischen Takt an. Sie artikulierten auch die politischen Bauchschmerzen und Wünsche der Arbeiter. Der FDGB, der Gewerkschaftsapparat, hatte diese bewegte Zeit als schlafender Riese verbracht.

Tisch sah, daß es höchste Zeit war, das Gewerkschaftspotential durch vorsichtiges Absetzen von der Bevormundung durch den SED-Apparat zu vitalisieren. Vielleicht könnte er dadurch selbst an Profil zugewinnen. Er hatte außerdem einen Ansehensverlust wettzumachen. Bei einem Besuch in der BRD im September – es war der letzte Ausflug eines Politbüromitgliedes in den anderen deutschen Staat – hatte er es abgelehnt, mit ausgereisten DDR-Bürgern zu sprechen. Sein Kommentar: Die haben ja auch nicht in Berlin versucht, mit mir zu reden. Hüben wie drüben hatte das böses Blut gemacht. Eine Scharte war auszuwetzen.

Aber Tisch verstand nicht, daß die Logik der Verhältnisse härter, unnachsichtiger geworden war. Er glaubte, sich gut eingerichtet zu haben. Im Politbüro kehrte er den Gewerkschaftsführer hervor, der der Partei die Gefolgschaft von neun Millionen Gewerkschaftsmitgliedern sicherte. Hier bestand er darauf, als Gewerkschaftsexperte gehört zu werden. Im FDGB wiederum wollte er als Repräsentant der allmächtigen Partei respektiert sein, als «tüchtiges», voll akzeptiertes PB-Mitglied. Davon profitierte auch der Tisch-Apparat im FDGB; es sicherte ihm eine gewisse Eigenständigkeit, sozusagen die Schlüsselgewalt über ein Haus im Cottage-System der SED.

Sein Arrangement mit der Macht über ihm und dem Apparat unter ihm würde künftig nicht mehr ausreichen. Erstmals lief Tisch Gefahr, daß sich die Mitglieder von ihm abwenden würden, wenn er als Erneuerer nicht überzeugte. Schließlich war er jahrelang als Gewerkschaftsvorsitzender ein entschiedener Verfechter der Unterordnung des FDGB unter die SED-Aufsicht gewesen. Letztlich war und blieb Tisch ein in der Wolle gefärbter Parteifunktionär. Hier war seine Grenze. Einmal hatte ihm einer seiner Vertrauten geraten, aus dem Politbüro auszuscheiden, um sich deutlicher als Gewerkschafter zu empfehlen. Er hatte das entrüstet zurückgewiesen wie eine Verführung zur Untreue gegen die Partei.

Um die «gewerkschaftlichen Spielräume» besser auszuschöpfen, gab Tisch seinem widerborstigen Chefredakteur – gut, daß er ihn gehalten hatte – erst einmal freie Hand, soviel wie möglich von den Sorgen der Kollegen in der «‹Tribüne› widerzuspiegeln», vor allem durch den Abdruck von «echten» Leserbriefen.

Außerdem eilte er selbst unverzüglich an die Basis. In der Rede vor dem Gewerkschaftsaktiv der Elbewerft in Boitzenburg bekräftigte er Gedanken, die er schon im Präsidium des FDGB geäußert hatte. Er griff ziemlich unverhüllt Mittags Wirtschaftspolitik an und nannte die Plandiskussion eine Farce. Die dabei mit den Belegschaften erarbeiteten Kennziffern seien Muster ohne Wert, weil sie ohnehin schon wieder am nächsten Tag geändert würden, ohne die Gewerkschaften zu fragen. Er betonte die Notwendigkeit einer unabhängigen Rolle der Gewerkschaften. Die Demokratie im Betrieb müsse wirksam werden. In der Elbewerft mahnte er die gewerkschaftlichen Vertrauensleute, ihre Pflichten als Interessenvertreter gründlich wahrzunehmen und nirgendwo soziale Ungerechtigkeiten hinzunehmen. Bei Bergmann-Borsig wandte er sich gegen die «Dreifaltigkeit» von Betriebs-, Partei- und Gewerkschaftsleitung, in der die Gewerkschaften gewöhnlich unter den Stiefel genommen würden.

Die Töne kamen zu spät. Schon in den beiden Betrieben war zu spüren gewesen, daß sich die Kollegen durch die Vorhaltungen Tischs «verarscht» vorkamen. Sie, die betrieblichen Gewerkschaftsfunktionäre, waren zwischen dem Anspruch der Staats- und Parteiraison einerseits und dem Druck der Kollegen andererseits fast zerrieben worden. Nun stellte sich Tisch, der diesen Zustand stets als sozialistisches Gewerkschaftsideal gepriesen hatte, vor sie hin und belehrte sie über Pflichtversäumnisse.

Die «Tribüne» brachte Berichte mit Auszügen aus den Reden von Tisch. Das Echo aus anderen Teilen der Republik war das gleiche. Empörung und Wut machten sich in zahlreichen Leserbriefen an die Redaktion Luft. Tisch prallte vor dem Bumerangeffekt seiner Auftritte entsetzt zurück. Er begriff die Welt nicht mehr. Das mußte die «Tribüne» mit ihrer Berichterstattung versaubeutelt haben.

Tisch erweckte bei seinen Reden und Auftritten den Eindruck, daß er es vorziehe, ein standfester und bedächtiger Politiker zu sein als ein schnellfüßiger Sprüchemacher. Er unterstrich es durch seine pastorale, norddeutsch gefärbte Redeweise. Jetzt war er die Fassungslosigkeit in Person.

Er konnte und wollte es nicht verstehen, daß die Leute von ihm nicht gute Ratschläge, sondern substantielle Selbstkritik hören wollten. Verbohrt hielt er an seiner Lesart fest, man habe ihn entstellt.

Es trieb ihn, sich erneut öffentlich zu erklären. Damit beschleunigte er, ohne es zu wissen, sein Ende. Er drängte sich in eine Gesprächsrunde, zu der das Fernsehen eine Reihe von Gewerkschaftern aus Betrieben geladen hatte. Mit einigen beschwörenden Redensarten hoffte er, die Stimmung zum Besseren zu wenden. Wieder wurde er überrumpelt von den feindseligen Reaktionen seiner Gesprächspartner. Er ließ sich die Zusicherung abringen, auf der nächsten Bundesvorstandssitzung die Vertrauensfrage zu stellen.

Am Sonntag, dem 29. Oktober, tagte das Politbüro abends in Wandlitz. Zeit und Ort waren ungewöhnlich. Krenz wollte sich die Linie für seine ersten Gespräche mit Gorbatschow absegnen lassen, die am Dienstag in Moskau stattfinden sollten. Der Hauptinhalt war bestimmt vom Entwurf des Aktionsprogramms, das auf der nächsten ZK-Tagung verabschiedet werden sollte. Wir versprachen uns davon politischen Bodengewinn. Fast beiläufig wurde eine überfällige Information des Ministerpräsidenten zur Kenntnis genommen. Margot Honecker, Minister für Volksbildung, war um ihren Rücktritt eingekommen. Auch von der Affäre Tisch wurde in dieser Sitzung kein großes Aufhebens gemacht.

Bedrückt schilderte Tisch die Lage, in die er sich selbst gebracht hatte. Diesmal war das Fernsehen der Sündenbock. Die Reporter hätten sich nicht an die Absprachen gehalten. «Was soll ich tun, Genossen», fragte er. Darin lag unausgesprochen die Bitte um Rückenstärkung, womöglich um einen Beschluß, daß er FDGB-Vorsitzender bleibe. Wieder verkannte er die Umstände. Er konnte nicht erwarten, daß um seinetwillen das Politbüro noch einmal in die Vormundrolle schlüpft, von der es sich auf Dauer lösen mußte. Er konnte keinen Befehlsnotstand mehr von der Partei beanspruchen, aus deren Schlepptau er die Gewerkschaften doch lösen wollte.

«Wenn du es selbst angekündigt hast, mußt du die Vertrauensfrage auch stellen. Andernfalls machst du dich völlig unmöglich», bekam er von uns zu hören. «Wie der Bundesvorstand entscheidet, ist allein seine Sache. Wir können nicht eingreifen. Da mußt du durch, Harry.» In seinem Buch «Tischzeiten» beschreibt Simon, wie der FDGB-Chef gegen Mitternacht von der Politbürositzung in eine Beratung des FDGB-Präsidiums zurückkehrte, die gleichfalls am Sonntag anberaumt worden war.

«Er ist aufgekratzt», heißt es da. «Er berichtet, daß das Politbüro sich für ihn ausgesprochen hat. Damit sei die Linie für die

Bundesvorstandssitzung klar. Es müsse nun gesichert werden, daß die Abstimmung eine deutliche Entscheidung für ihn als Vorsitzenden bringe. Wörtlich: Es wird zwar so sein, daß einige hunderttausend Gewerkschafter austreten, wenn ich bleibe, aber bei 9,6 Millionen Gewerkschaftern ist das zu verkraften. – Niemand protestiert gegen diesen ungeheuerlichen Satz.»

Tisch mußte der Suggestion seiner Wunschvorstellungen völlig erlegen sein. Die Meinung, daß der Verlust einiger hunderttausend Gewerkschaftsmitglieder auch nicht im entferntesten dem Verlust gleichkäme, den der FDGB bei seinem Rücktritt erlitte, legt eine neurologische Diagnose nahe. Am 2. November war für Tisch Ultimo. Die 156 Mitglieder des Bundesvorstandes, selbst unter dem Druck der Gewerkschaftsbasis stehend, nahmen den Rücktritt des Vorsitzenden ohne einen sentimentalen Einwand an.

Je undurchsichtiger sich ein politischer Umbruch vollzieht, desto farbiger sprießen die Legenden. Ich bin Monate später von ernsthaften wissenschaftlichen Beobachtern der DDR-Szene gefragt worden, ob nicht die SED nach verschwörerischem Rezept vorgegangen sei. Habe sie nicht, um von ihren eigenen Skandalen abzulenken, die Öffentlichkeit auf die Skandale anderer Figuren und Institutionen fixiert, um als Partei zu «überwintern»? Vor wichtigen Bundesvorstandssitzungen des FDGB seien Skandale mit gewerkschaftlichem Hintergrund in die Presse lanciert worden. In Gewerkschaftskreisen gehe die Vermutung um, das habe der damalige Medienverantwortliche der SED Schabowski inszeniert. Der FDGB sei quer vor die Partei gelegt worden, um sie so lange wie möglich zu schützen und über die Runden zu bringen.

Ich habe meinen Interviewern gesagt, daß in ihrer «Parteilegende» eine wichtige Dimension fehle. Sie zögen die Komplexität der politischen Situation ungenügend in Betracht. Wir hatten den Personenwechsel in der SED-Spitze zu einer Zeit vollzogen, als die politische Wende im Lande längst im Gange war. Wir waren folglich in einem Zustand, wo wir den Notwendigkeiten fortwährend hinterherhinkten. Wir hatten gar keinen Spielraum für Überlegungen, die den FDGB betrafen. Den wähnten wir bei Tisch in guten Händen. Zuallerletzt wäre uns in den Sinn gekommen, ihn zu opfern. Da uns überall die Felle wegschwammen, war er für uns objektiv ein potentieller und dringend benötigter Massenrückhalt.

Zu jener Zeit pfuschte auch niemand mehr der Presse ins Handwerk. Als sogenannter Medien-Verantwortlicher der SED seit dem 9. November war ich nicht gewillt, dort anzuknüpfen, wo Herrmann aufgehört hatte. Die Redaktionen hatten die Sache entschieden in ihre Hände genommen. Auch sie waren allerdings der Dynamik der Verhältnisse unterworfen. Einer der Skandale betraf das Einfamilienhaus des Vorsitzenden der IG Metall, Nennstiel. In einer Information von Bauarbeitern an die «Berliner Zeitung» war der Verdacht geäußert worden, daß bei dem Bau, der von den nicht sehr üppigen Normen abwich, nicht alles mit rechten Dingen zugegangen sei. Später sollte sich herausstellen, daß zumindest kein Straftatbestand vorlag. Hätte sich die Redaktion geweigert, der Information Raum zu geben, wäre sie in den Verdacht geraten, Korruption in Funktionärskreisen zu decken. Das konnte in dieser Zeit der Umwertung aller bisherigen Werte keine Zeitung riskieren.

Ich hatte der Redaktion weder das Material zugespielt noch auf den Termin der Veröffentlichung Einfluß genommen. Die Medien waren in der Vergangenheit stranguliert worden, aber sie hatten ihre Kräfte nicht völlig eingebüßt. Sie waren im Verlauf der Wende fähig, ihre Fesseln zu sprengen. Als zuständiger Sekretär hatte ich keine Leichname zu beleben. Andererseits war ich entschlossen, an ihrer neugewonnenen Freiheit, ihren Kompetenzen nicht mehr rühren zu lassen.

Das Schicksal von Tisch und die Auflösung der FDGB-Strukturen vollzogen sich unaufhaltsam, ohne unser Zutun. Es war banaler, als es die Legenden glauben machen. Es passierte, weil die Zeit gekommen war.

7

Das Thema nahm ganze dreieinhalb Minuten von der fast einstündigen Pressekonferenz in Anspruch: Ich hatte die Maueröffnung bekanntgegeben. Als ich mir anschließend gegen 19 Uhr den Weg durch die sich am Ausgang ballenden Journalisten bahnte, ahnte ich nicht, was für ein Impuls damit ausgelöst worden war. Heute bin ich sicher, daß er auf die von Gorbatschow in Bewegung gesetzte politische Tektonik Europas nachhaltiger wirken wird als die vierzig Jahre, die seit Gründung der DDR vergangen waren. Stalin hatte den 7. Oktober 1949, den Tag der Proklamation eines zweiten deutschen Staates, zur Wendemarke in der Geschichte des Kontinents ernannt. Die Prophezeiung blieb nicht unerfüllt. Nun war, für viele noch unerkannt, ihre Gültigkeitsdauer abgelaufen.

Die bis heute eingetretenen Folgen der von mir überbrachten Botschaft lagen am 9. November jenseits meines Blickfeldes. Hätte mir damals jemand vorgehalten, daß ich mich nach unserem Schritt in weniger als zwölf Monaten zu einem Bundesbürger mausern würde, ich hätte das als eine lächerliche Prophezeiung zurückgewiesen. Es wäre für mich ebenso absurd gewesen wie die Voraussage am 18. Oktober 1989, daß nach Ablauf von fünf Monaten dem gestürzten Honecker im Amt des Oberbefehlshabers der DDR-Streitkräfte ein Pazifist und Pfarrer namens Eppelmann folgen würde.

Meine Empfindungen und mein politisches Selbstbewußtsein waren am 9. November weniger als sonst von Zweifeln getrübt. Wir hatten bis dahin auf unserem kurzen Wege, die SED und das System zu bessern, schon unverzeihliche Fehler begangen. Sie betrafen allerdings uns selbst und trugen uns die Häme und den dankbaren Haß derer ein, die uns für untauglich hielten, im «Innersten verdorben» für eine wirkliche Erneuerung.

Diesmal war es anders. Ich war nicht nur der Bote, ich war auch die Botschaft. Endlich konnte ich öffentlich erklären, daß jeder das Recht hatte zu reisen, wann und wohin es ihm beliebte.

Die Schmach war abgeschüttelt, die den einzelnen aufbrachte, wenn ihm der Staat ein Stück der Menschensouveränität vorenthielt.

Ich empfand um so mehr Genugtuung über mein Verkündungsrecht, als ich damit einen neuen Fehler berichtigen konnte. Wir hatten vor wenigen Tagen erst den Entwurf eines Reisegesetzes zur öffentlichen Diskussion unterbreitet, durch dessen Paragraphen noch immer der alte Geist der Bürger-Bevormundung schielte. Die Korrektur war für mich kein taktischer Schritt. Es ging nicht nur um die eigene Bestandssicherung, um den Machterhalt, wie die Opposition unser Strampeln deutete. Es ging um die Menschen und eines ihrer elementaren Rechte. Wir lösten zum erstenmal eines der Versprechen ein, die wir uns unter dem Druck der Bürgerbewegung auferlegt hatten: Reisefreiheit. Als ich am späten Abend des 9. November den Ausbruch der Freude sah, wurde mir klar, wie instinktlos wir uns an einem elementaren Bedürfnis der Menschen vergangen hatten.

Bis die Szene für meinen Auftritt hergerichtet war, hatte sich der Aufbau der Kulissen so rumpelnd und knirschend vollzogen, wie das der Stil der ganzen Umwälzung war. Unsere Entschlossenheit, als erstes die Reisefrage anzupacken, war durch einen Auftrag von Ministerpräsident Stoph an den Innenminister angezeigt, den Entwurf eines Reisegesetzes auszuarbeiten, der vier Wochen öffentlich diskutiert werden sollte. Noch vor Weihnachten sollten alle die neue Freiheit genießen können. 48 Stunden nach der 9. ZK-Tagung war das auf die Agenda des Ministerrates gesetzt worden.

Den Entwurf des Reisegesetzes erhielt ich in der Bezirksleitung zugestellt. Zufällig saß just Gregor Gysi bei mir im Büro. Über drei Ecken war mir zugetragen worden, daß Bärbel Bohley vom Neuen Forum Interesse an einem Gespräch mit mir habe. Nachdem ich mit Professor Reich, dem Mitbegründer des Forums, schon zu einem ersten tastenden Gespräch zusammengekommen war, wollte ich Gysi als Anwalt von Frau Bohley bitten, mir bei der Kontaktnahme zu helfen.

Jetzt schob ich ihm den Gesetzentwurf über den Tisch. «Sieh dir doch das Papier bitte mal an, Gregor. Wird damit unsere Intention deutlich, daß jeder reisen kann, wann und wohin er will – ohne Einmischung und Vorbehalte von Staats wegen?»

Nach einer Minute Prüfung nannte er die Pferdefüße: «Ihr müßt Schluß machen mit der Praxis, daß der Staat die Ausreise eines Bürgers zu genehmigen hat. Keine Ausreise-Visa mehr! Jeder bekommt einen Paß und ist damit ausreisepotent. Sache des Bürgers ist es, sich die Einreise in ein anderes Land zu beschaffen, und zwar durch Einreise-Visum des betreffenden Staates. Wenn daraus Beschränkungen entstehen, ist das nicht Sache der DDR. Sein zweiter Einwand lautete: «Ihr müßt den Leuten natürlich ermöglichen, eine Reise selbst zu finanzieren. Eine Reise in die BRD oder nach Frankreich ohne ein angemessenes Valuta-Minimum, da muß sich jeder verschaukelt vorkommen.»

Das waren in der Tat die neuralgischen Punkte. Noch im Beisein von Gysi rief ich Krenz an. «Wenn du einen cleveren Syndikus brauchst, Egon, bei mir sitzt einer – Gregor Gysi.» Dem mag das schon damals wie ein Treppenwitz vorgekommen sein. «Auf einen Blick», fuhr ich fort, «hat er die alten Schlacken im Entwurf von Stoph herausgefunden.» Ich beschrieb es Krenz im einzelnen. Er fand das stichhaltig, wollte es notieren und weitergeben.

Es war mein Fehler, daß ich mich nicht mehr um die Angelegenheit gekümmert habe. Einige Tage später wurde der Gesetzentwurf veröffentlicht. Die Fallstricke waren nicht beseitigt worden. Umgehend erhielten wir die Quittung dafür. Wir ernteten massenhaft Proteste. Noch am Tage der Veröffentlichung des Entwurfs forderten Hunderttausende auf der Leipziger Montagsdemonstration ein Reisegesetz ohne Einschränkungen.

Besonders alarmierte uns, daß es erstmals Streikdrohungen aus Betrieben gab. Die Kollegen sahen sich von diesem Gesetz diskriminiert, weil es ihnen die materiellen Voraussetzungen fürs Reisen ins westliche Ausland im Grunde versagte. Streiks wären das letzte gewesen, was wir in dieser Situation benötigten. Wir entbehrten ja noch immer einer breiten Zustimmung zu dem von uns zu spät und stolpernd eingeschlagenen Weg. Durch die politisch und juristisch suspekte Fassung unserer richtigen Absicht hatten wir uns abermals in eine Krisenlage hineinmanövriert.

Inzwischen steuerte die Ausreisewelle aus der DDR einem neuen Höhepunkt zu. Sie war das andere Barometer für das Vertrauensdefizit, das wir nicht abbauen konnten. Die Prager Führung erhielt von uns freie Hand, die Menschen ohne Verzug über die bayerische Grenze in die Bundesrepublik zu entlassen. Meine Rede auf der Kundgebung am 4. November hatte ich mit der Feststellung einleiten müssen: «Aus Prag und Warschau erreichen uns wieder bedrückende Nachrichten und Bilder. Wieviel Mühe wird es uns noch kosten, vertanes Vertrauen zurückzugewinnen.»

Die Lage spitzte sich weiter zu, weil das Prager Politbüro unter Jakes nicht mehr bereit war mitzuspielen. Die Entlastung, die sie uns verschafften – so gaben sie uns zu verstehen –, würde Wasser auf die Mühlen ihrer eigenen Dissidenten leiten. Das war nicht zu bestreiten. Außerdem war mit dem Sturz Honeckers die Hardliner-Solidarität zwischen Prag und Berlin zerstört. Wenn wir die Grenze nicht dichtmachten, würde man es selbst tun, kündigte man in Prag an. Schnelles Handeln war geboten. Ein Flüchtlingsbiwak auf Dauer von Tausenden Familien an der Grenze zur CSSR, womöglich Massenattacken auf die Grenze – wir waren uns klar darüber, daß wir das nicht durchstehen würden.

Wir sahen nur einen Ausweg. Unsere ursprüngliche Absicht, volle Reisefreiheit herzustellen, mußte sofort durch einen zunächst provisorischen Schritt, aber so weitgehend wie möglich, realisiert werden. Die Volkskammer könnte dann später ein Gesetz beschließen, das die Erfahrungen der Übergangsregelung berücksichtigte.

Stoph erhielt die Eil-Order, einen entsprechenden Regierungsbeschluß herbeizuführen. Er sollte nach meiner Vorstellung beides umfassen, das Recht auf Verlassen der DDR, die sogenannte ständige Ausreise, wie die normale Praxis von Besuchsreisen ins Ausland mit Aus- und Wiedereinreise. Das war aus zweierlei Gründen vernünftig. Warum sollten die Besuchsreisenden erst später zu ihrem Recht kommen als jene, die die DDR für immer verlassen wollten. Die Reisemöglichkeit ohne Unterscheidung nach Motiv und Ziel würde das Recht auf uneingeschränkte Bewegungsfreiheit überhaupt erst materialisieren. Damit würde auch ausgeräumt, was viele Bürger dazu getrieben hatte, der DDR, dem Sozialismus, den Rücken zu kehren. So hatte ich mich auch Krenz gegenüber geäußert, als wir die jetzt unausweichlichen Schritte besprachen.

Am Nachmittag des 9. November informierte Krenz das Zentralkomitee auf seiner 10. Tagung von der neuen Reiseregelung, die eben die Regierung passiert habe. Wie mir Teilnehmer später erzählten, hatte er das nicht sonderlich akzentuiert getan. Bei einer Reihe von ZK-Mitgliedern mochte der Eindruck entstanden sein, daß die Regelung nur dazu diene, Aussiedler über die Grenzpunkte der DDR in die Bundesrepublik zu entlassen. Über unsere Grundintention, die volle Herstellung der Reisefreiheit, soll er sich nicht geäußert haben. Möglicherweise hatte er die von uns als konservativ eingeschätzte Mehrheit des Zentralkomitees nicht zu Einwänden provozieren wollen. Als Krenz seine Mitteilung machte, befand ich mich nicht im Tagungssaal. Ich war bei den Journalisten, die nicht direkt aus der Tagung berichten konnten – so weit war unsere Offenheit noch nicht gediehen – und Fragen an mich, Interviewwünsche und ähnliche professionelle Bedürfnisse hatten.

Kurz vor 18 Uhr kehrte ich in die Beratung zurück. Ich flüsterte Krenz zu, daß ich jetzt ins Internationale Pressezentrum müßte, um die ausländischen Journalisten über den Verlauf der ZK-Tagung zu informieren. Krenz drückte mir zwei DIN-A4-Blätter in die Hand, in einen Halbdeckel geklammert. «Gib das bekannt. Das wird ein Knüller für uns.» Es war ein Exemplar der Regierungsvorlage über die vorgezogene Reiseregelung. Krenz hatte es von Innenminister Dickel während der ZK-Tagung zur

Begutachtung und Absegnung erhalten. Nach dem Placet des Politbüros sollte es sofort im Umlaufverfahren von den Mitgliedern der noch amtierenden Regierung verabschiedet werden.

Ich hatte also einen vom Kabinett noch nicht bestätigten Beschluß in der Hand und wußte es nicht. Das erklärt auch, warum bis zu meiner Mitteilung und noch Stunden danach die Grenzposten ahnungslos waren. Die große Auflassung sollte erst nach der Runde im Ministerrat gegeben werden.

Womit ohnehin niemand von uns rechnete, war ein Sofort-Ansturm auf die Grenze, um unsere Glaubwürdigkeit zu testen. Wir konnten uns nur vorstellen, daß sich am nächsten Morgen Reisefreudige in Mengen bei den Volkspolizei-Inspektionen einstellen würden, um ihren blauen Personalausweis zu einem Sesam-öffne-dich für eine bislang so gut wie undurchdringliche Grenze veredeln zu lassen.

In Kenntnis unserer Absichten und im Besitze des Regierungspapiers fuhr ich zu dem Briefing. Ich betone das, weil viele, die damals die Fernsehberichte sahen, noch heute sicher sind, mir sei die Reiseinformation erst während der Pressekonferenz zugespielt worden. In der Tat bin ich erst gegen Schluß des Frage-Antwort-Spiels auf das Grenzthema zu sprechen gekommen. An einer beiläufigen Optik war mir aus zwei Gründen gelegen. Zum einen sollte durch mich als SED-Sprecher nicht der Eindruck des alten Machtmusters erweckt werden. Es war eine Regierungsentscheidung und kein Beschluß des Politbüros. Ich hatte sie gewissermaßen nebenberuflich mitzuteilen. Zum anderen sollte die Information nicht den eigentlichen Gegenstand der Pressekonferenz, die ZK-Tagung, in den Hintergrund spielen.

Beim Verlesen des Textes der Regelung stutze ich nur bei der Stelle über den Gültigkeitsbereich. West-Berlin war erwähnt. Mir schoß die Frage durch den Kopf, ob denn das mit der sowjetischen Seite abgesprochen worden sei. Alle Materie, die mit West-Berlin zusammenhängt, lag nicht in unserer, sondern in der Zuständigkeit der vier Mächte. Auf die nachsetzende Frage eines Journalisten bestätigte ich anhand des Textes, daß auch die

Grenzübergangsstellen zu Berlin (West) für die Ausreise benutzt werden können.

Andere Journalisten wollten wissen, wann die Regelung in Kraft trete. Ich vergewisserte mich noch einmal am Wortlaut. «Ab sofort», lautete meine Auskunft. Ausdrücklich hatte ich vermerkt, daß es sich um Privatreisen und um ständige Ausreisen handele. Das war ja nach meiner Vorstellung und allen bisherigen Absprachen der Geist der Abmachung.

«Aber es hat Ihnen doch jemand einen Zettel zugesteckt?» bin ich seither hartnäckig immer wieder gefragt worden. Ich muß das ebenso entschieden verneinen. Die «Wahrnehmung» rührt vermutlich daher, daß ich den Regierungsbeschluß unter meine Notizen über die ZK-Tagung geschoben hatte. Beim Themenwechsel suchte ich einen Augenblick nach dem Papier, das mir Krenz gegeben hatte. Ich zog es schließlich aus meiner Zettelsammlung hervor. Dabei ist wohl der halluzinatorische Effekt entstanden.

In seinem Buch schreibt Krenz, mir sei bei der Verkündung des Termins für die Öffnung der Passierstellen an der Grenze aus Unachtsamkeit ein «kleiner Fehler» unterlaufen. Die Regelung sollte tatsächlich am nächsten Morgen gegen vier Uhr in Kraft treten. Aber davon war in dem Papier keine Rede. Krenz hatte mir den Beschluß ausgehändigt, damit er unverzüglich der Weltpresse mitgeteilt wird. Ich konnte mich nur an den Text halten, in dem es heißt «ab sofort...»

Krenz hatte mir nichts von einem zeitlichen Sperrvermerk für die Presse gesagt. Das wäre auch widersinnig gewesen. Schließlich kann man nicht Hunderte news-hungrige Vertreter der Weltpresse eine solche Jahrhundertmeldung schmecken lassen und ihnen dann sagen: «Aber runterschlucken dürfen Sie es erst in neun Stunden, meine Damen und Herren.» Dieser Meinung konnte nur sein, wer noch in Vorstellungen von einer aus- und einknipsbaren Befehlspresse befangen war.

Termin, Einbeziehung West-Berlins und das Erfassen von Auswanderung wie von Privatreisen in dem Regierungsbeschluß verknoteten sich zum Auslöser der unvergleichlichen Vorgänge, die sich in den späten Abend- und in den Nachtstunden vom 9. zum 10. Oktober in Berlin ereignet haben. Allein in einem Ballungsterrain wie der Millionenstadt Berlin konnte sich in Windeseile eine derartige Massenbewegung entwickeln. Man sagt, wer in Berlin aus der Haustür tritt und lang hinfällt, hängt mit der Nase schon über der Mauer. Die da glücklich, zum Teil in tränenseliger Euphorie durch die Mauer spazierten, waren keine «ständigen Ausreiser», sondern «Privatreisende». Die Ausdehnung des Gültigkeitsbereichs der Regelung hatte den Massenansturm mit ermöglicht. Das magische «sofort» (und die Milde dieses Novemberabends) hatte viele Berliner verlockt, die unglaubliche neue Freiheit «mal auf die schnelle» auszukosten.

Von der Pressekonferenz war ich nach Hause gefahren. Gegen 22 Uhr rief mich ein Mitarbeiter der Bezirksleitung an und informierte mich, daß sich einige tausend Menschen an den «Güst» – den Grenzübergangsstellen – eingefunden hätten. Eine halbe Stunde später kam der zweite Anruf. Die Menschentrauben hätten noch zugenommen. Die überraschten Grenzer würden freundlich und umsichtig reagieren. Das Passieren der Grenze verlaufe bis jetzt überall reibungslos.

Was hatten wir da ausgelöst? Ich mußte nach Berlin. Als ich aus der Siedlung herausfuhr, sah ich nirgendwo ein erleuchtetes Fenster. Wandlitz lag im Schlummer. Vom Übergang Wollankstraße wälzte sich die Autoschlange schon über die Schönhauser Allee. Am Grenzübergang Heinrich-Heine-Straße bot sich ein ähnliches Bild. Die Stimmung war entspannt und fröhlich. Ich hielt mich etwas abseits. Ein Zivilist, vermutlich ein Angehöriger der Staatssicherheit, machte mich darauf aufmerksam, daß die Menschen beim Grenzübertritt den Personalausweis vorweisen. Ich war erleichtert. Das war keine Sache, die gegen uns rollte.

Ich fuhr in die Bezirksleitung und rief Krenz an. Nachdem ich ihm die Lage geschildert hatte, sagte ich: «Nach meiner Meinung läuft alles gut ab. Das kann eine große Sache für uns werden.» Er widersprach mir nicht. Erst später erfuhr ich, daß

Mielke schon gegen neun mit ihm telefoniert und ihm von einigen hundert Menschen berichtet habe, die unter Berufung auf die Pressekonferenz «durchwollten». Auf Mielkes Frage, was man machen solle, habe Krenz geantwortet: «Laßt sie durch!»

Am nächsten Morgen, vor Beginn des dritten Beratungstages des ZK, saßen die Politbüromitglieder in einem Nebenraum bei einer Tasse Kaffee zusammen. Ich spürte eine gewisse Reserve mir gegenüber. Über der Frühstücksszene lag Katzenjammerstimmung. Krenz murmelte vor sich hin: «Wer hat uns das bloß eingebrockt?» Es mußte wohl eine rhetorische Frage sein. Mielke riß die Augen und blies die Backen auf. Bedenklich wakkelte er mit dem Kopf. Während ich in meinem Kaffee herumrührte, ging mir ein Licht auf. Die wußten nicht, daß wir uns erstmals die Vorhand verschafft hatten. Sie zuckten nachträglich vor der eigenen – unbewußten – Courage zurück. Einige Tage danach, als sich das Zittern gelegt hatte, sagte Krenz zu mir: «Mensch, wir hätten uns gleich in das Getümmel stürzen sollen. Die hätten uns als Mauerstürmer gefeiert. Aus der DDR und der BRD schreiben mir die Leute...»

Ja, wir lernten wirklich zu langsam. Selbst wütige Widersacher wie Biermann haben uns mit guten Tips versorgt, und wir machten nichts daraus. Statt sich über eine «Fliege im Bernstein» zu ärgern, wäre es wert gewesen, die Dienstleistungen zu überdenken, die uns das schnurrbärtige Lästermaul aus Hamburg verpaßte. Ich zitiere, weil es so schön und treffend ist: «Stell dir vor, sagte ich zu Ralf, wir kommen hier durch. Und als erster steht dann Krenz vor uns, gibt mir die Hand, und dann haut er mir eins in die Fresse und sagt: So, Biermann, das war für deine Beleidigungen in der taz. Aber jetzt komm rein und sing uns dein bestes Lied, die ‹Ermutigung›. Diese ulkige Szene live im Ostfernsehen, ich wette, Krenz hätte die Lacher auf seiner Seite und würde Sympathien und Vertrauen gewinnen. Aber statt dessen wurden wir von einem bleichen Offizier mit dem Standardsatz aus der Schlange der Wartenden selektiert und zurück nach West-Berlin geschickt.» – Die beleidigte Bierwurst.

Aber recht hat er. Warum ist man – verdammt noch mal – immer nur hernach klüger?

Meine Mitteilung über das Reiserecht der Bürger hat zum Teil skurrile Deutungen provoziert. Originell, wenn auch unzutreffend ist jene, die vermutet, daß mir der lange Arm des KGB den Zettel zugesteckt hat, um Gorbatschow aus den Angeln zu heben.

Eine andere Variante: Ich hätte aus eigenem Antrieb gehandelt, die Mauern zu durchlöchern, um Krenz niederzukonkurrieren. Das Ganze sei dann von mir als Irrtum getarnt worden.

Die simple Variante: Genossen, die sich selbst als glühende Anhänger Gorbatschows bezeichnen, warfen mir schlampigen Verrat an den gesicherten Grenzen des Sozialismus vor. Sie müssen Gorbatschow irgendwie mißverstanden haben.

Die widersinnige Variante: Ich hätte die Mauer geöffnet aus Rachsucht für die Pfiffe, die ich am 4. November auf dem Alexanderplatz geerntet habe. Weil die Bürger zu früh (!) reisen konnten und den Verlockungen des Westens ausgesetzt waren, sei verhindert worden, daß sich das Volk selbst finde.

Ich frage mich, wie man heute noch in der Anmaßung leben kann zu befinden, was gut ist für das Volk, den großen Lümmel, wofür es reif ist und wofür noch nicht.

Der 9. November 1989 hält für alle eine simple und dauerhafte Wahrheit bereit: Wenn eine Gesellshaft, eine Ordnung oder ein System, wie immer man es nennen mag, daran zu Bruch geht, daß die Menschen sich frei bewegen können, dann haben diese Konstruktionen nichts Besseres verdient.

8

Die personelle Identität mit der Honecker-Ära, mit der Anti-Perestroika-SED, haftete uns an wie ein Fluch. Alles, was wir nach dem 9. ZK-Plenum erreicht hatten, war der Status quo minus drei (ein Politbüro ohne Honecker, Mittag und Herrmann). Das war zuwenig, um uns als ein Unternehmen konsequenter Erneuerung auszuweisen.

Der Figurenwechsel mußte weitergehen. Bei der allgemeinen Fixierung auf das Politbüro als der einzigen maßgeblichen Machtinstanz in der DDR konnte das von der Bevölkerung als ein erster Hinweis auf einen ernstzunehmenden Bruch mit der Vergangenheit aufgenommen werden. Die Diskontinuität, die wir verkörpern wollten, mußte sich im Programmatischen erweisen. Auch für den geistigen Neuansatz war der alte Besatz der Parteiführung nur hinderlich.

Als wir meinten, wir hätten uns personell besser formiert, überflutete uns die Welle der Presseberichte über die kriminellen oder moralischen Verfehlungen, die Mitgliedern der alten Führung zur Last gelegt wurden. Sie diskreditierten uns als mutmaßliche Mitwisser, die stets so lange «mauerten», bis wieder eine Enthüllung über einen der Neosybariten von Wandlitz sie zur Stellungnahme nötigte.

Die vierzig Tage unter Krenz wurden zum Probelauf, bei dem nur unsere Untauglichkeit festgestellt werden konnte. Wir hatten uns nicht schnell und gründlich genug abgenabelt vom stalinistischen Mutterboden. Die hinter uns schon für den Ersatz bereitstanden, wußten nun zweifelsfrei, daß man nicht *auf*, sondern allenfalls *neben* den Trümmern der SED eine Partei schaffen konnte. Allein auf neuem Baugrund war zu den demokratischen und vielgestaltigen Ursprüngen der sozialistischen Idee vorzustoßen und vielleicht auch die Unbefangenheit zu erwerben, um die vergangenen vierzig Jahre aufzuarbeiten.

In den Politbürositzungen am 31. Oktober und am 7. November befaßten wir uns mit der bevorstehenden 10. Tagung des

Zentralkomitees. Krenz warf behutsam die Frage nach einer weiteren Verjüngung des Politbüros auf. Damit nahm er den Faden des Lageberichtes aus dem Zentralrat der FDJ wieder auf, der Honecker so erbost hatte. Als erster deutete Mielke Rücktrittsbereitschaft an. Das andere Partei-Urgestein zwischen 70 und 80, davon 25 Jahre und länger im Politbüro, erwies sich zunächst als taub. Sie hatten doch gegen Honecker gestimmt. Nun pressierte es nicht mehr so.

Da Krenzens erster Anstoß ohne die erhoffte Wirkung geblieben war, wurden erneut individuelle Einreden fällig. Das war Sache des Generalsekretärs. Er mußte den Betreffenden nahebringen, warum ihres Bleibens im Politbüro nicht länger war, und ihnen die Vorzüge des Pensionärsdaseins schmackhaft machen. Seine Mission wurde erleichtert durch einen schriftlichen Antrag Hagers an das Zentralkomitee, den er Ende Oktober Krenz zustellte. Er bat darin, ihn von seinen Funktionen im Politbüro und im Sekretariat, aber auch von seinen staatlichen Ämtern abzuberufen. Ohne Schnörkel bekannte er, daß er nicht imstande gewesen sei, die theoretischen und praktischen Schlußfolgerungen in Wissenschaft und Kultur zu ziehen, die der Veränderungswille der Menschen und die Lage seit längerem erforderten. Dadurch sei der DDR und der SED Schaden erwachsen, den er zutiefst bedaure.

Dem Beispiel Hagers, wenngleich ohne den selbstkritischen Kommentar, folgten Mielke, Neumann, Axen und Mückenberger. Sindermann widersetzte sich einem solchen Schritt der politischen Vernunft. Als ich ihn in einer Politbürositzung eindringlich bat, im Interesse der Partei für sich die Konsequenzen zu ziehen, reagierte er mit einem giftigen persönlichen Anwurf. Im übrigen sehe er keinen Grund, vor dem Parteitag einem solchen Gedanken nahezutreten.

Überraschend schaltete sich Stoph in unseren Händel ein: «Wenn du nicht bereit bist, Horst, selbst aus dem Politbüro auszutreten, dann werde ich trotz der Bitte von Egon aus dem PB ausscheiden. Dir wird dann auch nichts anderes übrigbleiben.»

Stoph hatte inzwischen im Politbüro mitgeteilt, daß er als Regierungschef zurücktreten werde, um den Weg für einen Jüngeren freizumachen. Krenz hatte ihm angeboten, einen Platz im Politbüro ohne besonderen Geschäftsbereich einzunehmen und mit seinem Rat zur Verfügung zu stehen.

Sindermann verhielt sich in der Sitzung unvermindert halsstarrig. Krenz konnte ihn dann auch nicht in seiner Fernsehrede am Vorabend der ZK-Tagung als einen der rücktrittsbereiten PB-Veteranen annoncieren. Nach der öffentlichen Nennung der ersten fünf resignierten wenige Tage später auch Sindermann und Krolikowski. Stoph verzichtete auf das Krenz-Angebot, und Tisch war nach seinem Schiffbruch im Bundesvorstand des FDGB ohnehin nicht mehr tragbar für das Politbüro.

Die 10. Tagung des ZK offenbarte auf eine fast bizarre Weise, wie weit wir noch immer von einer Synchronisation mit dem Leben entfernt waren. Das betraf unser personelles Aufgebot, die aufkommende Forderung nach einem außerordentlichen Parteitag und die Haltung zum neuen Selbstbewußtsein der Medien.

Wir ließen es zum Beispiel zu, daß sich Gerhard Müller, der Erfurter Bezirkssekretär, und Günter Kleiber, einer der Stellvertreter von Stoph im Ministerrat, die beide im Politbüro waren, erneut zur Wahl stellten, obwohl ihnen Privilegienmißbrauch vorgeworfen wurde. Es gab Briefe von Bürgern an die Parteiführung. Die Anschuldigungen schienen nicht aus der Luft gegriffen. Auch wenn die Ergebnisse einer Untersuchung abzuwarten waren, hätte schon der Ruch eines Verdachtes beide von einer Kandidatur abhalten müssen. Glück hatten wir insofern, als sie nicht die erforderliche Stimmenmehrheit im ZK erhielten.

Ignoriert hatten wir die Tatsache, daß sich in einer Reihe von Bezirksparteiorganisationen die Stimmung bereits so verschlechtert hatte, daß sie ihre Ersten Bezirkssekretäre abberufen wollten. Sie schienen den Mitgliedern der Bezirksleitungen durch ihre Zugehörigkeit zum alten Politbüro oder zum Zentralkomitee diskreditiert. So passierte es, daß die Parteimitglieder in

Halle, in Cottbus oder in Neubrandenburg über den erneuten Einzug ihrer ersten Bezirkssekretäre, Böhme, Walde und Chemnitzer, ins Politbüro in der Zeitung lesen konnten, als diese im Bezirk schon abgesetzt waren. Das ZK mußte seine Wahl von einem Tag auf den anderen revidieren. Mir blieb es überlassen, auf der internationalen Pressekonferenz das Kader-Hickhack als Symptom für eine bisher nicht gekannte demokratische Respektierung des Willens der Mitgliedschaft zu interpretieren. Das Ende des demokratischen Zentralismus, also der Diktatur der Führung über die Basis, kündigte sich an.

Am Schluß der 10. ZK-Tagung war das ehedem 26köpfige Politbüro auf dreizehn Personen geschrumpft. Aus der Vorwendezeit übriggeblieben waren Eberlein, Jarowinsky, Keßler, Krenz, Lorenz, Schabowski und Schürer. Einer der «Neuen» war Modrow, der vom ZK der Volkskammer zur Wahl als Ministerpräsident vorgeschlagen wurde. Mit ihm zogen Herger, ehemals stellvertretender FDJ-Vorsitzender und danach Leiter der Sicherheitsabteilung im ZK, Rauchfuß, einer der Stellvertreter von Stoph, Günter Sieber, bisheriger Leiter der internationalen Abteilung des ZK, und Willerding, der einstige außenpolitische Sekretär der FDJ, in das Politbüro ein. Höpcke, der «Literaturminister», und Professor Schirmer, einer der Stellvertreter von Hager, konnten, da sie keine ZK-Mitglieder waren, nicht ins Politbüro gewählt werden. Sie wurden deshalb bis zum Sonderparteitag zu Vorsitzenden von Kommissionen mit Sitz im Politbüro bestellt.

Wir ermangelten der Fähigkeit, gründlich zu analysieren und daraus die richtigen Schlußfolgerungen zu ziehen. Das bewies eine weitere Fehlentscheidung des ZK. Noch vor dem Plenum waren in Parteiorganisationen, besonders in Berlin, Forderungen nach schneller Einberufung einer Parteikonferenz erhoben worden. Wir beachteten das nicht sonderlich. Unsere Sensoren waren unempfindlich für das Anliegen, das sich dahinter verbarg. Wir sahen nur den organisatorischen Aufwand, dessen es bedurft hätte, um vor dem Parteitag im Mai noch Ende 1989 eine gesamtrepublikanische Konferenz durchzuführen. Auch Krenz sprach in seinem Referat am ersten Tag des Plenums nur vom ordentlichen Parteitag.

Während das ZK beriet, wurden weitere Forderungen bekannt. Sie zielten nicht mehr nur auf eine Parteikonferenz, sondern auf einen Sonderparteitag. Der Hintergrund der sich eskalierenden Erwartungen war der Wille, die Führung radikal zu erneuern und darauf durch die Basis, das heißt die Delegierten der Grundorganisationen der Partei, Einfluß zu nehmen. Die Parteikonferenz hatte laut Statut nur das Recht, einen Teil der Mitglieder des ZK auszuwechseln. Ein außerordentlicher Parteitag aber würde statutengemäß ein neues Zentralkomitee zu wählen haben und folglich alle Führungsgremien neu bestimmen können. Allein wie auf dem Plenum die Kaderentscheidungen zustande gekommen waren, schien vielen Mitgliedern Grund genug, durch einen außerordentlichen Parteitag Remedur zu schaffen.

Mühselig genug hatten wir dem Drängen nach einer Parteikonferenz stattgegeben. Mit diesem Beschluß endete die 10. Tagung. Das war am Freitag. Über das Wochenende trafen im ZK Telegramme und Schreiben ein, in denen verlangt wurde, die ZK-Entscheidung rückgängig zu machen und einen Sonderparteitag einzuberufen. Am Montag schon trat das ZK zu seiner 11. Tagung zusammen. Es entschied, den 48 Stunden alten Beschluß aufzuheben und den gewünschten Parteitag für Mitte Dezember anzusetzen. Niemand sprach jetzt mehr von den technischen Problemen, die in der kurzfristigen Vorbereitung zu bewältigen waren. Das Leben diktierte uns unbarmherzig sein Tempo.

Aller schlechten Dinge sind drei. Die Rede ist von dem unveränderten geistigen Habitus eines erheblichen Teils des ZK. Zu Beginn des zweiten Beratungstages hatte Krenz zu meiner Verblüffung eine Philippika gegen die Medien losgelassen. Er warf ihnen eine Einschüchterungskampagne gegen Parteifunktionäre vor. Die von ihm vertretene Politik der Erneuerung dürfe nicht als Freibrief für eine Opposition in Presse, Rundfunk und Fernsehen mißverstanden werden. Das düstere Bild von der Unterminierungspresse verknüpfte er mit einer Art Vertrauensfrage: «Wer etwas anderes will, muß das sagen. – Nicht mit mir!»

Da er keine Zeitung beim Namen nannte und keine der publizistischen Verfehlungen näher beschrieb, konnte das nur die Richtung meinen. Und die Richtung verkörperte ich. Nur widerwillig hatte ich mich der Bitte von Krenz gefügt, mich künftig im Politbüro um die Medienlandschaft zu kümmern. Ich hatte es unter der Bedingung akzeptiert, die alten Methoden und Strukturen der Gängelei, der geistigen Bevormundung der Journalisten zu liquidieren.

In meiner Diskussionsrede vor dem ZK, im Gespräch mit Chefredakteuren und bei Besuchen in Redaktionen hatte ich keinen Zweifel gelassen, daß mit mir die Zeiten der «Agitation und Propaganda» ein für allemal ihr Ende haben würden. Ein Bereich Informationspolitik, wie ich ihn mir vorstellte, sollte den Redaktionen nicht mehr vorschreiben, wie sie den Griffel zu halten haben. Die Partei konnte sich auch auf diesem Gebiet nur von ihrer Alles- und Besserwisserei verabschieden, wenn sie nicht zwangsläufig wieder in eine Lage geraten wollte, wo sie sich durch vergewaltigte Medien selbst in die Tasche lügt.

Die Presse der anderen Parteien mußte für die SED künftig tabu sein. Auch die Schulmeisterei der Parteipresse war einzustellen. Keinem Politbüromitglied oder Sekretär durfte es länger gestattet sein, den Journalisten Befehle zu erteilen. Erneuerung implizierte ein neues Verhältnis zur kommunikativen Rolle der Presse. Die Partei brauchte keine Meßdiener, sondern selbstbewußte Journalisten, die ihr raten und helfen, ihre Politik mittels der Presse faßlich an den Mann zu bringen.

Erregt bat ich im ZK außerhalb der Diskussion ums Wort. Beifall und Zwischenrufe bei der Gardinenpredigt von Krenz hatten mir angezeigt, wohin der Hase lief. Ich klärte das ZK auf, daß der Tadel die Chefredakteure nicht mehr treffe, weil sie von den Redaktionen der meisten Parteiblätter in Urlaub geschickt worden seien. Das sei auch eine Quittung für das Traktieren der

Presse in der Vergangenheit. Die Stimmung in den Redaktionen sei dennoch nicht katastrophal. Sie sei im großen und ganzen mit der Stimmung der Genossen und der Bevölkerung identisch. Das müsse das ZK zur Kenntnis nehmen. Ich riet meinen widerwilligen Zuhörern zu lernen, mit einer veränderten Presse zu leben.

Kaum daß ich mich gesetzt hatte, kam Krenz an meinen Platz und entschuldigte sich für das Mißverständnis, das seine Bemerkungen bei mir erzeugt hätten. Ich sagte, wenn das unser Umgangsstil mit den Medien werden sollte, dann – ich wiederholte ihn absichtlich – nicht mit mir. Ich sei kein Medien-Veterinär, und die Presse würde ich nicht zu einem Kapaun machen. Krenz war betroffen von meiner Reaktion und versicherte, daß zu den alten Praktiken nicht zurückgekehrt werde.

Nach diesem Vorfall beeilte ich mich, im Politbüro einen ersten Beschluß über die veränderte Position der Partei zu den Medien einzubringen. Er passierte anstandslos. Er bewirkte die Auflösung des alten Gängelungsapparates des ZK, der Abteilung Agitation und Propaganda, und erklärte den Verzicht auf Eingriffe in die redaktionelle Arbeit. Aufgekündigt wurde der Parteieinfluß auf die Nachrichtenagentur ADN, den Rundfunk und das Fernsehen. Dem Ministerrat, als dem finanziellen Träger dieser Institutionen, wurde vorgeschlagen, einen Medienbeirat zu schaffen, in dem Vertreter aller relevanten gesellschaftlichen Kräfte vertreten sein müßten – die Parteien, die Kirchen, die Verbände und die neuen politischen Gruppierungen, mit denen wir zu dieser Zeit noch nicht am runden Tisch zusammengekommen waren.

9

Summa summarum waren die Wirkungen der 10. Tagung des ZK auf die Mitgliedschaft eher Skepsis und Enttäuschung als ein Impuls zum großen Aufbruch. Wir hatten nicht den Zugang zu

Denken und Wollen der Masse der Mitglieder gefunden. Selbst unser Aktionsprogramm, das freie Wahlen, Medienfreiheit und eine Wirtschaftsreform proklamierte, fand nicht den erhofften Widerhall. Der Thinktank, aus dem Krenz für die Vorbereitung seiner Rede geschöpft hatte, war zu schmal. In seiner Umgebung sah ich lediglich Leute des alten Apparates herumschwirren und Papier schwenken. Von einer Parteiversammlung in der Humboldt-Universität war ich mit der Überlegung zurückgekehrt, daß die dort vorhandenen Vorstellungen und Analysen nicht länger Depotwissen bleiben dürften. Hier befand sich ein bislang ungenützter Quell frischer Ideen. Er könnte uns helfen, die Scholastik hinter uns zu lassen, die eine zum Formelkatalog erstarrte Weltanschauung zur gültigen Realität erhob und die Wirklichkeit als Quantité négligeable abtat.

Gemeinsam hatten der Sekretär der Bezirksleitung Albrecht, mein Referent Krause, die beide überzeugte Anhänger einer reformierten Wirtschaftspolitik waren, und ich am Wochenende vor der ZK-Tagung eine Runde von profilierten Wissenschaftlern aus verschiedenen Institutionen in der Berliner Bezirksleitung zusammengeholt. Ich fragte sie, ob sie bereit wären, den Entwurf eines Referates für den Generalsekretär auszuarbeiten, der den Erfordernissen der Lage entspreche oder zumindest nahe komme. Ohne zu zögern, stimmten sie zu. Schon 24 Stunden später konnte ich ihr Konvolut Krenz zuschicken. Er bedankte sich. Er sei aber, fügte er hinzu, zeitlich so überlastet, daß er noch nicht einmal den Redenentwurf habe durchsehen können, den ihm seine Mitarbeiter vorgelegt hätten. Ich beging wieder den Fehler zu resignieren.

Die Professoren schienen mir nicht sonderlich darüber enttäuscht zu sein, daß ihre Plattform es nicht zum ZK-Dokument gebracht hatte. Nicht sie, wir hatten die Prüfung nicht bestanden. Sie hatten bereits den außerordentlichen Parteitag ins Auge gefaßt, «auf dem weitergehende konzeptionelle Vorstellungen beraten und die notwendigen Kaderentscheidungen getroffen werden müssen», die der «zweite Atem der Revolution, die Einheit von Revolution und Individuum» nötig hat. Dazu brauche es keine durch Vergünstigungen und Sonderregelungen «gedemütigten, sondern vom Volke oder von allen Mitgliedern der Partei gewählte Führungskräfte, die das Vertrauen durch große Leistungen und eine volksverbundene Arbeitsweise rechtfertigen». Den «Berliner» Entwurf stellte ich Modrow als Material für die von ihm auszuarbeitende Regierungserklärung zur Verfügung.

10

Die 10. Tagung hatte nicht geleistet, was die Partei erwartete. Das verriet auch die Atmosphäre auf einer Kundgebung zum Abschluß des ZK-Plenums im Berliner Lustgarten. Statt unumwunden und schlicht unsere selbstverschuldete Schwäche einzugestehen und daraus den Zwang zu radikaler Neubesinnung als Partei bewußtzumachen, verbreitete Krenz in seiner Ansprache einen nicht recht genießbaren Optimismus. Er fand nicht die Tuchfühlung zu den verunsicherten Genossen.

Statt sie zu ignorieren, zitierte er lauthals die preisgesenkten Losungen, die ihm wie Soufflierzettel entgegengehalten wurden. «Klare Köpfe, fleißige Hände, das braucht die Wende», «Viele Hände braucht das Land, wir sind dabei», «Nicht meckern, sondern ackern», «Kollektiv streiten – ehrlich handeln!»

Ich zuckte zusammen, als sein Spruch über den Platz schepperte: «Wir Kommunisten kennen nur ein Privileg – das der Arbeit». Angesichts der sich rapide ausbreitenden Gerüchte über das Privilegien-Ghetto von Wandlitz war die Äußerung eine Instinktlosigkeit. Heftiger Widerspruch regte sich, als er der Menge die Zustimmung zur umstrittenen ZK-Entscheidung abfordern wollte: Begraben wir den Streit Konferenz oder Parteitag. Machen wir das, was am besten und schnellsten geht, die Parteikonferenz!

An diesem Abend büßte ich die Zuversicht ein, daß wir es schaffen könnten. Der November wurde zum Monat unserer Malaise. 10. Tagung und Aktionsprogramm hatten keinen Wandel in der Haltung der Bevölkerung bewirkt. Die SED glich einem sinkenden Schiff. Viele versuchten sich durch Absprung politisch zu retten. Die Bezirksleitungen setzten inzwischen unter dem Druck ihrer Mitglieder reihenweise die bisherigen Ersten Sekretäre ab und wählten neue. Das Politbüro wurde nicht mehr konsultiert. Damit hatten sich die neuen Männer an der Spitze der Bezirksparteiorganisationen zu einer unabhängigen Autorität in der Partei etabliert.

Am meisten schadete unserem lädierten Ansehen, daß die mutmaßlichen unsauberen Machenschaften ehemaliger Führungskader nur scheibchenweise und ausschließlich durch Medienberichte, nicht aber von Parteiinstanzen aufgedeckt wurden. Mehrmals hatte ich im Politbüro Eberlein, inzwischen Vorsitzender der Parteikontrollkommission, gedrängt, dem beschämenden Nachtrab ein Ende zu setzen und öffentlich Initiative zu zeigen. Ich warnte vor rückwärtsgewandter Loyalität. Sie bedeute Illoyalität gegenüber denen, die sich um die Erneuerung mühten. Er war, obwohl ein lauterer Charakter, nicht imstande, die gebotene Entschiedenheit aufzubringen.

Mit mir forderten Höpcke und Willerding in den Sitzungen des Politbüros wiederholt, daß die Parteikontrollkommission und ihr neuer Vorsitzender es endlich in die Hand nehmen, das Knäuel von Privilegien, Amtsmißbrauch, tatsächlichen und vermuteten kriminellen Vergehen der Mitglieder der Parteiführung unter Honecker aufzuräufeln. Mit Erstaunen sah ich, daß sich an diesen Debatten Modrow, der seit dem 8. November Mitglied des Politbüros war, kaum beteiligte, sondern meist angelegentlich in Akten blätterte.

Diese Passivität deute ich heute als ein Anzeichen für die Taktik, uns «abwirtschaften» zu lassen. Jeder neue Skandal, den die frisch emanzipierten Medien und nicht wir selbst aufdeckten, würde uns öffentlich weiter diskreditieren. So war das Ende der von Krenz verkörperten Übergangslösung zu beschleunigen und die letzte «Goldwäsche» auf einem Sonderparteitag anzusteuern. Dabei mußten die Mitglieder des alten Politbüros, die Honecker gefällt hatten, endlich auch durchs Sieb purzeln. Die Rechnung sollte aufgehen. Inzwischen war allerdings der moralische Ruin der SED total.

Das hatte eine doppelläufige Wirkung. Einerseits verlagerte sich die gesellschaftliche Autorität – sofern davon überhaupt noch Reste geblieben waren – mehr und mehr von der Partei auf die Regierung und auf ihren Chef Modrow. Andererseits wurde der konstitutionelle Vollzug eines unbezweifelbaren Tatbestandes überfällig: Am 1. Dezember beschloß die Volkskammer, aus dem Artikel 1 der Verfassung die Formulierung über die führende Rolle der Partei zu streichen.

11

Auf der buchstäblich letzten Sitzung des Politbüros im November kündigte sich das nahe Ende des SED-Zeitalters auf eine spezifische Weise an. Es erschien, um uns über das Konzept für seine Verhandlungen mit Kanzleramtsminister Seiters über den Reisedevisenfonds zu informieren, ein vergleichsweise seltener Gast im Politbüro: Schalck-Golodkowski, der große Valuta-Zauberer der DDR. Er war der vielfach ausgewiesene und erfolgversprechende Fachmann für solche Verhandlungen. Nach einem gefaßt vorgetragenen exzellenten Bericht über den Sachverhalt und die von der DDR-Seite angestrebten Ziele brach der massige 1,90-Meter-Mann unverhofft in Tränen aus. Der jähe Wandel vom selbstbewußten, emotionslosen Experten zum verzweifelten Menschen war unheimlich und erschreckend.

«Genossen, helft mir», stieß er hervor. «Ich kann nicht mehr. Meine Frau und ich erhalten Morddrohungen. Ich kann nicht sagen, wer dahintersteckt.» Das konnte heißen, er wisse es nicht oder er wage es nicht auszusprechen. Im April 1990 erst hat Schalck für die «Welt» zu Protokoll gegeben, daß er unmittelbar vor seiner Flucht am 3. Dezember einen Telefonanruf mit der Warnung erhalten habe, er möge seine Beziehungen zur Staatssicherheit «vergessen». Ihm sei klargeworden, daß man ihn als «Kronzeugen» ausschalten wollte.

«Ich habe doch nur mit allem, was ich konnte, der DDR und der Partei gedient», fuhr er in seiner Klage vor dem Politbüro fort. «Jetzt bin ich durch die Veröffentlichungen im ‹Spiegel› und durch die Debatte in der Volkskammer im eigenen Land als Verbrecher gebrandmarkt. Der Staatsanwalt ist hinter mir her. Sagt mir bloß, was ich machen soll...»

Nach dem Ausbruch von Schalck herrschte zunächst betroffenes Schweigen. Manch einer mag wie ich gedacht haben: Wenn es um Schalck so steht, den Spezialisten für Auswege, dann gute Nacht, DDR! «Wir werden sehen, was sich machen läßt», murmelte Modrow mißmutig. Der Unentbehrliche war zur heißen Kartoffel geworden. «Ich muß ja auch an die Koalitionspartner denken», fügte der Ministerpräsident an. Viel mehr Zuspruch hörte der gehetzte Schalck in dieser Runde nicht.

Auch wir erfuhren nicht mehr. Verborgen blieb uns eine später durch den «Stern» im Faksimile wiedergegebene Weisung Modrows nach der Politbürositzung, die «aus Gründen der nationalen Sicherheit» die Einsichtnahme in die einschlägigen Akten verbietet. Noch immer umgab Schalck die Aura des Geheimen, in die man als nicht Zuständiger besser nicht die Nase steckte. Dieses Honecker-Erbe hatten wir gleichfalls nicht überwunden.

Im Gegenteil, Krenz war augenscheinlich insofern bei der Praxis seines Vorgängers geblieben, als er dem neuen Politbüro vorenthielt, daß er und der Ministerpräsident über beträchtliche Sonderkonten verfügten, die im Schalck-Bereich erwirtschaftet waren. Ich las darüber am 4. April 1990 in einem Interview der «Welt» mit dem bei Freunden in der Bundesrepublik abgetauchten Ex-Staatssekretär z. b. V.

Krenz hatte sich, so muß ich daraus schlußfolgern, trotz aller

Transparenz-Beteuerungen, nach Honeckerschem Muster Sondervollmachten reserviert, die der Kontrolle durch Zentralkomitee und Politbüro – von Volkskammer und Ministerrat ganz zu schweigen – entzogen waren. Nach meiner Meinung war es gefährlich und falsch, dieses Restelement persönlicher Macht aus der Honecker-Ära herüberzuretten. Früher oder später mußte es unsere demokratische Aufrichtigkeit desavouieren. Schlimmstenfalls hätte es wieder zu den alten verderblichen Praktiken verleitet, die Honeckers Sturz unaufschiebbar gemacht hatten.

Am 3. Dezember, auf einer außerordentlichen ZK-Tagung, gaben das Zentralkomitee und das Politbüro das Rennen auf. Ihrem Rücktritt war eine kurze Beratung des Politbüros mit den 1. Bezirkssekretären vorausgegangen. Sie hatten ultimativ die Selbstauflösung beider Gremien gefordert, weil dies für den Bestand der Partei unabdingbar sei. Die Mitglieder des ehemaligen Politbüros Honecker, Kleiber, Krolikowski, Mielke, Gerhard Müller, Sindermann, Stoph und Tisch wurden wegen schwerer Verstöße gegen das Statut aus der SED ausgeschlossen. Für einige Mitglieder des ZK hieß das Verdikt gleichfalls Ausschluß. Unter ihnen befand sich Schalck. In der vorangegangenen Nacht hatte er sich nach West-Berlin absetzen können.

Dem Politbüro wurde es noch gestattet, einen knappen Nekrolog auf sich selbst zu verfassen. Es akzeptiert darin die Kritik «von großen Teilen der Mitgliedschaft, daß die derzeitige Führung der Partei nicht imstande war, entsprechend dem Auftrag der 9. und 10. Tagung des ZK das ganze Ausmaß und die Schwere der Verfehlungen des ehemaligen Politbüros aufzudekken und daraus die erforderlichen Konsequenzen zu ziehen. Diese Feststellung muß getroffen werden, obwohl Mitglieder des jetzigen Politbüros in der damaligen Führung der Partei wesentlich dafür gewirkt haben, die personellen und politischen Entscheidungen durchzusetzen, die den Erneuerungsprozeß in der Partei eingeleitet haben.»

Zur Vorbereitung des außerordentlichen Parteitages konstituierte sich am 3. Dezember interimistisch ein Arbeitsausschuß unter Leitung des Erfurter 1. Sekretärs, Kroker. Ihm gehörten unter anderem Berghofer, Gysi, Höpcke und Markus Wolf an. Die glaubwürdige Alternative zur Vergangenheit, so meinten viele, trat ins Blickfeld.

Das Ende der alten SED war besiegelt. Die Volksbewegung hatte einen weiteren Sieg errungen. Der Zug, für den sie die Weichen gestellt hatte, war aber noch nicht am Ziel.

Wiederholt bin ich gefragt worden, was an den Gerüchten sei, daß unser politisches Ende durch eine Kabale aus den eigenen Reihen bewirkt oder beschleunigt worden ist. Verstohlene Prahlereien wiesen in die Richtung von Wolf. Mehrere Indizien werden gehandelt. Die Ränkeschmiede sollen zum Beispiel die Tonbandaffäre um die Ausschreitungen am 8. und 9. Oktober inszeniert haben. Der hektische Auftritt des Potsdamer Parteichefs Vietze im Politbüro mit der Forderung nach Rücktritt von Krenz wegen der Wahlfälschung sei vorbesprochen gewesen. Regie lasse der flinke Absprung des einstigen Krenz-Vertrauten Willerding aus dem Politbüro kurz vor dessen Rücktritt erkennen; dadurch sei er für einen Platz im neuen PDS-Parteivorstand geschäftsfähig geblieben.

Was immer davon zutreffen mag oder Erfindung ist, ich halte er für ziemlich bedeutungslos. Auch die Selbstbefriedigung, die denkbare Beteiligte darüber gefühlt haben mögen, wird längst verflogen sein. Verschwörung im Matrjoschka-Stil. Das Spielchen mit der russischen Hohlpuppe ist reizvoll, aber es bringt nicht viel: In Honecker steckte Krenz, in Krenz Modrow, in Modrow de Maizière, in de Maizière – Kohl, oder der BND oder die Stasi oder das KGB...? Das alles ist – wenn es denn so war – inzwischen zur Sekundär-Historie geschrumpft, auf die sich Staub abgelagert hat. Auch ein Hauch von John le Carré bläst ihn nicht fort.

Falls es eine Intrige gab, dann hätte sie getrost auf konspirativen Aufwand verzichten können, ohne den wir nicht auskamen. Die Risiken von damals existierten ja nicht mehr. Was uns tatsächlich reif gemacht hat für den Fall, waren die hausgemachten Fehler, die politische Begrenztheit, die Unfähigkeit, weit über den Schatten der SED zu springen, die moralischen Lasten der alten Führung, der Krenz, Lorenz und ich seit den 80er Jahren angehört hatten. Wir alle, auch die uns mutmaßlich aushebeln wollten, waren dem Urteil unterworfen, das die Geschichte über ein untaugliches System gesprochen hatte. Seine Vollstreckung dauert noch an.

Im Neu-Land

Die Gesellschaft in der einstigen DDR brauchte die neuen Freiheiten wie die Luft zum Atmen. Aber von Luft allein kann auf die Dauer niemand leben. Die republikanische Revolution, wie sie einer genannt hat, fängt sich in der Marktwirtschaft. Eine Begegnung in den Tagen nach dem 3. Oktober liefert mir den Epilog auf unseren Absturz.

Der Mann wirkt wie die Verkörperung von Bonität, ein Mittfünfziger, kräftiges, graumeliertes Haar. Im Gespräch mit ihm spürt der Partner seine interessierte Aufmerksamkeit, die Augen verraten Sensibilität. Ernst und Lachen sitzen dicht beieinander. Die Unternehmungslust steht ihm im Gesicht. Er ist Inhaber und Chef eines florierenden Betriebes. Sein Vermögen ist beachtlich. Er gehörte zu den ersten, die den Schritt über den Rubikon in die DDR taten, als andere die Unbequemlichkeiten und die Unsicherheiten noch scheuten, die die sozialistische Konkursmasse verhieß.

In seiner, der westlichen Welt hat er sich gründlich umgesehen. Auch in den Staaten ist er gewesen, «ich mag die Amerikaner». Aber ihr Business hat ihn nicht beeindrucken können. «Zu angeberisch, zu raffig.» Die eigentliche Terra incognita liegt nebenan. Er will sie für sich entdecken. Es kommt zu ersten Kontakten mit Wirtschaftsleuten in der DDR. Man bestaunt sich gegenseitig, findet sich nicht unsympathisch. Die Hiesigen registrieren die Betriebsamkeit, die Unbefangenheit des Mannes von drüben.

«Der riecht nach Geld», murmelt einer seinem Kollegen zu. Einem von ihnen, Geschäftsführer eines Betriebes, der mit Datenverarbeitung befaßt ist, kommt der Kontakt mit dem alerten Wessi wie gerufen. Das Unternehmen gammelt wie die meisten in dieser Zeit vor sich hin. Niemand ist sicher, wie man die nächsten Monate überstehen wird. Die Mittel fließen nicht mehr, die Geschäftspartner sind nicht liquid. Die sich anbahnende Transformation der Besitzverhältnisse führt zu Stockungen in den wirtschaftlichen Kreisläufen. Es grassiert die Angst, daß der Betrieb ausgeweidet werden könnte, wie ein liegengebliebener Trabi, und schließlich dichtgemacht wird.

Mit dem finanzkräftigen Mann aus dem Westen eröffnet sich eine Perspektive. Nach einer Besichtigung des Betriebes schöpft die Belegschaft Hoffnung. Der Mann ist bereit, sich mit einer erklecklichen Summe zu engagieren. Er ist entschlossen, schnell für eine technische Ausstattung zu sorgen, die Anschluß an westliche Leistungsfähigkeit garantiert. Er hat deutlich gemacht, daß niemand um seinen Arbeitsplatz zu bangen braucht und daß der Betrieb eine angemessene Einlaufkurve haben wird, um sich auf die neuen, die Marktbedingungen einzustellen. Die Begegnung mit dem leibhaftigen Kapitalisten hinterläßt Erleichterung, aber die Angst vor den neuen, harten Zeiten bleibt.

Der Mann trifft sich mit den Mitgliedern des Betriebsrates. Es ist ein für hiesige Verhältnisse verblüffendes Bild. Auf der einen Seite er, in feinen dunklen Zwirn gewandet, ein weißes Kavaliertüchlein lugt schwungvoll gefältelt aus der Tasche (so etwas sah man nie an der früheren Herren Montur). Auf der anderen Seite das schlichte Outfit der mißtrauisch blickenden Betriebsräte. Die Äußerlichkeit verdeutlicht mehr als das Mienenspiel, daß sich Vertreter zweier Welten gegenübersitzen. Der Sprecher der neuen ökonomischen Raison versucht seinen Kontrahenten eindringlich, freundlich, fakten- und zahlenreich zu beweisen, wie man aus dem derzeitigen Tief herauskommen kann. Vielleicht ein Sonderfall: ein Unternehmer mit dem Überzeugungswillen und der Beredsamkeit eines Bilderbuch-Agitators. Aber die Vorurteile oder Feindbilder seiner Gegenüber sind, obwohl sie mit der SED nichts am Hut haben, dauerhafter als das System, das sie erzeugt hat. Der von drüben ist ein Kapitalist, ein «Ausbeuter», das unbekannte Wesen, dem man besser nicht über den Weg traut. «Wenn Sie hier einsteigen, werden Sie doch den größten Teil von uns früher oder später entlassen. Wir möchten, daß die Kommune den Betrieb übernimmt.» Es fruchtet nicht, daß der Mann ihnen vorrechnet, daß die Kommune nicht in der Lage sein wird, den Betrieb marktfähig zu machen. Sie habe keine Mittel für Investitionen. Der Betrieb laufe Gefahr, in rote Zahlen abzurutschen. Das gefährde die Arbeitsplätze. «Sie wollen sich in eine zweifelhafte Sicherheit begeben, die vom Geld des Steuerzahlers nicht zu finanzieren ist. Das wird kein Landesrechnungshof durchgehen lassen.» – «Rechnungshof? Was ist das?» fragt einer.

Man geht auseinander ohne Übereinkunft. Immerhin will man sich in der folgenden Woche wieder treffen. Eine Szene, wie sie heute vielerorts im Osten Deutschlands denkbar ist. Eine Facette der schwierigen deutschen Einheit. Die Bürger der einstigen DDR flohen das SED-Regime. Indes sind viele von ihnen alles andere als Nestflüchter. Sie suchen noch immer die Glucke, auch wenn sie runtergekommen und fast federlos ist.

Mich erinnert das an den Wunsch der Bürgerbewegungen, den Exitus der DDR und die Einheit, den Abschied von der realen Utopie hinauszuzögern. Aber die hatte durch unseren Kasernenhofsozialismus unwiederbringlich ihre Unschuld verloren. Auch durch die Amputation der SED war Jungfräulichkeit nicht wiederzugewinnen. In der linken Aversion gegen die Einheit steckt Trauer über den Verlust eines sozialen Experimentierfeldes, das – seltene Chance der Geschichte – mit der Beseitigung der SED-Macht greifbar schien. Doch eine sich selbst überlebende DDR hätte nur eine Siechenheim-Idylle werden können. Sie hätte die Masse der Bürger im Willen zur Einheit lediglich bestärkt.

Es wird nicht gelingen, bei der Abrechnung mit den Fehlern des Sozialismus kurz hinter Stalin innezuhalten. Das linke Urgestein, die Marxsche Vergesellschaftungsthese steht auf dem Prüfstand. Sie sollte die ewigen Übel der Gesellschaft «endlich» machen. Tatsächlich hat sie in den sozialistischen Ländern neue hervorgebracht oder die alten modifiziert. Die vor Ort ausgeübte Kompetenz von Kapitalisten und Managern durch die Impotenz einer zentralistischen Bürokratie zu ersetzen, das ist der Grundfehler. Die dadurch verursachten Rückstände in der Produktivität, in der Ökologie und in der Versorgung der Menschen straften fortwährend die beanspruchte Vollkommenheit Lügen. Sie bewirkten die zwanghafte Selbstrechtfertigung, deren Kehrseite das Stasinetz war, das jede Äußerung eines Zweifels erstikken sollte.

Die Teilung Deutschlands hatte das sozialistische Experiment im Osten Deutschlands ermöglicht. Sein Fehlschlagen setzte folgerichtig die Einheit wieder auf die Tagesordnung. Monate vor der Wende hatte der SED-Theoretiker Reinhold erklärt, allein der Sozialismus legitimiere die Existenz des Staates DDR. Die kapitalistische DDR habe neben der kapitalistischen Bundesrepublik keine Daseinsberechtigung, weil ihr im Unterschied zu den sozialistischen Brüdern die nationale Identität fehlt. Der Spruch sollte sich – anders, als der Professor gedacht hatte – als «self-fulfilling prophecy» bewahrheiten.

Sicher war die frühere Bundesrepublik, in der die DDR aufgegangen ist, kein Gefilde der Seligen. Aber die dortige Gesellschaft war nicht allein ökonomisch effizient. Sie hat sich durch Demokratie Kritik- und Lernfähigkeit bewahrt. Ich halte es für ehrlich und zutreffend, wenn ein ausgewiesener linker Denker wie Wolfgang Fritz Haug anläßlich der Vereinigung feststellte: Man könne doch nicht leugnen, daß der Bundesrepublik, so kreuzkapitalistisch sie auch sei, eine gewisse rechtliche und moralische Dignität zugewachsen sei, die die DDR immer nur behauptet und nie besessen habe. Wir hatten eine 40jährige Chance, das Volk für unser Konzept zu gewinnen. Wir haben es nicht vermocht. Die Einheit ist die geschichtliche Konsequenz unseres Scheiterns. Was notwendig und unausweichlich war, will ich weder bejubeln noch beklagen. Dennoch verbindet sich mit diesem Prozeß eine emotionale Erfahrung.

Im Jahr nach der Wende habe ich nicht wenige Menschen im Westen getroffen. Es waren anders als bei früheren Aufenthalten im Ausland keine Gesinnungsgenossen. So blieb man damals bei Reisen in andere Länder stets «zu Hause». Nun waren es bewußte Bürger der Bundesrepublik, wenngleich auch ein jeder aus seiner Sicht Kritisches zu dem Staatswesen zu sagen hatte, das er bejahte. Es waren Begegnungen, die mich anfangs innerlich verwirrten und beschämten. Ich begriff, welches absurde und inhumane Klischee von Menschen der westlichen Welt wir in uns aufgebaut hatten. Die Haltung, die sie mir gegenüber an den Tag legten, hat mindestens ebenso wie das eigene Fiasko meine dogmatische Denkhemmung aufgelöst.

Ich will nicht von einem alten in einen neuen Fehler stolpern, indem ich ein negatives Vorurteil durch ein günstig gefärbtes ersetze. Vielleicht hatte ich einfach Glück, daß mir in der schwierigsten Phase meines Lebens, bei dem Versuch einer neuen Selbstfindung, der Zufall gerade solche menschlichen Kontakte beschert hat. Studenten, Pensionäre, Manager, Gewerkschafter und, wie gesagt, Journalisten waren darunter. Obwohl sie ihrem System selbstverständlich und fest verhaftet sind und das unsere harsch abgelehnt, vielleicht auch gehaßt haben, waren sie zu produktiver Neugier imstande. Ich stieß immer wieder auf ein bohrendes Interesse für die Motive und Antriebe, denen wir Kommunisten in unserer gesellschaftlichen Praxis folgten. Meine argwöhnisch gespitzten Ohren nahmen selten einen hämischen oder bornierten Unterton in den Fragen wahr. Erstaunen erregte zuweilen die unerwartete Dimension von Sachverhalten, die in den Gesprächen erkennbar wurde. Meine Partner waren ja von Propaganda durchaus nicht verschont geblieben. Die Manipulation, denen Menschen auch in der Demokratie ausgesetzt sind, konnte Meinungen weniger normieren oder deformieren als bei uns. Die politische Pluralität macht die Menschen neugierig, geistig unabhängiger und intellektuell wagemutiger. Fairneß muß nicht absterben in diesem Klima. Es war keine Fairneß, die unsere Entartungen verzeiht, sondern die mir half, meine Beweggründe tiefer auszuloten. Ich hatte, wie ich in einem Interview sagte, Beistand in der Auseinandersetzung mit mir selbst. Das ist der subjektive Gewinn, den ich unter Einheit verbuche.

Am ersten Jahrestag der Maueröffnung hat mir das «Neue Deutschland» im Gegensatz zu früheren Veröffentlichungen einige positive Beiwörter spendiert. Das Blatt knüpft daran das bekannte Urteil, daß, was wir taten, zu spät und zuwenig war. Der Nutzen unseres Scheiterns sollte nicht übersehen werden. Das Beste daran ist, daß Sozialismus wieder Utopie sein kann.

Lutz Niethammer

Die volkseigene Erfahrung

Eine Archäologie des Lebens in der Industrieprovinz der DDR

640 Seiten. Gebunden.

Lange vor dem Sturz Honeckers, seit dem Frühjahr 1987 haben die Autoren dieses Bandes in einer ungewöhnlichen Begegnung mit der ehemaligen Deutschen Demokratischen Republik eine große Zahl von lebensgeschichtlichen Interviews mit Frauen und Männern aus der Aufbaugeneration der DDR geführt: Mit dem kommunistischen Funktionär, der nach zehn Jahren in den Gefängnissen des «Dritten Reichs» 1945 in der SED zu höchsten Funktionen aufsteigt, in die letzte stalinistische Säuberung gerät und eine zweite Karriere in der Universität beginnt. Mit dem zum volkseigenen Unternehmer aufgestiegenen Facharbeiter, der plötzlich Verantwortung tragen muß und die Disziplin gegen das Mißverständnis zu verteidigen hat, das volkseigene Eigentum sei das Eigentum des Volkes. Mit dem Ehepaar, das sich aus Krieg und Nachkriegszeit auf eine Insel des Privaten, aber zugleich auch in die Pflicht zur Arbeit rettet, die beim Reichsarbeitsdienst und in der Wehrmacht geweckt worden ist.

Erzählt werden die tiefen Prägungen im Bewußtsein einer Generation und damit zugleich die Geschichte der DDR, ihre Privatheit ebenso wie ihre Öffentlichkeit, ihre Politik wie ihre Kultur – Spurensuche in Deutschland.

Rowohlt · Berlin